权威·前沿·原创

皮书系列为

“十二五”“十三五”国家重点图书出版规划项目

深圳蓝皮书

BLUE BOOK OF SHENZHEN

深圳社会治理与发展报告（2018）

ANNUAL REPORT ON SOCIAL GOVERNANCE AND DEVELOPMENT OF SHENZHEN (2018)

主　编／陈少兵　熊　瑛
副主编／谢志岿　冯　健

社会科学文献出版社
SOCIAL SCIENCES ACADEMIC PRESS (CHINA)

图书在版编目（CIP）数据

深圳社会治理与发展报告．2018／陈少兵，熊瑛主编．--北京：社会科学文献出版社，2018.6

（深圳蓝皮书）

ISBN 978－7－5201－2890－2

Ⅰ．①深… Ⅱ．①陈… ②熊… Ⅲ．①社会发展－研究报告－深圳－2018 Ⅳ．①D676.53

中国版本图书馆 CIP 数据核字（2018）第 126154 号

深圳蓝皮书

深圳社会治理与发展报告（2018）

主　　编／陈少兵　熊　瑛

副 主 编／谢志岿　冯　健

出 版 人／谢寿光

项目统筹／张丽丽

责任编辑／高振华

出　　版／社会科学文献出版社·区域发展出版中心（010）59367143

地址：北京市北三环中路甲 29 号院华龙大厦　邮编：100029

网址：www.ssap.com.cn

发　　行／市场营销中心（010）59367081　59367018

印　　装／三河市龙林印务有限公司

规　　格／开 本：787mm×1092mm　1/16

印 张：23.75　字 数：356 千字

版　　次／2018 年 6 月第 1 版　2018 年 6 月第 1 次印刷

书　　号／ISBN 978－7－5201－2890－2

定　　价／89.00 元

皮书序列号／PSN B－2008－113－4/7

《深圳社会治理与发展报告（2018）》
编　委　会

主编简介

陈少兵 男，1966年3月出生，汉族，湖北天门人，中共党员，工学博士学位。1997年科技管理专业博士研究生毕业，现任深圳社会科学院副院长。长期从事产业技术创新、科技政策与科技管理研究。参加过三项国家自然科学基金项目的研究，曾经获得湖北省科技论文一等奖。在国内外公开发表学术论文100多篇，其中用英文发表6篇，主持深圳市重大课题研究10多项。

熊 瑛 中共深圳市委政法委员会专职委员、深圳市社会工作委员会办公室副主任。一直参与深圳市社会治理创新工作的顶层设计和统筹推进工作。在引导营造共建共治共享社会治理格局，提升社会治理社会化、法治化、智能化、专业化的实践创新方面有着丰富的理论和实践经验。

摘　要

2017 年，深圳市委市政府坚持以人民为中心的发展思想，有序推进社会治理体制改革，稳步提升民生保障水平，进一步完善基本公共服务体系，奋力营造共建共治共享社会治理格局，确保社会形势总体平稳和谐，社会治理工作亮点纷呈。统筹推进社会治理体制改革工作。城市管理综合执法体制改革不断深入，集团化办学模式改革持续探索，医保激励引导机制改革、养老服务体制机制改革持续推进。不断加大惠民生保障力度。教育、医疗卫生、住房保障、交通基础设施建设、文体事业、社会保障事业取得新进展。据统计，对九大类民生领域投入共支出达 3198 亿元，其中教育、医疗支出分别增长 22.8%、21.3%。119 项年度民生实事完成 118 项。统筹推进社会组织综合监管工作。出台《关于鼓励和规范社会组织积极有序参与社会治理的意见》等相关政策，引导和动员社会组织在心理健康、矫治安帮、法律援助、纠纷调处等治理领域开展特色服务。具体指导各区社会建设专项资金向社会治理领域重点投入，市区共培育社会治理重点领域社会组织 188 家，市区社会建设专项资金共资助全年四大领域项目 207 个，资助金额达 4550.56 万元。持续深化社会治理创新。推进深圳市民社会心态培育工作，继续引导促进企业社会责任建设工作，促进政府和社会、企业等多元治理主体的良性互动。运用大数据创新社会治理。探索建立社会治理块数据的标准和应用体系，率先出台《社会管理要素统一地址规范》深圳标准，为每一栋建筑物（房屋）赋予了 25 位编码的“身份号码”，形成了社会管理的参照物；建立了涵盖市、区、街道、社区、网格、建筑物、房屋等管理层级，融合人、事、物等社会管理要素的块数据；规范了社区基础网格与工作网格的关系，并建立了相关联动机制，使各“条”部门的执法力量与基层网格信息采集员形成巡办合力，对基层发现的各类事件信息能迅速反映、精准处置。

2018年是贯彻党的十九大精神的开局之年，是改革开放40周年，是决胜全面建成小康社会、实施“十三五”规划承上启下的关键一年。深圳市加强和创新社会治理工作应全面贯彻党的十九大精神，以习近平新时代中国特色社会主义思想为指导，深入贯彻习近平总书记对深圳重要指示批示精神，落实省的部署，聚焦社会治理创新，坚持问题导向，推进源头治理，不断提高深圳市社会治理社会化、法治化、智能化、专业化水平，努力营造共建共治共享社会治理格局走在全国最前列，为率先建设社会主义现代化先行区创造更加良好的社会环境。

本书共分六篇，总报告、公共服务、社会治理、社团组织、基层探索和专题研究，反映了深圳全市及各个领域、各区社会治理创新发展情况，专题研究对深圳一些重要问题展开了探讨，如《深圳分级诊疗意向和满意度问卷调查报告》面向深圳市民对不同层级医疗的就医意向和满意度进行了调查，提出了进一步完善分级诊疗改革的建议。《深圳义务教育阶段学生午餐午休管理研究报告》在大量调查研究的基础上提出了以校内为主根本解决中小学生午餐午休问题的意见建议。《深圳市社会责任建设规划研究》，在深入分析深圳市社会责任建设的基础和发展环境的基础上，提出“十三五”时期甚至未来更长一段时间深圳市社会责任建设的总体思路和目标，明确未来社会责任建设的主要任务、工作重点以及相关保障措施等。

Abstract

In 2017, Shenzhen Municipal Party Committee and Government adhered to the people-centered idea. The reform of social governance system has been promoted in an orderly manner, the level of livelihood insurance has been steadily improved. The basic public service system has been further improved, and a social governance structure of "build together, govern together, and share together" has been constructed. The overall social situation is stable and harmonious, and the highlights of social governance are bright.

Reforms of socialgovernance system has been planned as a whole. The reform of the comprehensive law enforcement system for urban management continued to deepen, and the reform of the group-oriented education model continued to be explored. The reform of the medical insurance incentive guidance mechanism and the reform of the pension service system mechanism continued to advance.

Shenzhen has been increasing input in people's livelihood. Developments on education, hospital and health, housing security, transportation infrastructure construction, culture and sports and social security have all been made. As data has shown, the input of nine kinds of livelihood fields had reached 319.8 billion yuan, in which inputs of education and health have each increased 22.8% and 21.3%. 118 out of 119 events of livelihood have been finished.

Comprehensive supervision of social organizations has been promoted coordinately. The relevant policies such as the "*Opinions on Encouraging and Regulating Social Organizations' Active and Orderly Participation in Social Governance*" were issued to guide and mobilize social organizations to develop characteristic services in such areas as mental health, correction and assistance, legal aid, dispute mediation and other areas of governance. It instructed the special funds for social construction in each district to focus on social governance. The urban community has nurtured 188 social organizations in key areas of social governance, and the urban social construction special fund has funded 207 projects in four major areas throughout the year with a total funding of 45505.6 thousand yuan.

Innovations of social governance has been deepened. The cultivation of social attitude of Shenzhen citizens has been promoted, and the guidance and promotion of corporate social responsibility has been continued, in order to promote the positive interaction between the government, society, and corporations.

Shenzhen has been using Big Data to Innovate Social Governance, exploring the establishment of standards and application systems for social governance block data, taking the lead in promulgating the *Shenzhen Standard for Unified Address Regulation of Social Management Elements*, and assigning a 25 - digit "identity number" to each building (house) to form a social management references. Shenzhen has established block data covering the management elements of cities, districts, streets, communities, grids, buildings, houses, etc., integrating social management elements such as people, events, and objects; and standardizing the relationship between community basic grid and work grid and establishing the related linkage mechanism, so that the "Article" departments of the law enforcement forces and grass-roots grid information gathering staff could form a concerted effort, all kinds of incident information in the grassroots level can be quickly reflected and accurately disposed.

In total, Shenzhen's social construction has achieved new development on the beginning of the "13th Five Year Plan", still facing many conflicts and challenges. The central government has made new plans on social constructions focusing on guaranteeing and improving people's livelihood, and Shenzhen should make new contributions with a Special Zone's responsibility. From Shenzhen's basic and new situations, there are still many constraints and challenges such as multi-needs, more complicated structures, more protruding conflicts and limited space.

The year 2018 is the first year of implementing the spirit of the 19th National Congress of the Communist Party of China. It is the 40th anniversary of the reform and opening up, and it is a crucial year for success in building a well-to-do society and implementing the 13th Five-Year Plan. Strengthening and innovating social governance work in Shenzhen should fully implement the Party's Nineteenth Congress spirit. Guided by XiJinping's Socialism Thought with Chinese

Characteristics in a New Era, Shenzhen will implement in-depth the spirit of General Secretary Xi Jinping's Important Instructions on Shenzhen and provincial deployment, and focus on Social Governance Innovation with adherence to problem orientation, and promote the source governance, in order to improve the level of social governance, rule of law, intelligence, and professionalism in Shenzhen, striving to create a governance pattern of "build together, govern together, and share together", taking the lead in creating a better social environment for building socialism modern pioneering areas.

This report is divided into six chapters, including the general report, public service, social governance, community organizations, grassroots exploration andparticular report sessions, reflecting the innovative development of social governance in Shenzhen and in all areas and regions. Special research articles address some important issues in Shenzhen. For example, "Survey Report on the Intention and Satisfaction of the Graded Diagnosis and Treatment in Shenzhen" has investigated Shenzhen residents' medical intention and satisfaction with different levels of medical treatment, and proposed suggestions for further improving the classification and treatment reform. The "Report on Management of Lunch Breaks for Students in Compulsory Education Stage in Shenzhen" has put forward opinions and suggestions on the basis of plenty of investigations and studies to solve the problems of lunch breaks for primary and secondary school students. "Shenzhen Social Responsibility Construction Planning Study", based on an in-depth analysis of the foundation and development environment of Shenzhen's social responsibility construction, has put forward the overall thinking and objectives of Shenzhen's social responsibility construction during the period of the "Thirteenth Five-Year Plan" and even for a longer period in the future. It Clarified the main tasks, priorities, and related safeguard measures for future social responsibility construction.

目 录

Ⅰ 总报告

Ⅱ 公共服务

Ⅲ 社会治理

Ⅳ 社团组织

Ⅴ 基层探索

Ⅵ 专题研究

CONTENTS

I General Report

II Public Services

V Practices at the Grassroots Level

Ⅵ Thematic Studies

总 报 告

General Report

B.1

2017 ~2018年深圳市社会治理形势分析与展望

熊 瑛*

摘 要： 2017年，深圳市社会治理工作取得显著成绩。社会体制改革有序推进，民生保障水平稳步提升，基本公共服务体系日趋完善，多元共治格局初步形成，社会形势总体平稳和谐，社会治理工作亮点纷呈，市民幸福感、获得感、安全感明显提升。2017年是实施“十三五”规划的重要一年，是党的十九大召开之年，是供给侧结构性改革的深化之年，是深圳市城市质量提升之年。深入学习宣传党的十九大精神，高举习近平新时代中国特色社会主义思想伟大旗帜，认真贯彻落实习近平总书记系列讲话精神以及关于加强和创新社会治理的重

* 熊瑛，中共深圳市委政法委员会专职委员、深圳市社会工作委员会办公室副主任。

要指示精神，按照中央、省的部署要求，通过聚焦创新社会治理重点工作，坚持问题导向，推进源头治理，深圳市社会治理水平不断提升，共建共治共享的社会治理新格局日臻完善，为率先建设社会主义现代化先行区创造了良好的社会环境。

关键词： 深圳　社会治理　多元共治　城市质量

一　2017年深圳市社会治理主要工作

2017 年，深圳市社会治理工作取得显著成绩。社会体制改革有序推进，民生保障水平稳步提升，基本公共服务体系日趋完善，共建共治共享社会治理格局初步形成，社会形势总体平稳和谐，社会治理工作亮点纷呈，市民幸福感、获得感、安全感明显提升。

（一）统筹推进社会体制改革工作

2017 年是实施“十三五”规划的重要一年，为落实中央和省关于深化改革的各项决策部署、推动深圳市改革不断取得新成效，深圳市委市政府制定了《深圳市 2017 年改革计划》，明确了 2017 年社会体制改革的具体事项和四项重点任务，并组织、督促、落实和开展了成效评估。

1. 城市管理综合执法体制改革

全面贯彻落实中央、省改革精神，深入推进城管执法体制改革；深入开展“强基础、转作风、树形象”活动，努力打造高素质城管执法队伍；大力开展市容环境综合整治，全面提升城市环境品质；加大公共安全领域热点难点的执法力度，切实回应民生关切问题；坚持改革创新引领，不断增强城市管理治理能力。

2. 探索集团化办学模式改革

进行顶层规划和政策引导，出台相关工作方案和指导意见；探索“龙头校＋在办校”“龙头校＋新办校”“龙头校＋民办校”三种组合式办学路径，推进集团“紧密型、联盟型”等多样化办学试点；从政策上进行引导，促进教育集团规范组建，控制集团规模，健全政策引领机制；引导加强集团专业化管理，增强集团依法治校能力，优化集团内部治理机制；加强集团办学监控，建立集团化办学风险评估指标体系和第三方绩效评价制度。

3. 深入推进医保激励引导机制改革

建立健全医保动力引导机制，强化财政投入倾斜机制和价格差异化杠杆机制，推进人事薪酬激励引导机制，建立家庭医生服务定向补助机制。推动基层医疗集团将工作重心和资源下沉基层，主动加强分级诊疗和居民健康管理，引导群众基层首诊，推动发展方式由“以医院为重点”向“以基层为重点”转变、由“以疾病为中心”向“以健康为中心”转变，达到提高居民健康水平、减少居民疾病经济负担的目的。

4. 推进养老服务体制机制改革

创新土地政策，保障养老服务业发展空间；鼓励社会资本投资养老服务，激活养老服务业发展活力；推进医养融合发展，强化医疗卫生对养老服务的支撑；坚持事业和产业并举，促进养老服务业持续健康发展；拓展养老服务项目，不断提升老年人福利和保障水平；加强人才队伍建设和规范化建设，提升养老服务标准化、专业化发展水平。力促全市初步建成以居家为基础、社区为依托、机构为补充、医养相结合的社会养老服务体系。

（二）推动社会民生事业更好发展

深圳市委市政府坚持像抓经济建设一样抓民生保障，坚持持续开展发展成果惠民行动，努力为市民提供更多更优质的公共服务，出台政策鼓励更多社会资本参与教育、医疗、文化、养老等供给，率先构建全面共建共享共同富裕的民生发展格局。2017 年，九大类民生支出 3198 亿元，增长 32.5%，其中教育、医疗支出分别增长 22.8%、21.3%。119 项年度民生实事完成

118 项。

1. 教育事业有新提升

新增普惠性幼儿园 126 所、学位 2 万个；新改扩建公办中小学 34 所，新增学位 4.7 万个；高考一本录取率居全省第一位、全国前列，深圳北理莫斯科大学、深圳技术大学（筹）招收首批本科生。

2. 医疗卫生事业有新成绩

新增 10 家三甲医院和三级医院，新增床位 3000 张，实施健康深圳行动计划，新引进高水平医学团队 100 个，新增执业医师 2300 名，建成运营孙逸仙心血管医院新院区、深圳大学总医院、萨米医疗中心。

3. 住房保障力度持续加大

新开工及筹集人才住房和保障性住房 10.2 万套，建成住房租赁监管和服务平台。

4. 交通基础设施加快完善

基层设施投入完成投资超过 1100 亿元，增长 30%。开工建设轨道交通四期 12、13、14 号线等 5 条线路，同步推进三期 12 个在建项目，深中通道、外环高速等 33 个重点项目。开通龙华有轨电车、坪山至福田高铁快捷线、深圳至中山水上巴士，打通 51 条断头路。

5. 社会保障水平稳步提升

新增就业 10 万人，城镇登记失业率在 3% 以下，最低工资标准由 2030 元/月提高至 2130 元/月，最低生活保障标准由 800 元/月提高至 900 元/月。

6. 文体事业持续繁荣

3 部作品荣获中宣部“五个一工程”奖，深圳运动员在第十三届全运会上取得 8 金 9 银 11 铜的优异成绩。蛇口改革开放主题博物馆、海上世界文化艺术中心建成开放，获德国红点设计奖、iF 设计奖共 227 项，居全国首位。成功举办读书月、“一带一路”国际音乐季、中国杯帆船赛、深港城市建筑双城双年展等活动。“海上看深圳”旅游项目试运营，大鹏新区获评国家级旅游业改革创新先行区。

7. 全面推进治水提质工程

深圳全面推行河长制，市委、市政府主要领导都担任具体河长。全年全市建成区36条黑臭水体在年底前全部完成整治，实现不黑不臭，超额完成年度2780个排污口整治任务。

（三）统筹推进社会组织综合监管工作

1. 开展深圳市社会组织培育发展和综合治理机制问题研究

深圳市委政法委牵头起草以市委市府两办名义印发了《关于鼓励和规范社会组织积极有序参与社会治理的意见》，引导和动员社会组织在心理健康、矫治安帮、法律援助、纠纷调处等治理领域开展特色服务；具体指导各区社会建设专项资金向社会治理领域重点投入，市区共培育社会治理重点领域社会组织188家，市区社会建设专项资金共资助全年四大领域项目207个，资助金额4550.56万元。

2. 启动2017年度社会建设创新项目培育计划

组织遴选、扶持以心理健康、矫治安帮、法律援助、纠纷调处等领域为重点开展服务的社会组织，其中“出狱青少年安置帮扶”“银行业消费纠纷调解”等15个项目入选市级创新培育计划，为加大扶持力度，各责任单位安排相应配套经费，并开展跟踪培育和审计督导。

3. 重新修订并着力推进市社会组织综合监管工作联席会议制度落实

认真做好全市鼓励和规范社会组织参与社会治理工作管理办法的草拟、推荐、目录编制等工作。

（四）持续深化社会治理创新

通过牵头推进企业社会责任建设、深圳市民社会心态培育等工作，促进政府和社会、企业多元治理的良性互动。

1. 继续引导促进企业社会责任建设

深入推动深圳市委市政府《关于进一步促进企业社会责任建设的意见》精神，以及深圳市《企业社会责任要求》《企业社会责任评价指南》标准文件的落实，编辑出版企业社会责任蓝皮书《深圳市企业社会责任评价报告(2017)》。指导龙岗区举办“企业社会责任建设园区行”主题沙龙等系列活动，指导第三方组织实施第二届深圳市企业社会责任等级评价，综合评审出89家一星等级以上企业。开展深圳市社会责任建设规划课题研究，编制完成《深圳市社会责任建设规划（2018～2025年)》（征求意见稿)，总结近年来推进企业社会责任建设经验，进一步拓展延伸社会责任的主体范围，旨在推进政府、企业、社会组织、市民履行社会责任的组织体系、运行体系、评价体系和制度体系建设。

2. 推进深圳市民社会心态培育工作

在市级层面，组织开展了深圳市青少年群体社会心态课题调研；指导福田、盐田、龙华区分别围绕公务员群体、来深建设者群体开展社会心态状况调查，提出建构深圳市民良好社会心态培育的模型、深圳市民社会心态发展变化数据库，以及研究探索加强社会心理服务体系建设的相关政策建议。

（五）运用大数据创新社会治理模式

1. 建成了全市统一的社会治理基础数据库

为解决社会管理对象底数不清、情况不明这一难题，市委政法委以社会治安综合治理需要为切入点，牵头推动建立了集人口、法人、房屋、空间地理信息于一体的全市统一的社会治理基础数据库，目前已联通了公安、教育、计生、市场监管、税务、劳动社保、民政等33家市直职能部门的业务数据，累计导入数据达150多亿条，通过清洗比对，关联形成了1800多万人口信息、280多万法人信息、65万栋建筑物信息和1100多万套房间信息，形成了“三码关联”（身份证号码、统一社会信用代码、房屋编码)，为服务大政法工作提供了强有力的数据支撑。

2. 探索建立了社会治理块数据的标准和应用体系

率先出台了《社会管理要素统一地址规范》深圳标准，实现了三大创新。一是为每一栋建筑物（房屋）赋予了25位编码的“身份号码”，形成了社会管理的参照物。二是建立了涵盖市、区、街道、社区、网格、建筑物、房屋等管理层级，融合人、事、物等社会管理要素的块数据。根据不同层级精细管理的需要，可以使用不同的块数据，服务基层块治理，确保服务管理对象的底数清、情况明。三是规范了社区基础网格与工作网格的关系，并建立了相关联动机制，使各“条”部门的执法力量与基层网格信息采集员形成巡办合力，对基层发现的各类事件信息能迅速反映、精准处置。目前，已率先在商事登记监管方面开展全市统一地址库的试点应用，在注册登记时，通过智能选填全市统一的地址从源头上杜绝虚假地址，提升了商事登记质量，并通过建立网格联动机制对“进格入块”的商事主体加强了事中事后监管，有效提升了治理效能。

（六）完善社会建设年度考核评估体系

印发关于《深圳市2017年度社会建设实绩考核工作方案》，从客观常态类指标、年度评估类指标和群众满意度三方面对各区社会建设工作进行考核。各数据采集责任单位填报2017年深圳社会建设考核指标体系年报表，报市统计局进行数据统计分析，量化考核结果。清华大学深圳研究生院作为第三方委托机构，从对生活满意度、基本公共服务状况满意度、社区服务管理满意度、社会治安状况满意度、社会诚信及城市认同感、城市（社会）公平感和社会建设总体评价七个维度，科学设计抽样组织调查问卷，并对考核结果进行了深入分析，拟发布2017年深圳市社会建设工作群众满意度调查报告。

（七）各区社会治理有新突破，各项工作成效突出

1. 福田区社会治理工作亮点

一是完善社会组织综合监管联席会议制度。重新印发《福田区社会组织综合监管工作联席会议制度（修订）》，建立完善由政法委（社工委）和民政部门牵头的区级社会组织综合监管工作联席会议，推动形成统一登记、各司其职、协调配合、分级负责、依法监管的社会组织管理体制。二是全力提升公共服务水平。医联体改革取得突破，在全市率先实现市属医院—区属

医院—社康中心信息互联互通和双向转诊。“五有五化”都市社区养老新模式入选国家发改委、民政部、全国老龄委联合编著的《走进养老服务业发展新时代——养老服务业发展典型案例汇编》（社会科学文献出版社，2018年1月）。制定出台《福田区“民生微实事”项目政策指引（2017）》《关于进一步推动“民生微实事”提质增效的若干措施（2017~2019年）》。三是加强多元治理，激发社会参与活力。完善社会组织参与社会治理的制度环境，加强综合服务提升社会组织发展水平，依托深圳社会组织总部基地（福田），为市、区社会组织提供以资源对接、社会组织培育、项目发展、标准建设、保障服务等为主要内容的综合服务。四是深化物业企业、业委会运行机制改革。制定《福田区关于深化业委会和物业管理机制改革的实施意见》，重点针对业委会和物业管理中存在的热点难点问题，实施试点突破，打出“3个试点+10项机制”的系列改革组合拳，构建“党建先行、机制保障、四方联动”的住宅小区管理创新体系。五是探索社会影响力投资和打造社会要素交易平台。出台《福田区关于打造社会影响力投资高地的意见》，是国内首个区县级政府系统性提出社会影响力投资的政策文件，明确提出要力争在五年内将福田区打造成初具规模的社会影响力投资高地。全面搭建核心要素实体支持体系，实现政府、企业、社会组织等各类交易主体信息融通和资源对接。六是推进基层治理现代化。“智慧福田”建设全面推进，建成城区综合治理平台、指挥街道工作平台、维稳工作系统等产品。2017年7月福田区被市政府确定为深圳市新型智慧城市建设试点区。

2. 罗湖区社会治理工作亮点

一是健全运行机制，社会组织规范有序。打造社会组织培育平台，依托罗湖社会创新空间，招募社会组织入驻创新空间，其中包括心理健康教育、疏导、辅导等社会治理重点领域；完成罗湖区慈善会的慈善组织和公开募捐资格认定，成为深圳市区级层面首家被认定为慈善组织的社会组织；严格实施《罗湖区社会组织活动异常名录管理办法（试行）》，将未提交年度报告的59家社会组织列入年度社会组织异常名录，在承接服务、资金扶持、等级评估等方面予以限制。二是推进依法治理，基层法治平稳有序。罗湖区推进多领域、立体化社会法治模式，“四抓”强化法治建设保障，保证辖区社会平稳和谐。抓实社会防控体系建设，抓牢安全生产监管，抓准特殊人群服务管控，抓好基层矛盾化解。三是探索社会建设新亮点。探索非户籍“两委”委员，今年“两委”换届选举中，罗湖区首次在符合条件的社区试点选举1～2名非户籍委员，有58个社区参与试点，共产生69名非户籍“两委”委员。这是罗湖区基层民主实践和治理实践的一次尝试；开展物业管理企业参与社区治理研究，成立专门课题组，针对物业管理企业参与社区治理问题进行研究，探索出一揽子解决方案，形成《以政府购买服务推动物业管理企业参与社区治理机制研究》，为基层自治和社会建设提供有益的启示。

3. 南山区社会治理工作亮点

一是以党建引领基层治理体制改革。2017年，南山区委区政府专门成立区基层治理体制改革工作组，把脉区基层治理存在问题，研究出台《2017年南山区基层治理体制改革实施方案》，提出九项具体改革措施，目前，“打造精品特色社区”“实施社区工作人员职业体系重构工程”“党建+社区居委会”等项目正在全区推广。二是抓“智慧南山”改革，部署落实新型智慧城市建设总体工作；抓小区治理结构改革，探索构建以党建为引领的新型小区治理结构，提出小区治理结构改革的“强化三个覆盖，建立四项制度，推进五项改革”对策建议，探索构建以党组织为核心，工作站、居委会、业委会、物管公司、社会组织等各类主体共同参与的新型小区治理结构；抓网格化治理改革，实现“多网合一、合成作战”的网格化工作格局，着力推进“多网合一、采办分离、条块结合、一员多能、全方监督、重构基层网格治理体制”改革工作。三是完善南山区和谐社会建设发展指数，结合南山发展实际，调整优化指数指标体系，联合区统计局共同开展2016年度发展指数的编制工作，通过客观指数数据征集及主观满意度调查，完成《南山区和谐社会建设发展指数报告（2016年）》的编制工作。

4. 盐田区社会治理工作亮点

一是鼓励和规范社会组织积极有序参与社会治理。制定《关于鼓励和规范社会组织积极有序参与社会治理实施方案》，方案从目标任务、推进措施及工作要求等方面做出了全面、具体的安排和指引，积极扶持引导社会组织在社会治理重点领域开展社会服务，激发社会组织参与社会治理的活力。二是创新社会企业参与社会治理方式。联合区非公党委，向各社区党委征集一批公益慈善项目，并搭建平台，组织辖区非公企业认领实施，引导辖区非公企业积极践行企业社会责任、参与社会治理，有效连接了党委政府、企业和群众。三是制订区级社会建设创新培育方案。围绕“平安盐田”“美好城区”建设，相继出台了《盐田区创建“平安建设示范区”2017 年行动方案》和《深圳市盐田区人民政府关于全面建设“健康盐田”的意见》两个区级社会建设方案，进一步深入推动了盐田区社会建设工作，率先实现国家安全社区全覆盖。四是开展盐田区政府大数据运用及构建盐田区人才激励体系课题调研，并进行成果转化。五是重点围绕“平安建设”工作，坚持目标引领、完善机制、破解瓶颈、标本兼治、多元共治等举措，不断创新推进社会治理工作亮点，努力实现全区社会建设工作再上新台阶。

5. 宝安区社会治理工作亮点

一是大诚信体系建设成果丰硕。宝安区公共信用信息平台正式上线。全区 90.4 万家法人和 534.2 万名自然人信用信息全部纳管，实现对象全覆盖监管、数据全口径收集、信用全领域应用，初步构建起以数据归集、信息共享、联合奖惩为一体的“法人 + 自然人”大诚信体系。二是社会组织参与社会治理稳步推进。项目化推进社会组织参与社会治理，全年扶持培育社会组织活动项目 31 个，扶持资金 341 万元，在心理健康、矫治安帮、法律援助、纠纷调处领域涌现一批优质服务项目。宝安区禁毒协会禁毒学员社会帮扶计划成功入选市社会建设创新优秀项目培育计划。宝安区社会组织人才信息库正式启动。研究探索社会组织培育监管发展路径。“诚信 + 社会组织”战略顺利推进，组建社会组织信用联盟，完善社会组织信用档案，推动信用信息互通共享，引导社会组织以积极主动的姿态迎接社会监督，促进社会组织诚信自律。三是宝安“十大服务中心”正式投入运营。牵头组建党建 + 360°服务联盟，创新提升基层党建工作水平。以党建为引领，依托区级十大服务中心整合社会资源，集聚社会智慧，着力打造网络化、功能性、枢纽型、平台型的党建＋360°服务联盟，构建“10＋10×3＋124＋N”区－街道－社区三级服务体系。由党建和政务服务中心对接党建和政务服务，由企业、科技创新和人力资源服务中心对接产业发展服务，由工人职工、妇儿、青少年、救助、公共法律服务中心对接对社会不同阶层人群的服务，通过“2＋3＋5”模式构建十大服务中心，为全区企业和群众提供360°全方位、全覆盖服务。四是“智慧政法”建设工作全面启动。构建“1个政法大数据库＋7个大政法综合应用＋N个大政法业务具体应用”建设框架体系。“1”是建成一个政法大数据库，即以委内数据为基础，整合政法各部门、全区部委办局、社会公共事业单位、三大运营商、互联网等单位或机构的数据；“7”是建设领导指挥舱、政法一张图、政法调度值守、指挥协同作战、社会形势预判、舆情预警、综合接口七个大政法综合应用；“N”是打造N个大政法业务具体应用，已确定涉邪教举报处置、吸毒人员网格化管理、严重精神障碍患者管理、小区动态管理、多元化纠纷调解处置、涉稳事件人员综合处置等模块。

6. 龙岗区社会治理工作亮点

一是继续推进社会领域重点问题研究工作。依托区社会创新中心平台，建立龙岗区社会创新咨询委员会。委托中国幸福研究院开展《龙岗区民生需求状况调研》，推进幸福社区建设试点；开展《2016年度社会建设实绩分析》课题调研，立足差距与短板，寻找对策与建议；完成《对照先进地区加强和创新龙岗社会治理》课题和《城市基础设施建设中矛盾纠纷调处的反思》《龙岗区社会组织参与社会治理重点领域服务状况分析报告》两个子课题研究工作，探索完善新形势下社会稳控风险防范机制和社会组织的综合监管，推动既往研究成果的有效转化。二是规范社会组织有序参与社会治理。全面梳理了全区近2000家社会组织的作用发挥情况，建立龙岗区治理类社会组织目录，实地走访调研，召开座谈会，分类遴选社会治理重点领域典型示范组织，形成《2017年龙岗区社会治理创新项目人才培训方案》。三是深化企业参与社会治理履行社会责任。为构建与现代企业发展相适应的社会责任体系，龙岗区承接了全市企业社会责任园区行试点工作。经过近一年的宣讲动员，为引导辖区企业参与社会治理、实现可持续发展营造了良好的社会环境。四是统筹推进社会创新工作。按照全区1+N社会创新圈的建设规划要求，全年推动建成10个街道级社创中心分部和1个区级文化中心分部，并全部通过向社会组织购买服务的方式实现社会创新中心的社会化运营。五是加强各街道社会治理创新指导。全面了解各街道社会工作机制建设和社会治理创新情况，强化年度重点工作的业务指导和过程考核，确保街道能更深入地理解社会建设工作的内涵和外延，统筹、协调、指导、督促各有关部门形成联动。

7. 龙华区社会治理工作亮点

一是社会领域重大问题研究。组织召开社会治理重点领域社会组织项目需求摸底座谈会，并根据需求，形成《龙华区关于社会组织参与社会治理重点需求目录》，为社会组织参与社会治理明确指引。委托龙华区社会治理公益联盟成员深圳市播瑞歌应用心理学研究所对全区近年来的自杀事件进行深入调研，探索搭建龙华区自杀危机防治的预警和干预体系。二是鼓励和规范社会组织积极有序参与社会治理。建立区级社会组织综合监管体系，制定出台社会组织参与社会治理实施方案，并引导社会组织在社会治理重点领域开展专项服务。三是推进企业社会责任建设。以“活力龙华”社会大讲堂为载体，开展企业社会责任相关标准文件宣讲，积极发动辖区企业申报参与全市企业社会责任评价活动。再以重点改革项目推动企业参与社会治理，在富士康科技园、锦绣科学园、联华工业园三个不同层次和类型的产业园区着力建设三个参与型厂区治理创新项目。既打破龙华区特殊的社会融合壁垒，又为辖区企业参与社会治理、履行社会责任提供了重要契机。四是社会治理理念再上新台阶。继续加大社会建设创新项目扶持力度，助力解决社会问题，总结社会建设经验，龙华街道“律岛”法律茶座项目与“租客自治会”项目经验均被《法制日报》专题报道；开展“龙华区社会组织参与社会治理机制建设”课题研究，并完成研究成果转化，形成相关政策文件。成立区级社会治理公益联盟，搭建社会治理供需对接平台，将社会治理重点领域社会组织服务精准对接到各需求部门单位，同时以专项经费对社会治理创新项目进行大力扶持，不但有效解决了各需求部门单位的资金问题，又为社会治理类社会组织发展提供了有效途径。

8. 坪山区社会治理工作亮点

一是突出多元参与，社会治理工作取得新突破。健全社区治理体系，强化人民调解“坪山模式”，努力构建社会心理服务体系，依托深圳全程心理服务中心等社会组织，策划组织社会治理案例工作坊，面向基层、面向大众、面向社会普及心理健康知识。二是创新培育模式，率先在全市启动社会治理项目。出台《坪山区社会治理创新项目培育细则》，制定社会治理创新项目管理标准，做好项目监督评估。三是打开社会组织工作新局面。出台了《坪山区社区社会组织孵化基地管理办法》，完善了23个社区社会组织孵化基地建设，加强社区社会组织规范管理。健全社会组织综合监管体制机制，推动工青妇等群团组织积极发挥作用，逐渐推动公共服务让社会组织承担。四是发挥“民情+志愿”作用，探索社会治理多方共建模式。建立“1+6+N”民情服务管理机制。五是发动社会力量“面对面”参与社会治理。定点组团“面对面”参观体验主题活动，使社会治理成为将党委政府与社会公众有效联动起来的“交响曲”。六是推动“诚信坪山”社会诚信体系建设。以建立和完善信用信息共享机制为核心，完善政府决策机制；以信用服务社会的体系构建为目标，搭建公共信息信用平台，建立坪山区信用信息子库，总体上以深圳企业信用中心信息作为基础数据，以区内相关信用数据为补充，努力构建坪山区信用信息库；以信用服务行业的主体竞争力为支撑，鼓励企业争创品牌，强化商事主体年报制度；以探索守信激励和失信惩戒相结合的联合监管体系，积极保障社会治理机制，推进用人单位劳动用工诚信制度化建设，建立用人单位劳动用工失信公示机制，对失信单位实行重点监察，建立“黑名单”库。七是做实企业社会责任，打造和谐劳动关系“坪山品牌”。结合坪山特色和企业需求，探索构建“1试行办法+1工作方案+5实施细则”的企业社会责任政策体系；推进企业践行社会责任试点工作；探索建立企业星级评价认证制度；启动企业社会责任“12345工程”及

“企业信用联盟”建设。

9. 光明新区社会治理工作亮点

一是全面推进网格化管理工作。先后推出了多项创新举措，完成了多项改革任务，逐步构建了网格化管理“巡查、分拨、整治”三大核心体系。破解了新区基层社会治理的主要难题，解决了“管不住人”“工作推诿”“隐患发现”的问题。2017 年，新区社会稳定，安全生产形势持续好转。发现上报隐患事件 103.87 万件，整治 101.92 万件，消防安全事故同比下降 20.14%。二是打造社会组织参与社会治理新常态。打造专业化、规范化的社会重点领域社会治理社会组织品牌。引导社会组织参与公明、玉塘、马田办事处戒毒康复工作站建设，向社区戒毒人员提供心理咨询、帮教等服务。推动社会组织参与纠纷调解，介入社区矫正人员管理。率先在全市推开并创新对精神病患者的监护模式，安排新区社会组织 145 名社工参与精神卫生工作。三是不断完善基本公共服务体系。加大教育学位供给力度，新建和扩建公办中小学 3 所，新增中小学学位 4830 个。加强新区医疗卫生基础项目建设，推进分级诊疗制度改革，专家下社康接诊患者 2 万人次，深化公立医院夜间门诊服务，累计服务 34.6 万人次。供应安居房 4005 套，“民生微实事”项目加速推进，投入资金近 1.5 亿元，获群众点赞。

10. 大鹏新区社会治理工作亮点

一是创新基层治理新模式。实施“1+6”基层治理体系改革，围绕“社区党建标准化先行区”建设、社区党群服务中心运营模式、互联网+社会管理+政务服务融合等六大难点破题改革，理顺基层事权关系，整合社区工作资源，优化社区服务渠道，获评“全省示范性项目”。二是构筑多元参与新态势。举办“社会治理金点子”活动，建设大鹏新型智库，建立重大决策事项风险防控咨询机制，发挥社会“智囊团”作用。实施社会组织培育“双创计划”，分类建设社会工作专业人才库。创新党员领导干部“三四五”全方位常态化联系服务群众活动，不断畅通社情民意表达渠道。培育出“民宿行业自律和惩戒行动计划”“残疾少年儿童家属喘息服务”等服务品牌。三是破解旅游生态管理新难题。设立全国首个由社会捐赠基金和政府委托慈善信托两部分组成的生态文明建设公益基金，发布国内首个规范指导户外运动的白皮书，启动全市首个“户外穿越报备系统”，实施54个沙滩分类分级管理，探索海洋生态保护补偿模式，制定“民宿大鹏标准”，建立新区民宿纳管机制。

二　目前深圳市加强和创新社会治理的路径思考

党的十九大报告明确提出“打造共建共治共享的社会治理格局”，这一重要论断为新时代加强和创新社会治理指明了方向。深圳正处于城市转型发展的关键时期，如何处理好党政体制的主导张力与社会自治的基础活力之间的关系，以及行政推动与社会化共治之间的关系，如何通过社会治理方式的转型来引领和带动经济社会发展方式的转变，成为摆在决策者面前的一道亟待解决的现实命题。创新是深圳的根、深圳的魂，是推动深圳各项事业发展的动力源泉。作为改革开放的排头兵，深圳有责任、有义务、有能力在社会治理创新方面为全省乃至全国探索新路。

（一）需更加注重多元共治，推动社会治理社会化

社会治理社会化，关键是处理好政府与社会的关系。社会事务日益纷繁复杂，政府不可能再“包打天下”。需以开放、平等的心态对待各类社会主体，以开放性架构和市场机制吸纳社会力量，形成多元化治理模式，破解社会治理难题，努力实现社会共治、社会善治。

一是善于发动群众参与社会治理。社会治理、平安建设关乎每个人的切身利益，必须紧紧依靠人民群众，有效整合社会资源，坚持群防群治群策群力，做到共管共治共建共享。要完善群众参与社会治理的平台，注重发挥平安促进会、治安理事会、群防群治协会的作用，完善“混编巡逻”“轮值轮训”“门前三包”等机制，强化专群结合、联防联动。要完善群众参与保障机制，通过实行“志愿服务文明积分”推行志愿服务记录制度、有奖参与等办法，调动群众参与的积极性。要完善见义勇为人员认定、补偿救济机

制，扩大见义勇为基金规模，加大表彰和保障力度。要通过政府购买服务、提供公益性岗位、治安保险、举报奖励等办法，千方百计激发社会各方力量参与社会治理的主动性、积极性和创造性。

二是善于鼓励引导社会组织参与社会治理。目前，全市有各类社会组织1万多家，是社会治理社会化的重要资源。实践证明，社会组织具有社会网络和社会资本的天然优势，是沟通政府与社会的桥梁，是现代社会治理不可或缺的主体。要重视培育发展社会组织，推动其成为政府的有力助手。要加快培育与现代治理结构相适应的公益互动性社会组织，支持行业协会、商会类社会组织发展，发挥好它们在参与社会事务、维护公共利益中的重要作用。构建社会组织综合治理体系，支持对社会组织的信息公开、主管部门的业务办理、关联部门的协同监管等功能，规范社会组织依法有序参与社会治理。

三是善于借助市场主体推进社会治理。企业作为市场主体，对本行业、本领域社会治理负有重要的社会责任。要建立完善企业社会责任的法律和法规体系，强化法律责任必须为、道义责任积极为的理念，鼓励企业力所能及地帮助公益设施建设、参与社区公益活动、给予慈善捐助，加强企业承担社会责任的外部治理机制，通过舆论宣传引导公众关注企业社会责任问题，营造推进企业社会责任的社会氛围。要加快修订《深圳经济特区物业管理条例》，完善老旧小区和城中村物业管理、业主大会备案、业主委员会成立及运作、业主自治和监督等制度设计，提升物业服务管理水平。要善于发动企业等市场主体参与社会治理，通过购买服务、项目外包、保险等市场化运作方式，推动各行业各领域社会治理创新。

（二）需更加注重用好法律手段，推动社会治理法治化

法治作为社会治理创新的最优模式，应该回应社会发展过程中存在的种种问题。习近平总书记指出，法律是治国之重器，法治是国家治理能力的重要依托。必须更加注重发挥好法治在预防矛盾源头、规范社会行为、化解矛盾纠纷、提升全社会法治意识等方面的重要作用。

一是建立健全依法决策机制，堵上矛盾源头。开展重大行政决策和重大工程项目社会稳定风险评估，是科学民主决策的推进器。要积极拓展社会稳定风险评估范围，凡是直接关系群众利益且涉及面广、容易引发不稳定问题的重大事项，都必须把社会稳定风险评估作为决策前置程序，切实做到应评尽评。积极搭建党委政府、责任主体、群众之间的协商平台，及时疏导民意，推动重大民生项目稳妥落地。全面推行政府法律顾问制度，重大行政决策必须征询法律顾问意见。

二是发挥执法司法导向作用，规范社会行为。法律是社会良知的底线，执法司法机关，通过个案依法处理，为社会确立是非对错标准，明确行为底线取向，对规范社会行为、引领社会风尚发挥着重要作用。要通过更多的鲜活案例，强化普法宣传，教育引导群众自觉把法律作为指导和规范自身活动的基本行为准则，通过法定程序表达诉求，依靠法律手段解决纷争，运用法律武器维护权益。要用足用好法律手段，加大对医闹、工闹、拆迁闹剧等违法行为的处置力度，提高缠访、闹访行为法律成本，坚决把缠访、闹访的势头遏制下去。

三是善用法治思维方式化解社会矛盾。能否在法治轨道上解决矛盾和问题，是善不善于运用法治思维和法治方式的试金石。要坚持从法治角度思考问题，在法律框架内考量和解决问题，少用或不用临时行政命令来化解矛盾。要健全社会矛盾预警、协商沟通、救济救助机制，完善调解、行政裁决、行政复议、诉讼等有机衔接的多元化纠纷解决机制，强化法律在维护群众权益、化解矛盾纠纷中的权威。对已经进入法律渠道的社会矛盾，要严格依据事实、法律公正处理，让群众感受到依法律、按程序就能有效解决问题。要推进事关平安建设基础和全局的法律制度建设，为深化平安建设提供法治保障。

四是完善公共法律服务体系，增强全民法治观念。公共法律服务体系是否完备，是衡量法治文明的重要指标，也是社会治理法制化的重要内容。近年来，司法行政机关推出了深圳“法治地图”，建设深圳法律服务云平台，探索建立具有深圳特色的律师业务标准体系，提高了全市公共法律服务水平。要继续健全公共法律服务网络，探索公共服务购买机制和补偿机制，主动为群众提供更专业更便捷的法律服务；健全普法宣传教育机制，推动落实“谁执法谁普法”责任制和以案释法制度，提升部门普法主动性，让人民群众生活在法治氛围中，加快形成全民信仰法治、自觉守法、遇事找法、解决问题靠法的法治文化。

（三）需更加注重科技创新驱动，推动社会治理智能化

科技创新为当前社会治理工作提供了重要支撑，能极大提高社会治理的预见性和精准性。深圳高科技企业众多，科技优势得天独厚，要结合“智慧城市”建设整体布局，加快项目化推进，切实发挥科技创新和大数据在深圳市社会治理中的作用。

一是大力推进“雪亮工程”。要加快推进视频监控三期工程建设，确保1.68万个一类探头尽快建成，推动全市视频监控系统全覆盖；要梳理现有的一、二、三类探头，针对设备老化、损坏、设置不合理的问题，及时督促各个建设主体加大维护力度，确保设备真正发挥作用，要尽快将重点公共区域和重点行业、领域的视频图像资源联网整合共享，建设公共安全视频专网平台智能处理中心，提升视频监控综合效能。

二是继续完善政法机关跨部门网上办案协同平台试点工作。要结合司法体制改革推进电子卷宗深化应用，通过引入有司法鉴定资质的第三方电子证据保全的创新举措，先行探索解决电子卷宗证据效力问题，为实现司法信息化探出新路。同时，要狠抓标准和规范建设，认真做好电子卷宗建设标准的推广宣贯工作，为持续深化深圳市跨部门网上办案协同试点工作，以及拓展平台功能提供制度保障。

三是推进社会治理大数据建设。研究建立自然人、法人、房屋、通信和事件信息等五大基础要素编码的关联，推动政法大数据、政务大数据以及“雪亮工程”视频信息资源深度融合，重点围绕反对暴力恐怖和维护政治安全、金融安全、网络安全和公共安全等五大领域，建立社会治理大数据。在此基础上，要加大对社会治理大数据的分析、研判和应用力度，善于借助腾

讯、华为等科技企业的数据分析能力，深度挖掘社会治理大数据海量信息，切实发挥预警、预防、预测作用，精准预防和打击各类违法犯罪活动。

（四）需更加注重专业能力建设，推动社会治理专业化

面对错综复杂的治安形势和瞬息万变的社会环境，社会治理工作分工越来越细、越来越专业化。要把提升专业能力作为基础工作来抓，抢占先机，赢得主动，切实提高驾驭复杂局势的本领。

一是打造复合型专业化队伍。重点抓好警务辅助人员、社区网格员、社区矫治工作者、心理咨询师、社区工作者社会治理专业队伍建设。推动出台关于促进社会工作发展的若干措施，发挥专业社会工作服务人员在创新社会治理中的骨干作用。

二是充分发挥专业化组织作用。专业化组织在化解行业性、专业性问题矛盾等方面具有独特优势。要健全推广律师、会计师事务所等第三方专业服务机构参与化解重大历史遗留问题和“骨头案”的工作机制。要发展规范心理服务专业机构，积极开展心理调解疏导工作，建立心理危机干预预警机制，防范和降低社会风险。要大力发展知识产权专业服务机构，发挥知识产权司法鉴定所的作用，为创新创业和经济发展营造良好的法治环境。

三是注重运用专业化手段。随着新业态新产业蓬勃发展，电信诈骗、P2P 平台诈骗等新问题非常突出。这些犯罪往往是在境外组织实施，在境内产生危害后果，用传统手段打击非常困难。要把发挥整体优势和专业优势结合起来，统筹好纵向横向警力资源，以打击专业化对付犯罪职业化。

三　下一步重点工作思路

2018 年是贯彻党的十九大精神的开局之年，是改革开放 40 周年，是决胜全面建成小康社会、实施“十三五”规划承上启下的关键一年。深圳市加强和创新社会治理工作应全面贯彻党的十九大精神，以习近平新时代中国特色社会主义思想为指导，深入贯彻习近平总书记对深圳重要指示批示精

神，落实省的部署，聚焦社会治理体制改革工作，坚持问题导向，推进源头治理，不断提高深圳市社会治理水平，努力完善共建共治共享的社会治理新格局，为率先建设社会主义现代化先行区创造更加良好的社会环境。

（一）着力促进城市社会安全和谐

1. 加强社会矛盾调处

广泛吸纳社会力量参与预防和化解矛盾纠纷，总结深化形成依法预防化解矛盾“深圳模式”。构建调解、仲裁、行政裁决、行政复议、诉讼等有机衔接、相互协调的多元化纠纷解决体系。健全群众利益诉求表达机制，完善群众建议征集制度和法律援助制度。落实重大行政决策和重大工程项目社会风险评估机制等。

2. 推进社会治安综合治理

积极推进以信息化为牵引，打防管控一体化、网上网下一体化建设工程，统筹建设大数据、云计算中心和物联网等基础设施。以基层综治中心为依托，升级改造基础综合服务管理平台，强化重点人群服务和管理，健全社区网格化管理。深入开展“平安巡城”行动，推进多方协同预警与联动治理。完善治安复杂区域滚动排查和常态化整治机制，依法打击和惩治黄赌毒黑拐骗等违法犯罪活动。

3. 加强公共安全保障

推进覆盖运输、水电油气热、金融、信息、海关、检验检疫、旅游、物流寄递等重点行业的反恐怖防范体系建设。探索“人力 + 科技”“传统 + 现代”的风险预警模式，提高对风险动态监测、实时预警能力。健全科学完善的公共突发事件处置和灾害应急管理体制，完善政府部门、基层组织、企事业单位、社会团体和志愿者应急联动机制等。

（二）着力提升基层治理水平

1. 强化党建引领基层治理

持续推进社区党建标准化建设，切实发挥社区党群服务中心有效整合党建资源的平台作用，确保社区党委真正成为凝聚各类组织的核心。推进"标准＋一核多元"，积极推动形成以社区党委为领导核心，政企分开、居站整合，居委会、工作站、股份合作公司、机关单位、群团组织、社会组织、物业公司等有序发挥作用的新型城市基层治理格局。

2. 支持居委会开展自治活动

出台进一步加强深圳市社区居民委员会作用的若干措施文件。强化居委会的组织建设，引导居委会逐步还权归位，推行社区居民公约，建立居委会对社区社会组织、社区服务项目的指导监督机制。

3. 推动社区服务提质提效

规范社区公共服务事项目录清单。建立社区工作准入制度和服务标准体系。合理建设社区党群服务中心。编制社区协商议事规则指引和民主协商事项目录指引，明确社区议事流程，完善社区协商与政府协商的对接机制。持续开展平安社区创建活动。

4. 提升物业服务管理水平

加快修订《深圳经济特区物业管理条例》，完善老旧小区和城中村物业管理、业主大会备案、业主委员会成立及运作、业主自治和加强监管等制度设计。推动出台保障性物业管理政策，因地制宜推进专业化、菜单式、挂靠式、守护岗式物业管理方式应用。

（三）着力推动社会组织规范发展

1. 加强社会治理重点领域社会组织培育扶持

推动深圳市《关于鼓励和规范社会组织积极有序参与社会治理的意见》的组织实施。有序培育、规范扶持社会组织在心理健康、矫治安帮、法律援助、纠纷调处等领域积极参与社会治理。鼓励规模较大和较具实力的各类社会组织发挥资金、智力和能力的培育扶持作用，构建政府与社会共同培育社会组织参与社会治理的良性互动机制。

2. 提升社会组织服务能力

推动《关于深化改革社会组织管理制度促进社会组织健康有序发展的

若干措施》落实。健全社会组织法人治理结构，推动建立社会组织诚信承诺制度，落实守信激励、失信惩戒，建立完善的社会组织信息公开机制和平台。探索建立公共服务需求征集机制，充分发挥社会组织在提供新增公共服务需求、促进供需衔接方面的积极作用。促进全市社会组织项目合作，优化社会组织资源配置。支持公益慈善类社会组织资源与社会需求对接。

3. 加强社会组织综合治理

完善社会组织服务监管工作联席会议制度，建立政法委与民政局牵头，业务主管单位、行业管理部门及相关职能部门参与会商的机制。按照“谁主管、谁负责”原则，推动业务主管单位和行业管理部门切实履行分类治理责任。完善社会组织服务管理信息化平台功能。建立社会组织“异常名录”制度，健全社会组织退出、联合执法机制。加强在深境外非政府组织管理服务工作。

（四）着力开展社会责任和信用体系建设

1. 推进社会责任建设

编制深圳市社会责任建设规划。全力推进政府、企业、社会组织、市民履行社会责任的组织体系、运行体系、评价体系和制度体系建设。深入推动深圳市《关于进一步促进企业社会责任建设的意见》《企业社会责任要求》《企业社会责任评价指南》标准文件实施。推进企业社会责任立法工作。

2. 加强信用主体诚信建设

强化政务诚信建设，推进完善行政决策机制，健全决策纠错及责任追究制度。推动行政机关依法行政和政务信息依法公开，落实政务承诺兑现制度，探索完善信用评估和绩效考评机制。加强社会诚信建设，完善企业、社会组织法人治理结构，加大重点涉信企业、社会组织的信用记录审查力度。依托基于公民身份证号码的公民统一社会信用代码制度，强化司法公信建设。

3. 推进信用信息共享机制建设

加快构建以信用为核心的新型市场监管体制。加强信用信息标准化建设，建立全市统一的信用信息交换和共享机制。建立违法犯罪记录与信用、职业准入等挂钩制度，完善守法诚信褒奖机制和违法失信惩戒机制，健全用户信息保护制度。

（五）着力加强社会舆论引导和积极心态培育

1. 加强社会舆论引导

整合各类媒体资源，及时发布社会治理资讯，展示社会治理创新的目标任务和策略举措，营造有利于共建共治共享社会治理格局的良好舆论氛围。完善公益广告宣传保障机制，强化各类媒介发布公益广告的主体责任，增加公益广告投放量。实施传统媒体和新兴媒体融合发展战略，打造一批具有深圳特色的新型主流媒体、品牌栏目和系列宣传品牌。

2. 创新网络社会治理

加快完善法律规范、行政监管、行业自律、技术保障、公众监督、社会教育相结合的互联网管理体系。实施网络内容建设工程，弘扬主旋律，激发正能量，确保网络空间清朗。完善网络媒体监管机制，善于运用先进技术传播先进文化，提高运用网络、应对网络、驾驭网络、引领网络的治理能力。加强互联网违法和不良信息举报工作。完善舆情快速反应处置机制。

3. 培育市民积极社会心态

探索设立深圳市民积极社会心态研究中心，持续开展市民社会心态调研，构建社会心态预警指标体系。加强社会心理服务体系建设，积极开展特殊群体心理干预工作，疏导调适不健康社会心态。强化社会公德、职业道德、家庭美德、个人品德建设。

（六）着力推进社会治理机制创新

1. 开展新型公益模式探索

开展公益金融理论研究，构建主体多元、形式多样、资源丰富、体系完整的社会影响力投资生态圈。研究社会影响力债券的可行性实施方案，选取特定领域在福田区开展社会影响力债券试点。完善公益创投运行机制。建设公益金融专业智库，鼓励社会创业者挖掘社会新问题并提出创新性解决方案。引导市级福彩公益金投资优秀公益慈善项目。

2. 推进社会治理智能化

完善城市级大数据中心，深化“综治中心＋信息化＋网格化”建设，推广社会管理要素统一地址标准，建立融合人、事、物的块数据，让基层管理人员拥有块数据，实行块管理，压实块责任。建立健全网上实名认证平台和配套机制，完善电子政务应用体系，让数据多跑路，让群众少跑腿。深化全国新型智慧城市标杆市创建工作，统筹建设大数据、云计算中心和物联网等基础设施，推进智慧城市运营管理中心建设，推进智慧城区和智慧社区建设。

3. 加强社会治理工作保障

坚持以社会领域党建工作创新引领社会治理创新，实施社会领域党建“点、线、面”推进工程。加快推进社会领域立法进程，积极推动社会治安综合治理条例等法规出台。加强社会组织政策法规建设。完善社区治理政策法规，加强社区治理体系建设，推进法治社区建设。健全网格化服务管理政策法规。抓好民生重点领域和重点工作法规规章的执行落实。弘扬社会主义法治精神。

公共服务

Public Services

B.2
2017年度深圳市教育事业发展报告

贾建国 *

摘　要： 2017年，深圳加大力度推动一系列教育改革发展项目，教育事业发展取得了新的成就，迈向优质特色发展的新阶段。针对当前教育事业发展存在的问题，2018年深圳教育将深入贯彻党的十九大精神，主动回应市民群众对教育的新期待，集中力量办好一批社会关注的教育大事，解决一批群众关心的教育难点热点问题，努力办好市民满意的教育，为城市发展和民生幸福提供更有力的支撑。

关键词： 深圳市　教育事业　创新型高教体系

---

* 贾建国，深圳市教育科学研究院。

一 深圳市教育事业发展基本概况

2017 年，在深圳市委市政府的正确领导下，陆续启动和大力推进一系列教育改革发展项目，各项工作取得新成就、迈上新台阶。

（一）全市教育经费投入情况

1. 全市教育经费投入总体情况

2017 年，深圳市贯彻落实国家、省、市教育经费投入政策，进一步加大教育经费投入力度，全市教育经费投入稳步增长。2017 年全市教育经费总投入达到 739.92 亿元，比 2016 年的 527.90 亿元增加 212.02 亿元，增长 40.16%，其中，公共财政预算安排的教育经费达 587.94 亿元，比 2016 年的 402.38 亿元增加 185.56 亿元，增长 46.12%（见表 1）。

表 1 全市教育经费投入情况一览

单位：亿元，%

教育经费投入来源	2016 年总投入	2017 年总投入	2017 年比 2016 年	
			增减金额	增减比率
全市教育经费总投入	527.90	739.92	212.02	40.16
一、国家财政性教育经费	405.50	593.75	188.25	46.42
1. 公共财政预算安排的教育经费	402.38	587.94	185.56	46.12
(1)公共财政教育经费	370.32	465.26	94.94	25.64
①教育事业费	258.22	334.14	75.92	29.40
②基本建设经费	65.33	77.13	11.80	18.06
③教育费附加	46.77	53.98	7.21	15.42
(2)其他公共财政预算安排的教育经费	32.06	122.68	90.62	282.66
①科研经费	3.22	5.05	1.83	56.83
②其他	28.84	117.63	88.79	307.87
2. 政府性基金预算安排的教育经费	0.51	0.52	0.01	1.96
其中:彩票公益金	0.44	0.38	-0.06	-13.64
3. 企业办学中的企业拨款				
4. 校办产业和社会服务收入用于教育的经费	0.01	0.02	0.01	100.00

续表

教育经费投入来源	2016 年总投入	2017 年总投入	2017 年比 2016 年	
			增减金额	增减比率
5. 其他属于国家财政性教育经费	2.60	5.27	2.67	102.69
二、民办学校中举办者投入	2.76	2.54	-0.22	-7.97
三、捐赠收入	0.54	0.89	0.35	64.81
其中:港澳台及海外捐赠				
四、事业收入	109.49	122.86	13.37	12.21
其中:学费	94.26	106.62	12.36	13.11
五、其他教育经费	9.61	19.88	10.27	106.87
附:公共财政预算安排的基本建设总经费	65.46	77.21	11.75	17.95

注：2017 年教育经费投入数据截至 2018 年 4 月 11 日（以下同）。

2. “两个比例”和“三个增长”情况

2017 年，深圳市达到《教育法》规定的“两个比例”“三个增长”的相关要求，具体情况如下（见表 2、表 3）。

表 2　深圳市教育经费“两个比例”落实情况

单位：%，百分点

区域	国家财政教育经费占地方生产总值的比例			公共财政教育经费占公共财政预算支出的比例		
	2016 年	2017 年	增减	2016 年	2017 年	增减
深圳市	2.07	2.63	0.56	8.79	10.13	1.34
市本级				5.06	5.75	0.69
罗湖区	1.49	1.83	0.34	33.60	38.39	4.79
福田区	1.08	1.61	0.53	29.22	29.61	0.39
南山区	1.11	1.53	0.42	25.90	25.93	0.03
宝安区	1.78	2.58	0.80	14.59	16.00	1.41
龙岗区	1.44	1.79	0.35	13.19	14.83	1.64
盐田区	1.82	2.12	0.30	13.20	14.58	1.38
龙华区	1.33	1.55	0.22	16.53	10.11	-6.42
坪山区	2.37	2.52	0.15	10.29	9.04	-1.25
光明新区	1.96	2.36	0.40	13.00	13.22	0.22
大鹏新区	19.70	2.42	-17.28	7.95	10.13	2.18

表3　2017年公共财政教育经费与财政经常性收入增长情况

区域	公共财政教育经费(千元)			财政经常性收入(千元)			公共财政教育经费增长高于财政经常性收入增长(百分点)
	2016年	2017年	增减(%)	2016年	2017年	增减(%)	
深圳市	37032001.00	46525766.69	25.64	270735790.00	290081874.00	7.15	18.49
市本级	11520924.00	13584217.19	17.91	166603100.00	176395654.00	5.88	12.03
罗湖区	2761882.24	3538167.52	28.11	6118450.00	7791960.00	27.35	0.76
福田区	3427377.07	4463638.36	30.23	11506960.00	14023339.00	21.87	8.36
南山区	4120442.00	5523407.25	34.05	12174000.00	16302890.00	33.92	0.13
宝安区	4722773.00	6804707.71	44.08	18590340.00	21135730.00	13.69	30.39
龙岗区	4420512.40	5501352.12	24.45	20633860.00	22326400.00	8.20	16.25
盐田区	895714.54	1001705.01	11.83	3262960.00	3444760.00	5.57	6.26
龙华区	2230943.75	2703137.00	21.17	10363710.00	11247390.00	8.53	12.64
坪山区	1086500.65	1247777.41	14.84	3492550.00	4339970.00	24.26	-9.42
光明新区	1292019.00	1551736.47	20.10	4560320.00	4310590.00	-5.48	25.58
大鹏新区	552913.00	605920.65	9.59	2130790.00	3597130.00	68.82	-59.23

第一，“两个比例”情况。2017年，深圳市国家财政教育经费占GDP比例为2.63%，比上年增长0.56个百分点；2017年，深圳市公共财政教育经费占公共财政预算支出的比例为10.13%，比上年增长1.34个百分点。

第二，“三个增长”情况。2017年，全市财政经常性收入2900.82亿元，比上年增长7.15%；公共财政预算教育经费465.26亿元，比上年增长25.64%；公共财政教育经费增长高于财政经常性收入增长18.49个百分点。

3. 生均公共财政预算教育事业费支出情况

2017年，深圳市普通高校、中等职业学校、职业高中、普通高中、普通初中和普通小学的生均公共财政教育事业费支出均比上年有所增长（见表4）。

4. 生均公共财政预算公用经费增长情况

2017年，深圳市普通高校、中等职业学校、职业高中、普通高中、普通初中和普通小学的生均预算内公用经费均比上年有所增长（见表5）。

表4　生均公共财政预算教育事业费支出情况一览

单位：元，%

学校类型	2016 年	2017 年	比上年增减
普通高等学校	42027. 39	58252. 63	38. 61
中等职业学校	27134. 63	32340. 96	19. 19
职业高中	34110. 26	38897. 55	14. 03
普通高中	31512. 28	38015. 10	20. 64
普通初中	24290. 57	30339. 27	24. 90
普通小学	16425. 18	20906. 51	27. 28

表5　生均公共财政预算内公用经费支出增长情况一览

单位：元，%

学校类型	2016 年	2017 年	比上年增减
普通高等学校	22320. 87	31247. 98	39. 99
中等职业学校	10691. 72	12668. 40	18. 49
职业高中	14531. 60	15797. 22	8. 71
普通高中	7922. 89	9238. 94	16. 61
普通初中	5031. 29	6222. 18	23. 67
普通小学	3833. 19	4719. 47	23. 12

（二）全市各级各类教育规模发展情况

2017 年，深圳市共有各级各类学校 2437 所（公办学校 556 所、民办学校 1881 所），其中幼儿园 1683 所，在校学生 208. 27 万人、教职工 19. 07 万人。

1. 全市教育规模增长

与 2016 年相比，2017 年全市新增学校 127 所，增长 5. 50%；新增在校生 12. 40 万人，增长 6. 33%（见表 6）。

表6　2017 年深圳市各级各类学校总数与在校生总数

单位：所，万人

年度	学校	在校生
2016	2310	195. 86
2017	2437	208. 27
2017 年比 2016 年增加数	127	12. 40

2. 高等教育规模

2017 年，全市普通高等学校 12 所、成人高等学校 1 所，在校生共计 120318 人，比 2016 年增加 8026 人，增长 7.15%。其中，普通高等学校在校生增加 4819 人，成人高等学校在校生增加 3207 人（见表 7）。

表 7　2017 年深圳市全日制普通高等教育学校数与在校生数

单位：所，人

年度	学校数	在校生数			
		合计	研究生	本科	专科
2016	12	91883	14406	35352	42125
2017	12	96702	16089	38791	41822
2017 年比 2016 年增加数	0	4819	1683	3439	-303

3. 中等职业教育规模

2017 年，全市中等职业教育学校 25 所，在校生数为 74120 人，比 2016 年减少 447 人，降低 0.60%。其中，普通中等职业学校在校生数 3115 人，比 2016 年增加 309 人，增长 11.01%（见表 8）。

表 8　2017 年深圳市中等职业教育学校数与在校生数

单位：所，人

年度	学校	在校生
2016	24	74567
2017	25	74120
2017 年比 2016 年增加数	1	-447

4. 普通高中规模

2017 年，全市普通高中 79 所，比 2016 年增加 3 所；在校生人数 127099 人，比 2016 年增加 2883 人，增长 2.32%（见表 9）。

5. 义务教育规模

2017 年，全市小学 342 所，在校生数 964510 人；初中 289 所，在校生数 290542 人（见表 10）。

表9　2017年深圳市普通高中学校数与在校生数

单位：所，人

年度	学校	在校生
2016	76	124216
2017	79	127099
2017年比2016年增加数	3	2883

表10　2017年深圳市义务教育阶段学校数与在校生数

单位：所，人

年度	小学		初中	
	学校	在校生	学校	在校生
2016	337	910974	276	272239
2017	342	964510	289	290542
2017年比2016年增加数	5	53536	13	18303

6. 学前教育规模

2017年，全市学前教育规模有较大幅度增长，共新增幼儿园104所，增长6.59%；增加在园儿童41636人，增长8.99%（见表11）。

表11　2017年深圳市学前教育幼儿园数与在园儿童数

单位：所，人

年度	幼儿园	在园儿童数
2016	1579	463319
2017	1683	504955
2017年比2016年增加数	104	41636

7. 民办教育规模

2017年，全市各级各类民办学校在校生人数为1039484人，比2016年增加66017人，增长6.78%（见表12）。

8. 专任教师规模

2017年，全市各级各类学校教职工数为190657人，其中专任教师数为

表 12　2017 年深圳市民办学校数与在校生数

单位：所，人

年度	学校数	在校生数
2016	1765	973467
2017	1881	1039484
2017 年比 2016 年增加数	116	66017

130250 人，比上年增加 9640 人，增长 7.99%。其中，特殊教育学校专任教师增长率最高，达 25.78%（见表 13）。

表 13　2017 年深圳市各级各类学校专任教师情况

单位：人，%

年份 各级各类学校		2016 年	2017 年	2017 年比 2016 年	
				增加数	增长率
各类学校总计		120610	130250	9640	7.99
普通高等学校		5092	5572	480	9.43
成人高等学校		163	153	-10	-6.13
中等职业学校		3709	3914	205	5.53
普通高中		10264	10810	546	5.32
义务教育阶段	普通初中	20410	21780	1370	6.71
	普通小学	46975	50805	3830	8.15
学前教育		33746	36904	3158	9.36
特殊教育学校		225	283	58	25.78
工读学校		26	29	3	11.54

二　2017年深圳市教育事业发展成就及问题

2017 年，深圳市认真贯彻教育部、广东省教育厅工作部署，紧紧围绕“办好人民满意教育”的中心任务，突出问题导向，狠抓工作落实，教育事业取得新进步。

（一）高等教育规模与水平进一步提升

新建高校加快推进，哈尔滨工业大学（深圳）获批开展本科教育，深圳北理莫斯科大学首批招收118名本科生和28名研究生；中山大学·深圳初步完成校园规划设计，年度招生突破2000人；深圳技术大学通过广东省高校设置评议委员会考核评议，依托深圳大学招收首批226名本科生。高校内涵发展水平进一步提升，市内高校挂牌建设4个诺贝尔奖实验室，服务创新驱动能力进一步增强；南方科技大学高层次人才引进数量居全国高校前列，2017年自然指数排名上升到全国高校第30位；香港中文大学（深圳）一期校园交付使用，连续两年成为广东省内本科院校中录取分数最高的大学；深圳大学5个学科入选ESI世界排名前1%，新增2个国家级科研平台，提前两年超额完成省定的高水平大学建设指标。

（二）现代职业教育体系构建形成顶层设计

2017年，《深圳市人民政府关于加快建设现代职业教育体系的意见》《深圳市职业教育发展改革“十三五”规划》出台实施，绘就新时期职业教育发展蓝图。中德职业教育合作全面展开，与德国巴伐利亚州联合成立职业教育合作委员会，签署职业教育系列合作协议，深圳信息职业技术学院中德学院、中德职业教育合作研究中心正式挂牌成立，成立汉斯赛得尔基金会深圳办公室。新建31个职业教育校外实训基地、100个学习型社区；获全国职业院校技能大赛一等奖15个，奖牌数稳居国内前列。

（三）基础教育优质特色发展取得新进展

学位供给度加大，34所中小学校新改扩建工程完工，其中75%位于原特区外，有效提升原特区外教育均衡水平；新增幼儿园学位2万个，新增普惠园126所，全市普惠园幼儿园总数达到1183所，占比70.3%。将港澳籍人员子女入学纳入深圳市基本公共服务范围，符合条件的港澳籍子女可申请就读深圳市公办学校，共有2963名“双非”儿童到公办学校就读，占申请总数的45.6%。大力提升学生综合素养，财政安排2061万元在全市中小学建设100个3D技术实验室，投入1000余万元继续推进中小学“好课程”向品质化阶段发展，入选全国十二个“全国青少年校园足球改革试验区”（广东省唯一）。落实立德树人根本任务，加强社会主义核心价值观教育，中小学文明校园创建率达100%，首次评选“特区模范少年”144名，评选100名“我最喜爱的班主任”并电视颁奖，社会舆论给予好评。

（四）民办教育发展环境进一步优化

调整优化民办中小学、幼儿园惠民政策，自2017年民办义务教育学位补贴标准小学每生每年由5000元提高至7000元，初中每生每年由7000元提高至9000元，民办中小学、幼儿园长期从教津贴标准提升50%。开展民办教育“托底”、学前教育“托底改薄”专项行动，财政核拨1200万元实施民办高中质量提升工程，核拨2900万元开展幼儿园等级评估奖励，薄弱学校、幼儿园办学质量提升明显。积极承接广东省下放的外籍人员子女学校审批权限，起草《深圳市外籍人员子女学校发展规划（2017～2020年）》，助力深圳国际化城市建设。深圳柏朗思观澜湖外籍人员子女学校获批设立，全市外籍人员子女学校增至8所。

（五）教育体制机制改革进一步深化

切实强化教育督导权威，挂牌成立市人民政府教育督导委员会，首批成立6个教育督学工作室，建立市督导评估专家库，全年开展义务教育学位建设专项督导等4项督导。深入推进依法治教，制定并公布重大行政决策事项目录和听证事项目录，全市累计创建市以上依法治校示范校178所。经费保障水平居国内领先，提高公办学校运行经费生均拨款标准，特殊教育学校、义务教育阶段各类附设特教班、随班就读以及送教上门学生的公用经费补助标准。加强校长教师队伍建设，创新深圳“年度教师”评选方式，名额由1名增加到5名，成立“年度教师”工作室并在全市及对口地区开展“年度教师”巡回分享；启动中小学校长职级制改革，制定评定实施方案及指标体系，优化校长专业化发展路径；拓宽教师海外培训合作院校和培训对象，首次举办赴德国职业教育海培班和省、市名班主任海培班。启动首批深圳教育云教学应用试点，100所“智慧校园”示范作用明显，南山区获评为教育部第一批教育信息化“优秀试点区”。

2017年深圳教育取得显著成绩，但也存在不少问题，面临诸多挑战。一是当前教育部对异地办学和中外合作办学审批政策收紧，深圳市与国内外一流大学合作办学的前景存在不确定性。二是基础教育学位紧，优质学位资源不足，区域发展不均衡，优秀教师及领军人才引进难度大。三是中职吸引力不足，产教融合政策环境不健全。四是学前教育学位压力大，财政投入不足，幼儿园整体办学条件和水平有待提升。五是民办学校整体办学水平较低，缺乏品牌学校，整体社会认同度还不高。

三　2018年深圳市教育事业发展思路

2018年，深圳教育将紧紧围绕党的十九大和教育部、省教育厅对教育提出的新要求、新任务，主动回应市民群众对教育的新期待，集中力量办好一批社会关注的教育大事，解决一批群众关心的教育难点热点问题，努力办好市民满意的教育，为城市发展和民生幸福提供更有力的支撑。

（一）加快建设国际化开放式创新型高等教育体系

创新高等教育发展模式，对标国际一流，优化对高水平大学建设的支持政策，推动深圳大学和南方科技大学成为全省高水平大学建设标杆，争取哈工大（深圳）、港中大（深圳）纳入广东省高水平大学建设计划。加快推进国内名校深圳校区和特色学院落地，对作用重大、条件成熟的深圳校区和特色学院，争取早日获批建设。加快中山大学（深圳）、哈工大（深圳）、深圳北理莫斯科大学校区建设，稳步扩大招生规模。争取深圳技术大学去筹正式设立。实施重点领域高校建设工程，启动深圳设计学院、中山大学深圳校区医学院、南方科技大学与约翰·霍普金斯大学合作共建医学院，合作共建“深圳—麻省理工联盟”。成立高等教育改革发展咨询委员会，强化对高等教育重大事项的论证和评议。

（二）打造国际一流的现代职业教育体系

大力引入优质职业教育资源和标准，提升职业教育国际化水平。深入推进中德职业教育合作，全面推行“双元制”“现代学徒制”人才培养模式。支持深圳职业技术学院和深圳信息职业技术学院建设全国一流职业院校。探索通过立法、财政和集团化等更有效的政策和措施，突破校企合作瓶颈，优化职业教育发展生态环境。建设 20 个以上职业教育校外实训基地，新增 2000 个以上实习实训岗位。新创建 130 个学习型社区，扩大全民素质提升计划试点范围。

（三）提升基础教育优质均衡发展品质

加快推进中小学学位建设。新改扩建义务教育学校 30 所、公办普高 4 所，新增公办中小学学位 4.5 万个、普高学位 5600 个；大力推行新型公办园建设，新增幼儿园学位 2 万个，新增普惠性幼儿园 100 所；实施深圳市第二期特殊教育提升计划，加快一批特殊教育学校建设进度。启动新一轮中小学教育设施布局规划，制定《深圳市推进高水平普通高中建设三年行动计划》，大力推动高中教育优质化、特色化；出台《深圳市幼儿园规划建设及使用管理办法》，加人规划幼儿园建设力度；实施新修订的《深圳市学前教育机构设置标准》，允许举办规模较小、服务形式灵活的其他类型学前教育机构。深入实施素质教育，制定并实施《深圳市中小学科技创新教育三年行动计划》（2018 ~ 2020 年），鼓励支持高科技企业参与学校创新教育，全面提升学生创新等综合素养；优化普惠园奖励性资助政策，大力建设优质特色示范幼儿园，提升学前教育发展质量；全面推行集团化办学，新组建一批教育集团，扩大优质教育资源覆盖。

（四）提升民办教育发展水平

争取制定出台深圳市营利性和非营利性民办学校分类登记办法，落实民办学校分类管理，构建差异化的民办学校特色发展扶持政策。完善财政扶持民办教育机制，鼓励社会力量举办优质教育。开展民办学校义务教育招生积分入学试点，规范民办学校招生秩序。加强对薄弱民办学校的引导和监管，加强民办学校师资队伍建设，不断提升优质民办学校数量和比重。

（五）深化教育体制机制改革

积极开展教育督政、督学和教育质量监测工作，实施《深圳市公办义务教育学位建设专项督导方案》，对学位建设等教育热点、难点问题开展专项督导。研究制定教育人才专项政策，加快推进中小学教师职称和校长职级制改革，培养更多的教育家型校长。深化全市校长教师轮岗交流，建立教师分层分类培养和梯队培养机制，健全教师岗位聘任、绩效考核和退出机制。实施推进中小学建设新标准，坚持高起点规划、高水平设计、高标准建设；强化校园及周边环境综合治理，完善学校安全监管机制。基本完成深圳教育云项目主体工程建设，探索教育资源共建共享新机制；争取出台义务教育阶段学生午餐午休管理工作意见，构建午餐午休管理长效机制。

B.3

2017~2018年深圳市人力资源和社会保障事业发展报告

孟凡友*

摘 要： 2017年深圳市人力资源和社会保障工作卓有成效，工作中坚持高质量充分就业，大众创业万众创新蓬勃发展，2017年城镇新增就业人数10.1万人，城镇登记失业率2.2%，“零就业家庭”动态归零；坚持体制机制创新，社会保障水平稳步提升，2017年社保五险总参保人次5881万，同比增长6.5%，占全省的20.49%；坚持人才优先发展，人才竞争比较优势加快形成，全年新增专技人才9.7万人，累计153.8万人；坚持深化人事制度改革，管理科学化水平明显提升；坚持完善劳资纠纷预防化解机制，劳动关系和谐稳定，全市人力资源保障信访总量达53045宗，涉及81302人次，同比分别下降1.33%和17.9%。2018年人力资源和社会保障工作重心是继续坚持就业优先战略和积极就业政策，有力促进社会保障体系更加公平更可持续，建设更具竞争力的“人才特区”，锻造更加符合现代治理体系的高素质专业化干部队伍，构建更加和谐稳定的劳动关系。

关键词： 人力资源　社会保障　“人才特区”

* 孟凡友，深圳市人力资源和社会保障局。

2017年是党的十九大胜利召开之年，具有重要里程碑意义，深圳市人社系统坚决按照党中央和市委市政府决策部署，以人民为中心，大力践行新发展理念，在提升民生福祉、服务创新驱动、助力供给侧结构性改革等方面取得突破性进展，充分发挥人社部门民生保障、人才智力支撑作用，各项工作取得新成绩。

一 2017年情况

（一）坚持高质量充分就业，大众创业万众创新蓬勃发展

大力实施促进就业和创业带动就业战略，主动适应新产业、新业态、新模式，多措并举破解结构性就业矛盾，保持就业局势总体稳定。一是就业渠道不断拓展。2017年城镇新增就业人数10.1万人，城镇登记失业率2.2%，“零就业家庭”动态归零。深圳经济实现高质量发展，创造就业能力增强，华为、中兴等行业领军企业就业渠道作用明显；发放职业技能培训补贴，支持富士康、比亚迪等制造业企业稳定就业基本面；适应新经济、新业态条件下的劳动用工特点，有效支持腾讯等“互联网+”企业、共享经济企业拓展就业新领域；第三产业、中小微企业就业吸纳能力进一步增强。二是创业带动就业效应明显。聚焦深圳产业发展规划，出台就业创业工作实施意见，持续增强创业带动就业能力。举办2017深圳“逐梦杯”大学生创新创业大赛、珠三角自主创业项目推介会。开展创业导师进基层活动，为2000余名创业者提供“一对一”创业指导服务。全市共有市级创业孵化基地50家，累计进驻企业10000余家，带动6万余人就业。全年发放自主创业补贴1898万元，创业担保贷款4394万元。三是重点群体就业保障有力。出台《高校毕业生职业技能培训补贴办法》，实施高校毕业生就业促进计划，举办校园推介会、高校毕业生双选会。开展“南粤春暖”“春风行动”活动，举办500余场免费招聘会，提供近14万个岗位。完善失业保险制度，提高失业保险待遇。四是精准扶贫扎实推进。落实国家精准扶贫战略，聚焦劳务协作

地区建档立卡贫困劳动力，一对一跟踪精细服务，新招广西百色、河池贫困劳动力到深就业478人。开展技能扶贫，自2016年以来累计招收贫困生838人，实现“培养一人、就业一人、脱贫一户”。

（二）坚持体制机制创新，社会保障水平稳步提升

应对人口总量、结构新特点，织密扎牢民生保障网，持续增强群众获得感、幸福感、安全感。一是参保扩面稳步推进。实施全民参保计划，社保五险总参保人次5881万，同比增长6.5%，占全省的20.49%；其中，养老、医疗分别为1134.32万人、1396.11万人；各项社保基金当年结余977.47亿元。二是保障水平持续提升。深圳市企业退休人员2017年调整后月平均基本养老金为3803元，居全国同等城市首位。医保参保人目录范围内住院费用平均记账比例为90%，居国内大中城市前列。2017医保年度重疾补充保险自愿参保人数为625万，同比增长24%。将符合条件的参保少儿及大学生全面纳入财政补贴范围，共计补贴8.95亿元。全市77家医疗机构接入国家平台，80家医院实现省内异地就医直接结算，省内异地456家医院实现住院费用直接结算，切实让参保人少“跑腿”、少“垫资”。深入实施“同舟计划”，补齐建筑行业工伤高风险保障短板。拟制《深圳市职工劳动能力鉴定管理办法》，完善鉴定工作制度。三是深化改革持续发力。贯彻落实企业职工基本养老保险省级统筹，确保省统筹方案在深圳市平稳实施。出台机关事业单位工作人员养老保险制度改革意见及相关配套文件，确保改革平稳过渡实施。推进“与分级诊疗相结合的医疗保险总额管理制度”，助力“罗湖模式”成为全国医改样板。按照国家部署，积极推动按疾病诊断相关分组付费（DRG）改革试点工作，探索引领医保支付制度改革新方向。四是去降补政策持续实施。全年社保降费减负94.02亿元（含生育津贴13.97亿元），发放稳岗补贴15.06亿元。取消企业退休人员社会化管理费，降低实体经济成本负担。

（三）坚持人才优先发展，人才竞争比较优势加快形成

以“国际化、高端化、市场化、法治化”为引领，充分发挥市场配置

作用，突出业绩、能力和市场导向，多元化、多维度评价人才，以全球视野广聚天下英才。一是人才队伍规模持续扩大。加大人才资助力度，提高城市人才竞争力，全市新增全职院士 12 名，累计 29 名；新增专技人才 9.7 万人，累计 153.8 万人，其中新增国内高层次人才 730 人，累计 6979 人；新增技能人才 23 万人，累计 331 万人，其中高技能人才占比 29%；新确认孔雀计划人才 958 人，累计 2954 人；新引进海外留学人员 1.8 万人，累计近 10 万人。全年共引进各类人才 26.3 万人，同比增长 42.5%，其中本科以上学历 17.4 万人。二是高层次人才培养力度不断加大。紧密结合产业发展需求，制定和修订人才伯乐奖、鹏城杰出人才选拔培养办法，高层次人才奖励补贴发放办法等政策。博士后工作提质增效，支持创新型企业设立博士后工作站、创新实践基地，扩大博士后招收规模，全年新引进进站博士后 935 人，同比增长 20%，在站博士后达 1924 人，占全省的 44%。三是海外引才引智稳步推进。积极争取以受委托方式实施外国人才签证制度。实施留学人员“放管服”微改革，留学人员业务办理“零跑动”。成功举办第十五届中国国际人才交流大会和第一届中国深圳创新创业大赛国际赛，6 个项目正式落户深圳，充分发挥了人才与岗位的对接站、创新创业项目的推介台、人才交流信息的展示窗作用。举办 11 期“人才智路演、创业大讲堂”系列公益活动。四是技能人才工作成效显著。弘扬工匠精神，强化“深圳技能大赛”和“工匠之星”竞赛品牌内涵，全年新增“全国技术能手”7 名、“鹏城工匠”9 名、“技能菁英”30 名、“深圳市技术能手”251 名。加强技能人才培养载体建设，新评审认定大师工作室 6 个、共 23 个，技师工作站 14 个、共 103 个，高技能人才培训基地 25 个、共 148 个。深化国际合作、校企合作、产教融合，积极推进深圳工匠学院筹建，推进企业新型学徒制试点。成功举办第 44 届世界技能大赛全国选拔赛暨中国（深圳）国际技能邀请赛，在第 44 届世界技能大赛中，深圳获得 1 银 2 铜的好成绩，实现深圳选手奖牌“零”的突破，奖牌数占全国的 1/10。五是人力资源服务业快速发展。制定深圳市首部人力资源服务业扶持政策。建成近 13 万平方米的“一园多区”人力资源服务产业园，多家知名机构相继落户，人才园人力资源产业园发展模式荣获第五届南都街坊口碑榜十大金奖。

（四）坚持深化人事制度改革，管理科学化水平明显提升

突出政治标准，围绕治理体系治理能力现代化要求，全面提升干部队伍素质能力、专业水平，激发干事创业活力。一是人事改革工作稳妥推进。完善公务员管理政策，修订专业技术类气象职组公务员管理办法，做好与国家公务员分类和聘任制顶层设计衔接的准备工作。修订事业单位岗位管理办法，公布2017年度人才紧缺岗位和特殊岗位目录。完善中小学校长职级制管理办法配套制度和中小学赴外招聘政策。统筹研究推进非编人员规范管理。下放部分任免、聘用业务备案权限，加强事后监管。二是工资收入制度逐步完善。落实国家调整机关事业单位基本工资标准和增加离休人员离休费工作。配合司法体制改革，完善司法人员职业保障制度。会同相关部门按照国家要求规范完善奖励性补贴和改革性补贴政策。三是干部队伍建设卓有成效。全市公务员、职员15.15万人，本科以上学历占86%。公开选拔70名紧缺专业人才担任街道领导班子成员。“双百苗圃计划”成效明显，公开招聘、选调紧缺专业公务员近700人，赴“北上广”重点高校招录55名选调生。充分发挥事业单位集聚专业人才效应，选聘紧缺及高层次人才516名，赴外地重点院校招聘应届优秀毕业生2000名，公开招聘教师、医生等事业单位工作人员7000余名。顺利完成152项人事考试任务。落实军改工作部署，接收安置计划分配军队转业干部532名，自主择业军队转业干部97名，高质量、高标准完成年度安置任务。四是履职能力培养落到实处。深化公职人员“分类分级”培训，打造赴港培训和高校培训等精品项目。改革干部考核机制，深化公务员平时考核试点，建立全市行政执法人员日常考核制度，考核结果与执法人员任职、交流、教育、奖惩挂钩。

（五）坚持完善劳资纠纷预防化解机制，劳动关系和谐稳定

坚持法治思维、法治方式，突出抓好风险预防化解，劳动关系和谐稳定。一是风险防控不断加强。加大劳资领域风险隐患排查化解力度，顺利完成党的十九大等特别防护期维稳工作任务，推动信访工作制度化、标准化、

智能化。2017 年，全市人力资源保障信访总量 53045 宗，涉及 81302 人次，同比分别下降 1.33% 和 17.9%。二是协调机制创新发展。积极开展部省、省市和谐劳动关系综合试验区建设，盐田区已初步确定为全国部省共建 3 个县区之一，坪山区开展省市共建试验区建设。2017 年 6 月 1 日深圳市最低工资标准调整为 2130 元/月，在全国首创发布企业用工成本信息、社会组织工资指导价位。在全省率先发布劳务派遣服务规范、单位等级划分与评定地方标准。优化劳动争议调解机制，基层劳动争议调解组织综合示范经验在全国推广，全市各类劳动争议调解组织共调解案件 25572 宗，调解成功率 86.3%。依法开展欠薪保障工作，全年垫付欠薪案件 93 宗，共 1524 万元。三是监察力度不断加大。全市各级劳动监察机构共检查用人单位 29740 家次，涉及劳动者 318.76 万人；参与处置 30 人以上劳资纠纷 101 件，同比下降 16.5%；向公安机关移送涉嫌拒不支付劳动报酬犯罪案件 79 宗；妥善处置沃特玛、城市厨子、昱科环球等劳资纠纷群体性事件。出台《全面治理拖欠劳务工工资问题实施方案》，健全预防和解决拖欠工资长效机制。积极推进建筑工地劳务工实名制和分账制，源头预防和治理工程建设领域欠薪问题。开发建设劳资纠纷风险预警信息系统，构建全市劳资纠纷预警平台，强化风险预警防范。四是仲裁效能稳步提升。全市仲裁机构共立案 30916 件，同比下降 4%；结案率 92.79%，为历年最高，超额完成省厅下达的结案任务。要素式办案模式改革得到部、省领导的高度肯定，在全国推广。率先探索“以事定费、以案配人、专业发展”，建立仲裁人员队伍长效管理机制。在全国率先建成裁审衔接信息同步共享平台，实现裁审衔接常态化、信息化。开展《深圳市劳动争议裁审衔接课题》研究工作，在全国率先对进入诉讼环节的仲裁案件进行实例分析。

二　2018年重点

（一）坚持就业优先战略和积极就业政策

就业是民生之本，是人社系统第一位的任务。要实现党的十九大确定的目标，必须坚持就业优先战略和积极就业政策，着力稳定和扩大就业规模，提升就业质量，切实发挥创业带动就业的倍增效应。2018 年全年争取实现新增城镇就业人口 8 万人，实施城镇调查失业率制度，确保城镇登记失业率继续保持在 3% 以下的较低水平，保持“零就业家庭”动态归零。在发挥大企业就业优势的同时，要更加注重新业态对劳动力的吸纳作用。2018 年，要切实加强新就业形态用工平台监测，促进新动能成为拉动就业的重要力量，释放创新创业的巨大潜力。积极扶持就业弹性高的创新型企业、现代服务业以及中小微企业，挖掘新的就业增长点。

（二）有力地促进社会保障体系更加公平、更可持续

社保是民生安全网、社会稳定器。要实现党的十九大目标，必须按照兜底线、织密网、建机制的要求，有力地促进多层次的社会保障体系更加公平、更可持续。2018 年，将推进实现社保法定人群全面覆盖，继续深化社会保险制度改革，确保各项社会待遇稳固可靠，经办管理服务高效便捷，打通社保服务最后“一公里”。把养老保险制度改革作为关系全局的基础性、关键性领域改革，积极研究基本养老保险基金中央调剂制度，及时提出落实办法和措施，着力维护深圳市参保人权益。

（三）建设更具竞争力的“人才特区”

人才是实现民族振兴、赢得国际竞争主动的战略资源。要努力践行“聚天下英才而用之”的战略思想，把人才优先发展战略作为新时代深圳城市发展的核心战略，着力在管理机制上“放权”、在评价机制上“放开”、在分配机制上“放活”，加快构建起与国际接轨、更具全球竞争力的人才制度体系，最大限度激发和释放人才创新创造活力。2018 年将重点深化人才评价激励机制改革，完善市场化、社会化、多元化的人才评价机制。出台深圳市职称制度改革实施办法，重点推进深化中小学教师职称制度改革、高校教师职称自主评价改革、卫生系统职称制度改革，承接省厅下放正高职称评审等工作。开展社会化职称制度改革评估，

引入多元评价，简化流程、改进方法，在社会化职称评定改革中形成新的突破。

（四）锻造更加符合现代治理体系的高素质、专业化干部队伍

2018 年人事管理工作方面的重点工作是深入完善公务员分类管理和聘任制改革，提升干部人事管理效能，继续完善工资收入分配制度。以转换用人机制和搞活用人制度为核心，以深化聘用制度、岗位管理制度和绩效考评制度为重点，继续推进事业单位人事制度综合配套改革，建立健全分类人事管理制度。推进公立医院、高校人事管理和薪酬制度改革，落实公立医院、高校用人自主权，进一步激发生机活力。强化事业单位公益属性，完善事业单位内部治理，构建事中事后监管体系。

（五）构建更加和谐稳定的劳动关系

完善政府、工会、企业共同参与的协商协调机制，构建和谐劳动关系，实现十九大确立的目标，坚持运用法治思维和法治方式加强劳动关系调整制度建设，加快健全党委领导、政府负责、社会协同、企业和职工参与、法治保障的工作体制，健全工资正常增长机制和支付保障机制。2018 年，要多措并举提升劳动关系治理水平，坚持按劳分配，促进收入分配合理有序；坚持共建共享，提高劳动关系构建法治化、社会化、智能化水平；坚持依法处置，稳妥化解劳动关系矛盾。市区要积极联动，主动作为，开展部省、省市多层次构建和谐劳动关系示范区工作，推动和谐劳动关系试验区建设提质增效，带动深圳市和谐劳动关系构建工作迈上新的台阶。

B.4
2017 ~2018年深圳市卫生与健康事业改革发展报告

罗乐宣 李 创*

摘 要： 2017 年，深圳卫生与健康事业以推进健康深圳建设为主线，以提升健康服务质量为主题，坚持以健康为中心、以基层为重点，改革创新、加强管理、优化服务，圆满完成年初既定的各项目标任务，市民主要健康指标水平持续向好。党的十九大提出实施健康中国战略，完善国民健康政策，为人民群众提供全方位、全周期健康服务。深圳市卫生与健康事业也进入新时代，在市民对更高质量、更多层次的医疗健康需求与当前医疗健康服务供给不平衡不充分之间的矛盾依然突出的现实判断下，要继续深化医药卫生体制改革，全面实施健康深圳行动计划，加快建设健康中国先行区。

关键词： 深圳市 卫生 健康 “健康深圳”

一 2017年深圳卫生与健康事业改革发展情况及成效

（一）深化医改取得新进展、新成效

围绕五项基本医疗卫生制度建设，突出“保基本、强基层、建机制”，

* 罗乐宣、李创，深圳市卫生计生委。

纵深推进综合医改。全面总结推广罗湖经验，各区共组建了12家基层医疗集团。国务院医改办、广东省医改办分别在深圳召开现场会，集中推广深圳市以基层医疗集团为主要形式的医联体建设经验。出台了家庭医生服务“深圳标准”，建立了财政补助机制，家庭医生覆盖面持续扩大，服务质量稳步提高。以组建基层医疗集团为契机，区属公立医院管理体制改革步伐加快，法人治理结构逐步建立。研究制定了公立医院人事、薪酬制度改革实施方案，完善了公立医院公益性评价制度。异地就医医保报销实现直接结算，与分级诊疗制度相衔接的医保基金“总额管理、结余留用”机制全面推广，按疾病诊断相关分组（DRG）收付费改革国家试点工作稳步推进。公立医院药品集团采购改革试点获得国家卫生计生委、省政府领导肯定和推广，药品综合降幅超过22.57%。分步调整了1594项医疗服务项目价格，医院和医务人员的收入结构进一步优化。《深圳经济特区医疗条例》正式实施，出台医疗机构执业登记办法、诊所设置标准、电子病历管理办法等配套政策。卫生计生执法全过程记录、“双随机、一公开”监督抽查工作全面推开。

（二）健康深圳建设迈出坚实步伐

贯彻健康中国战略，坚持预防为主、防治结合、联防联控、群防群控，加快构建“大卫生”“大健康”发展格局。深圳市委市政府出台了健康深圳行动计划，明确了未来三年的工作目标、路径和措施。制定了医疗机构公共卫生责任清单和工作指南，完善了公共卫生机构绩效评价制度，以强化公共卫生服务管理。调整完善基本公共卫生服务组织领导架构，组织开展两轮督查评估，推行居民电子健康档案实名制建档，全面加强基本公共卫生服务项目实施的绩效管理。慢性病“防治管”一体化深入推进，率先开展“慢性病高风险人群健康管理项目”试点，全市10个区（新区）全部通过国家慢性病综合防控示范区创建评审或复核。深入开展全民健康生活方式行动，累计创建健康单元724个。公共场所实现全面禁烟，全社会支持、参与控烟的氛围逐步形成。H7N9流感、登革热、手足口病等重大传染病疫情得到有力有效防控，全面推广结核病“互联网＋DOT”管理模式，校园结核病、艾滋病集聚疫情得到有效遏制。

（三）卫生与健康供给和服务能力稳步提高

出台“十三五”区域卫生规划、医疗机构设置规划。市孙逸仙心血管医院新院区、深圳大学附属总医院、深圳萨米医疗中心试营业，中山大学附属第七医院基本完工。全年新增床位3000张、执业医生2300名、三甲医院5家。新引进100个“医疗卫生三名工程”学科团队。北京大学临床研究所（深圳）挂牌成立，成立了5个国家临床医学研究中心深圳分中心。市第三人民医院获得肝脏、肾脏移植执业资质。香港大学深圳医院获批“国家药物临床试验机构”资格。启动实施“临床研究3030计划”。全年共举办近200场国际、国内高水平医学学术会议。全市卫生计生系统共获得84项国家自然科学基金立项，同比增加30项；牵头承担国家科技重大专项3项、重点研发计划1项。全面推进国家中医药综合改革试验区创建工作，引进北京中医药大学、广州中医药大学来深合作办医办学，新增选广东省名中医8名，市中医院入选全国百家中医药传承创新工程重点中医医院。设立了北京中医药大学中医体质与治未病研究院（深圳）、国家中医药管理局传统医药国际交流中心合作基地、海峡两岸暨港澳地区中医药国际交流中心，中医药服务辐射力、影响力进一步提升。深圳市代表队夺得广东省卫生应急技能竞赛省级决赛暨全国选拔赛团体一等奖。

（四）市民群众对健康的获得感明显增强

出台《深圳市民健康手册》，明晰了向市民免费提供的20类公共卫生服务项目。新增实施21、13、18－三体综合征基因筛查，新生儿遗传代谢病、听力筛查，适龄妇女宫颈癌HPV基因检测筛查，60岁以上老人流感和肺炎疫苗接种等惠民项目。二年级小学生免费窝沟封闭服务6.89万人，实现全覆盖。加快市区两级急危重症孕产妇和新生儿救治中心、区级出生缺陷综合干预中心建设，有力地保障妇幼健康。孕产妇死亡率、婴儿死亡率维持在较好水平，出生缺陷发生率连续4年下降。积极稳妥地推进全面两孩政策，加强政策配套衔接，全面实行生育登记和再生育审批，大力推进网上办理，落实"一站式"服务承诺制。开展"新市民健康城市行"活动，丰富了流动人口基本卫生计生服务内涵。拓展了一批幸福家庭活动品牌项目，获评全国创建幸福家庭活动示范市。独生子女奖励扶助落实率、特殊家庭建档率和联系人制度完成率均达100%。设立了计生特殊家庭心理援助指导中心和计划生育关爱医疗基金，进一步加大对计生特殊家庭的关爱帮扶力度。深入推进医养结合国家试点工作，健康老龄化加快发展。人口健康信息化"12361"工程和卫生光纤专网建设等项目逐步开展实施，"深圳健康网""健康深圳APP"上线运行，社康中心信息系统改造升级逐步推进，市民看病就医、健康服务更加便捷高效。官方微信获评"广东省十大最具影响力政务微信"。

二 卫生与健康事业发展存在的主要矛盾和问题

主要表现为市民对更高质量、更多层次的医疗健康需求与目前医疗健康服务供给不平衡不充分之间的矛盾。一是医疗卫生资源配置方面，市民医疗健康需求仍呈快速增长趋势，医疗卫生高地辐射力逐步增强，未来一段时间，仍将面临医疗资源总量不足和结构不合理的双重矛盾。千人床位数（深圳3.59张、北京5.38张、上海5.34张、广州6.26张）、千人医生数（深圳2.69张、北京4.64张、上海2.71张、广州3.33张）与北上广等一线城市相比，仍有较大差距。原特区内外医疗资源分布不均衡，基层医疗卫生资源相对薄弱，社会办医的规模和品牌有待提升。二是医疗卫生服务能力水平方面，整体医疗技术实力不强（如国家级医学重点学科深圳只有14个，北京209个、上海156个、广州97个），与北上广等城市仍有较大差距，与城市发展定位不相匹配。三是医教研协同发展方面，缺少高水平医学院校、医学研究机构的支撑（如医学类高等院校深圳仅1所，北京4所、上海5所、广州6所），医疗、教学、科研协调联动发展水平较低，卫生与健康科技创新体系不完善、创新能力不强。四是医疗健康服务衔接方面，以基层医疗集团为载体的整合型医疗卫生服务体系建设刚起步，上下联动、医防融合、医养结合机制尚未得到全面贯彻落实，医疗、预防、康复和健康促进等健康服务衔接仍然不够紧密。五是制度建设方面，“将健康融入所有政策、全民共建共享”的健康深圳建设体制机制尚不完善。基本医疗卫生服务的筹资制度、服务体系、监督评价机制尚未形成闭环。公立医院编制、人事、薪酬等重要领域和关键环节改革需要加快推进。六是重大疾病防治形势仍然严峻。深圳市人口规模大，老龄化进程加速，口岸多，多种影响健康的因素相互交织，慢性病防控形势严峻，新发传染病时有出现，市民健康保障面临新问题、新挑战。

三 2018年深圳卫生与健康事业的发展重点

2018 年是全面贯彻落实党的十九大精神的开局之年，是改革开放 40 周年，也是实施“十三五”规划承上启下的关键一年。2018 年全市卫生计生事业发展的总体思路是，以习近平新时代中国特色社会主义思想为指导，深入学习贯彻党的十九大精神，全面落实新时代卫生与健康工作方针，根据国家、省对卫生计生工作的要求和市委市政府工作部署，全面加强行业党的领导和党的建设，以实施健康中国战略为主线，聚焦补短板、强基层、建高地、促健康，继续开展“健康服务质量提升年”活动，突出“四个持续、三个着力、两个全面、一个统筹”，深化医药卫生体制改革，完善基本医疗卫生制度，提升医疗卫生服务质量水平，完善重大疾病防控策略，促进生育政策和相关经济社会政策配套衔接，提高卫生计生治理能力和发展保障水平，充分调动医务人员积极性、主动性、创造性，奋力推动全市卫生与健康事业在新时代走在前列、再创新局，加快建设健康中国先行区。

（一）持续深化医药卫生体制改革

坚持以改革创新为动力，在重点关键环节发力，在完善制度、落实措施上下硬功夫，把医改推向纵深。巩固扩大分级诊疗制度建设成效。重点做实基层医疗集团，完善运行机制，落实强基层政策。坚持预防为主、防治结合、医养融合、体医结合，推动公共卫生工作重心下移、资源下沉到社区。加快推进现代医院管理制度建设。健全内部决策、运行、管理各项制度，2018 年全市所有公立医院要制定章程。年内启动公立医院人事、薪酬和院长年薪制改革试点。以监控不合理临床用药、检验检查为重点，严控医疗费用不合理增长。强化“三医联动”改革。完善复合式支付方式，扩大按病种付费实施范围，做好按疾病诊断相关分组收付费改革试点工作，在基层医疗集团落实医保基金“总额管理、结余留用”制度。继续推进公立医院药品集团采购，启动医用耗材集团采购改革，协同有关部门推动大型医疗设备采购方式改革。利用药品、耗材、医用设备采购费用下降空间，动态调整医疗服务价格。建立健全综合监管制度。研究制定改革完善医疗卫生行业综合监管制度实施方案，完善监管体系，创新监管方式，推动协同监管、大数据监管、诚信监管。大力发展健康服务业。深化“放管服”改革，采取包容审慎的监管方式，促进健康服务新技术、新业态、新模式、新产业规范发展。落实各项优惠政策，促进社会办医加快发展。鼓励社会资本举办高水平、国际化医疗机构，以及品牌连锁全科诊所，康复照护、安宁疗护等医疗健康服务机构。各区要放开准入限制，鼓励社会力量举办社康机构，促进有序竞争。

（二）着力提高基层医疗卫生服务能力

强基层是分级诊疗的关键，也是满足市民群众看病就医需求的治本之策，必须花大力气、下真功夫。做强社康中心等基层医疗卫生机构。进一步加强社康机构标准化建设，到 2018 年底，全市社康机构标准化建设达标率力争达到 90% 以上，全面实现每个街道有 1 家 1000 平方米以上的一类社康中心。按照市政府推广罗湖医改经验推进基层医疗集团建设若干措施的要求，加快推进市属医院举办的社康机构属地化管理。重视和加强全科医生队伍建设，加大政策倾斜力度，通过招聘、转岗培训等方式，继续壮大全科医生力量。大力开展健康管理师、健康促进员培训，支持社会体育运动指导员参与社区健康服务工作，充实社区健康服务力量和家庭医生服务团队。加强社康中心信息化建设，全面启用新的社区健康服务信息系统，提高服务效率。2018年底，全市社康机构门诊量占比力争提高到40%左右。做实家庭医生服务。出台家庭医生服务标准、财政补助管理办法和绩效考核标准，强化绩效考核，以老年人、儿童、孕产妇、残疾人、严重精神障碍患者、贫困低保人口、计划生育特殊家庭以及慢性病患者为重点，提高服务质量和签约居民获得感。

（三）全面推进健康深圳建设

重点是推动建立健康深圳建设组织协调机制，抓好健康深圳行动计划的落实，强化公共卫生服务。加强公共卫生服务能力建设。出台公共卫生服务强化行动计划，建设五个公共卫生创新平台，整合五大公共卫生监测网络，实施五大公共卫生学科人才项目，推出一批公共卫生重点项目。提高慢性病网格化、信息化、精准化管理水平，推动慢性病、癌症、心血管疾病等国家级区域性防治基地建设。大力提升市民健康素养水平。以学校健康教育和医院健康教育为重点，改革健康教育与健康促进体制机制，研究出台健康知识和技能核心信息发布制度，综合运用动漫、游戏、视频等手段，促进全民健康教育生动化、生活化。健全健康素养和健康生活方式监测体系，力争市民健康素养水平提高至20%左右。推进健康校园建设。总结推广龙华区创建国家健康促进示范区创建经验，动员社会力量参与健康促进小区建设，添置健康自我检测设备，全面提高市民健康自我管理水平。加强健康影响因素干预。巩固国家慢性病综合防控示范区建设成果，加强慢性病高危因素社区综合干预、智能监测和评估管理。深化拓展“三减三健”行动，实施小学生窝沟封闭、老年人口腔保健等专项。加强孕妇、儿童、老人、慢性病患者等重点人群和学校、幼儿园、养老机构等重点场所的营养健康管理，以及儿童、青少年肥胖、近视、龋齿、贫血等常见疾病监测和综合干预。以大肠癌为试点，推进重点癌症早诊早治项目。加强控烟效果监测评估，推进“无烟城市”创建工作。强化重大疾病防控。加强学校和托幼机构暴发疫情防控。坚持联防联控、群防群控，做好重大传染病和新发传染病疫情的防控工作。实施国家“2035年终结结核病”和“2030年消除丙型肝炎危害”两大行动，以学校、企业为重点，着力防控流感、水痘、手足口病和感染性腹泻等聚集性疫情，全市中小学校传染病暴发疫情同比降低15%以上。制订专项行动计划，着力加强结核病、病毒性肝炎、艾滋病、梅毒、淋病、猩红热等疫情防控，降低传染病发病率。强化基本公共卫生项目管理。完善深圳市民健康手册，推动基本公共卫生服务、重大公共卫生服务、计生技术服务项目整合。出台基本公共卫生服务项目管理办法，推进居民健康档案实名制和分类管理，健全政府购买服务和绩效考核制度，落实属地化和分片包干制。提高卫生应急核心能力。加强市胸痛中心、卒中中心、创伤中心、危重孕产妇救治中心、危重儿童和新生儿救治中心建设，构建快速高效的危急重症医疗救治体系。推进智慧急救网络体系建设，增强公众医疗急救意识和自救互救能力，在公共场所和人员密集场所新增配置1000台自动体外除颤仪，并实现联网管理。鼓励社会急救组织与居民小区物业管理公司合作，将居民家庭的“SOS”急救设施融入全市急救网络。积极参与国家航空医疗救援试点城市和试点医院建设。

（四）着力提升医疗服务质量和能力

要始终把保障医疗服务质量和安全放在首位，把改善群众看病就医体验放在首位，推动实现有质量的效率提升、有质量的成本控制，让医学回归人文关怀。实施新一轮改善医疗服务行动计划。推动在全市公立医院实施预约诊疗、远程医疗、临床路径管理、检验检查结果互认、医务社工和志愿服务等五项制度，推行发展多学科、跨学科诊疗服务模式，扩大日间手术病种和试点范围，建立总药师制度，探索构建区域药事服务中心，深化优质护理服务。提升医疗服务质量安全水平。推动全市所有公立医院实施临床路径管理，进一步规范诊疗行为。完善医疗质量管理制度和程序，出台医疗技术临床应用和手术分级管理规定。加强市级医疗质量控制中心能力建设，建立健全动态考评和退出机制。完善医疗质量安全评价机制，逐步建立核心变量指标的标准算法和程序，探索推进第三方评价。推进高水平医院和临床重点专科建设。以先进一流为标杆，支持区域医疗中心积极参与创建广东省高水平医院，力争全市创建3家以上。对标省级、国家级医学重点学科，启动新一轮市级医学重点学科建设，实施“一学科一计划”行动，力争全市建成5个广东省高水平临床重点专科。提高医学科技创新能力。研究制定卫生与健康科技创新指导性文件，建立健全医学科技资源布局和统筹协调管理机制。加强“医研企”协同，促进医疗服务－临床研究－转化利用形成闭环管理，推动创新发展。加快广东省精准医学、转化医学等科技创新平台建设。推动市医学科学院、北京大学深圳健康科学研究院等项目建设。加强科卫协同，启动市级临床医学研究中心建设，推动国家临床医学研究中心及其分中心在深布局。在出生缺陷、重大慢病防控领域实施一批重大科研项目，推动“健康大数据和疾病防控专项”等项目实施。

（五）持续推动中医药传承创新

推进国家中医药综合改革试验区建设。开展创建阶段性监测评估，完善中医药发展政策、服务和标准体系，推进中医药信息平台、产业创新平台建设，推动成立中医医疗联盟、中医药产业发展联盟。支持各区中医药差异化发展。提升中医药服务能力。推进国家中医药传承创新工程项目，积极参与国家区域中医诊疗中心和重大疑难疾病中西医协作试点建设。实施中医临床优势培育工程，发展中医重点专科、特色专科。实施基层中医药服务能力提升工程“十三五”行动计划。大力发展中医养生保健服务。健全中医“治未病”标准规范，完善中医“治未病”业务管理、技术支撑和信息化体系。实施中医药健康文化推进行动计划，建设2～3个市级中医药文化宣传教育基地，推进中医药健康旅游示范基地和项目建设。

（六）持续提升计生和妇幼健康服务水平

以提高人口素质、促进人口均衡发展为核心，推动生育政策和相关经济社会政策配套衔接。推进计划生育服务管理改革。修订完善计划生育目标管理责任制考评办法。加快推进生育登记、住院分娩、出生医学证明、儿童预防接种信息交换比对，实现信息互联共享、业务协同。积极开展新一轮全国计生优质服务先进单位创建活动。增强家庭发展保障能力。巩固幸福家庭活动示范市创建成果，大力培育和发展幸福家庭活动品牌项目，加大计划生育特殊家庭关爱扶助力度，实现联系人制度、就医“绿色通道”、家庭医生签约服务“三个全覆盖”。深入推进医养结合试点工作。提高妇幼健康服务水平。实施妇幼健康服务能力提升工程，加强危重症孕产妇和新生儿救治中心建设，实施母婴安全行动计划和健康儿童行动计划，实施一批妇幼健康惠民项目，打造生育全程基本医疗保健服务链条。

（七）着力提高卫生计生治理能力

全面深化改革的目标是完善和发展制度、推进治理体系和治理能力现代化。积极推动卫生与健康立法工作。加快推进医疗急救条例、健康条例立法进程，推进特区人体器官捐献移植条例、中医药条例、控制吸烟条例等修订工作，研究制定公立医院管理办法。加强正面宣传和舆论引导。围绕健康深圳建设和深化医改，开展政策解读、高层倡导和社会动员，加大对基层工作亮点和试点经验的宣传力度。深入发掘行业先进典型，传播行业正能量。增强全媒体意识，强化舆情监测研判，提高响应速度、信息发布、舆论引导工作水平。深化拓展对外交流合作。积极参与和推动粤港澳大湾区前沿技术、科技攻关、疾病防控、健康产业等交流合作，打造粤港澳大湾区卫生与健康核心引擎城市，推动国际性卫生与健康机构、学术会议、展会等常留深圳。

（八）着力加强医疗卫生人才队伍建设

广大医务人员是医改和医疗卫生服务的主力军，要切实调动和保护医务人员的积极性、主动性和创造性。加强医疗卫生人才引进培养。出台卫生与健康人才发展规划，完善医疗卫生人才政策。推动全市临床技能模拟培训中心项目建设。加强国家全科医师、住院医师规范化培训基地建设，开展专科医师规范化培训试点工作。合理提高医疗卫生人才薪酬待遇。推进公立医院人事薪酬制度改革，贯彻落实“两个允许”，加快建立符合行业特点的薪酬制度。提倡契约精神，鼓励有序开展多点执业，通过市场机制让医务人员获得合理报酬。完善医学科研工作制度和经费使用管理办法，提高医学科研人员的待遇。改善医务人员工作生活条件。推动医院文化建设，开展首届“中国医师节”和“国际护士节”活动，增强医务人员职业荣誉感和归属感。出台专科医师门诊量指导标准，改善医务人员用餐、值班条件，落实法定休假制度。依法严厉打击涉医违法犯罪行为，坚决维护医务人员权益。

（九）统筹抓好规划信息和对口帮扶等工作

坚持稳中求进工作总基调，处理好改革、发展、稳定的关系，统筹做好有关工作。推进卫生重大项目建设。加快市吉华医院、市大鹏医院、市急救血液医学信息中心、市中医院光明院区、中山大学附属第九医院等项目，推动市新华医院、市第二儿童医院、市第三人民医院改扩建（二期）等项目开工建设，推动中山大学附属第七医院、市健宁医院、南方医科大学口腔医院深圳医院试业。加快智慧健康服务体系建设。加快推进全民健康信息化“12361”工程，启动电子病历数据库建设，实现“三库”融合，年底前全面启动卫生计生光纤专网建设，推动“一病一码、一物一码、一操作一码”，提高卫生与健康信息化、智能化、精准化服务管理水平。统筹做好对口帮扶、精准扶贫、安全生产、综治维稳、信访等工作。

（十）全面加强行业党的领导和党的建设

新时代、新征程，全市卫生计生系统在坚持党的领导、加强党的建设方面，必须要有新气象、新作为，确保中央、省、市各项决策部署在卫生计生系统落地生根，取得实效。深入学习贯彻党的十九大精神，以及市委六届八次、九次全会精神，始终在思想上、行动上与党中央、与市委保持高度一致，把“四个意识”落实到工作岗位和具体行动上。构建新时代全面从严治党标准化体系，修订完善积分管理考核办法等有关工作制度，推进卫生计生系统党建工作标准化、制度化。贯彻落实市委“大抓基层大抓支部”工作要求，以加强基层党组织建设、提升基层党组织工作能力为重点，加强公立医院等医疗卫生机构党的建设，发挥好党组织把方向、管大局、做决策、保落实方面的核心作用和推动改革发展的战斗堡垒作用，确保党的卫生与健康工作方针和决策部署得到全面落实。

四　新时代深圳卫生与健康事业的新展望

健康是民族昌盛和国家富强的重要标志。党的十九大提出实施健康中国战略，完善国民健康政策，为人民群众提供全方位、全周期健康服务。这是以习近平同志为核心的党中央从事业全局和长远发展的高度出发，坚持和发展新时代中国特色社会主义的一项重要制度安排，是全面建成小康社会、实现社会主义现代化，进而建成社会主义现代化强国的内在要求，凸显了党和国家对人民健康的高度重视。深圳卫生与健康事业未来发展的战略规划思路：持续深化医药卫生体制改革，通过10～15年的努力，全面建成全方位、全周期维护和保障市民健康的全民健康制度体系，全面建成辐射粤港澳大湾区、东南亚的国际化医疗中心，实现卫生与健康事业发展水平和经济社会发展相适应，健康服务质量和健康保障水平不断提高，健康产业繁荣发展，市民更高质量、更多层次的医疗健康需求得到有效满足，市民主要健康指标达到国内一流、国际先进的水平。

以到2035年深圳市建成可持续发展的全球创新之都，实现社会主义现代化为时间坐标，考虑分三步走：到2020年，全面建立中国特色基本医疗卫生制度、医疗保障制度和优质高效的医疗卫生服务体系，健全现代医院管理制度。建成卫生强市、健康城市。到2025年，全面建成国内一流、国际先进的公共卫生服务体系、医疗急救体系、重大传染病防治体系，形成更加系统完备、科学规范、运行高效的全民健康服务制度体系，初步建成国际化医疗中心。到2035年，全面建成辐射粤港澳大湾区、东南亚的国际化医疗中心，打造成为全球健康城市典范。卫生与健康事业和现代医疗服务业繁荣发展，市民健康素养和健康水平达到国际领先水平。围绕上述战略目标，今后三年，即到“十三五”期末，我们将以补短板、强基层、建高地、促健康为主线，坚持改革开放、创新驱动，努力开创卫生与健康事业改革发展新局面，力争在深化医改、建设健康城市方面走在前列，在构建医疗卫生高地、推动医学科技创新和智慧健康服务方面取得新进展。

B.5 2017 ~2018年深圳市公共文体服务发展现状、问题与对策

高小军*

摘　要： 总结2017年深圳公共文体服务的发展情况，阐述了深圳在推动公共文体空间设施建设、公共文体服务产品供给、公共文体服务机制创新三个方面的发展和探索，重点分析了深圳公共文体服务投入、设施、产品供给、体制机制等方面存在的突出问题，有针对性地从强化法治保障、加大财政投入力度、促进人才供给、创新体制机制等六个方面提出未来发展路径与对策。

关键词： 深圳　公共文体服务　创新机制

一　2017年深圳市公共文体服务发展的基本现状

2017年，深圳公共文体事业以党的十八大和十八届历次全会精神为统领，紧紧围绕建设现代化、国际化创新型城市和国际产业、科技创新中心的目标，坚持以供给侧结构性改革为主线，全面落实“深圳文化创新发展2020”实施方案，在推动重大公共文体空间设施建设、促进基层公共文体服务水平提升、创新公共文体服务方式、推进公共文体服务数字化建设、促进公共文体服务体制机制改革等领域取得重大进展。

---

* 高小军，深圳市文体旅游局。

（一）公共文体服务设施建设

一是继续推进城市地标性公共文体服务设施建设布局。2017 年，深圳美术馆新馆、深圳图书馆调剂书库等在建重大项目设计工作进一步优化。深圳文化馆新馆、深圳自然博物馆、深圳改革开放展览馆、深圳博物馆二线关博物馆等项目完成选址工作，项目相关可行性研究工作加快推进。以深圳歌剧院、中国改革开放博物馆、深圳海洋博物馆、中国设计艺术馆等为代表的新一代城市文体地标前期论证工作稳步推进。

二是区域性公共文体服务设施布局进一步完善。2017 年，原特区外公共文体设施建设进一步加快，在市委市政府特区一体化建设的大力推动下，第一，一大批市级重大公共文化设施及区级重点公共文化设施优先布局原特区外地区。2017 年，深圳自然博物馆、深圳文化馆新馆等市级重大公共文化设施也初步选址龙华区，未来龙华区有望成为原特区外地区的新的市级公共文体空间设施聚集区。第二，全市各区进入新一轮区级重大公共文化设施的规划建设。在区图书馆、文化馆等基本公共文化服务设施的基础上，进一步完善与提升区级公共文体空间设施品类与结构，加快布局区级博物馆、美术馆、音乐厅、科技馆、当代艺术馆、青少年宫、书城综合体、足球学校等新型公共文体空间设施。2017 年，南山区博物馆建成开放。罗湖区全面启动新一轮公共文体空间设施建设规划，系统梳理辖区重大项目及现有潜力用地，推动区域公共文体空间设施品质升级。宝安公共文化艺术中心、宝安 1990 升级改造、宝安音乐艺术中心等区级文化综合体项目进入建设施工阶段。德国慕尼黑足球俱乐部全球首家全日制足球学校落户龙岗。龙华区图书馆、文化馆、大剧院完成概念设计。光明新区定向越野基地建设完成，深圳国际青少年足球中心项目完成初步可行性论证。

三是街道综合性文体服务设施建设进度提速。2017 年，在“一街道一文体中心”“一街道一书吧”等建设目标的推动下，全市各区进一步加快街道级公共文体空间设施的建设规划进度，全面提升街道公共文体空间设施的数量、结构与品质，加快特色书吧建设，构成对基层公共文体服务设施的重要补充。

（二）公共文体服务机制创新

一是公共文体服务标准化建设进程加快。2017 年，构建完成公共文化服务质量指数指标体系，在全市范围开展公共文化服务质量测评。发布实施《深圳市公共文化服务工作考核标准》，开展公共文化服务工作考核。制定完成《深圳市基本公共体育服务体系建设内容及统计评估标准（试行）》，为评估各区基本公共体育服务体系建设情况提供具体指标，提升各区基本公共体育服务质量和效能创造条件，公共体育服务体系建设进一步完善。

二是公共文体服务社会化进程加快。制定出台《深圳市群众性公共体育活动资助管理暂行办法》，资助 693 万元支持单项体育协会开展跆拳道锦标赛等全民健身活动，对财政资金资助体育社会团体举办群众性竞赛表演活动进行规范化管理，制定相关申报程序和资助标准，实现政府扶持资助资金使用的公开、公正、公平，鼓励和推动各类体育社会组织参与公共文体服务产品供给。

三是公共文体服务数字化进程加快。“图书馆之城”移动服务、统一服务体系采编协调机制进一步完善，深圳图书馆微信服务号、“图书馆之城”大数据应用平台正式投入使用。深圳市数字文化平台手机 APP、微信客户端、自动化办公系统（OA 系统）、数字化的电视平台、深圳市文化志愿者服务网、高品质网站教学视频等数字文化馆建设持续推进。

（三）公共文体产品供给

一是公共文体产品质量显著提升。2017 年，全市文艺精品创作成果丰硕，歌曲《向往》《爱国之恋》，广播剧《罗湖桥》3 部作品获中宣部“五个一工程”奖，14 部作品获广东省“五个一工程”奖，获奖数量居全省第一。

二是公共文体品牌影响力进一步提升。2017 年，依托“城市文化菜单”，深入打造具有国际影响力的公共文体节庆品牌。成功举办首届深圳

"一带一路"国际音乐季、深圳国际马拉松、十三届文博会艺术节、第十九届国际植物学大会、首届海峡两岸学生棒球联赛总决赛等一系列重大城市文体节庆品牌。

三是公共文体惠民活动更加丰富。2017 年，组织策划新春艺术关爱系列活动 45 项，全年举办周末剧场、戏聚星期六、剧汇星期天、粤剧在周末、美丽星期天等周末系列活动和公益文化进社区、进校园活动 400 余场。成功举办第十三届外来青工文体节，25 项丰富多彩的文化活动吸引了 5 万名外来青工参与。精心策划第十四届鹏城金秋市民文化节，开展各类比赛（评选）26 场，组织获奖优秀节目在全市巡演。

二 2017 年深圳市公共文体服务发展面临的主要问题

（一）公共文体服务投入不足

从 2017 年全市各区财政预算执行情况来看，除罗湖区外，2017 年各区文化体育相关投入经费总额占比一般公共预算支出均超过 1%，虽与 2016 年相比有较大提升，但与医疗、教育相关领域投入相比，仍存在总体投入不足、区域投入差距显著等问题（见表 1）。

表 1　2017 年度全市各区文体传媒支出情况统计

单位：%

区县	文体传媒支出	一般公共预算支出	占比
福田	4.4	205.54	2.14
南山	6.5	280.7	2.32
罗湖	1.45	278.02	0.52
盐田	0.81	68.29	1.19
宝安	7.1	425.4	1.67
龙岗	7.79	370.85	2.10
龙华	11.7	267.3	4.38
坪山	2.34	138.04	1.70
光明	1.41	129.25	1.09
大鹏	0.87	53.40	1.63

（二）原特区外公共文体服务设施建设相对滞后

原特区外缺乏市级重大公共文化服务设施。目前，建成的市级重大公共文化服务设施主要分布在福田、南山、罗湖。原特区外地区，除龙岗拥有大运中心外，宝安、龙华、坪山、光明、大鹏目前均未有建成的市级重大公共文化设施。在特区一体化建设的推动下，“十三五”期间，深圳美术馆新馆、深圳图书馆调剂书库将在龙华建成，深圳自然博物馆、深圳文化馆新馆初步选址龙华，一定程度上缓解了市级公共文化服务设施分布不均衡的问题，但也带来了新的不均衡问题，即市级重大公共文化服务设施主要聚集在龙华，宝安、龙岗、光明、大鹏、坪山等区域均未有市级公共文化服务设施布局，这与当前市委市政府大力实施“东进战略”、加快建设粤港澳大湾区的总体战略布局不相匹配。

新建区（新区）级公共文化服务设施不健全，规划建设进度缓慢。目前，原特区外区级公共文化场馆数量明显低于原特区内地区，占全市同类场馆的比重仅为1/3。龙华、大鹏尚未建成任何区级公共文化及体育场馆，且新区成立多年，相应的区级基本公共文化服务设施仍处在规划建设阶段，有些地区相应土地供应仍未落实，建成使用遥遥无期。

街道、社区公共文化服务设施建设比较滞后。与原特区内相比，原特区外地区，特别是新建区街道、社区等基层公共文化服务设施建设相对滞后，无论在布局数量和发展质量上与原特区内的福田、南山均有较大差距。特别是原特区外由于街道行政管辖范围的拆分与重组，新建街道和社区面临较大的公共文化服务设施建设缺口。社区综合性文化服务中心建设也在加快规划建设，但实现100%的目标难度不小。

基层公共文化服务设施保障不力。问题比较突出的是挤占、挪用公共文化服务设施。如大鹏新区管委会大楼挤占原葵涌街道文体中心大楼，石岩街道部分行政机构挤占石岩文体中心大楼部分场馆空间。

（三）原特区外公共文体服务人才供给不足

公共文体服务人才编制严重不足。新建成区文体行政管理人员编制普遍为1名，区级公共图书馆、文化馆文化专业人才编制普遍为3～5名，这与其实际服务人口、服务面积严重不匹配。

公共文化服务人才引进和任用机制不合理。区级公共文化服务机构行政级别设置不高，造成专业人员技术人才职称编制数量严重受限，特别是高级职称编制设置偏少，严重影响原特区外地区引进和任用高端文化艺术人才。

公共文体服务人才供给社会化供给不足。原特区外地区普遍缺乏吸引社会人才参与公共文化服务的相关政策制度设计。原特区外地区文化艺术相关产业发展质量不高，导致社会化、专业化、高端化文化艺术企业、团体、机构相对匮乏，聚集程度不高，难以形成对高端专业化、社会化公共文化服务人才的聚集效应。

（四）原特区外公共文体服务产品供给质量不高

公共文体服务产品供给结构不合理。随着特区一体化进程的加快，原特区外地区的经济结构与人口结构发生巨大变化，高端经济要素与人才要素快速聚集，城区人口结构年轻化、白领化、亲子化趋势明显，传统公共文化服务的内容、形式与品质已经难以匹配原特区外居民的文化需求。

缺乏城市标志性公共文体服务品牌。原特区外地区现有公共文体服务品牌已经难以满足区域居民对高端型、创新型、体验型公共文化服务产品的需求。但专业化公共文体服务设施体系不健全，专业性文体人才匮乏，专业资源整合能力不足，导致原特区外地区高端公共文体服务品牌建设相对滞后，这与原特区外地区作为国际化创新型城区的战略定位，以及未来推动粤港澳大湾区建设的战略目标极不匹配。

公共文体服务产品供给主体单一。与福田、南山、罗湖等区相比，原特区外地区的公共文体服务产品供给来源相对单一，主要依赖于区级公共文体服务机构和街道文体部门，社会化供给程度不高，社会化供给能力不足。区级公共文体管理和服务机构资源整合力度不足，难以对全市性优质公共文体产品与服务形成引进、整合与配送的良性供给机制。

（五）全市公共文体服务体制机制运行不畅

区级公共文化行政管理机构设置不合理。全市文化行政管理机构存在名称、职能、编制不统一、不协调问题。如龙华区、坪山区为宣传部（文体局），光明新区为文体教育局，宝安区、龙岗区、大鹏新区则为文体旅游局，相关下设科室职能设置亦不统一，部分新区文化科存在人员编制不足、职能任务过于繁杂等问题，文化科兼顾公共文化服务、文化执法、文化产业、文物保护等多项职能。

区级公共文化服务机构管理运行机制不畅。龙华、大鹏尚未设置区级图书馆、文化馆等基本公共文化服务机构。坪山仅有区级图书馆。部分区域在探索基本公共文化场馆管理与运营的管办分离模式中引发了新的问题。

一是通过设置区公共文体中心统筹图书馆、文化馆等基本公共文化场馆运营管理的模式，显著忽视和弱化图书馆、文化馆的专业化管理运营机制与独立法人地位，导致在未完善公共文化机构理事会制度的前提下，造成区级图书馆、文化馆行政层级偏低，从而给高端人才引进、专业人才队伍建设等带来障碍。

二是在缺乏政府有效监管及绩效考评机制的情况下，片面推动区、街道公共文化服务设施场馆的社会化运营和外包，导致政府主导责任弱化、市民基本公共文化权利保障弱化、公共文化服务社会效益弱化等问题。在未明确和细化政府与社会化运营机构在公共文化服务场馆设施运营中双方权利与义务，未建立科学合理的、充分保障公共及社会利益的运营管理与考核评价标准体系的前提下，片面将公共文化服务场馆设施“一包了之”，实际是政府对其公共文化服务主导责任“甩包袱”，是政府对市民免费或低价享受基本公共文化服务权利的漠视。

街道（办事处）公共文化服务机构功能弱化。在基层行政体制改革中，原有街道（办事处）文体中心与党建、计生等基层服务部门合并为“党群服务中心”或“公共事业服务中心”、“公共服务中心”等，从而造成专业公共文化服务显著弱化，即专业人员或被调离文化服务岗位或要兼顾其他非文化类公共服务工作成为常态，造成街道公共文化服务专业化能力与水平的显著弱化。

新建小区配套公共文化设施管理运行主体缺位。近年来，全市新建小区增长迅速，按照相关标准，新建小区应配建相应标准的公共文化设施空间，但在具体操作中，往往存在新建小区不按标准配建公共文化设施空间，公共文体部门监管机制不健全、监管力度不够，后续配套空间存在交接、管理、专业化运营主体缺位，小区级基层公共文化设施空间管理运行缺乏基本依据和标准，管理运行存在盲区。

三　未来推动深圳市公共文体服务发展的主要对策

（一）推动出台《公共文化服务保障法》相关实施细则和标准，加强全市公共文体服务法治化保障

随着《中华人民共和国公共文化服务保障法》的出台，公共文化服务正式进入依法保障的时代，为了进一步全面贯彻落实《公共文化服务保障法》，加快全市公共文化服务质量提升，未来应结合深圳实际，在《公共文化服务保障法》的基础上充分行使特区立法权，探索编制出台《中华人民共和国公共文化服务保障法》实施细则，进一步明确市、区两级政府在促进公共文化服务品质提升方面的使命和职责，特别是要建立依法保障的公共文化的财政投入标准、规划建设标准、人才管理标准、产品服务标准、绩效考核标准等法治化标准体系，将公共文化服务体系建设依法纳入市政府对各区政府、各相关主管部门的绩效考核内容，通过强化依法问责、制定考核标准、细化考核指标，定期组织对公共文化服务相关保障及促进情况进行执法巡查与考核评估，通过法治化促进原特区外区域公共文体服务质量提升。

（二）出台明晰的公共文体服务投入标准，提升公共文体服务财政投入质量

高质量的财政投入是加快提升原特区外公共文化服务质量的基础与保

障。未来全市应以建设与国际化现代化创新型城市相匹配的公共文化服务体系为目标，以北京、上海等国内先进城市公共文化财政投入规模为标杆，参照教育、医疗等公共服务投入强化制度设计。建议进一步强化市区两级政府主体财政投入责任。重点明确公共文化服务相关投入占一般公共预算支出或GDP的具体比例，以公共文化投入机制的标准化促进公共文化服务质量的标准化。建议进一步加大市级财政向原特区外的转移支付力度。通过转移支付提高原特区外的公共文化服务经费保障，明确转移支付的重点领域与重点项目。建议进一步明确和细化市宣传文化事业发展专项基金、体彩基金等专项基金的投入机制，对原特区外可以实施政策倾斜。

（三）实施统一完备的公共文体服务设施建设标准，提升公共文体服务设施质量

高质量的公共文化服务设施是加快提升全市公共文化服务质量的支撑与平台。针对原特区外市级重大公共文化服务设施布局不足、区级公共文化服务设施体系不健全、基层公共文化服务设施体系运行不畅等问题，未来应加快建立全市统一的公共文化服务设施标准。建议在《深圳市基本公共文化服务实施标准（2016～2020年）》的基础上，重点联合规土、财政等部门出台全市统一的公共文化服务设施空间发展规划及细化标准，进一步明确市、区、街道、社区四级公共文化服务设施的规划布局原则与配置标准，综合考虑服务半径、服务人口、基础配套、社区结构等因素，完善原特区外公共文化服务设施建设标准。建议重点明确针对原特区外公共文化服务设施规划建设的土地及财政政策，加大力度支持和保障原特区外重大公共文化服务设施的加速规划与建设。建议创新公共文化空间使用思路，探索在人口密集的超大街道、大型企业园区建设片区级、园区级、企业级公共文化空间设施。探索在居住功能密集的新建小区建设小区级公共文化空间，实现原特区外地区公共文化服务设施的布局配置与其区域面积、人口规模、经济社会发展水平、人民群众文化需求等指标相匹配。

此外，针对街道、社区、小区等基层公共文化服务空间设施基础设施

差、配置标准低等问题，建议出台全市统一的基层公共文体服务设施空间改造与提升计划，由市区两级财政设立专项资金，重点针对原特区外地区相对落后的基层公共文体服务设施，融合社会化的创意设计及专业化团队激活等措施，集中改善基层公共文体服务设施的空间氛围与服务体验。

（四）完善需求导向的公共文体服务人才发展政策，提高公共文体服务人才质量

高质量的文化人才是提供高质量公共文化服务的重要支撑。为解决原特区外公共文体服务人才供给的数量、结构与质量问题，建议市、区人事和编制部门应进一步创新文体人才引进与建设机制。

一是在充分调研原特区外文体专业人才现状与问题的基础上，出台针对文体人才引进及发展的专项政策，提升文体专业人才编制设置的数量与层级，破除文体专业人才职级设置与公共文化服务机构行政级别挂钩的体制弊端，建立需求与专业导向的文体人才管理与评价标准体系。

二是制定出台文化创意产业与公共文体事业融合发展的专项政策，推动文体专业人才的社会化发展，通过政策、市场与产业等多种要素鼓励和促进高端、特色、稀缺文体专业人才从原特区内向原特区外流动，实现多层次、多渠道、多元化文体专业人才的流动、共享与聚集。

三是强化政府对公共文体服务专业人才队伍建设的主导与保障责任，严格落实《深圳市基本公共文化服务实施标准（2016～2020）》中有关“人才资源服务”的相关标准，将公共文体服务人才保障列入政府绩效考核指标体系，杜绝公共文体服务专业人才被借用、挪用和调离公共文化服务岗位等现象。

（五）制定流动共享的公共文体服务产品供给配送标准，提高原特区外地区公共文体服务产品质量

提升公共文体服务质量的关键在于提升公共文体服务产品的供给质量，实现公共文体服务的供需匹配，让原特区内外市民享受均等化的高品质公共文体服务。因此，针对目前原特区外公共文体服务产品供给能力不足，特别是高品

质文体服务产品供给不足的问题，建议应借鉴上海经验，加快探索建立市、区、街道三级公共文体产品配送体系，通过市区两级财政共建，建立全市统一的公共文体服务产品配送中心，广泛面向社会主体及各类专业文体机构采购优质公共文体服务产品，从而为原特区外地区，特别是基层社区提供高品质、标准化、点单式的文体服务，通过配送实现高质量公共文体服务产品在原特区内外的流动与共享，有效破解原特区外地区自身公共文体服务产品结构不合理，公共文体服务产品与服务供需不匹配，高品质、品牌化公共文体产品稀缺等问题。

（六）完善政府主导、多元共治的公共文化服务体制机制，提高公共文体服务治理水平与运行效能

针对公共文体服务管理运行存在的问题，未来应进一步优化公共文体管理的体制机制。

一是建议联合市区编办重点统一公共文体行政管理体制，实现全市公共文体服务管理机构名称、职能、岗位设置的标准化、规范化和法定化，提升公共文体管理服务效能，破除原特区外老区、新区与原特区内地区在公共文体管理体制机制方面的障碍。

二是加快出台全市实施图书馆、文化馆总分馆制的实施意见。图书馆方面，加快在全市建立以区图书馆为总馆，以街道图书馆、社区图书馆为分馆的公共图书馆总分馆制，突破体制机制障碍，实现全区各级图书馆人、财、物由区图书馆统筹管理、统一运营，实现区域内各级公共图书馆的标准化、专业化、连锁化、垂直化运营，以全面提升基层公共文化服务设施的管理运行质量。文化馆方面，要加快完善全市文化馆联盟机制，鼓励和推动以区级文化馆为总馆的文化馆（站）总分馆制建设，逐步实现各级文化馆（站）场馆资源、人才资源、节目资源等的在原特区内外的共建共享。重点探索市、区、街道、社区四级公共文体服务机构标准化、专业化、社会化、连锁化运行管理，通过政府主导、社会参与的方式，将全市公共文化场馆纳入全市统一的公共文体服务平台，逐步出台全市统一的管理服务标准，通过标准化建设缩短原特区内外公共文体服务质量的差距。

B.6 2017 ~2018年深圳市公共交通服务发展报告

徐忠平　程长斌　吴泽森　俞　力　胡春雷　兰曙光*

摘　要： 总结2017年深圳市公共交通服务发展概况，从城市空间拓展重构、轨道全面成网、智能技术应用等方面对深圳市公共交通服务发展形势进行分析，并提出了行业改革发展、服务品质提升、政策法规修订、智能应用提升、行业文化建设、低碳节能减排等2018年公共交通服务提升工作计划。

关键词： 深圳市　公共交通　城市空间　智能技术

2017年，在市委市政府的正确领导下，市交通运输委坚持以“城市质量提升年”为工作重心，践行“深圳质量、品质交通”，坚持质量导向、民生导向、问题导向，以“改革创新促发展、狠抓服务惠民生”为工作主线，全力推进各项重点工作任务落实，在行业顶层设计、服务提升、安全监管、节能减排、文化建设、管理治理等方面取得了新突破、新进展，公共交通行业整体运行高效有序。

一　2017年公共交通服务发展现状

2017年，全市公共交通客运总量约37.44亿人次。其中，轨道交通

---

* 徐忠平、程长斌、吴泽森、俞力、胡春雷、兰曙光，深圳市交通运输委员会。

全年共运输乘客16.5亿人次，常规公交客流量达16.54亿人次，出租车客流量达3.7亿人次，道路客运共发送旅客6001.05万人次，全市公共交通行业运转高效有序。全市公共交通的机动化出行分担率达57.4%，公交站点500米覆盖率达95.5%，基本形成了“轨道交通为骨架、常规公交为网络、出租汽车为补充、慢行交通为延伸”的一体化公共交通体系。

（一）轨道交通

2017年，深圳市轨道交通运营线路8条，运营里程285公里，日均客流453万人次，同比增长27.54%，最高日均客流高达561万人次，轨道交通客运量占公共交通客运量的比例由2017年的36%增长至46%。2017年深圳市大力推进轨道交通三期工程建设，全年实际完成建设投资242亿元，超额完成18%，为三期线路2020年顺利开通夯实基础；同时深圳市轨道交通四期规划于2017年7月正式获批，四期规划包括12、13、14、16号线及6号线支线共5条线路，总长约148.9公里，投资约1345亿元。四期规划线路于2018年1月10日全部开工建设，深圳市轨道交通同步在建项目14个，同步在建里程275公里。

（二）公交客运

全市共有3家公交特许经营企业（巴士集团、东部公交、西部公汽）、14家非特许经营企业。共有公交车17614辆（其中，巴士集团6029辆、东部公交5738辆、西部公汽4976辆、非专营企业871辆），其中累计推广纯电动公交车16359辆。公交线路992条（其中，巴士集团340条、东部公交250条、西部公汽373条、非专营企业29条），运营线路长达2.0万公里。公交专用道957车道公里，公交500米覆盖率95.3%（特区内覆盖率已实现100%），公交从业人员50518人。2017年1～12月，公交客流量16.54亿人次，同比下降11.44%，日均客流量453万人次。

（三）出租客运

巡游车方面，深圳市共有巡游车企业80家，其中红的企业57家，绿的企业14家，“红的、绿的”兼营企业8家，仅经营纯电动出租车企业1家。巡游车行业从业人员34760人。全市巡游车20045辆，其中燃油车7416辆（红的6837辆、绿的579辆）；纯电动出租车12529辆；无障碍出租车100辆。2017年1～12月，出租车客流量3.7亿人次，同比下降0.76%，日均客流量100.9万人次。红的日均营业次数41.12次/车，绿的日均营业次数35.40次/车，纯电动车日均营业次数31.90次/车。网约车方面，深圳市共有首汽约车、神州专车、滴滴出行、飞嘀打车、斑马快跑、AA租车、曹操专车、万顺叫车、城方智通、神马专车10家平台取得深圳市网络预约出租汽车经营许可证。其中首汽约车、神州专车、滴滴出行等3家平台已正式运营。已核发车辆运输证19115张。其中个人的4957张、企业持有的14158张。已核发驾驶员证23654张。其中考试合格核发21160张、巡游车司机配发2494张。

（四）道路客运

全市共有注册道路客运企业86家，其中班车客运企业35家、旅游包车企业70家（19家同时经营班车客运、旅游包车）。共有道路客运车辆5386辆（新能源车661辆），其中长途客车2140辆、旅游包车3246辆。全市共有客运站45个，共开设长途客运班线465条，其中跨省188条、跨市277条。2017年1～12月，深圳市客运量6001.05万人次，同比上升7.45%。旅客周转量123.63亿人公里，同比上升6.03%。

二　深圳市公共交通服务发展面临的形势与挑战

党的十九大报告指出“我国社会主要矛盾已经转化为人民日益增长的美好生活需要和不平衡不充分的发展之间的矛盾”，并明确提出要建设“交通强国”，市委也明确提出要在“提高保障和改善民生水平”中走在最前列，公共交通作为直接面向民生、服务公众出行的社会公益性事业，应更加坚持以人民为中心的发展思想，着力构建市民满意的公共交通系统，使市民群众获得感、幸福感、安全感更加充实、更有保障、更可持续。同时，在城市空间拓展、轨道全面成网、智能技术迅猛发展、车辆全面电动化等新形势下，深圳市公共交通行业面临一系列机遇和挑战，具体如下。

（一）城市空间拓展重构公共交通服务网络

一是深圳市“十三五”规划提出的“三轴两带多中心”的空间发展策略要求公共交通围绕区域发展重点和策略发展区重新布局枢纽和节点，重构公共交通网格架构，推动公共交通服务品质均等化；二是粤港澳大湾区概念的提出及深汕特别合作区的成立，为深圳市整合优化既有线路、车辆、场站等资源，建立基于粤港澳大湾区格局、辐射深汕莞惠的公共交通服务体系创造了机遇；三是深圳市已进入以土地“存量优化、质量提升”为主的城市二次开发阶段，大规模的城市更新为公共交通设施用地落实提供了契机，同时也需提高周边片区公共交通服务能力，以满足片区公众出行需求。

（二）轨道全面成网促进多元交通融合

一是“十三五”期间，全市将新增轨道线路 6 条，新增城市轨道交通通车里程 250 公里，在此背景下，轨道、常规公交、慢行等不同交通方式间的多次换乘将成为出行常态，公共交通如何围绕轨道交通骨架，与其他交通方式协同配合为市民提供一体化出行服务亟须研究优化；二是轨道三期开通运营后，城市第一圈层与二、三圈层公共交通网络结构差异凸显，要求分区域、分阶段、差异化调整常规公交网络。

（三）新形势下公共交通行业监管模式需深化研究探索

在国有资源整合、“互联网 +”、高铁网络迅猛发展等新形势下，公共交通行业监管政策、监管手段及监管模式已经无法完全满足新时期公共交通行业发展需求，如何充分运用互联网、市场化监管思维及技术手段，进一步强化公共交通行业的公益属性、保障公共资源的使用安全、提升行业运营管理效率、提高行业的服务监管效能需深化研究和探索。

（四）智能技术应用创新行业发展模式

互联网、车联网、人工智能、无人驾驶等新技术在交通领域的应用与融合，一方面将催生全新的交通业态，对传统公共交通发展带来深刻影响；另一方面也将全面提升乘客出行、企业运营调度及政府规划管理决策的效率和精准性，公共交通由提供单一服务转向提供多方式、高品质、具有更强包容性的服务，由“供给响应”向“需求响应”转变，市民从“出门有车坐”向“坐车有选择”转变。

（五）车辆全电动化后对运营保障提出更高要求

深圳市公交车辆已实现纯电动化，出租车纯电动化工作正在加速推进，由于纯电动车辆运营模式与技术特点和传统燃油车辆存在较大差异，车辆全电动化后对运营保障提出了更高要求：一是充电设施仍然存在数量不足、分布不均、充电信息不对称、充电不便捷、电价不统一等问题，至 2020 年，深圳市存量巡游出租车全部更新为纯电动车后，预计需新增约 5500 个充电桩；二是由于纯电动车辆续航里程有限，在纯电动公交车运营调度中需充分考虑续航里程、充电时间、充电站分布等多种因素，提高运行效率；三是由于纯电动车辆技术特点与常规动力车辆存在差异，在驾驶操作、维修保养、应急救援等方面需进一步强化培训教育。

（六）行业安全生产形势仍然复杂严峻

一是客运行业点多、线长、面广，尤其是道路客运，载客人数多，道路、气候、交通秩序等外部环境不可控，特别是在偏远山区、复杂路段、恶劣天气等情况下，一旦驾驶员操作不当，发生事故，极可能导致群死群伤。

二是近年来高铁、网约车、共享单车等迅猛发展，道路客运企业利润大幅下滑，部分企业甚至出现经营困难、驾驶员收入下降的情况，导致企业安全生产投入不足、安全管理滑坡、驾驶员心态不良影响行车安全等问题。

三是《安全生产法》《安全生产事故报告和调查处理条例》等法律法规明确了对生产经营单位法人未尽职导致生产事故的处罚规定，但未明确如何对企业实际控制人进行追责处罚，导致企业实际控制人对安全生产工作不重视、不落实，安全生产主体责任落实不到位，部分企业采用挂靠、合作方式经营，对车辆失管失控。

四是电动车、三轮车、共享单车等超速、超载、逆行、乱穿插变线等交通违法行为屡见不鲜，特别是原特区外电动车、共享单车等无序发展，交通环境复杂多变，存在极大安全生产隐患。

三　2018年公共交通服务发展计划

2018 年，深圳市交通运输委员会将在市委市政府正确领导下，以满足市民日益增长的出行需求为根本出发点，深刻把握城市公共交通发展规律及发展特点，着力改善服务模式和出行体验，全力建设安全、可靠、绿色、智能、共享且有可持续发展能力的公共交通出行服务体系，为市民提供充分均衡、与全球城市和粤港澳湾区城市地位相符的现代化公共交通服务，增强公共交通吸引力，提高绿色出行比例，促进城市公共交通的高质量、高效益发展，让广大市民群众享有更多城市公共交通改革发展的获得感、幸福感。

（一）立足长远，开展行业改革发展攻坚行动

深入贯彻落实“公交优先”发展战略，坚持适度、规范、有序发展出租汽车，促进巡游车、网约车融合发展，充分发挥道路客运比较优势，立足城市空间重构、粤港澳大湾区建设等新形势，科学谋划行业发展定位和发展目标，充分发挥行业监督考核的“指挥棒”作用，推动行业健康稳定可持续发展。

1. 探索建立基于粤港澳大湾区格局、辐射深汕莞惠的公共交通服务体系

依托粤港澳大湾区发展格局、深莞惠三市联席会议机制及深汕特别合作区成立机遇，推进深汕莞惠区域常规公交线路运营衔接等一体化工作，研究推出定制捷运快车、定制城际班车等服务于粤港澳大湾区、深汕莞惠区域的道路客运服务创新模式。

2. 研究制定常规公交优先发展政策及三年行动计划

针对轨道全面成网、常规公交客运量下滑等形势，科学评估常规公交发展面临的问题，探讨设施、网络、运营、监管等方面的运行机理及制约因素，从制度层面研究建立促进常规公交优先发展的长效机制及未来三年行动计划，落实公共交通“十三五”规划提出的多项目标，提升公交系统竞争力。

3. 开展公交行业基层标准化建设工作

围绕“一线一团队、一队一单元、一站一基地”推进公交基层车队及公交场站标准化建设工作，通过“树标、对标、争标、提标”实现公交行业基层车队及场站管理规范化、标准化、精细化水平螺旋式上升，夯实公交行业管理基础和堡垒。

4. 改革出租车运力调整机制

合理运用大数据分析，综合考虑人口数量、城市交通拥堵状况、出租车里程利用率、市民出行需求等多种因素，研究建立出租车运力合理规模的评价体系、运力调控方式、行业退出机制，建立具有可操作性的运力规模日常监测机制与指标体系，实现出租车行业精细化管理，促进行业健康稳定发展。

5. 深化巡游出租车运价形成机制改革

在系统研究分析巡游出租车运价调整后营运指标变化情况的基础上，综合考虑运营成本、收入水平、交通状况等因素，研究制定巡游出租车运价动态调整方案实施细则，探索推进巡游出租车运价由政府定价向政府指导价过渡，最终实现市场调节巡游出租车运价。

6. 研究制定深圳市包车运力投放政策

在深入研究分析深圳市道路客运市场基本状况、市场供需、行业集中度、竞争环境等的基础上，以企业安全生产情况、市场供需情况为主要决策依据，研究制定包车运力投放政策，明确深圳市包车运力投放模式、投放规模及投放程序，满足市民出行需求。

7. 推动道路客运行业转型升级

一是以 2018 年底省、市际道路客运班线续期为契机，推动取消 800 公里以上及省际道路客运班线，鼓励长途客运班线采用联程联运运行方式，减少道路客运车辆夜间运行时间，引导行业进一步适应、满足新形势下的市场需求；二是探索培育“以客运带动旅游、以旅游促进客运”的运游结合模式，研究出台行业管理政策，引导企业通过开通特色旅游专线、拓展客运站旅游服务功能、建立旅游客运联动机制等措施，提升客运资源利用率，激发道路客运市场活力；三是指导道路运输协会改选成立道路客运行业协会，充分发挥行业协会桥梁纽带作用，强化行业协会服务能力和行业自律机制建设；四是依法依规研究优化汽车客运站管理模式，提高场站资源利用效率。

（二）民生为先，开展服务品质提升攻坚行动

坚持以人为本、服务民生，以优化市民出行体验为落脚点，着力提升公共交通服务能力、服务效率和服务品质，为市民提供高品质、多元化、一体化的出行服务，让公共交通成为市民出行可信赖的选择，让公共交通更具包容性和可持续性。

1. 推进轨道－公交－慢行三网融合

一是充分利用大数据等现代信息技术精准分析轨道、公交客流时空分布情况，定期科学优化常规公交线网结构，2018 年计划新增 5 条以上、优化调整 80 条以上公交线路，增开 10 条以上社区微巴线路，提高前海片区、后海片区等新建成区的公交覆盖率，进一步强化常规公交的网络覆盖功能；二是提高完善交通接驳设施水平，新建场站设施充分考虑三网融合理念，已建设施积极协调改造提升接驳水平，实现公共交通无缝、高效的换乘衔接；三

是整合轨道与常规公交接驳线路时刻表，优化完善换乘信息指引，提升市民全过程一体化出行体验。

2. 研究探索高效能高品质公交服务模式

针对城市二、三圈层轨道覆盖不足、常规公交运行效率有限等形势，根据《深圳市快速公交网络布局规划及发展模式》，配合委相关规划部门，充分借鉴龙华有轨电车、上海快速公交系统等成功经验，探索在深圳市主要客流走廊试点建设快速公交系统及有轨电车、智轨、云轨等中运量公交系统，为市民提供多层次、高效能、高品质的公交服务。

3. 研究推出新型出租车产品

以满足市民多层次、多元化出行需求为出发点，研究试点推出100辆商务型、高端型巡游出租车及100辆无障碍出租车，丰富乘客用车选择，提高服务水平。

4. 研究制定出租车停靠站点设置规范

分析深圳市出租车供需规模和分布特征，明确出租车停靠站点的设置规模、发展目标及策略，研究制定出租车停靠站点设置规范。同时，以北大医院、西乡地铁站等出租车违停严重、市民打车难的路段为试点制定优化改善方案。

5. 研究优化重要交通枢纽出租车保障模式

会同辖区交通局，对机场、北站、福田高铁站等重要交通枢纽的出租车场站设置、运营调度等进行系统优化完善，引入车牌自动识别系统，提升管理效果和保障能力。

6. 全面推广应用出租车新型车载智能终端

充分运用车载智能终端视频监控、人脸识别、服务评价等功能，加大对出租车运营状态、驾驶行为的实时监控力度，从根本上解决“野机动”、驾驶员开车玩手机等问题。

7. 加大网约车规范管理力度

一是加快网约车监管平台监管功能开发，强化网约车运行动态监测、实时监控等线上监管功能；二是制定完善网约车考核办法等配套管理措施，强化网约车服务质量考核监督；三是坚持行政管理与行政执法相结合，以打促管、以管提质。

8. 充分发挥行业监督考核的“指挥棒”作用

一是强化公交行业考核，围绕高峰期发车班次比例、年运营载客里程、百万公里死亡率等指标开展运营指标及服务质量考核，激励企业主动优化线路资源，提升服务质量，在保障公益服务规模的同时充分发挥企业市场主体作用；二是研究建立健全出租车服务质量信誉考核体系，将经营权续期、新增经营权配置、驾驶员从业资质与服务质量信誉考核结果直接挂钩，到期经营权收回后根据企业服务质量考核结果重新分配，建立优胜劣汰的竞争机制和市场退出机制；三是建立健全道路客运企业、汽车客运站服务质量信誉考核体系，强化道路客运行业监管。

（三）因时而变，开展法规政策修订攻坚行动

针对公交全电动化、轨道全面成网、特区扩容等新形势，组织开展公交财政补贴政策、公共汽车运营管理办法、出租车条例、12 座以上客车管理规定等政策法规的制修订工作，用好用活补贴政策激励的“风向标”和法规规章约束的“紧箍咒”，切实加强行业监管。

1. 完善公交财政补贴政策体系

制定出台《深圳市公交行业运营补贴政策实施方案（2018～2020）》，通过核定服务规模和补贴基数“一个基础”，运营指标及服务质量“两项考核”，补贴调整、资金保障和协同管理“三个机制”，合理补偿企业提供公益性服务的运营亏损，激励企业保证公交服务“量”的供给和促进“质”的提升。

2. 完善公交考核补贴审核机制

一是依托智能公交系统，建立以车辆运行动态、GPS 信息等大数据为统计依据的考核补贴审核机制；二是利用全部公交车辆车载终端升级改造的契机，优化深圳通刷卡补贴审核机制，规范深圳通 PSAM 卡的使用及流转，实现“车卡绑定、精准补贴”的目标；三是建立补贴并联审核制度。打破以

往各类单项补贴分类上报、分类审核的壁垒，建立公交补贴并联审核制度，通过不同类型补贴的交互校验提高审核精度。

3. 组织开展公交行业法规修订调研准备工作

针对《城市公共汽车和电车客运管理规定》（交通运输部令2017年第5号）出台、公交资源整合等新形势，结合深圳市公交行业发展实际，组织开展《深圳市公共汽车运用服务管理办法》等法规规章修订的调研准备工作。

4. 启动《深圳经济特区出租小汽车管理条例》等相关法规规章的修订工作

针对特区扩容、上位文件出台、新兴业态迅猛发展等新形势，结合网约车规范管理、出租车经营权管理体制改革、红绿的一体化、简政放权等各项出租车改革工作，启动《深圳经济特区出租小汽车管理条例》等相关法规规章修订工作，推动行业在新形势下加快转型升级、改革发展。

5. 加快出台12座以上客车管理规定

结合深圳市道路客运行业实际，根据各单位意见加快完善出台《关于加强十二座以上客车交通安全及营运管理工作的意见》，对客车安全管理责任、客车登记管理、现有存量非营运客车处置、非营运客车经营性活动查控、各相关部门安全监管职责等内容予以明确，进一步加强客车道路交通安全和营运管理，强化源头管控，预防和减少道路交通事故的发生，保障乘客的合法权益。

（四）科技支撑，开展智能应用提升攻坚行动

坚持"问题导向"1个原则，围绕"监管、服务"2条主线，紧扣"车辆、人员、线路"3大要素，着力构建集"运行监测、决策支持、安全应急、便民服务"4项功能于一体的公共交通智能化监管服务体系。

1. 提升行业智能化监管水平

一是推进公交GPS监管平台二期建设工作，建立集车辆监控和管理于一体的常规公交智能服务体系，构建基础设施管理和服务质量考核系统环境，提升服务质量。二是试点安装公交客流视频监测设备，提高车辆客流统

计精度，为行业决策提供数据支撑。三是推进网约巴士数据接入与监管分析系统建设工作，接入道路客运改革试点企业网约巴士运营数据，实现对网约巴士运营动态数字化监管与分析。四是推进公交证件电子化管理。对全市公交车辆核发包含企业、车辆信息的IC卡，建立证件电子化管理系统，并配套对全市所有公交场站安装RFID读卡设备，对公交车日常管理、进出场站等进行动态监控管理。五是推进道路客运车辆指标化管理。与市交警局沟通协调，建立道路客运车辆指标化管理系统，防止深圳市道路客运企业在未取得交委批复的情况下，购置十二座以上客车，加强对道路客运企业使用无《道路运输证》车辆从事营运的管理，从源头上预防道路客运企业非营运客车事故的发生。六是推进道路客运车辆车载视频数据接入政府监管平台，充分运用人脸识别、行为识别技术，加大公交车、出租车、道路客运车辆车载视频围栏查控及智能巡查力度，通过视频围栏的“天眼”实现车辆监管的可视化、远程化和高效化。

2. 提升便民利民服务水平

一是以网约车监管平台为行业“互联网+政务服务”样板，推广至公交、出租、道路客运行业，大力推行网上办事，打造公共交通业务全链条办理“一个入口”“一条通道”“一个认证信息库”，变“群众跑腿”为“信息跑路”，变“群众来回跑”为“部门协同办”。二是结合“侨香路改造工程”及“福田中心区景观提升工程”开展公交电子站牌试点建设工作，同时进一步完善鹏程公交等APP功能，拓宽公交信息发布内容，提升公交信息服务水平。三是升级改造公交车辆深圳通刷卡设备，推广使用银联、微信等多种电子支付方式。四是借鉴网约车服务评价模式，完善巡游出租车新型车载智能终端乘客服务评价功能，提高市民乘车体验和驾驶员服务质量。五是全面推广应用出租汽车发票电子化，从源头杜绝倒卖发票等违规行为，方便市民乘车报销，为企业节省发票印制和管理成本。

3. 强化政企信息互动

一是针对公共交通板块点多、线长、面广且日常文件多、分发流程长的特点，开发建设政企文件实时交换系统，打通政企文件交互通道。二是开发建设基于移动端的安全事故报送系统，实现事故信息即时上报、逐级推送及后续响应处置等功能，提高行车安全事故报送及处置效率。

（五）弘扬正能量，开展行业文化建设攻坚行动

树立以“诚信为本、优质服务、真诚奉献、团结奋进”为核心的公共交通行业核心价值观，在全行业内宣传、引导将公共交通核心价值观融入自觉行动并引以为荣，增强全体从业人员对行业的认同感、对企业的归属感及对服务的荣誉感，弘扬主旋律、传播正能量，切实提升行业软实力。

1. 着力塑造公共交通行业形象

一是持续开展公交出行宣传周、民意车厢、爱心送考、学雷锋献爱心等具有行业特色的主题文化活动，传递行业价值；二是树立以先进标兵、先进群体为代表的行业典型形象，组织开展出租车行业表彰大会、公共交通行业十大感动人物评选等活动，大力宣传行业好人好事，弘扬行业正能量，在行业内营造学先进、赶先进、创先进的良好氛围；三是固化完善公交车身广告内容负面清单管理制度，全面推广使用出租车驾驶员新型工装，提升行业形象。

2. 持续开展行业关爱互助行动

一是组织开展深圳市公交司机心理健康状况专题调查研究，分析公交司机群体心理健康状况，研究制定公交司机情绪管理和心理健康监控体系及监管措施，预防司机群体因心理不健康带来的社会危害；二是依托出租车行业各流动党支部及出租车行业协会，持续开展驾驶员家访、病困司乘人员及其家属慰问等工作，增强行业凝聚力。

3. 加强行业诚信文化建设

一是固化完善公共交通行业“1＋3”诚信制度体系，推动公共交通行业诚信制度文件上升为规范性文件，增强文件约束力和影响力；二是参考驾驶员诚信管理模式，研究建立企业诚信管理制度及红黑名单；三是与百度、阿里、腾讯等第三方机构共同探索进一步拓展公共交通行业诚信信息应用领域，在其他社会领域实现联惩联处，守信者在其他社会领域也相应受到多方

激励，真正让公共交通行业诚信数据“走出去”。

4. 强化行业从业人员教育管理

一是持续开展行业驾驶员全员培训，强化驾驶员诚信服务、安全运营、遵纪守法等主题培训，提升服务水平；二是持续开展企业营运部长、安技部长、车队长“三长”管理人员培训，提升基层管理人员职业素质。

（六）绿色发展，开展低碳节能减排攻坚行动

按照建设“美丽中国”总要求，持续加大纯电动车辆在公共交通行业示范推广应用力度，着力优化纯电动车辆运营环境，为“深圳蓝”做出贡献。

1. 大力推广应用纯电动出租车

坚持“政府引导、企业自主”的原则，根据《深圳市纯电动出租车超额减排奖励试点实施方案（2017～2018年度）》《关于2017～2020年度纯电动出租汽车推广应用工作有关事项的通知》精神，通过奖励纯电动巡游出租车经营权指标及给予超额减排奖励补贴的方式，进一步加大纯电动小汽车在深圳市巡游出租车行业的推广力度，确保至2020年全面实现深圳市巡游出租车纯电动化。

2. 推动老旧营运客车提前淘汰

加快出台深圳市老旧营运客车提前淘汰奖励补贴标准，对提前淘汰的国Ⅰ、国Ⅱ排放标准的营运类汽油车和国Ⅲ排放标准的营运类柴油车，按提前年限不同给予阶梯价格补贴，鼓励企业提前淘汰老旧客车。

3. 强化充电基础设施保障

一是会同比亚迪、南方电网等单位加快推进民乐P＋R纯电动出租车充电桩建设工作；二是探索“变＋充”模式，合理利用变电站周边土地建设一批出租车充电桩；三是会同南方电网加快推进路边停车位充电桩建设工作，同时会同道交中心加快研究出台“智慧停车＋充电”一体化配套政策。

4. 优化纯电动车辆推广应用环境

一是会同新能源汽车生产企业、运营企业等研究制定新能源公交车辆运

营服务安全等相关技术标准或规范；二是会同市财政委优化完善新能源公交运营补贴政策，进一步明确新能源公交大巴、中巴的运营补贴考核标准及实施机制；三是研究建立纯电动出租车超额减排奖励考核机制，对获得奖励的纯电动出租车运营情况进行考核；四是报请省政府加快协调推动南方电网等相关单位推进纯电动公交车、出租车峰平谷电价统一工作，提高充电桩使用效率；五是推进智能充电系统建设工作，接入全市各充电站分布及充电桩使用情况，并通过电子围栏检测充电拥挤情况，结合终端采集的电动车电量数据和车辆位置，为驾驶员提供精准的充电引导服务。

（七）质量先行，全力推进对内对外轨道交通建设发展

1. 全面促进各项在建项目有序建设

随着四期规划 5 条线路的开工，2018 年深圳市轨道交通建设大面积、全方位铺开，深圳市要确保完成轨道交通建设责任书年度目标：全年完成投资 250 亿元，三期工程 6、8、10 号线要确保车站主体结构施工完成 85%；各条延长线要确保车站主体结构施工基本完成，并要全面进入安装装修和站后工程施工工序转换，启动开通前各项准备工作；四期工程各线车站围护结构施工平均完成约 10%，全面完成第一阶段征地拆迁和管线改迁、交通疏解、绿化迁移等前期工程施工，为后续主体结构施工创造良好的条件。

2. 高标准启动深圳市下一轮轨道交通建设规划

当前，深圳市轨道交通建设仍然无法满足市民出行和原特区外城市化发展的需要，主要城市发展走廊面临巨大交通压力，城市重点、热点地区轨道覆盖不足，东进战略需进一步加强轨道快线支撑，深圳市轨道交通规划建设需求仍然巨大。2018 年要结合城市总体规划修编及线网规划的编制，高标准启动下一轮建设规划工作，按照 2018 年启动、2019 年完成、2020 年报批的总体工作目标，抓实抓好下一轮建设规划编制工作。同时，要进一步加强规划编制的统筹协调，加强建设规划前期研究深度，同步开展工程预可研究工作。下一轮轨道建设规划线路建成后，至 2025 年深圳将形成超 800 公里的轨道网络。

3. 发扬工匠精神，全面提升深圳市轨道交通品质

轨道交通不仅是市民出行工具，更是城市品位、城市文化的载体，市民生活所依，深圳市轨道交通建设作为一项重大民生工程，需要工匠精神的引领，切实筑牢轨道交通建设的根基。2018 年，要贯彻落实《轨道交通工程景观艺术文化设计管理办法》，加强三期工程车站、出入口、风亭、车辆段、高架桥等轨道交通设施设计、施工方案的审查工作，着力提高轨道交通主体工程、绿化景观、道路恢复的施工质量；切实转变设计理念，创新设计方法，要加强地铁与城市融合设计，推行标准化设计，加强设计考评，全方位提升轨道交通设计质量和工程建设质量，使深圳市地铁设计向国际先进水平看齐，打造“深圳质量”，建设“美丽深圳”。

4. 加快完成轨道交通四期投融资方案落地

2018 年要在开展轨道四期投融资方案研究的基础上，抓紧完成 PPP 项目实施方案编制及上报工作，启动 12、13 号线 PPP 项目招标，引进优质运营商，提高运营服务水平。持续深化地铁投融资和综合物业开发，坚持“轨道 + 物业”模式，制订轨道交通沿线综合开发方案和作价出资方案，大力推动轨道沿线土地综合开发，全力推进地铁上盖物业、地下空间综合开发、站城一体化开发等工作，进一步提高深圳市土地集约利用水平。

B.7
2017 ~2018年深圳市民政事业发展报告

深圳市民政局*

摘　要： 2017年，全市民政系统认真贯彻中央、省、市有关民生民政工作决策部署，围绕中心、服务大局，攻坚克难、开拓进取，推动民政工作取得新突破、民政事业实现新发展。2018年，全市民政部门将以习近平新时代中国特色社会主义思想和党的十九大精神为引领，准确把握新时代民政工作新形势、新定位、新要求，突出强化基础、提升质量、增创优势，坚持“抓重点、补短板、强弱项、推改革、谋新局”，加快推进民政公共服务供给侧改革和社会治理现代化，努力构建符合深圳特大城市特点和规律的新型民政。

关键词： 民政事业　公共服务　社会治理

一　2017年工作回顾

2017年，在市委市政府正确领导、有关方面大力支持下，市民政局围绕中心、服务大局，攻坚克难、开拓进取，全面完成市委市政府部署的有关民政工作重点任务和市政府民生实事涉及民政事项，圆满承办2017亚太国

* 执笔人：吴远翔、罗思颖、陈丽娟，深圳市民政局。

际社工会议，顺利完成社区居委会换届工作等，推动民政工作取得新突破、民政事业实现新发展。深圳市的“社会组织管理体制机制改革创新试点”有关经验，被国家发改委选为经典案例向全国推介；深圳市在2017年度全省民政重点工作评估中被评为优秀等级；在第五届“南都街坊口碑榜”评选中，民政部门的“民生微实事，解决百姓小事急事难事”项目荣获最高奖项——“市民致敬”大奖。

（一）健全完善政策体系和工作机制，民生兜底保障实现新拓展

再次提高低保标准，提升至每人每月900元，居国内大中城市前列。完善“救急难”政策，出台深圳市临时救助、特困人员供养等两个文件。建立社会福利和社会救助联席会议制度，完善由民政部门牵头、各区和各有关部门各负其责的社会福利和社会救助政策综合协调机制。健全防灾减灾救灾工作机制，成立市减灾委员会，巨灾保险新增住房损失补偿，“天鸽”强台风、低温寒潮等重大自然灾害应急救助高效有序。认真做好“练溪事件”相关整改工作，积极推进科技寻亲、护送返乡等工作，流浪乞讨人员救助和孤残儿童福利工作持续加强。尤其是“练溪事件”发生前，市民政局发现化州、练溪等地托养工作存在的问题和风险后，克服各种困难，主动撤回两地托养人员，彰显了民政为民爱民的浓厚情怀和责任担当。

（二）强力推进服务设施规划建设，长期困扰民政事业发展的最大短板取得重大突破

积极争取市委市政府和有关部门支持，制定出台《“9＋3”重大民政服务设施规划建设三年行动计划（2018～2020年）》，市社会救助安置院、市社会福利院、市老龄综合服务中心等12个项目被市委市政府列为重点工作加以推进。

（三）同步推进软件硬件两大建设，养老服务发展提速提质

加强政策创制，出台养老机构服务收费、公办养老机构入住评估轮候等多个规范性文件，调整修订社区养老设施配建和移交标准，从300平方米大

幅提升至750平方米。深入实施“养老重大民生工程”，市社会福利中心新址（一期）投入使用，市养老护理院竣工建成，全年新增养老床位1000张。加快推进医养融合发展，超过60%的养老机构和老年人日间照料中心实现医养结合。强化人才队伍和服务质量建设，积极推动筹办深圳健康养老学院，与日本微风株式会社、德国蕾娜范集团等国际知名养老服务机构建立战略合作关系。拓展提升老年人福利保障，“银龄安康”保险项目覆盖率超过70%。各区结合自身实际，社会养老服务体系建设取得明显成效。

（四）深入推进慈善事业创新发展，福彩发行销售取得历史性突破

市慈善会转型改革迈出实质性步伐，选举产生新一届理事会，基金会治理结构和运行机制初步形成。“互联网+慈善”、“金融+慈善”、慈善信托、社会影响力投资等现代慈善模式加快发展。依法查处“同一天生日的你”等网络慈善募捐领域违法违规行为，整顿规范行业秩序。全市福利彩票发行工作得到全面加强，福彩销售额从25亿元大幅提升至39亿元，同比增长51.7%，销售量和增长率都创出历史新高。

（五）坚持培育发展与监督管理并重，社会组织发展质量和党建工作实现双提升

严把入口关，直接登记范围从八类适当缩减为六类。建立完善行政约谈、年度工作报告等管理机制，开展重点领域行业协会自律试点。随机抽查和专项执法持续加强，全年抽查市级社会组织154家、立案查处72家，其中限期停止活动10家、撤销登记42家。探索开展党政机关、企事业单位党组织与社会组织党组织联学联建，党的组织、党的工作“两个覆盖”有了新的提升。

（六）重点抓好社区“两委”换届和“民生微实事”两项工作，基层社区治理呈现新局面

会同市委组织部，圆满完成社区“两委”换届工作，整体结果呈现“一肩挑”比例高、试点比例高、学历层次高、妇女干部比例高、居委会参

皮书系列

2018年

智 库 成 果 出 版 与 传 播 平 台

社会科学文献出版社
SOCIAL SCIENCES ACADEMIC PRESS (CHINA)

社长致辞

蓦然回首，皮书的专业化历程已经走过了二十年。20年来从一个出版社的学术产品名称到媒体热词再到智库成果研创及传播平台，皮书以专业化为主线，进行了系列化、市场化、品牌化、数字化、国际化、平台化的运作，实现了跨越式的发展。特别是在党的十八大以后，以习近平总书记为核心的党中央高度重视新型智库建设，皮书也迎来了长足的发展，总品种达到600余种，经过专业评审机制、淘汰机制遴选，目前，每年稳定出版近400个品种。“皮书”已经成为中国新型智库建设的抓手，成为国际国内社会各界快速、便捷地了解真实中国的最佳窗口。

20年孜孜以求，“皮书”始终将自己的研究视野与经济社会发展中的前沿热点问题紧密相连。600个研究领域，3万多位分布于800余个研究机构的专家学者参与了研创写作。皮书数据库中共收录了15万篇专业报告，50余万张数据图表，合计30亿字，每年报告下载量近80万次。皮书为中国学术与社会发展实践的结合提供了一个激荡智力、传播思想的入口，皮书作者们用学术的话语、客观翔实的数据谱写出了中国故事壮丽的篇章。

20年跬步千里，“皮书”始终将自己的发展与时代赋予的使命与责任紧紧相连。每年百余场新闻发布会，10万余次中外媒体报道，中、英、俄、日、韩等12个语种共同出版。皮书所具有的凝聚力正在形成一种无形的力量，吸引着社会各界关注中国的发展，参与中国的发展，它是我们向世界传递中国声音、总结中国经验、争取中国国际话语权最主要的平台。

皮书这一系列成就的取得，得益于中国改革开放的伟大时代，离不开来自中国社会科学院、新闻出版广电总局、全国哲学社会科学规划办公室等主管部门的大力支持和帮助，也离不开皮书研创者和出版者的共同努力。他们与皮书的故事创造了皮书的历史，他们对皮书的拳拳之心将继续谱写皮书的未来！

现在，“皮书”品牌已经进入了快速成长的青壮年时期。全方位进行规范化管理，树立中国的学术出版标准；不断提升皮书的内容质量和影响力，搭建起中国智库产品和智库建设的交流服务平台和国际传播平台；发布各类皮书指数，并使之成为中国指数，让中国智库的声音响彻世界舞台，为人类的发展做出中国的贡献——这是皮书未来发展的图景。作为“皮书”这个概念的提出者，“皮书”从一般图书到系列图书和品牌图书，最终成为智库研究和社会科学应用对策研究的知识服务和成果推广平台这整个过程的操盘者，我相信，这也是每一位皮书人执着追求的目标。

“当代中国正经历着我国历史上最为广泛而深刻的社会变革，也正在进行着人类历史上最为宏大而独特的实践创新。这种前无古人的伟大实践，必将给理论创造、学术繁荣提供强大动力和广阔空间。”

在这个需要思想而且一定能够产生思想的时代，皮书的研创出版一定能创造出新的更大的辉煌！

社会科学文献出版社社长

中国社会学会秘书长

2017年11月

社会科学文献出版社简介

社会科学文献出版社（以下简称“社科文献出版社”）成立于1985年，是直属于中国社会科学院的人文社会科学学术出版机构。成立至今，社科文献出版社始终依托中国社会科学院和国内外人文社会科学界丰厚的学术出版和专家学者资源，坚持“创社科经典，出传世文献”的出版理念、“权威、前沿、原创”的产品定位以及学术成果和智库成果出版的专业化、数字化、国际化、市场化的经营道路。

社科文献出版社是中国新闻出版业转型与文化体制改革的先行者。积极探索文化体制改革的先进方向和现代企业经营决策机制，社科文献出版社先后荣获“全国文化体制改革工作先进单位”、中国出版政府奖·先进出版单位奖，中国社会科学院先进集体、全国科普工作先进集体等荣誉称号。多人次荣获“第十届韬奋出版奖”“全国新闻出版行业领军人才”“数字出版先进人物”“北京市新闻出版广电行业领军人才”等称号。

社科文献出版社是中国人文社会科学学术出版的大社名社，也是以皮书为代表的智库成果出版的专业强社。年出版图书2000余种，其中皮书400余种，出版新书字数5.5亿字，承印与发行中国社科院院属期刊72种，先后创立了皮书系列、列国志、中国史话、社科文献学术译库、社科文献学术文库、甲骨文书系等一大批既有学术影响又有市场价值的品牌，确立了在社会学、近代史、苏东问题研究等专业学科及领域出版的领先地位。图书多次荣获中国出版政府奖、“三个一百”原创图书出版工程、“五个‘一’工程奖”、“大众喜爱的50种图书”等奖项，在中央国家机关“强素质·做表率”读书活动中，入选图书品种数位居各大出版社之首。

社科文献出版社是中国学术出版规范与标准的倡议者与制定者，代表全国50多家出版社发起实施学术著作出版规范的倡议，承担学术著作规范国家标准的起草工作，率先编撰完成《皮书手册》对皮书品牌进行规范化管理，并在此基础上推出中国版芝加哥手册——《社科文献出版社学术出版手册》。

社科文献出版社是中国数字出版的引领者，拥有皮书数据库、列国志数据库、“一带一路”数据库、减贫数据库、集刊数据库等4大产品线11个数据库产品，机构用户达1300余家，海外用户百余家，荣获“数字出版转型示范单位”“新闻出版标准化先进单位”“专业数字内容资源知识服务模式试点企业标准化示范单位”等称号。

社科文献出版社是中国学术出版走出去的践行者。社科文献出版社海外图书出版与学术合作业务遍及全球40余个国家和地区，并于2016年成立俄罗斯分社，累计输出图书500余种，涉及近20个语种，累计获得国家社科基金中华学术外译项目资助76种、“丝路书香工程”项目资助60种、中国图书对外推广计划项目资助71种以及经典中国国际出版工程资助28种，被五部委联合认定为“2015-2016年度国家文化出口重点企业”。

如今，社科文献出版社完全靠自身积累拥有固定资产3.6亿元，年收入3亿元，设置了十大出版分社、六大专业部门，成立了皮书研究院和博士后科研工作站，培养了一支近400人的高素质与高效率的编辑、出版、营销和国际推广队伍，为未来成为学术出版的大社、名社、强社，成为文化体制改革与文化企业转型发展的排头兵奠定了坚实的基础。

宏观经济类

经济蓝皮书

2018 年中国经济形势分析与预测

李平 / 主编　2017 年 12 月出版　定价：89.00 元

◆　本书为总理基金项目，由著名经济学家李扬领衔，联合中国社会科学院等数十家科研机构、国家部委和高等院校的专家共同撰写，系统分析了 2017 年的中国经济形势并预测 2018 年中国经济运行情况。

城市蓝皮书

中国城市发展报告 No.11

潘家华　单菁菁 / 主编　2018 年 9 月出版　估价：99.00 元

◆　本书是由中国社会科学院城市发展与环境研究中心编著的，多角度、全方位地立体展示了中国城市的发展状况，并对中国城市的未来发展提出了许多建议。该书有强烈的时代感，对中国城市发展实践有重要的参考价值。

人口与劳动绿皮书

中国人口与劳动问题报告 No.19

张车伟 / 主编　2018 年 10 月出版　估价：99.00 元

◆　本书为中国社会科学院人口与劳动经济研究所主编的年度报告，对当前中国人口与劳动形势做了比较全面和系统的深入讨论，为研究中国人口与劳动问题提供了一个专业性的视角。

中国省域竞争力蓝皮书

中国省域经济综合竞争力发展报告（2017 ~ 2018）

李建平　李闽榕　高燕京 / 主编　2018 年 5 月出版　估价：198.00 元

◆　本书融多学科的理论为一体，深入追踪研究了省域经济发展与中国国家竞争力的内在关系，为提升中国省域经济综合竞争力提供有价值的决策依据。

金融蓝皮书

中国金融发展报告（2018）

王国刚 / 主编　2018 年 6 月出版　估价：99.00 元

◆　本书由中国社会科学院金融研究所组织编写，概括和分析了 2017 年中国金融发展和运行中的各方面情况，研讨和评论了 2017 年发生的主要金融事件，有利于读者了解掌握 2017 年中国的金融状况，把握 2018 年中国金融的走势。

区域经济类

京津冀蓝皮书

京津冀发展报告（2018）

祝合良　叶堂林　张贵祥 / 等著　2018 年 6 月出版　估价：99.00 元

◆　本书遵循问题导向与目标导向相结合、统计数据分析与大数据分析相结合、纵向分析和长期监测与结构分析和综合监测相结合等原则，对京津冀协同发展新形势与新进展进行测度与评价。

社会政法类

社会蓝皮书

2018 年中国社会形势分析与预测

李培林　陈光金　张翼 / 主编　2017 年 12 月出版　定价：89.00 元

◆　本书由中国社会科学院社会学研究所组织研究机构专家、高校学者和政府研究人员撰写，聚焦当下社会热点，对 2017 年中国社会发展的各个方面内容进行了权威解读，同时对 2018 年社会形势发展趋势进行了预测。

法治蓝皮书

中国法治发展报告 No.16（2018）

李林　田禾 / 主编　2018 年 3 月出版　定价：128.00 元

◆　本年度法治蓝皮书回顾总结了 2017 年度中国法治发展取得的成就和存在的不足，对中国政府、司法、检务透明度进行了跟踪调研，并对 2018 年中国法治发展形势进行了预测和展望。

教育蓝皮书

中国教育发展报告（2018）

杨东平 / 主编　2018 年 3 月出版　定价：89.00 元

◆　本书重点关注了 2017 年教育领域的热点，资料翔实，分析有据，既有专题研究，又有实践案例，从多角度对 2017 年教育改革和实践进行了分析和研究。

社会体制蓝皮书

中国社会体制改革报告 No.6（2018）

龚维斌 / 主编　2018 年 3 月出版　定价：98.00 元

◆　本书由国家行政学院社会治理研究中心和北京师范大学中国社会管理研究院共同组织编写，主要对 2017 年社会体制改革情况进行回顾和总结，对 2018 年的改革走向进行分析，提出相关政策建议。

社会心态蓝皮书

中国社会心态研究报告（2018）

王俊秀　杨宜音 / 主编　2018 年 12 月出版　估价：99.00 元

◆　本书是中国社会科学院社会学研究所社会心理研究中心"社会心态蓝皮书课题组"的年度研究成果，运用社会心理学、社会学、经济学、传播学等多种学科的方法进行了调查和研究，对于目前中国社会心态状况有较广泛和深入的揭示。

华侨华人蓝皮书

华侨华人研究报告（2018）

贾益民 / 主编　2017 年 12 月出版　估价：139.00 元

◆　本书关注华侨华人生产与生活的方方面面。华侨华人是中国建设 21 世纪海上丝绸之路的重要中介者、推动者和参与者。本书旨在全面调研华侨华人，提供最新涉侨动态、理论研究成果和政策建议。

民族发展蓝皮书

中国民族发展报告（2018）

王延中 / 主编　2018 年 10 月出版　估价：188.00 元

◆　本书从民族学人类学视角，研究近年来少数民族和民族地区的发展情况，展示民族地区经济、政治、文化、社会和生态文明"五位一体"建设取得的辉煌成就和面临的困难挑战，为深刻理解中央民族工作会议精神、加快民族地区全面建成小康社会进程提供了实证材料。

产业经济类

房地产蓝皮书

中国房地产发展报告 No.15（2018）

李春华　王业强 / 主编　2018 年 5 月出版　估价：99.00 元

◆　2018 年《房地产蓝皮书》持续追踪中国房地产市场最新动态，深度剖析市场热点，展望 2018 年发展趋势，积极谋划应对策略。对 2017 年房地产市场的发展态势进行全面、综合的分析。

新能源汽车蓝皮书

中国新能源汽车产业发展报告（2018）

中国汽车技术研究中心　日产（中国）投资有限公司
东风汽车有限公司 / 编著　　2018 年 8 月出版　　估价：99.00 元

◆　本书对中国 2017 年新能源汽车产业发展进行了全面系统的分析，并介绍了国外的发展经验。有助于相关机构、行业和社会公众等了解中国新能源汽车产业发展的最新动态，为政府部门出台新能源汽车产业相关政策法规、企业制定相关战略规划，提供必要的借鉴和参考。

行业及其他类

旅游绿皮书

2017 ~ 2018 年中国旅游发展分析与预测

中国社会科学院旅游研究中心 / 编　2018 年 1 月出版　定价：99.00 元

◆　本书从政策、产业、市场、社会等多个角度勾画出 2017 年中国旅游发展全貌，剖析了其中的热点和核心问题，并就未来发展作出预测。

民营医院蓝皮书

中国民营医院发展报告（2018）

薛晓林 / 主编　2018 年 11 月出版　估价：99.00 元

◆　本书在梳理国家对社会办医的各种利好政策的前提下，对我国民营医疗发展现状、我国民营医院竞争力进行了分析，并结合我国医疗体制改革对民营医院的发展趋势、发展策略、战略规划等方面进行了预估。

会展蓝皮书

中外会展业动态评估研究报告（2018）

张敏 / 主编　2018 年 12 月出版　估价：99.00 元

◆　本书回顾了2017年的会展业发展动态，结合“供给侧改革”、“互联网 +”、“绿色经济” 的新形势分析了我国展会的行业现状，并介绍了国外的发展经验，有助于行业和社会了解最新的展会业动态。

中国上市公司蓝皮书

中国上市公司发展报告（2018）

张平　王宏淼 / 主编　2018 年 9 月出版　估价：99.00 元

◆　本书由中国社会科学院上市公司研究中心组织编写的，着力于全面、真实、客观反映当前中国上市公司财务状况和价值评估的综合性年度报告。本书详尽分析了 2017 年中国上市公司情况，特别是现实中暴露出的制度性、基础性问题，并对资本市场改革进行了探讨。

工业和信息化蓝皮书

人工智能发展报告（2017 ~ 2018）

尹丽波 / 主编　2018 年 6 月出版　估价：99.00 元

◆　本书国家工业信息安全发展研究中心在对 2017 年全球人工智能技术和产业进行全面跟踪研究基础上形成的研究报告。该报告内容翔实、视角独特，具有较强的产业发展前瞻性和预测性，可为相关主管部门、行业协会、企业等全面了解人工智能发展形势以及进行科学决策提供参考。

国际问题与全球治理类

世界经济黄皮书

2018 年世界经济形势分析与预测

张宇燕 / 主编　2018 年 1 月出版　定价：99.00 元

◆　本书由中国社会科学院世界经济与政治研究所的研究团队撰写，分总论、国别与地区、专题、热点、世界经济统计与预测等五个部分，对 2018 年世界经济形势进行了分析。

国际城市蓝皮书

国际城市发展报告（2018）

屠启宇 / 主编　2018 年 2 月出版　定价：89.00 元

◆　本书作者以上海社会科学院从事国际城市研究的学者团队为核心，汇集同济大学、华东师范大学、复旦大学、上海交通大学、南京大学、浙江大学相关城市研究专业学者。立足动态跟踪介绍国际城市发展时间中，最新出现的重大战略、重大理念、重大项目、重大报告和最佳案例。

非洲黄皮书

非洲发展报告 No.20（2017 ~ 2018）

张宏明 / 主编　2018 年 7 月出版　估价：99.00 元

◆　本书是由中国社会科学院西亚非洲研究所组织编撰的非洲形势年度报告，比较全面、系统地分析了 2017 年非洲政治形势和热点问题，探讨了非洲经济形势和市场走向，剖析了大国对非洲关系的新动向；此外，还介绍了国内非洲研究的新成果。

国别类

美国蓝皮书

美国研究报告（2018）

郑秉文　黄平 / 主编　2018 年 5 月出版　估价：99.00 元

◆　本书是由中国社会科学院美国研究所主持完成的研究成果，它回顾了美国 2017 年的经济、政治形势与外交战略，对美国内政外交发生的重大事件及重要政策进行了较为全面的回顾和梳理。

德国蓝皮书

德国发展报告（2018）

郑春荣 / 主编　2018 年 6 月出版　估价：99.00 元

◆　本报告由同济大学德国研究所组织编撰，由该领域的专家学者对德国的政治、经济、社会文化、外交等方面的形势发展情况，进行全面的阐述与分析。

俄罗斯黄皮书

俄罗斯发展报告（2018）

李永全 / 编著　2018 年 6 月出版　估价：99.00 元

◆　本书系统介绍了 2017 年俄罗斯经济政治情况，并对 2016 年该地区发生的焦点、热点问题进行了分析与回顾；在此基础上，对该地区 2018 年的发展前景进行了预测。

文化传媒类

新媒体蓝皮书

中国新媒体发展报告 No.9（2018）

唐绪军 / 主编　2018 年 6 月出版　估价：99.00 元

◆　本书是由中国社会科学院新闻与传播研究所组织编写的关于新媒体发展的最新年度报告，旨在全面分析中国新媒体的发展现状，解读新媒体的发展趋势，探析新媒体的深刻影响。

移动互联网蓝皮书

中国移动互联网发展报告（2018）

余清楚 / 主编　2018 年 6 月出版　估价：99.00 元

◆　本书着眼于对 2017 年度中国移动互联网的发展情况做深入解析，对未来发展趋势进行预测，力求从不同视角、不同层面全面剖析中国移动互联网发展的现状、年度突破及热点趋势等。

文化蓝皮书

中国文化消费需求景气评价报告（2018）

王亚南 / 主编　2018 年 3 月出版　定价：99.00 元

◆　本书首创全国文化发展量化检测评价体系，也是至今全国唯一的文化民生量化检测评价体系，对于检验全国及各地"以人民为中心"的文化发展具有首创意义。

地方发展类

北京蓝皮书

北京经济发展报告（2017 ~ 2018）

杨松 / 主编　2018 年 6 月出版　估价：99.00 元

◆　本书对 2017 年北京市经济发展的整体形势进行了系统性的分析与回顾，并对 2018 年经济形势走势进行了预测与研判，聚焦北京市经济社会发展中的全局性、战略性和关键领域的重点问题，运用定量和定性分析相结合的方法，对北京市经济社会发展的现状、问题、成因进行了深入分析，提出了可操作性的对策建议。

温州蓝皮书

2018 年温州经济社会形势分析与预测

蒋儒标　王春光　金浩 / 主编　2018 年 6 月出版　估价：99.00 元

◆　本书是中共温州市委党校和中国社会科学院社会学研究所合作推出的第十一本温州蓝皮书，由来自党校、政府部门、科研机构、高校的专家、学者共同撰写的 2017 年温州区域发展形势的最新研究成果。

黑龙江蓝皮书

黑龙江社会发展报告（2018）

王爱丽 / 主编　2018 年 1 月出版　定价：89.00 元

◆　本书以千份随机抽样问卷调查和专题研究为依据，运用社会学理论框架和分析方法，从专家和学者的独特视角，对 2017 年黑龙江省关系民生的问题进行广泛的调研与分析，并对 2017 年黑龙江省诸多社会热点和焦点问题进行了有益的探索。这些研究不仅可以为政府部门更加全面深入了解省情、科学制定决策提供智力支持，同时也可以为广大读者认识、了解、关注黑龙江社会发展提供理性思考。

宏观经济类

城市蓝皮书
中国城市发展报告（No.11）
著(编)者：潘家华 单菁菁
2018年9月出版 / 估价：99.00元
PSN B-2007-091-1/1

城乡一体化蓝皮书
中国城乡一体化发展报告（2018）
著(编)者：付崇兰
2018年9月出版 / 估价：99.00元
PSN B-2011-226-1/2

城镇化蓝皮书
中国新型城镇化健康发展报告（2018）
著(编)者：张占斌
2018年8月出版 / 估价：99.00元
PSN B-2014-396-1/1

创新蓝皮书
创新型国家建设报告（2018～2019）
著(编)者：詹正茂
2018年12月出版 / 估价：99.00元
PSN B-2009-140-1/1

低碳发展蓝皮书
中国低碳发展报告（2018）
著(编)者：张希良 齐晔
2018年6月出版 / 估价：99.00元
PSN B-2011-223-1/1

低碳经济蓝皮书
中国低碳经济发展报告（2018）
著(编)者：薛进军 赵忠秀
2018年11月出版 / 估价：99.00元
PSN B-2011-194-1/1

发展和改革蓝皮书
中国经济发展和体制改革报告No.9
著(编)者：邹东涛 王再文
2018年1月出版 / 估价：99.00元
PSN B-2008-122-1/1

国家创新蓝皮书
中国创新发展报告（2017）
著(编)者：陈劲　2018年5月出版 / 估价：99.00元
PSN B-2014-370-1/1

金融蓝皮书
中国金融发展报告（2018）
著(编)者：王国刚
2018年6月出版 / 估价：99.00元
PSN B-2004-031-1/7

经济蓝皮书
2018年中国经济形势分析与预测
著(编)者：李平　2017年12月出版 / 定价：89.00元
PSN B-1996-001-1/1

经济蓝皮书春季号
2018年中国经济前景分析
著(编)者：李扬　2018年5月出版 / 估价：99.00元
PSN B-1999-008-1/1

经济蓝皮书夏季号
中国经济增长报告（2017～2018）
著(编)者：李扬　2018年9月出版 / 估价：99.00元
PSN B-2010-176-1/1

农村绿皮书
中国农村经济形势分析与预测（2017～2018）
著(编)者：魏后凯 黄秉信
2018年4月出版 / 定价：99.00元
PSN G-1998-003-1/1

人口与劳动绿皮书
中国人口与劳动问题报告No.19
著(编)者：张车伟　2018年11月出版 / 估价：99.00元
PSN G-2000-012-1/1

新型城镇化蓝皮书
新型城镇化发展报告（2017）
著(编)者：李伟 宋敏
2018年3月出版 / 定价：98.00元
PSN B-2005-038-1/1

中国省域竞争力蓝皮书
中国省域经济综合竞争力发展报告（2016～2017）
著(编)者：李建平 李闽榕
2018年2月出版 / 定价：198.00元
PSN B-2007-088-1/1

中小城市绿皮书
中国中小城市发展报告（2018）
著(编)者：中国城市经济学会中小城市经济发展委员会
中国城镇化促进会中小城市发展委员会
《中国中小城市发展报告》编纂委员会
中小城市发展战略研究院
2018年11月出版 / 估价：128.00元
PSN G-2010-161-1/1

区域经济类

东北蓝皮书
中国东北地区发展报告（2018）
著(编)者：姜晓秋　2018年11月出版 / 估价：99.00元
PSN B-2006-067-1/1

金融蓝皮书
中国金融中心发展报告（2017~2018）
著(编)者：王力 黄育华　2018年11月出版 / 估价：99.00元
PSN B-2011-186-6/7

京津冀蓝皮书
京津冀发展报告（2018）
著(编)者：祝合良 叶堂林 张贵祥
2018年6月出版 / 估价：99.00元
PSN B-2012-262-1/1

西北蓝皮书
中国西北发展报告（2018）
著(编)者：王福生 马廷旭 董秋生
2018年1月出版 / 定价：99.00元
PSN B-2012-261-1/1

西部蓝皮书
中国西部发展报告（2018）
著(编)者：璋勇 任保平　2018年8月出版 / 估价：99.00元
PSN B-2005-039-1/1

长江经济带产业蓝皮书
长江经济带产业发展报告（2018）
著(编)者：吴传清　2018年11月出版 / 估价：128.00元
PSN B-2017-666-1/1

长江经济带蓝皮书
长江经济带发展报告（2017~2018）
著(编)者：王振　2018年11月出版 / 估价：99.00元
PSN B-2016-575-1/1

长江中游城市群蓝皮书
长江中游城市群新型城镇化与产业协同发展报告（2018）
著(编)者：杨刚强　2018年11月出版 / 估价：99.00元
PSN B-2016-578-1/1

长三角蓝皮书
2017年创新融合发展的长三角
著(编)者：刘飞跃　2018年5月出版 / 估价：99.00元
PSN B-2005-038-1/1

长株潭城市群蓝皮书
长株潭城市群发展报告（2017）
著(编)者：张萍 朱有志　2018年6月出版 / 估价：99.00元
PSN B-2008-109-1/1

特色小镇蓝皮书
特色小镇智慧运营报告（2018）：顶层设计与智慧架构标准
著(编)者：陈劲　2018年1月出版 / 定价：79.00元
PSN B-2018-692-1/1

中部竞争力蓝皮书
中国中部经济社会竞争力报告（2018）
著(编)者：教育部人文社会科学重点研究基地南昌大学中国中部经济社会发展研究中心
2018年12月出版 / 估价：99.00元
PSN B-2012-276-1/1

中部蓝皮书
中国中部地区发展报告（2018）
著(编)者：宋亚平　2018年12月出版 / 估价：99.00元
PSN B-2007-089-1/1

区域蓝皮书
中国区域经济发展报告（2017~2018）
著(编)者：赵弘　2018年5月出版 / 估价：99.00元
PSN B-2004-034-1/1

中三角蓝皮书
长江中游城市群发展报告（2018）
著(编)者：秦尊文　2018年9月出版 / 估价：99.00元
PSN B-2014-417-1/1

中原蓝皮书
中原经济区发展报告（2018）
著(编)者：李英杰　2018年6月出版 / 估价：99.00元
PSN B-2011-192-1/1

珠三角流通蓝皮书
珠三角商圈发展研究报告（2018）
著(编)者：王先庆 林至颖　2018年7月出版 / 估价：99.00元
PSN B-2012-292-1/1

社会政法类

北京蓝皮书
中国社区发展报告（2017~2018）
著(编)者：于燕燕　2018年9月出版 / 估价：99.00元
PSN B-2007-083-5/8

殡葬绿皮书
中国殡葬事业发展报告（2017~2018）
著(编)者：李伯森　2018年6月出版 / 估价：158.00元
PSN G-2010-180-1/1

城市管理蓝皮书
中国城市管理报告（2017-2018）
著(编)者：刘林 刘承水　2018年5月出版 / 估价：158.00元
PSN B-2013-336-1/1

城市生活质量蓝皮书
中国城市生活质量报告（2017）
著(编)者：张连城 张平 杨春学 郎丽华
2017年12月出版 / 定价：89.00元
PSN B-2013-326-1/1

城市政府能力蓝皮书
中国城市政府公共服务能力评估报告（2018）
著(编)者：何艳玲　2018年5月出版 / 估价：99.00元
PSN B-2013-338-1/1

创业蓝皮书
中国创业发展研究报告（2017~2018）
著(编)者：黄群慧 赵卫星 钟宏武
2018年11月出版 / 估价：99.00元
PSN B-2016-577-1/1

慈善蓝皮书
中国慈善发展报告（2018）
著(编)者：杨团　2018年6月出版 / 估价：99.00元
PSN B-2009-142-1/1

党建蓝皮书
党的建设研究报告No.2（2018）
著(编)者：崔建民 陈东平　2018年6月出版 / 估价：99.00元
PSN B-2016-523-1/1

地方法治蓝皮书
中国地方法治发展报告No.3（2018）
著(编)者：李林 田禾　2018年6月出版 / 估价：118.00元
PSN B-2015-442-1/1

电子政务蓝皮书
中国电子政务发展报告（2018）
著(编)者：李季　2018年8月出版 / 估价：99.00元
PSN B-2003-022-1/1

儿童蓝皮书
中国儿童参与状况报告（2017）
著(编)者：苑立新　2017年12月出版 / 定价：89.00元
PSN B-2017-682-1/1

法治蓝皮书
中国法治发展报告No.16（2018）
著(编)者：李林 田禾　2018年3月出版 / 定价：128.00元
PSN B-2004-027-1/3

法治蓝皮书
中国法院信息化发展报告 No.2（2018）
著(编)者：李林 田禾　2018年2月出版 / 定价：118.00元
PSN B-2017-604-3/3

法治政府蓝皮书
中国法治政府发展报告（2017）
著(编)者：中国政法大学法治政府研究院
2018年3月出版 / 定价：158.00元
PSN B-2015-502-1/2

法治政府蓝皮书
中国法治政府评估报告（2018）
著(编)者：中国政法大学法治政府研究院
2018年9月出版 / 估价：168.00元
PSN B-2016-576-2/2

反腐倡廉蓝皮书
中国反腐倡廉建设报告 No.8
著(编)者：张英伟　2018年12月出版 / 估价：99.00元
PSN B-2012-259-1/1

扶贫蓝皮书
中国扶贫开发报告（2018）
著(编)者：李培林 魏后凯　2018年12月出版 / 估价：128.00元
PSN B-2016-599-1/1

妇女发展蓝皮书
中国妇女发展报告 No.6
著(编)者：王金玲　2018年9月出版 / 估价：158.00元
PSN B-2006-069-1/1

妇女教育蓝皮书
中国妇女教育发展报告 No.3
著(编)者：张李玺　2018年10月出版 / 估价：99.00元
PSN B-2008-121-1/1

妇女绿皮书
2018年：中国性别平等与妇女发展报告
著(编)者：谭琳　2018年12月出版 / 估价：99.00元
PSN G-2006-073-1/1

公共安全蓝皮书
中国城市公共安全发展报告（2017~2018）
著(编)者：黄育华 杨文明 赵建辉
2018年6月出版 / 估价：99.00元
PSN B-2017-628-1/1

公共服务蓝皮书
中国城市基本公共服务力评价（2018）
著(编)者：钟君 刘志昌 吴正杲
2018年12月出版 / 估价：99.00元
PSN B-2011-214-1/1

公民科学素质蓝皮书
中国公民科学素质报告（2017~2018）
著(编)者：李群 陈雄 马宗文
2017年12月出版 / 定价：89.00元
PSN B-2014-379-1/1

公益蓝皮书
中国公益慈善发展报告（2016）
著(编)者：朱健刚 胡小军　2018年6月出版 / 估价：99.00元
PSN B-2012-283-1/1

国际人才蓝皮书
中国国际移民报告（2018）
著(编)者：王辉耀　2018年6月出版 / 估价：99.00元
PSN B-2012-304-3/4

国际人才蓝皮书
中国留学发展报告（2018）No.7
著(编)者：王辉耀 苗绿　2018年12月出版 / 估价：99.00元
PSN B-2012-244-2/4

海洋社会蓝皮书
中国海洋社会发展报告（2017）
著(编)者：崔凤 宋宁而　2018年3月出版 / 定价：99.00元
PSN B-2015-478-1/1

行政改革蓝皮书
中国行政体制改革报告No.7（2018）
著(编)者：魏礼群　2018年6月出版 / 估价：99.00元
PSN B-2011-231-1/1

华侨华人蓝皮书
华侨华人研究报告（2017）
著(编)者：张禹东 庄国土　2017年12月出版 / 定价：148.00元
PSN B-2011-204-1/1

互联网与国家治理蓝皮书
互联网与国家治理发展报告（2017）
著(编)者：张志安　2018年1月出版 / 定价：98.00元
PSN B-2017-671-1/1

环境管理蓝皮书
中国环境管理发展报告（2017）
著(编)者：李金惠　2017年12月出版 / 定价：98.00元
PSN B-2017-678-1/1

环境竞争力绿皮书
中国省域环境竞争力发展报告（2018）
著(编)者：李建平 李闽榕 王金南
2018年11月出版 / 估价：198.00元
PSN G-2010-165-1/1

环境绿皮书
中国环境发展报告（2017～2018）
著(编)者：李波　2018年6月出版 / 估价：99.00元
PSN G-2006-048-1/1

家庭蓝皮书
中国“创建幸福家庭活动”评估报告（2018）
著(编)者：国务院发展研究中心“创建幸福家庭活动评估”课题组
2018年12月出版 / 估价：99.00元
PSN B-2015-508-1/1

健康城市蓝皮书
中国健康城市建设研究报告（2018）
著(编)者：王鸿春 盛继洪　2018年12月出版 / 估价：99.00元
PSN B-2016-564-2/2

健康中国蓝皮书
社区首诊与健康中国分析报告（2018）
著(编)者：高和荣 杨叔禹 姜杰
2018年6月出版 / 估价：99.00元
PSN B-2017-611-1/1

教师蓝皮书
中国中小学教师发展报告（2017）
著(编)者：曾晓东 鱼霞
2018年6月出版 / 估价：99.00元
PSN B-2012-289-1/1

教育扶贫蓝皮书
中国教育扶贫报告（2018）
著(编)者：司树杰 王文静 李兴洲
2018年12月出版 / 估价：99.00元
PSN B-2016-590-1/1

教育蓝皮书
中国教育发展报告（2018）
著(编)者：杨东平　2018年3月出版 / 定价：89.00元
PSN B-2006-047-1/1

金融法治建设蓝皮书
中国金融法治建设年度报告（2015～2016）
著(编)者：朱小黄　2018年6月出版 / 估价：99.00元
PSN B-2017-633-1/1

京津冀教育蓝皮书
京津冀教育发展研究报告（2017～2018）
著(编)者：方中雄　2018年6月出版 / 估价：99.00元
PSN B-2017-608-1/1

就业蓝皮书
2018年中国本科生就业报告
著(编)者：麦可思研究院　2018年6月出版 / 估价：99.00元
PSN B-2009-146-1/2

就业蓝皮书
2018年中国高职高专生就业报告
著(编)者：麦可思研究院　2018年6月出版 / 估价：99.00元
PSN B-2015-472-2/2

科学教育蓝皮书
中国科学教育发展报告（2018）
著(编)者：王康友　2018年10月出版 / 估价：99.00元
PSN B-2015-487-1/1

劳动保障蓝皮书
中国劳动保障发展报告（2018）
著(编)者：刘燕斌　2018年9月出版 / 估价：158.00元
PSN B-2014-415-1/1

老龄蓝皮书
中国老年宜居环境发展报告（2017）
著(编)者：党俊武 周燕珉　2018年6月出版 / 估价：99.00元
PSN B-2013-320-1/1

连片特困区蓝皮书
中国连片特困区发展报告（2017～2018）
著(编)者：游俊 冷志明 丁建军
2018年6月出版 / 估价：99.00元
PSN B-2013-321-1/1

流动儿童蓝皮书
中国流动儿童教育发展报告（2017）
著(编)者：杨东平　2018年6月出版 / 估价：99.00元
PSN B-2017-600-1/1

民调蓝皮书
中国民生调查报告（2018）
著(编)者：谢耘耕　2018年12月出版 / 估价：99.00元
PSN B-2014-398-1/1

民族发展蓝皮书
中国民族发展报告（2018）
著(编)者：王延中　2018年10月出版 / 估价：188.00元
PSN B-2006-070-1/1

女性生活蓝皮书
中国女性生活状况报告No.12（2018）
著(编)者：韩湘景　2018年7月出版 / 估价：99.00元
PSN B-2006-071-1/1

汽车社会蓝皮书
中国汽车社会发展报告（2017~2018）
著(编)者：王俊秀　2018年6月出版 / 估价：99.00元
PSN B-2011-224-1/1

青年蓝皮书
中国青年发展报告（2018）No.3
著(编)者：廉思　2018年6月出版 / 估价：99.00元
PSN B-2013-333-1/1

青少年蓝皮书
中国未成年人互联网运用报告（2017~2018）
著(编)者：季为民 李文革 沈杰
2018年11月出版 / 估价：99.00元
PSN B-2010-156-1/1

人权蓝皮书
中国人权事业发展报告No.8（2018）
著(编)者：李君如　2018年9月出版 / 估价：99.00元
PSN B-2011-215-1/1

社会保障绿皮书
中国社会保障发展报告No.9（2018）
著(编)者：王延中　2018年6月出版 / 估价：99.00元
PSN G-2001-014-1/1

社会风险评估蓝皮书
风险评估与危机预警报告（2017~2018）
著(编)者：唐钧　2018年8月出版 / 估价：99.00元
PSN B-2012-293-1/1

社会工作蓝皮书
中国社会工作发展报告（2016-2017）
著(编)者：民政部社会工作研究中心
2018年8月出版 / 估价：99.00元
PSN B-2009-141-1/1

社会管理蓝皮书
中国社会管理创新报告No.6
著(编)者：连玉明　2018年11月出版 / 估价：99.00元
PSN B-2012-300-1/1

社会蓝皮书
2018年中国社会形势分析与预测
著(编)者：李培林 陈光金 张翼
2017年12月出版 / 定价：89.00元
PSN B-1998-002-1/1

社会体制蓝皮书
中国社会体制改革报告No.6（2018）
著(编)者：龚维斌　2018年3月出版 / 定价：98.00元
PSN B-2013-330-1/1

社会心态蓝皮书
中国社会心态研究报告（2018）
著(编)者：王俊秀　2018年12月出版 / 估价：99.00元
PSN B-2011-199-1/1

社会组织蓝皮书
中国社会组织报告（2017-2018）
著(编)者：黄晓勇　2018年6月出版 / 估价：99.00元
PSN B-2008-118-1/2

社会组织蓝皮书
中国社会组织评估发展报告（2018）
著(编)者：徐家良　2018年12月出版 / 估价：99.00元
PSN B-2013-366-2/2

生态城市绿皮书
中国生态城市建设发展报告（2018）
著(编)者：刘举科 孙伟平 胡文臻
2018年9月出版 / 估价：158.00元
PSN G-2012-269-1/1

生态文明绿皮书
中国省域生态文明建设评价报告（ECI 2018）
著(编)者：严耕　2018年12月出版 / 估价：99.00元
PSN G-2010-170-1/1

退休生活蓝皮书
中国城市居民退休生活质量指数报告（2017）
著(编)者：杨一帆　2018年6月出版 / 估价：99.00元
PSN B-2017-618-1/1

危机管理蓝皮书
中国危机管理报告（2018）
著(编)者：文学国 范正青
2018年8月出版 / 估价：99.00元
PSN B-2010-171-1/1

学会蓝皮书
2018年中国学会发展报告
著(编)者：麦可思研究院　2018年12月出版 / 估价：99.00元
PSN B-2016-597-1/1

医改蓝皮书
中国医药卫生体制改革报告（2017~2018）
著(编)者：文学国 房志武
2018年11月出版 / 估价：99.00元
PSN B-2014-432-1/1

应急管理蓝皮书
中国应急管理报告（2018）
著(编)者：宋英华　2018年9月出版 / 估价：99.00元
PSN B-2016-562-1/1

政府绩效评估蓝皮书
中国地方政府绩效评估报告 No.2
著(编)者：贠杰　2018年12月出版 / 估价：99.00元
PSN B-2017-672-1/1

政治参与蓝皮书
中国政治参与报告（2018）
著(编)者：房宁　2018年8月出版 / 估价：128.00元
PSN B-2011-200-1/1

政治文化蓝皮书
中国政治文化报告（2018）
著(编)者：邢元敏 魏大鹏 龚克
2018年8月出版 / 估价：128.00元
PSN B-2017-615-1/1

中国传统村落蓝皮书
中国传统村落保护现状报告（2018）
著(编)者：胡彬彬 李向军 王晓波
2018年12月出版 / 估价：99.00元
PSN B-2017-663-1/1

中国农村妇女发展蓝皮书
农村流动女性城市生活发展报告（2018）
著(编)者：谢丽华　　2018年12月出版 / 估价：99.00元
PSN B-2014-434-1/1

宗教蓝皮书
中国宗教报告（2017）
著(编)者：邱永辉　　2018年8月出版 / 估价：99.00元
PSN B-2008-117-1/1

产业经济类

保健蓝皮书
中国保健服务产业发展报告 No.2
著(编)者：中国保健协会　　中共中央党校
2018年7月出版 / 估价：198.00元
PSN B-2012-272-3/3

保健蓝皮书
中国保健食品产业发展报告 No.2
著(编)者：中国保健协会
中国社会科学院食品药品产业发展与监管研究中心
2018年8月出版 / 估价：198.00元
PSN B-2012-271-2/3

保健蓝皮书
中国保健用品产业发展报告 No.2
著(编)者：中国保健协会
国务院国有资产监督管理委员会研究中心
2018年6月出版 / 估价：198.00元
PSN B-2012-270-1/3

保险蓝皮书
中国保险业竞争力报告（2018）
著(编)者：保监会　　2018年12月出版 / 估价：99.00元
PSN B-2013-311-1/1

冰雪蓝皮书
中国冰上运动产业发展报告（2018）
著(编)者：孙承华　杨占武　刘戈　张鸿俊
2018年9月出版 / 估价：99.00元
PSN B-2017-648-3/3

冰雪蓝皮书
中国滑雪产业发展报告（2018）
著(编)者：孙承华　伍斌　魏庆华　张鸿俊
2018年9月出版 / 估价：99.00元
PSN B-2016-559-1/3

餐饮产业蓝皮书
中国餐饮产业发展报告（2018）
著(编)者：邢颖
2018年6月出版 / 估价：99.00元
PSN B-2009-151-1/1

茶业蓝皮书
中国茶产业发展报告（2018）
著(编)者：杨江帆　李闽榕
2018年10月出版 / 估价：99.00元
PSN B-2010-164-1/1

产业安全蓝皮书
中国文化产业安全报告（2018）
著(编)者：北京印刷学院文化产业安全研究院
2018年12月出版 / 估价：99.00元
PSN B-2014-378-12/14

产业安全蓝皮书
中国新媒体产业安全报告（2016～2017）
著(编)者：肖丽　　2018年6月出版 / 估价：99.00元
PSN B-2015-500-14/14

产业安全蓝皮书
中国出版传媒产业安全报告（2017～2018）
著(编)者：北京印刷学院文化产业安全研究院
2018年6月出版 / 估价：99.00元
PSN B-2014-384-13/14

产业蓝皮书
中国产业竞争力报告（2018）No.8
著(编)者：张其仔　　2018年12月出版 / 估价：168.00元
PSN B-2010-175-1/1

动力电池蓝皮书
中国新能源汽车动力电池产业发展报告（2018）
著(编)者：中国汽车技术研究中心
2018年8月出版 / 估价：99.00元
PSN B-2017-639-1/1

杜仲产业绿皮书
中国杜仲橡胶资源与产业发展报告（2017～2018）
著(编)者：杜红岩　胡文臻　俞锐
2018年6月出版 / 估价：99.00元
PSN G-2013-350-1/1

房地产蓝皮书
中国房地产发展报告No.15（2018）
著(编)者：李春华　王业强
2018年5月出版 / 估价：99.00元
PSN B-2004-028-1/1

服务外包蓝皮书
中国服务外包产业发展报告（2017～2018）
著(编)者：王晓红　刘德军
2018年6月出版 / 估价：99.00元
PSN B-2013-331-2/2

服务外包蓝皮书
中国服务外包竞争力报告（2017～2018）
著(编)者：刘春生　王力　黄育华
2018年12月出版 / 估价：99.00元
PSN B-2011-216-1/2

工业和信息化蓝皮书
世界信息技术产业发展报告（2017~2018）
著(编)者：尹丽波　2018年6月出版 / 估价：99.00元
PSN B-2015-449-2/6

工业和信息化蓝皮书
战略性新兴产业发展报告（2017~2018）
著(编)者：尹丽波　2018年6月出版 / 估价：99.00元
PSN B-2015-450-3/6

海洋经济蓝皮书
中国海洋经济发展报告（2015~2018）
著(编)者：殷克东 高金田 方胜民
2018年3月出版 / 定价：128.00元
PSN B-2018-697-1/1

康养蓝皮书
中国康养产业发展报告（2017）
著(编)者：何莽　2017年12月出版 / 定价：88.00元
PSN B-2017-685-1/1

客车蓝皮书
中国客车产业发展报告（2017~2018）
著(编)者：姚蔚　2018年10月出版 / 估价：99.00元
PSN B-2013-361-1/1

流通蓝皮书
中国商业发展报告（2018~2019）
著(编)者：王雪峰 林诗慧
2018年7月出版 / 估价：99.00元
PSN B-2009-152-1/2

能源蓝皮书
中国能源发展报告（2018）
著(编)者：崔民选 王军生 陈义和
2018年12月出版 / 估价：99.00元
PSN B-2006-049-1/1

农产品流通蓝皮书
中国农产品流通产业发展报告（2017）
著(编)者：贾敬敦 张东科 张玉玺 张鹏毅 周伟
2018年6月出版 / 估价：99.00元
PSN B-2012-288-1/1

汽车工业蓝皮书
中国汽车工业发展年度报告（2018）
著(编)者：中国汽车工业协会
中国汽车技术研究中心
丰田汽车公司
2018年5月出版 / 估价：168.00元
PSN B-2015-463-1/2

汽车工业蓝皮书
中国汽车零部件产业发展报告（2017~2018）
著(编)者：中国汽车工业协会
中国汽车工程研究院深圳市沃特玛电池有限公司
2018年9月出版 / 估价：99.00元
PSN B-2016-515-2/2

汽车蓝皮书
中国汽车产业发展报告（2018）
著(编)者：中国汽车工程学会
大众汽车集团（中国）
2018年11月出版 / 估价：99.00元
PSN B-2008-124-1/1

世界茶业蓝皮书
世界茶业发展报告（2018）
著(编)者：李闽榕 冯廷佺
2018年5月出版 / 估价：168.00元
PSN B-2017-619-1/1

世界能源蓝皮书
世界能源发展报告（2018）
著(编)者：黄晓勇　2018年6月出版 / 估价：168.00元
PSN B-2013-349-1/1

石油蓝皮书
中国石油产业发展报告（2018）
著(编)者：中国石油化工集团公司经济技术研究院
中国国际石油化工联合有限责任公司
中国社会科学院数量经济与技术经济研究所
2018年2月出版 / 定价：98.00元
PSN B-2018-690-1/1

体育蓝皮书
国家体育产业基地发展报告（2016~2017）
著(编)者：李颖川　2018年6月出版 / 估价：168.00元
PSN B-2017-609-5/5

体育蓝皮书
中国体育产业发展报告（2018）
著(编)者：阮伟 钟秉枢
2018年12月出版 / 估价：99.00元
PSN B-2010-179-1/5

文化金融蓝皮书
中国文化金融发展报告（2018）
著(编)者：杨涛 金巍
2018年6月出版 / 估价：99.00元
PSN B-2017-610-1/1

新能源汽车蓝皮书
中国新能源汽车产业发展报告（2018）
著(编)者：中国汽车技术研究中心
日产（中国）投资有限公司
东风汽车有限公司
2018年8月出版 / 估价：99.00元
PSN B-2013-347-1/1

薏仁米产业蓝皮书
中国薏仁米产业发展报告No.2（2018）
著(编)者：李发耀 石明 秦礼康
2018年8月出版 / 估价：99.00元
PSN B-2017-645-1/1

邮轮绿皮书
中国邮轮产业发展报告（2018）
著(编)者：汪泓　2018年10月出版 / 估价：99.00元
PSN G-2014-419-1/1

智能养老蓝皮书
中国智能养老产业发展报告（2018）
著(编)者：朱勇　2018年10月出版 / 估价：99.00元
PSN B-2015-488-1/1

中国节能汽车蓝皮书
中国节能汽车发展报告（2017~2018）
著(编)者：中国汽车工程研究院股份有限公司
2018年9月出版 / 估价：99.00元
PSN B-2016-565-1/1

中国陶瓷产业蓝皮书
中国陶瓷产业发展报告（2018）
著(编)者：左和平 黄速建
2018年10月出版 / 估价：99.00元
PSN B-2016-573-1/1

装备制造业蓝皮书
中国装备制造业发展报告（2018）
著(编)者：徐东华
2018年12月出版 / 估价：118.00元
PSN B-2015-505-1/1

行业及其他类

“三农”互联网金融蓝皮书
中国“三农”互联网金融发展报告（2018）
著(编)者：李勇坚 王弢
2018年8月出版 / 估价：99.00元
PSN B-2016-560-1/1

SUV蓝皮书
中国SUV市场发展报告（2017～2018）
著(编)者：靳军 2018年9月出版 / 估价：99.00元
PSN B-2016-571-1/1

冰雪蓝皮书
中国冬季奥运会发展报告（2018）
著(编)者：孙承华 伍斌 魏庆华 张鸿俊
2018年9月出版 / 估价：99.00元
PSN B-2017-647-2/3

彩票蓝皮书
中国彩票发展报告（2018）
著(编)者：益彩基金 2018年6月出版 / 估价：99.00元
PSN B-2015-462-1/1

测绘地理信息蓝皮书
测绘地理信息供给侧结构性改革研究报告（2018）
著(编)者：库热西·买合苏提
2018年12月出版 / 估价：168.00元
PSN B-2009-145-1/1

产权市场蓝皮书
中国产权市场发展报告（2017）
著(编)者：曹和平
2018年5月出版 / 估价：99.00元
PSN B-2009-147-1/1

城投蓝皮书
中国城投行业发展报告（2018）
著(编)者：华景斌
2018年11月出版 / 估价：300.00元
PSN B-2016-514-1/1

城市轨道交通蓝皮书
中国城市轨道交通运营发展报告（2017～2018）
著(编)者：崔学忠 贾文峥
2018年3月出版 / 定价：89.00元
PSN B-2018-694-1/1

大数据蓝皮书
中国大数据发展报告（No.2）
著(编)者：连玉明 2018年5月出版 / 估价：99.00元
PSN B-2017-620-1/1

大数据应用蓝皮书
中国大数据应用发展报告No.2（2018）
著(编)者：陈军君 2018年8月出版 / 估价：99.00元
PSN B-2017-644-1/1

对外投资与风险蓝皮书
中国对外直接投资与国家风险报告（2018）
著(编)者：中债资信评估有限责任公司
中国社会科学院世界经济与政治研究所
2018年6月出版 / 估价：189.00元
PSN B-2017-606-1/1

工业和信息化蓝皮书
人工智能发展报告（2017～2018）
著(编)者：尹丽波 2018年6月出版 / 估价：99.00元
PSN B-2015-448-1/6

工业和信息化蓝皮书
世界智慧城市发展报告（2017～2018）
著(编)者：尹丽波 2018年6月出版 / 估价：99.00元
PSN B-2017-624-6/6

工业和信息化蓝皮书
世界网络安全发展报告（2017～2018）
著(编)者：尹丽波 2018年6月出版 / 估价：99.00元
PSN B-2015-452-5/6

工业和信息化蓝皮书
世界信息化发展报告（2017～2018）
著(编)者：尹丽波 2018年6月出版 / 估价：99.00元
PSN B-2015-451-4/6

工业设计蓝皮书
中国工业设计发展报告（2018）
著(编)者：王晓红 于炜 张立群 2018年9月出版 / 估价：168.00元
PSN B-2014-420-1/1

公共关系蓝皮书
中国公共关系发展报告（2017）
著(编)者：柳斌杰 2018年1月出版 / 定价：89.00元
PSN B-2016-579-1/1

公共关系蓝皮书
中国公共关系发展报告（2018）
著(编)者：柳斌杰　2018年11月出版 / 估价：99.00元
PSN B-2016-579-1/1

管理蓝皮书
中国管理发展报告（2018）
著(编)者：张晓东　2018年10月出版 / 估价：99.00元
PSN B-2014-416-1/1

轨道交通蓝皮书
中国轨道交通行业发展报告（2017）
著(编)者：仲建华 李闽榕
2017年12月出版 / 定价：98.00元
PSN B-2017-674-1/1

海关发展蓝皮书
中国海关发展前沿报告（2018）
著(编)者：干春晖　2018年6月出版 / 估价：99.00元
PSN B-2017-616-1/1

互联网医疗蓝皮书
中国互联网健康医疗发展报告（2018）
著(编)者：芮晓武　2018年6月出版 / 估价：99.00元
PSN B-2016-567-1/1

黄金市场蓝皮书
中国商业银行黄金业务发展报告（2017～2018）
著(编)者：平安银行　2018年6月出版 / 估价：99.00元
PSN B-2016-524-1/1

会展蓝皮书
中外会展业动态评估研究报告（2018）
著(编)者：张敏 任中峰 聂鑫焱 牛盼强
2018年12月出版 / 估价：99.00元
PSN B-2013-327-1/1

基金会蓝皮书
中国基金会发展报告（2017~2018）
著(编)者：中国基金会发展报告课题组
2018年6月出版 / 估价：99.00元
PSN B-2013-368-1/1

基金会绿皮书
中国基金会发展独立研究报告（2018）
著(编)者：基金会中心网　中央民族大学基金会研究中心
2018年6月出版 / 估价：99.00元
PSN G-2011-213-1/1

基金会透明度蓝皮书
中国基金会透明度发展研究报告（2018）
著(编)者：基金会中心网
清华大学廉政与治理研究中心
2018年9月出版 / 估价：99.00元
PSN B-2013-339-1/1

建筑装饰蓝皮书
中国建筑装饰行业发展报告（2018）
著(编)者：葛道顺 刘晓一
2018年10月出版 / 估价：198.00元
PSN B-2016-553-1/1

金融监管蓝皮书
中国金融监管报告（2018）
著(编)者：胡滨　2018年3月出版 / 定价：98.00元
PSN B-2012-281-1/1

金融蓝皮书
中国互联网金融行业分析与评估（2018～2019）
著(编)者：黄国平 伍旭川　2018年12月出版 / 估价：99.00元
PSN B-2016-585-7/7

金融科技蓝皮书
中国金融科技发展报告（2018）
著(编)者：李扬 孙国峰　2018年10月出版 / 估价：99.00元
PSN B-2014-374-1/1

金融信息服务蓝皮书
中国金融信息服务发展报告（2018）
著(编)者：李平　2018年5月出版 / 估价：99.00元
PSN B-2017-621-1/1

金蜜蜂企业社会责任蓝皮书
金蜜蜂中国企业社会责任报告研究（2017）
著(编)者：殷格非 于志宏 管竹笋
2018年1月出版 / 定价：99.00元
PSN B-2018-693-1/1

京津冀金融蓝皮书
京津冀金融发展报告（2018）
著(编)者：王爱俭 王璟怡　2018年10月出版 / 估价：99.00元
PSN B-2016-527-1/1

科普蓝皮书
国家科普能力发展报告（2018）
著(编)者：王康友　2018年5月出版 / 估价：138.00元
PSN B-2017-632-4/4

科普蓝皮书
中国基层科普发展报告（2017～2018）
著(编)者：赵立新 陈玲　2018年9月出版 / 估价：99.00元
PSN B-2016-568-3/4

科普蓝皮书
中国科普基础设施发展报告（2017～2018）
著(编)者：任福君　2018年6月出版 / 估价：99.00元
PSN B-2010-174-1/3

科普蓝皮书
中国科普人才发展报告（2017～2018）
著(编)者：郑念 任嵘嵘　2018年7月出版 / 估价：99.00元
PSN B-2016-512-2/4

科普能力蓝皮书
中国科普能力评价报告（2018～2019）
著(编)者：李富强 李群　2018年8月出版 / 估价：99.00元
PSN B-2016-555-1/1

临空经济蓝皮书
中国临空经济发展报告（2018）
著(编)者：连玉明　2018年9月出版 / 估价：99.00元
PSN B-2014-421-1/1

旅游安全蓝皮书
中国旅游安全报告（2018）
著(编)者：郑向敏 谢朝武 2018年5月出版 / 估价：158.00元
PSN B-2012-280-1/1

旅游绿皮书
2017～2018年中国旅游发展分析与预测
著(编)者：宋瑞 2018年1月出版 / 定价：99.00元
PSN G-2002-018-1/1

煤炭蓝皮书
中国煤炭工业发展报告（2018）
著(编)者：岳福斌 2018年12月出版 / 估价：99.00元
PSN B-2008-123-1/1

民营企业社会责任蓝皮书
中国民营企业社会责任报告（2018）
著(编)者：中华全国工商业联合会
2018年12月出版 / 估价：99.00元
PSN B-2015-510-1/1

民营医院蓝皮书
中国民营医院发展报告（2017）
著(编)者：薛晓林 2017年12月出版 / 定价：89.00元
PSN B-2012-299-1/1

闽商蓝皮书
闽商发展报告（2018）
著(编)者：李闽榕 王日根 林琛
2018年12月出版 / 估价：99.00元
PSN B-2012-298-1/1

农业应对气候变化蓝皮书
中国农业气象灾害及其灾损评估报告（No.3）
著(编)者：矫梅燕 2018年6月出版 / 估价：118.00元
PSN B-2014-413-1/1

品牌蓝皮书
中国品牌战略发展报告（2018）
著(编)者：汪同三 2018年10月出版 / 估价：99.00元
PSN B-2016-580-1/1

企业扶贫蓝皮书
中国企业扶贫研究报告（2018）
著(编)者：钟宏武 2018年12月出版 / 估价：99.00元
PSN B-2016-593-1/1

企业公益蓝皮书
中国企业公益研究报告（2018）
著(编)者：钟宏武 汪杰 黄晓娟
2018年12月出版 / 估价：99.00元
PSN B-2015-501-1/1

企业国际化蓝皮书
中国企业全球化报告（2018）
著(编)者：王辉耀 苗绿 2018年11月出版 / 估价：99.00元
PSN B-2014-427-1/1

企业蓝皮书
中国企业绿色发展报告No.2（2018）
著(编)者：李红玉 朱光辉
2018年8月出版 / 估价：99.00元
PSN B-2015-481-2/2

企业社会责任蓝皮书
中资企业海外社会责任研究报告（2017～2018）
著(编)者：钟宏武 叶柳红 张蒽
2018年6月出版 / 估价：99.00元
PSN B-2017-603-2/2

企业社会责任蓝皮书
中国企业社会责任研究报告（2018）
著(编)者：黄群慧 钟宏武 张蒽 汪杰
2018年11月出版 / 估价：99.00元
PSN B-2009-149-1/2

汽车安全蓝皮书
中国汽车安全发展报告（2018）
著(编)者：中国汽车技术研究中心
2018年8月出版 / 估价：99.00元
PSN B-2014-385-1/1

汽车电子商务蓝皮书
中国汽车电子商务发展报告（2018）
著(编)者：中华全国工商业联合会汽车经销商商会
北方工业大学
北京易观智库网络科技有限公司
2018年10月出版 / 估价：158.00元
PSN B-2015-485-1/1

汽车知识产权蓝皮书
中国汽车产业知识产权发展报告（2018）
著(编)者：中国汽车工程研究院股份有限公司
中国汽车工程学会
重庆长安汽车股份有限公司
2018年12月出版 / 估价：99.00元
PSN B-2016-594-1/1

青少年体育蓝皮书
中国青少年体育发展报告（2017）
著(编)者：刘扶民 杨桦 2018年6月出版 / 估价：99.00元
PSN B-2015-482-1/1

区块链蓝皮书
中国区块链发展报告（2018）
著(编)者：李伟 2018年9月出版 / 估价：99.00元
PSN B-2017-649-1/1

群众体育蓝皮书
中国群众体育发展报告（2017）
著(编)者：刘国永 戴健 2018年5月出版 / 估价：99.00元
PSN B-2014-411-1/3

群众体育蓝皮书
中国社会体育指导员发展报告（2018）
著(编)者：刘国永 王欢 2018年6月出版 / 估价：99.00元
PSN B-2016-520-3/3

人力资源蓝皮书
中国人力资源发展报告（2018）
著(编)者：余兴安 2018年11月出版 / 估价：99.00元
PSN B-2012-287-1/1

融资租赁蓝皮书
中国融资租赁业发展报告（2017～2018）
著(编)者：李光荣 王力 2018年8月出版 / 估价：99.00元
PSN B-2015-443-1/1

商会蓝皮书
中国商会发展报告No.5（2017）
著(编)者：王钦敏　2018年7月出版 / 估价：99.00元
PSN B-2008-125-1/1

商务中心区蓝皮书
中国商务中心区发展报告No.4（2017～2018）
著(编)者：李国红 单菁菁　2018年9月出版 / 估价：99.00元
PSN B-2015-444-1/1

设计产业蓝皮书
中国创新设计发展报告（2018）
著(编)者：王晓红 张立群 于炜
2018年11月出版 / 估价：99.00元
PSN B-2016-581-2/2

社会责任管理蓝皮书
中国上市公司社会责任能力成熟度报告No.4（2018）
著(编)者：肖红军 王晓光 李伟阳
2018年12月出版 / 估价：99.00元
PSN B-2015-507-2/2

社会责任管理蓝皮书
中国企业公众透明度报告No.4（2017～2018）
著(编)者：黄速建 熊梦 王晓光 肖红军
2018年6月出版 / 估价：99.00元
PSN B-2015-440-1/2

食品药品蓝皮书
食品药品安全与监管政策研究报告（2016～2017）
著(编)者：唐民皓　2018年6月出版 / 估价：99.00元
PSN B-2009-129-1/1

输血服务蓝皮书
中国输血行业发展报告（2018）
著(编)者：孙俊　2018年12月出版 / 估价：99.00元
PSN B-2016-582-1/1

水利风景区蓝皮书
中国水利风景区发展报告（2018）
著(编)者：董建文 兰思仁
2018年10月出版 / 估价：99.00元
PSN B-2015-480-1/1

数字经济蓝皮书
全球数字经济竞争力发展报告（2017）
著(编)者：王振　2017年12月出版 / 定价：79.00元
PSN B-2017-673-1/1

私募市场蓝皮书
中国私募股权市场发展报告（2017～2018）
著(编)者：曹和平　2018年12月出版 / 估价：99.00元
PSN B-2010-162-1/1

碳排放权交易蓝皮书
中国碳排放权交易报告（2018）
著(编)者：孙永平　2018年11月出版 / 估价：99.00元
PSN B-2017-652-1/1

碳市场蓝皮书
中国碳市场报告（2018）
著(编)者：定金彪　2018年11月出版 / 估价：99.00元
PSN B-2014-430-1/1

体育蓝皮书
中国公共体育服务发展报告（2018）
著(编)者：戴健　2018年12月出版 / 估价：99.00元
PSN B-2013-367-2/5

土地市场蓝皮书
中国农村土地市场发展报告（2017～2018）
著(编)者：李光荣　2018年6月出版 / 估价：99.00元
PSN B-2016-526-1/1

土地整治蓝皮书
中国土地整治发展研究报告（No.5）
著(编)者：国土资源部土地整治中心
2018年7月出版 / 估价：99.00元
PSN B-2014-401-1/1

土地政策蓝皮书
中国土地政策研究报告（2018）
著(编)者：高延利 张建平 吴次芳
2018年1月出版 / 定价：98.00元
PSN B-2015-506-1/1

网络空间安全蓝皮书
中国网络空间安全发展报告（2018）
著(编)者：惠志斌 覃庆玲
2018年11月出版 / 估价：99.00元
PSN B-2015-466-1/1

文化志愿服务蓝皮书
中国文化志愿服务发展报告（2018）
著(编)者：张永新 良警宇　2018年11月出版 / 估价：128.00元
PSN B-2016-596-1/1

西部金融蓝皮书
中国西部金融发展报告（2017～2018）
著(编)者：李忠民　2018年8月出版 / 估价：99.00元
PSN B-2010-160-1/1

协会商会蓝皮书
中国行业协会商会发展报告（2017）
著(编)者：景朝阳 李勇　2018年6月出版 / 估价：99.00元
PSN B-2015-461-1/1

新三板蓝皮书
中国新三板市场发展报告（2018）
著(编)者：王力　2018年8月出版 / 估价：99.00元
PSN B-2016-533-1/1

信托市场蓝皮书
中国信托业市场报告（2017～2018）
著(编)者：用益金融信托研究院
2018年6月出版 / 估价：198.00元
PSN B-2014-371-1/1

信息化蓝皮书
中国信息化形势分析与预测（2017～2018）
著(编)者：周宏仁　2018年8月出版 / 估价：99.00元
PSN B-2010-168-1/1

信用蓝皮书
中国信用发展报告（2017～2018）
著(编)者：章政 田侃　2018年6月出版 / 估价：99.00元
PSN B-2013-328-1/1

休闲绿皮书
2017～2018年中国休闲发展报告
著(编)者：宋瑞　2018年7月出版 / 估价：99.00元
PSN G-2010-158-1/1

休闲体育蓝皮书
中国休闲体育发展报告（2017～2018）
著(编)者：李相如 钟秉枢
2018年10月出版 / 估价：99.00元
PSN B-2016-516-1/1

养老金融蓝皮书
中国养老金融发展报告（2018）
著(编)者：董克用 姚余栋
2018年9月出版 / 估价：99.00元
PSN B-2016-583-1/1

遥感监测绿皮书
中国可持续发展遥感监测报告（2017）
著(编)者：顾行发 汪克强 潘教峰 李闽榕 徐东华 王琦安
2018年6月出版 / 估价：298.00元
PSN B-2017-629-1/1

药品流通蓝皮书
中国药品流通行业发展报告（2018）
著(编)者：佘鲁林 温再兴
2018年7月出版 / 估价：198.00元
PSN B-2014-429-1/1

医疗器械蓝皮书
中国医疗器械行业发展报告（2018）
著(编)者：王宝亭 耿鸿武
2018年10月出版 / 估价：99.00元
PSN B-2017-661-1/1

医院蓝皮书
中国医院竞争力报告（2017~2018）
著(编)者：庄一强　2018年3月出版 / 定价：108.00元
PSN B-2016-528-1/1

瑜伽蓝皮书
中国瑜伽业发展报告（2017~2018）
著(编)者：张永建 徐华锋 朱泰余
2018年6月出版 / 估价：198.00元
PSN B-2017-625-1/1

债券市场蓝皮书
中国债券市场发展报告（2017～2018）
著(编)者：杨农　2018年10月出版 / 估价：99.00元
PSN B-2016-572-1/1

志愿服务蓝皮书
中国志愿服务发展报告（2018）
著(编)者：中国志愿服务联合会
2018年11月出版 / 估价：99.00元
PSN B-2017-664-1/1

中国上市公司蓝皮书
中国上市公司发展报告（2018）
著(编)者：张鹏 张平 黄胤英
2018年9月出版 / 估价：99.00元
PSN B-2014-414-1/1

中国新三板蓝皮书
中国新三板创新与发展报告（2018）
著(编)者：刘平安 闻召林
2018年8月出版 / 估价：158.00元
PSN B-2017-638-1/1

中国汽车品牌蓝皮书
中国乘用车品牌发展报告（2017）
著(编)者：《中国汽车报》社有限公司
博世（中国）投资有限公司
中国汽车技术研究中心数据资源中心
2018年1月出版 / 定价：89.00元
PSN B-2017-679-1/1

中医文化蓝皮书
北京中医药文化传播发展报告（2018）
著(编)者：毛嘉陵　2018年6月出版 / 估价：99.00元
PSN B-2015-468-1/2

中医文化蓝皮书
中国中医药文化传播发展报告（2018）
著(编)者：毛嘉陵　2018年7月出版 / 估价：99.00元
PSN B-2016-584-2/2

中医药蓝皮书
北京中医药知识产权发展报告No.2
著(编)者：汪洪 屠志涛　2018年6月出版 / 估价：168.00元
PSN B-2017-602-1/1

资本市场蓝皮书
中国场外交易市场发展报告（2016～2017）
著(编)者：高峦　2018年6月出版 / 估价：99.00元
PSN B-2009-153-1/1

资产管理蓝皮书
中国资产管理行业发展报告（2018）
著(编)者：郑智　2018年7月出版 / 估价：99.00元
PSN B-2014-407-2/2

资产证券化蓝皮书
中国资产证券化发展报告（2018）
著(编)者：沈炳熙 曹彤 李哲平
2018年4月出版 / 定价：98.00元
PSN B-2017-660-1/1

自贸区蓝皮书
中国自贸区发展报告（2018）
著(编)者：王力 黄育华
2018年6月出版 / 估价：99.00元
PSN B-2016-558-1/1

国际问题与全球治理类

“一带一路”跨境通道蓝皮书
“一带一路”跨境通道建设研究报（2017～2018）
著(编)者：余鑫 张秋生 2018年1月出版 / 定价：89.00元
PSN B-2016-557-1/1

“一带一路”蓝皮书
“一带一路”建设发展报告（2018）
著(编)者：李永全 2018年3月出版 / 定价：98.00元
PSN B-2016-552-1/1

“一带一路”投资安全蓝皮书
中国“一带一路”投资与安全研究报告（2018）
著(编)者：邹统钎 梁昊光 2018年4月出版 / 定价：98.00元
PSN B-2017-612-1/1

“一带一路”文化交流蓝皮书
中阿文化交流发展报告（2017）
著(编)者：王辉 2017年12月出版 / 定价：89.00元
PSN B-2017-655-1/1

G20国家创新竞争力黄皮书
二十国集团（G20）国家创新竞争力发展报告（2017～2018）
著(编)者：李建平 李闽榕 赵新力 周天勇
2018年7月出版 / 估价：168.00元
PSN Y-2011-229-1/1

阿拉伯黄皮书
阿拉伯发展报告（2016～2017）
著(编)者：罗林 2018年6月出版 / 估价：99.00元
PSN Y-2014-381-1/1

北部湾蓝皮书
泛北部湾合作发展报告（2017～2018）
著(编)者：吕余生 2018年12月出版 / 估价：99.00元
PSN B-2008-114-1/1

北极蓝皮书
北极地区发展报告（2017）
著(编)者：刘惠荣 2018年7月出版 / 估价：99.00元
PSN B-2017-634-1/1

大洋洲蓝皮书
大洋洲发展报告（2017～2018）
著(编)者：喻常森 2018年10月出版 / 估价：99.00元
PSN B-2013-341-1/1

东北亚区域合作蓝皮书
2017年“一带一路”倡议与东北亚区域合作
著(编)者：刘亚政 金美花
2018年5月出版 / 估价：99.00元
PSN B-2017-631-1/1

东盟黄皮书
东盟发展报告（2017）
著(编)者：杨晓强 庄国土 2018年6月出版 / 估价：99.00元
PSN Y-2012-303-1/1

东南亚蓝皮书
东南亚地区发展报告（2017～2018）
著(编)者：王勤 2018年12月出版 / 估价：99.00元
PSN B-2012-240-1/1

非洲黄皮书
非洲发展报告No.20（2017～2018）
著(编)者：张宏明 2018年7月出版 / 估价：99.00元
PSN Y-2012-239-1/1

非传统安全蓝皮书
中国非传统安全研究报告（2017～2018）
著(编)者：潇枫 罗中枢 2018年8月出版 / 估价：99.00元
PSN B-2012-273-1/1

国际安全蓝皮书
中国国际安全研究报告（2018）
著(编)者：刘慧 2018年7月出版 / 估价：99.00元
PSN B-2016-521-1/1

国际城市蓝皮书
国际城市发展报告（2018）
著(编)者：屠启宇 2018年2月出版 / 定价：89.00元
PSN B-2012-260-1/1

国际形势黄皮书
全球政治与安全报告（2018）
著(编)者：张宇燕 2018年1月出版 / 定价：99.00元
PSN Y-2001-016-1/1

公共外交蓝皮书
中国公共外交发展报告（2018）
著(编)者：赵启正 雷蔚真 2018年6月出版 / 估价：99.00元
PSN B-2015-457-1/1

海丝蓝皮书
21世纪海上丝绸之路研究报告（2017）
著(编)者：华侨大学海上丝绸之路研究院
2017年12月出版 / 定价：89.00元
PSN B-2017-684-1/1

金砖国家黄皮书
金砖国家综合创新竞争力发展报告（2018）
著(编)者：赵新力 李闽榕 黄茂兴
2018年8月出版 / 估价：128.00元
PSN Y-2017-643-1/1

拉美黄皮书
拉丁美洲和加勒比发展报告（2017～2018）
著(编)者：袁东振 2018年6月出版 / 估价：99.00元
PSN Y-1999-007-1/1

澜湄合作蓝皮书
澜沧江-湄公河合作发展报告（2018）
著(编)者：刘稚 2018年9月出版 / 估价：99.00元
PSN B-2011-196-1/1

欧洲蓝皮书
欧洲发展报告（2017～2018）
著(编)者：黄平 周弘 程卫东
2018年6月出版 / 估价：99.00元
PSN B-1999-009-1/1

葡语国家蓝皮书
葡语国家发展报告（2016～2017）
著(编)者：王成安 张敏 刘金兰
2018年6月出版 / 估价：99.00元
PSN B-2015-503-1/2

葡语国家蓝皮书
中国与葡语国家关系发展报告·巴西（2016）
著(编)者：张曙光
2018年8月出版 / 估价：99.00元
PSN B-2016-563-2/2

气候变化绿皮书
应对气候变化报告（2018）
著(编)者：王伟光 郑国光
2018年11月出版 / 估价：99.00元
PSN G-2009-144-1/1

全球环境竞争力绿皮书
全球环境竞争力报告（2018）
著(编)者：李建平 李闽榕 王金南
2018年12月出版 / 估价：198.00元
PSN G-2013-363-1/1

全球信息社会蓝皮书
全球信息社会发展报告（2018）
著(编)者：丁波涛 唐涛 2018年10月出版 / 估价：99.00元
PSN B-2017-665-1/1

日本经济蓝皮书
日本经济与中日经贸关系研究报告（2018）
著(编)者：张季风 2018年6月出版 / 估价：99.00元
PSN B-2008-102-1/1

上海合作组织黄皮书
上海合作组织发展报告（2018）
著(编)者：李进峰 2018年6月出版 / 估价：99.00元
PSN Y-2009-130-1/1

世界创新竞争力黄皮书
世界创新竞争力发展报告（2017）
著(编)者：李建平 李闽榕 赵新力
2018年6月出版 / 估价：168.00元
PSN Y-2013-318-1/1

世界经济黄皮书
2018年世界经济形势分析与预测
著(编)者：张宇燕 2018年1月出版 / 定价：99.00元
PSN Y-1999-006-1/1

世界能源互联互通蓝皮书
世界能源清洁发展与互联互通评估报告（2017）：欧洲篇
著(编)者：国网能源研究院
2018年1月出版 / 定价：128.00元
PSN B-2018-695-1/1

丝绸之路蓝皮书
丝绸之路经济带发展报告（2018）
著(编)者：任宗哲 白宽犁 谷孟宾
2018年1月出版 / 定价：89.00元
PSN B-2014-410-1/1

新兴经济体蓝皮书
金砖国家发展报告（2018）
著(编)者：林跃勤 周文
2018年8月出版 / 估价：99.00元
PSN B-2011-195-1/1

亚太蓝皮书
亚太地区发展报告（2018）
著(编)者：李向阳 2018年5月出版 / 估价：99.00元
PSN B-2001-015-1/1

印度洋地区蓝皮书
印度洋地区发展报告（2018）
著(编)者：汪戎 2018年6月出版 / 估价：99.00元
PSN B-2013-334-1/1

印度尼西亚经济蓝皮书
印度尼西亚经济发展报告（2017）：增长与机会
著(编)者：左志刚 2017年11月出版 / 定价：89.00元
PSN B-2017-675-1/1

渝新欧蓝皮书
渝新欧沿线国家发展报告（2018）
著(编)者：杨柏 黄森
2018年6月出版 / 估价：99.00元
PSN B-2017-626-1/1

中阿蓝皮书
中国-阿拉伯国家经贸发展报告（2018）
著(编)者：张廉 段庆林 王林聪 杨巧红
2018年12月出版 / 估价：99.00元
PSN B-2016-598-1/1

中东黄皮书
中东发展报告No.20（2017～2018）
著(编)者：杨光 2018年10月出版 / 估价：99.00元
PSN Y-1998-004-1/1

中亚黄皮书
中亚国家发展报告（2018）
著(编)者：孙力
2018年3月出版 / 定价：98.00元
PSN Y-2012-238-1/1

国别类

澳大利亚蓝皮书
澳大利亚发展报告（2017-2018）
著(编)者：孙有中 韩锋　2018年12月出版 / 估价：99.00元
PSN B-2016-587-1/1

巴西黄皮书
巴西发展报告（2017）
著(编)者：刘国枝　2018年5月出版 / 估价：99.00元
PSN Y-2017-614-1/1

德国蓝皮书
德国发展报告（2018）
著(编)者：郑春荣　2018年6月出版 / 估价：99.00元
PSN B-2012-278-1/1

俄罗斯黄皮书
俄罗斯发展报告（2018）
著(编)者：李永全　2018年6月出版 / 估价：99.00元
PSN Y-2006-061-1/1

韩国蓝皮书
韩国发展报告（2017）
著(编)者：牛林杰 刘宝全　2018年6月出版 / 估价：99.00元
PSN B-2010-155-1/1

加拿大蓝皮书
加拿大发展报告（2018）
著(编)者：唐小松　2018年9月出版 / 估价：99.00元
PSN B-2014-389-1/1

美国蓝皮书
美国研究报告（2018）
著(编)者：郑秉文 黄平　2018年5月出版 / 估价：99.00元
PSN B-2011-210-1/1

缅甸蓝皮书
缅甸国情报告（2017）
著(编)者：祝湘辉
2017年11月出版 / 定价：98.00元
PSN B-2013-343-1/1

日本蓝皮书
日本研究报告（2018）
著(编)者：杨伯江　2018年4月出版 / 定价：99.00元
PSN B-2002-020-1/1

土耳其蓝皮书
土耳其发展报告（2018）
著(编)者：郭长刚 刘义　2018年9月出版 / 估价：99.00元
PSN B-2014-412-1/1

伊朗蓝皮书
伊朗发展报告（2017~2018）
著(编)者：冀开运　2018年10月 / 估价：99.00元
PSN B-2016-574-1/1

以色列蓝皮书
以色列发展报告（2018）
著(编)者：张倩红　2018年8月出版 / 估价：99.00元
PSN B-2015-483-1/1

印度蓝皮书
印度国情报告（2017）
著(编)者：吕昭义　2018年6月出版 / 估价：99.00元
PSN B-2012-241-1/1

英国蓝皮书
英国发展报告（2017~2018）
著(编)者：王展鹏　2018年12月出版 / 估价：99.00元
PSN B-2015-486-1/1

越南蓝皮书
越南国情报告（2018）
著(编)者：谢林城　2018年11月出版 / 估价：99.00元
PSN B-2006-056-1/1

泰国蓝皮书
泰国研究报告（2018）
著(编)者：庄国土 张禹东　刘文正
2018年10月出版 / 估价：99.00元
PSN B-2016-556-1/1

文化传媒类

“三农”舆情蓝皮书
中国“三农”网络舆情报告（2017~2018）
著(编)者：农业部信息中心
2018年6月出版 / 估价：99.00元
PSN B-2017-640-1/1

传媒竞争力蓝皮书
中国传媒国际竞争力研究报告（2018）
著(编)者：李本乾 刘强 王大可
2018年8月出版 / 估价：99.00元
PSN B-2013-356-1/1

传媒蓝皮书
中国传媒产业发展报告（2018）
著(编)者：崔保国
2018年5月出版 / 估价：99.00元
PSN B-2005-035-1/1

传媒投资蓝皮书
中国传媒投资发展报告（2018）
著(编)者：张向东 谭云明
2018年6月出版 / 估价：148.00元
PSN B 2015-474-1/1

非物质文化遗产蓝皮书
中国非物质文化遗产发展报告（2018）
著(编)者：陈平　2018年6月出版 / 估价：128.00元
PSN B-2015-469-1/2

非物质文化遗产蓝皮书
中国非物质文化遗产保护发展报告（2018）
著(编)者：宋俊华　2018年10月出版 / 估价：128.00元
PSN B-2016-586-2/2

广电蓝皮书
中国广播电影电视发展报告（2018）
著(编)者：国家新闻出版广电总局发展研究中心
2018年7月出版 / 估价：99.00元
PSN B-2006-072-1/1

广告主蓝皮书
中国广告主营销传播趋势报告No.9
著(编)者：黄升民 杜国清 邵华冬 等
2018年10月出版 / 估价：158.00元
PSN B-2005-041-1/1

国际传播蓝皮书
中国国际传播发展报告（2018）
著(编)者：胡正荣 李继东 姬德强
2018年12月出版 / 估价：99.00元
PSN B-2014-408-1/1

国家形象蓝皮书
中国国家形象传播报告（2017）
著(编)者：张昆　2018年6月出版 / 估价：128.00元
PSN B-2017-605-1/1

互联网治理蓝皮书
中国网络社会治理研究报告（2018）
著(编)者：罗昕 支庭荣
2018年9月出版 / 估价：118.00元
PSN B-2017-653-1/1

纪录片蓝皮书
中国纪录片发展报告（2018）
著(编)者：何苏六　2018年10月出版 / 估价：99.00元
PSN B-2011-222-1/1

科学传播蓝皮书
中国科学传播报告（2016~2017）
著(编)者：詹正茂　2018年6月出版 / 估价：99.00元
PSN B-2008-120-1/1

两岸创意经济蓝皮书
两岸创意经济研究报告（2018）
著(编)者：罗昌智 董泽平
2018年10月出版 / 估价：99.00元
PSN B-2014-437-1/1

媒介与女性蓝皮书
中国媒介与女性发展报告（2017~2018）
著(编)者：刘利群　2018年5月出版 / 估价：99.00元
PSN B-2013-345-1/1

媒体融合蓝皮书
中国媒体融合发展报告（2017~2018）
著(编)者：梅宁华 支庭荣
2017年12月出版 / 定价：98.00元
PSN B-2015-479-1/1

全球传媒蓝皮书
全球传媒发展报告（2017~2018）
著(编)者：胡正荣 李继东　2018年6月出版 / 估价：99.00元
PSN B-2012-237-1/1

少数民族非遗蓝皮书
中国少数民族非物质文化遗产发展报告（2018）
著(编)者：肖远平（彝） 柴立（满）
2018年10月出版 / 估价：118.00元
PSN B-2015-467-1/1

视听新媒体蓝皮书
中国视听新媒体发展报告（2018）
著(编)者：国家新闻出版广电总局发展研究中心
2018年7月出版 / 估价：118.00元
PSN B-2011-184-1/1

数字娱乐产业蓝皮书
中国动画产业发展报告（2018）
著(编)者：孙立军 孙平 牛兴侦
2018年10月出版 / 估价：99.00元
PSN B-2011-198-1/2

数字娱乐产业蓝皮书
中国游戏产业发展报告（2018）
著(编)者：孙立军 刘跃军　2018年10月出版 / 估价：99.00元
PSN B-2017-662-2/2

网络视听蓝皮书
中国互联网视听行业发展报告（2018）
著(编)者：陈鹏　2018年2月出版 / 定价：148.00元
PSN B-2018-688-1/1

文化创新蓝皮书
中国文化创新报告（2017·No.8）
著(编)者：傅才武　2018年6月出版 / 估价：99.00元
PSN B-2009-143-1/1

文化建设蓝皮书
中国文化发展报告（2018）
著(编)者：江畅 孙伟平 戴茂堂
2018年5月出版 / 估价：99.00元
PSN B-2014-392-1/1

文化科技蓝皮书
文化科技创新发展报告（2018）
著(编)者：于平 李凤亮　2018年10月出版 / 估价：99.00元
PSN B-2013-342-1/1

文化蓝皮书
中国公共文化服务发展报告（2017~2018）
著(编)者：刘新成 张永新 张旭
2018年12月出版 / 估价：99.00元
PSN B-2007-093-2/10

文化蓝皮书
中国少数民族文化发展报告（2017~2018）
著(编)者：武翠英 张晓明 任乌晶
2018年9月出版 / 估价：99.00元
PSN B-2013-369-9/10

文化蓝皮书
中国文化产业供需协调检测报告（2018）
著(编)者：王亚南　2018年3月出版 / 定价：99.00元
PSN B-2013-323-8/10

文化蓝皮书
中国文化消费需求景气评价报告（2018）
著(编)者：王亚南　　2018年3月出版 / 定价：99.00元
PSN B-2011-236-4/10

文化蓝皮书
中国公共文化投入增长测评报告（2018）
著(编)者：王亚南　　2018年3月出版 / 定价：99.00元
PSN B-2014-435-10/10

文化品牌蓝皮书
中国文化品牌发展报告（2018）
著(编)者：欧阳友权　　2018年5月出版 / 估价：99.00元
PSN B-2012-277-1/1

文化遗产蓝皮书
中国文化遗产事业发展报告（2017~2018）
著(编)者：苏杨 张颖岚 卓杰 白海峰 陈晨 陈叙图
2018年8月出版 / 估价：99.00元
PSN B-2008-119-1/1

文学蓝皮书
中国文情报告（2017~2018）
著(编)者：白烨　　2018年5月出版 / 估价：99.00元
PSN B-2011-221-1/1

新媒体蓝皮书
中国新媒体发展报告No.9（2018）
著(编)者：唐绪军　　2018年7月出版 / 估价：99.00元
PSN B-2010-169-1/1

新媒体社会责任蓝皮书
中国新媒体社会责任研究报告（2018）
著(编)者：钟瑛　　2018年12月出版 / 估价：99.00元
PSN B-2014-423-1/1

移动互联网蓝皮书
中国移动互联网发展报告（2018）
著(编)者：余清楚　　2018年6月出版 / 估价：99.00元
PSN B-2012-282-1/1

影视蓝皮书
中国影视产业发展报告（2018）
著(编)者：司若 陈鹏 陈锐
2018年6月出版 / 估价：99.00元
PSN B-2016-529-1/1

舆情蓝皮书
中国社会舆情与危机管理报告（2018）
著(编)者：谢耘耕
2018年9月出版 / 估价：138.00元
PSN B-2011-235-1/1

中国大运河蓝皮书
中国大运河发展报告（2018）
著(编)者：吴欣　　2018年2月出版 / 估价：128.00元
PSN B-2018-691-1/1

地方发展类-经济

澳门蓝皮书
澳门经济社会发展报告（2017~2018）
著(编)者：吴志良 郝雨凡
2018年7月出版 / 估价：99.00元
PSN B-2009-138-1/1

澳门绿皮书
澳门旅游休闲发展报告（2017~2018）
著(编)者：郝雨凡 林广志
2018年5月出版 / 估价：99.00元
PSN G-2017-617-1/1

北京蓝皮书
北京经济发展报告（2017~2018）
著(编)者：杨松　　2018年6月出版 / 估价：99.00元
PSN B-2006-054-2/8

北京旅游绿皮书
北京旅游发展报告（2018）
著(编)者：北京旅游学会
2018年7月出版 / 估价：99.00元
PSN G-2012-301-1/1

北京体育蓝皮书
北京体育产业发展报告（2017~2018）
著(编)者：钟秉枢 陈杰 杨铁黎
2010年0月出版 / 估价. 00.00元
PSN B-2015-475-1/1

滨海金融蓝皮书
滨海新区金融发展报告（2017）
著(编)者：王爱俭 李向前　　2018年4月出版 / 估价：99.00元
PSN B-2014-424-1/1

城乡一体化蓝皮书
北京城乡一体化发展报告（2017~2018）
著(编)者：吴宝新 张宝秀 黄序
2018年5月出版 / 估价：99.00元
PSN B-2012-258-2/2

非公有制企业社会责任蓝皮书
北京非公有制企业社会责任报告（2018）
著(编)者：宋贵伦 冯培
2018年6月出版 / 估价：99.00元
PSN B-2017-613-1/1

福建旅游蓝皮书
福建省旅游产业发展现状研究（2017~2018）
著(编)者：陈敏华 黄远水 2018年12月出版 / 估价：128.00元
PSN B-2016-591-1/1

福建自贸区蓝皮书
中国（福建）自由贸易试验区发展报告（2017~2018）
著(编)者：黄茂兴 2018年6月出版 / 估价：118.00元
PSN B-2016-531-1/1

甘肃蓝皮书
甘肃经济发展分析与预测（2018）
著(编)者：安文华 罗哲 2018年1月出版 / 定价：99.00元
PSN B-2013-312-1/6

甘肃蓝皮书
甘肃商贸流通发展报告（2018）
著(编)者：张应华 王福生 王晓芳
2018年1月出版 / 定价：99.00元
PSN B-2016-522-6/6

甘肃蓝皮书
甘肃县域和农村发展报告（2018）
著(编)者：包东红 朱智文 王建兵
2018年1月出版 / 定价：99.00元
PSN B-2013-316-5/6

甘肃农业科技绿皮书
甘肃农业科技发展研究报告（2018）
著(编)者：魏胜文 乔德华 张东伟
2018年12月出版 / 估价：198.00元
PSN B-2016-592-1/1

甘肃气象保障蓝皮书
甘肃农业对气候变化的适应与风险评估报告（No.1）
著(编)者：鲍文中 周广胜
2017年12月出版 / 定价：108.00元
PSN B-2017-677-1/1

巩义蓝皮书
巩义经济社会发展报告（2018）
著(编)者：丁同民 朱军 2018年6月出版 / 估价：99.00元
PSN B-2016-532-1/1

广东外经贸蓝皮书
广东对外经济贸易发展研究报告（2017～2018）
著(编)者：陈万灵 2018年6月出版 / 估价：99.00元
PSN B-2012-286-1/1

广西北部湾经济区蓝皮书
广西北部湾经济区开放开发报告（2017～2018）
著(编)者：广西壮族自治区北部湾经济区和东盟开放合作办公室
广西社会科学院
广西北部湾发展研究院
2018年5月出版 / 估价：99.00元
PSN B-2010-181-1/1

广州蓝皮书
广州城市国际化发展报告（2018）
著(编)者：张跃国 2018年8月出版 / 估价：99.00元
PSN B-2012-246-11/14

广州蓝皮书
中国广州城市建设与管理发展报告（2018）
著(编)者：张其学 陈小钢 王宏伟 2018年8月出版 / 估价：99.00元
PSN B-2007-087-4/14

广州蓝皮书
广州创新型城市发展报告（2018）
著(编)者：尹涛 2018年6月出版 / 估价：99.00元
PSN B-2012-247-12/14

广州蓝皮书
广州经济发展报告（2018）
著(编)者：张跃国 尹涛 2018年7月出版 / 估价：99.00元
PSN B-2005-040-1/14

广州蓝皮书
2018年中国广州经济形势分析与预测
著(编)者：魏明海 谢博能 李华
2018年6月出版 / 估价：99.00元
PSN B-2011-185-9/14

广州蓝皮书
中国广州科技创新发展报告（2018）
著(编)者：于欣伟 陈爽 邓佑满 2018年8月出版 / 估价：99.00元
PSN B-2006-065-2/14

广州蓝皮书
广州农村发展报告（2018）
著(编)者：朱名宏 2018年7月出版 / 估价：99.00元
PSN B-2010-167-8/14

广州蓝皮书
广州汽车产业发展报告（2018）
著(编)者：杨再高 冯兴亚 2018年7月出版 / 估价：99.00元
PSN B-2006-066-3/14

广州蓝皮书
广州商贸业发展报告（2018）
著(编)者：张跃国 陈杰 荀振英
2018年7月出版 / 估价：99.00元
PSN B-2012-245-10/14

贵阳蓝皮书
贵阳城市创新发展报告No.3（白云篇）
著(编)者：连玉明 2018年5月出版 / 估价：99.00元
PSN B-2015-491-3/10

贵阳蓝皮书
贵阳城市创新发展报告No.3（观山湖篇）
著(编)者：连玉明 2018年5月出版 / 估价：99.00元
PSN B-2015-497-9/10

贵阳蓝皮书
贵阳城市创新发展报告No.3（花溪篇）
著(编)者：连玉明 2018年5月出版 / 估价：99.00元
PSN B-2015-490-2/10

贵阳蓝皮书
贵阳城市创新发展报告No.3（开阳篇）
著(编)者：连玉明 2018年5月出版 / 估价：99.00元
PSN B-2015-492-4/10

贵阳蓝皮书
贵阳城市创新发展报告No.3（南明篇）
著(编)者：连玉明 2018年5月出版 / 估价：99.00元
PSN B-2015-496-8/10

贵阳蓝皮书
贵阳城市创新发展报告No.3（清镇篇）
著(编)者：连玉明 2018年5月出版 / 估价：99.00元
PSN B-2015-489-1/10

贵阳蓝皮书
贵阳城市创新发展报告No.3（乌当篇）
著(编)者：连玉明　2018年5月出版 / 估价：99.00元
PSN B-2015-495-7/10

贵阳蓝皮书
贵阳城市创新发展报告No.3（息烽篇）
著(编)者：连玉明　2018年5月出版 / 估价：99.00元
PSN B-2015-493-5/10

贵阳蓝皮书
贵阳城市创新发展报告No.3（修文篇）
著(编)者：连玉明　2018年5月出版 / 估价：99.00元
PSN B-2015-494-6/10

贵阳蓝皮书
贵阳城市创新发展报告No.3（云岩篇）
著(编)者：连玉明　2018年5月出版 / 估价：99.00元
PSN B-2015-498-10/10

贵州房地产蓝皮书
贵州房地产发展报告No.5（2018）
著(编)者：武廷方　2018年7月出版 / 估价：99.00元
PSN B-2014-426-1/1

贵州蓝皮书
贵州册亨经济社会发展报告（2018）
著(编)者：黄德林　2018年6月出版 / 估价：99.00元
PSN B-2016-525-8/9

贵州蓝皮书
贵州地理标志产业发展报告（2018）
著(编)者：李发耀 黄其松　2018年8月出版 / 估价：99.00元
PSN B-2017-646-10/10

贵州蓝皮书
贵安新区发展报告（2017~2018）
著(编)者：马长青 吴大华　2018年6月出版 / 估价：99.00元
PSN B-2015-459-4/10

贵州蓝皮书
贵州国家级开放创新平台发展报告（2017~2018）
著(编)者：申晓庆 吴大华 季泓
2018年11月出版 / 估价：99.00元
PSN B-2016-518-7/10

贵州蓝皮书
贵州国有企业社会责任发展报告（2017~2018）
著(编)者：郭丽　2018年12月出版 / 估价：99.00元
PSN B-2015-511-6/10

贵州蓝皮书
贵州民航业发展报告（2017）
著(编)者：申振东 吴大华　2018年6月出版 / 估价：99.00元
PSN B-2015-471-5/10

贵州蓝皮书
贵州民营经济发展报告（2017）
著(编)者：杨静 吴大华　2018年6月出版 / 估价：99.00元
PSN B-2016-530-9/9

杭州都市圈蓝皮书
杭州都市圈发展报告（2018）
著(编)者：洪庆华 沈翔　2018年4月出版 / 定价：98.00元
PSN B-2012-302-1/1

河北经济蓝皮书
河北省经济发展报告（2018）
著(编)者：马树强 金浩 张贵　2018年6月出版 / 估价：99.00元
PSN B-2014-380-1/1

河北蓝皮书
河北经济社会发展报告（2018）
著(编)者：康振海　2018年1月出版 / 定价：99.00元
PSN B-2014-372-1/3

河北蓝皮书
京津冀协同发展报告（2018）
著(编)者：陈璐　2017年12月出版 / 定价：79.00元
PSN B-2017-601-2/3

河南经济蓝皮书
2018年河南经济形势分析与预测
著(编)者：王世炎　2018年3月出版 / 定价：89.00元
PSN B-2007-086-1/1

河南蓝皮书
河南城市发展报告（2018）
著(编)者：张占仓 王建国　2018年5月出版 / 估价：99.00元
PSN B-2009-131-3/9

河南蓝皮书
河南工业发展报告（2018）
著(编)者：张占仓　2018年5月出版 / 估价：99.00元
PSN B-2013-317-5/9

河南蓝皮书
河南金融发展报告（2018）
著(编)者：喻新安 谷建全
2018年6月出版 / 估价：99.00元
PSN B-2014-390-7/9

河南蓝皮书
河南经济发展报告（2018）
著(编)者：张占仓 完世伟
2018年6月出版 / 估价：99.00元
PSN B-2010-157-4/9

河南蓝皮书
河南能源发展报告（2018）
著(编)者：国网河南省电力公司经济技术研究院
河南省社会科学院
2018年6月出版 / 估价：99.00元
PSN B-2017-607-9/9

河南商务蓝皮书
河南商务发展报告（2018）
著(编)者：焦锦淼 穆荣国　2018年5月出版 / 估价：99.00元
PSN B-2014-399-1/1

河南双创蓝皮书
河南创新创业发展报告（2018）
著(编)者：喻新安 杨雪梅
2018年8月出版 / 估价：99.00元
PSN B-2017-641-1/1

黑龙江蓝皮书
黑龙江经济发展报告（2018）
著(编)者：朱宇　2018年1月出版 / 定价：89.00元
PSN B-2011-190-2/2

湖南城市蓝皮书
区域城市群整合
著(编)者：童中贤 韩未名　2018年12月出版 / 估价：99.00元
PSN B-2006-064-1/1

湖南蓝皮书
湖南城乡一体化发展报告（2018）
著(编)者：陈文胜 王文强 陆福兴
2018年8月出版 / 估价：99.00元
PSN B-2015-477-8/8

湖南蓝皮书
2018年湖南电子政务发展报告
著(编)者：梁志峰　2018年5月出版 / 估价：128.00元
PSN B-2014-394-6/8

湖南蓝皮书
2018年湖南经济发展报告
著(编)者：卞鹰　2018年5月出版 / 估价：128.00元
PSN B-2011-207-2/8

湖南蓝皮书
2016年湖南经济展望
著(编)者：梁志峰　2018年5月出版 / 估价：128.00元
PSN B-2011-206-1/8

湖南蓝皮书
2018年湖南县域经济社会发展报告
著(编)者：梁志峰　2018年5月出版 / 估价：128.00元
PSN B-2014-395-7/8

湖南县域绿皮书
湖南县域发展报告（No.5）
著(编)者：袁准 周小毛 黎仁寅
2018年6月出版 / 估价：99.00元
PSN G-2012-274-1/1

沪港蓝皮书
沪港发展报告（2018）
著(编)者：尤安山　2018年9月出版 / 估价：99.00元
PSN B-2013-362-1/1

吉林蓝皮书
2018年吉林经济社会形势分析与预测
著(编)者：邵汉明　2017年12月出版 / 定价：89.00元
PSN B-2013-319-1/1

吉林省城市竞争力蓝皮书
吉林省城市竞争力报告（2017~2018）
著(编)者：崔岳春 张磊
2018年3月出版 / 定价：89.00元
PSN B-2016-513-1/1

济源蓝皮书
济源经济社会发展报告（2018）
著(编)者：喻新安　2018年6月出版 / 估价：99.00元
PSN B-2014-387-1/1

江苏蓝皮书
2018年江苏经济发展分析与展望
著(编)者：王庆五 吴先满
2018年7月出版 / 估价：128.00元
PSN B-2017-635-1/3

江西蓝皮书
江西经济社会发展报告（2018）
著(编)者：陈石俊 龚建文　2018年10月出版 / 估价：128.00元
PSN B-2015-484-1/2

江西蓝皮书
江西设区市发展报告（2018）
著(编)者：姜玮 梁勇
2018年10月出版 / 估价：99.00元
PSN B-2016-517-2/2

经济特区蓝皮书
中国经济特区发展报告（2017）
著(编)者：陶一桃　2018年1月出版 / 估价：99.00元
PSN B-2009-139-1/1

辽宁蓝皮书
2018年辽宁经济社会形势分析与预测
著(编)者：梁启东 魏红江　2018年6月出版 / 估价：99.00元
PSN B-2006-053-1/1

民族经济蓝皮书
中国民族地区经济发展报告（2018）
著(编)者：李曦辉　2018年7月出版 / 估价：99.00元
PSN B-2017-630-1/1

南宁蓝皮书
南宁经济发展报告（2018）
著(编)者：胡建华　2018年9月出版 / 估价：99.00元
PSN B-2016-569-2/3

内蒙古蓝皮书
内蒙古精准扶贫研究报告（2018）
著(编)者：张志华　2018年1月出版 / 定价：89.00元
PSN B-2017-681-2/2

浦东新区蓝皮书
上海浦东经济发展报告（2018）
著(编)者：周小平 徐美芳
2018年1月出版 / 定价：89.00元
PSN B-2011-225-1/1

青海蓝皮书
2018年青海经济社会形势分析与预测
著(编)者：陈玮　2018年1月出版 / 定价：98.00元
PSN B-2012-275-1/2

青海科技绿皮书
青海科技发展报告（2017）
著(编)者：青海省科学技术信息研究所
2018年3月出版 / 定价：98.00元
PSN G-2018-701-1/1

山东蓝皮书
山东经济形势分析与预测（2018）
著(编)者：李广杰　2018年7月出版 / 估价：99.00元
PSN B-2014-404-1/5

山东蓝皮书
山东省普惠金融发展报告（2018）
著(编)者：齐鲁财富网
2018年9月出版 / 估价：99.00元
PSN B2017-676-5/5

山西蓝皮书
山西资源型经济转型发展报告（2018）
著(编)者：李志强　2018年7月出版 / 估价：99.00元
PSN B-2011-197-1/1

陕西蓝皮书
陕西经济发展报告（2018）
著(编)者：任宗哲 白宽犁 裴成荣
2018年1月出版 / 定价：89.00元
PSN B-2009-135-1/6

陕西蓝皮书
陕西精准脱贫研究报告（2018）
著(编)者：任宗哲 白宽犁 王建康
2018年4月出版 / 定价：89.00元
PSN B-2017-623-6/6

上海蓝皮书
上海经济发展报告（2018）
著(编)者：沈开艳　2018年2月出版 / 定价：89.00元
PSN B-2006-057-1/7

上海蓝皮书
上海资源环境发展报告（2018）
著(编)者：周冯琦 胡静　2018年2月出版 / 定价：89.00元
PSN B-2006-060-4/7

上海蓝皮书
上海奉贤经济发展分析与研判（2017~2018）
著(编)者：张兆安 朱平芳　2018年3月出版 / 定价：99.00元
PSN B-2018-698-8/8

上饶蓝皮书
上饶发展报告（2016~2017）
著(编)者：廖其志　2018年6月出版 / 估价：128.00元
PSN B-2014-377-1/1

深圳蓝皮书
深圳经济发展报告（2018）
著(编)者：张骁儒　2018年6月出版 / 估价：99.00元
PSN B-2008-112-3/7

四川蓝皮书
四川城镇化发展报告（2018）
著(编)者：侯水平 陈炜　2018年6月出版 / 估价：99.00元
PSN B-2015-456-7/7

四川蓝皮书
2018年四川经济形势分析与预测
著(编)者：杨钢　2018年1月出版 / 定价：158.00元
PSN B-2007-098-2/7

四川蓝皮书
四川企业社会责任研究报告（2017~2018）
著(编)者：侯水平 盛毅　2018年5月出版 / 估价：99.00元
PSN B-2014-386-4/7

四川蓝皮书
四川生态建设报告（2018）
著(编)者：李晟之　2018年5月出版 / 估价：99.00元
PSN B-2015-455-6/7

四川蓝皮书
四川特色小镇发展报告（2017）
著(编)者：吴志强　2017年11月出版 / 定价：89.00元
PSN B-2017-670-8/8

体育蓝皮书
上海体育产业发展报告（2017~2018）
著(编)者：张林 黄海燕
2018年10月出版 / 估价：99.00元
PSN B-2015-454-4/5

体育蓝皮书
长三角地区体育产业发展报（2017~2018）
著(编)者：张林　2018年6月出版 / 估价：99.00元
PSN B-2015-453-3/5

天津金融蓝皮书
天津金融发展报告（2018）
著(编)者：王爱俭 孔德昌
2018年5月出版 / 估价：99.00元
PSN B-2014-418-1/1

图们江区域合作蓝皮书
图们江区域合作发展报告（2018）
著(编)者：李铁　2018年6月出版 / 估价：99.00元
PSN B-2015-464-1/1

温州蓝皮书
2018年温州经济社会形势分析与预测
著(编)者：蒋儒标 王春光 金浩
2018年6月出版 / 估价：99.00元
PSN B-2008-105-1/1

西咸新区蓝皮书
西咸新区发展报告（2018）
著(编)者：李扬 王军
2018年6月出版 / 估价：99.00元
PSN B-2016-534-1/1

修武蓝皮书
修武经济社会发展报告（2018）
著(编)者：张占仓 袁凯声
2018年10月出版 / 估价：99.00元
PSN B-2017-651-1/1

偃师蓝皮书
偃师经济社会发展报告（2018）
著(编)者：张占仓 袁凯声 何武周
2018年7月出版 / 估价：99.00元
PSN B-2017-627-1/1

扬州蓝皮书
扬州经济社会发展报告（2018）
著(编)者：陈扬
2018年12月出版 / 估价：108.00元
PSN B-2011-191-1/1

长垣蓝皮书
长垣经济社会发展报告（2018）
著(编)者：张占仓 袁凯声 秦保建
2018年10月出版 / 估价：99.00元
PSN B-2017-654-1/1

遵义蓝皮书
遵义发展报告（2018）
著(编)者：邓彦 曾征 龚永育
2018年9月出版 / 估价：99.00元
PSN B-2014-433-1/1

地方发展类-社会

安徽蓝皮书
安徽社会发展报告（2018）
著(编)者：程桦　　2018年6月出版 / 估价：99.00元
PSN B-2013-325-1/1

安徽社会建设蓝皮书
安徽社会建设分析报告（2017~2018）
著(编)者：黄家海 蔡宪
2018年11月出版 / 估价：99.00元
PSN B-2013-322-1/1

北京蓝皮书
北京公共服务发展报告（2017~2018）
著(编)者：施昌奎　　2018年6月出版 / 估价：99.00元
PSN B-2008-103-7/8

北京蓝皮书
北京社会发展报告（2017~2018）
著(编)者：李伟东
2018年7月出版 / 估价：99.00元
PSN B-2006-055-3/8

北京蓝皮书
北京社会治理发展报告（2017~2018）
著(编)者：殷星辰　　2018年7月出版 / 估价：99.00元
PSN B-2014-391-8/8

北京律师蓝皮书
北京律师发展报告 No.4（2018）
著(编)者：王隽　　2018年12月出版 / 估价：99.00元
PSN B-2011-217-1/1

北京人才蓝皮书
北京人才发展报告（2018）
著(编)者：敏华　　2018年12月出版 / 估价：128.00元
PSN B-2011-201-1/1

北京社会心态蓝皮书
北京社会心态分析报告（2017~2018）
北京市社会心理服务促进中心
2018年10月出版 / 估价：99.00元
PSN B-2014-422-1/1

北京社会组织管理蓝皮书
北京社会组织发展与管理（2018）
著(编)者：黄江松
2018年6月出版 / 估价：99.00元
PSN B-2015-446-1/1

北京养老产业蓝皮书
北京居家养老发展报告（2018）
著(编)者：陆杰华 周明明
2018年8月出版 / 估价：99.00元
PSN B-2015-465-1/1

法治蓝皮书
四川依法治省年度报告No.4（2018）
著(编)者：李林 杨天宗 田禾
2018年3月出版 / 定价：118.00元
PSN B-2015-447-2/3

福建妇女发展蓝皮书
福建省妇女发展报告（2018）
著(编)者：刘群英　　2018年11月出版 / 估价：99.00元
PSN B-2011-220-1/1

甘肃蓝皮书
甘肃社会发展分析与预测（2018）
著(编)者：安文华 谢增虎 包晓霞
2018年1月出版 / 定价：99.00元
PSN B-2013-313-2/6

广东蓝皮书
广东全面深化改革研究报告（2018）
著(编)者：周林生 涂成林
2018年12月出版 / 估价：99.00元
PSN B-2015-504-3/3

广东蓝皮书
广东社会工作发展报告（2018）
著(编)者：罗观翠　　2018年6月出版 / 估价：99.00元
PSN B-2014-402-2/3

广州蓝皮书
广州青年发展报告（2018）
著(编)者：徐柳 张强
2018年8月出版 / 估价：99.00元
PSN B-2013-352-13/14

广州蓝皮书
广州社会保障发展报告（2018）
著(编)者：张跃国　　2018年8月出版 / 估价：99.00元
PSN B-2014-425-14/14

广州蓝皮书
2018年中国广州社会形势分析与预测
著(编)者：张强 郭志勇 何镜清
2018年6月出版 / 估价：99.00元
PSN B-2008-110-5/14

贵州蓝皮书
贵州法治发展报告（2018）
著(编)者：吴大华　　2018年5月出版 / 估价：99.00元
PSN B-2012-254-2/10

贵州蓝皮书
贵州人才发展报告（2017）
著(编)者：于杰 吴大华
2018年9月出版 / 估价：99.00元
PSN B-2014-382-3/10

贵州蓝皮书
贵州社会发展报告（2018）
著(编)者：王兴骥　　2018年6月出版 / 估价：99.00元
PSN B-2010-166-1/10

杭州蓝皮书
杭州妇女发展报告（2018）
著(编)者：魏颖
2018年10月出版 / 估价：99.00元
PSN B-2014-403-1/1

河北蓝皮书
河北法治发展报告（2018）
著(编)者：康振海　2018年6月出版 / 估价：99.00元
PSN B-2017-622-3/3

河北食品药品安全蓝皮书
河北食品药品安全研究报告（2018）
著(编)者：丁锦霞
2018年10月出版 / 估价：99.00元
PSN B-2015-473-1/1

河南蓝皮书
河南法治发展报告（2018）
著(编)者：张林海　2018年7月出版 / 估价：99.00元
PSN B-2014-376-6/9

河南蓝皮书
2018年河南社会形势分析与预测
著(编)者：牛苏林　2018年5月出版 / 估价：99.00元
PSN B-2005-043-1/9

河南民办教育蓝皮书
河南民办教育发展报告（2018）
著(编)者：胡大白　2018年9月出版 / 估价：99.00元
PSN B-2017-642-1/1

黑龙江蓝皮书
黑龙江社会发展报告（2018）
著(编)者：王爱丽　2018年1月出版 / 定价：89.00元
PSN B-2011-189-1/2

湖南蓝皮书
2018年湖南两型社会与生态文明建设报告
著(编)者：卞鹰　2018年5月出版 / 估价：128.00元
PSN B-2011-208-3/8

湖南蓝皮书
2018年湖南社会发展报告
著(编)者：卞鹰　2018年5月出版 / 估价：128.00元
PSN B-2014-393-5/8

健康城市蓝皮书
北京健康城市建设研究报告（2018）
著(编)者：王鸿春 盛继洪
2018年9月出版 / 估价：99.00元
PSN B-2015-460-1/2

江苏法治蓝皮书
江苏法治发展报告No.6（2017）
著(编)者：蔡道通 龚廷泰
2018年8月出版 / 估价：99.00元
PSN B-2012-290-1/1

江苏蓝皮书
2018年江苏社会发展分析与展望
著(编)者：王庆五 刘旺洪
2018年8月出版 / 估价：128.00元
PSN B-2017-636-2/3

民族教育蓝皮书
中国民族教育发展报告（2017·内蒙古卷）
著(编)者：陈中永
2017年12月出版 / 定价：198.00元
PSN B-2017-669-1/1

南宁蓝皮书
南宁法治发展报告（2018）
著(编)者：杨维超　2018年12月出版 / 估价：99.00元
PSN B-2015-509-1/3

南宁蓝皮书
南宁社会发展报告（2018）
著(编)者：胡建华　2018年10月出版 / 估价：99.00元
PSN B-2016-570-3/3

内蒙古蓝皮书
内蒙古反腐倡廉建设报告 No.2
著(编)者：张志华　2018年6月出版 / 估价：99.00元
PSN B-2013-365-1/1

青海蓝皮书
2018年青海人才发展报告
著(编)者：王宇燕　2018年9月出版 / 估价：99.00元
PSN B-2017-650-2/2

青海生态文明建设蓝皮书
青海生态文明建设报告（2018）
著(编)者：张西明 高华　2018年12月出版 / 估价：99.00元
PSN B-2016-595-1/1

人口与健康蓝皮书
深圳人口与健康发展报告（2018）
著(编)者：陆杰华 傅崇辉
2018年11月出版 / 估价：99.00元
PSN B-2011-228-1/1

山东蓝皮书
山东社会形势分析与预测（2018）
著(编)者：李善峰　2018年6月出版 / 估价：99.00元
PSN B-2014-405-2/5

陕西蓝皮书
陕西社会发展报告（2018）
著(编)者：任宗哲 白宽犁 牛昉
2018年1月出版 / 定价：89.00元
PSN B-2009-136-2/6

上海蓝皮书
上海法治发展报告（2018）
著(编)者：叶必丰　2018年9月出版 / 估价：99.00元
PSN B-2012-296-6/7

上海蓝皮书
上海社会发展报告（2018）
著(编)者：杨雄 周海旺
2018年2月出版 / 定价：89.00元
PSN B-2006-058-2/7

社会建设蓝皮书
2018年北京社会建设分析报告
著(编)者：宋贵伦 冯虹 2018年9月出版 / 估价：99.00元
PSN B-2010-173-1/1

深圳蓝皮书
深圳法治发展报告（2018）
著(编)者：张骁儒 2018年6月出版 / 估价：99.00元
PSN B-2015-470-6/7

深圳蓝皮书
深圳劳动关系发展报告（2018）
著(编)者：汤庭芬 2018年8月出版 / 估价：99.00元
PSN B-2007-097-2/7

深圳蓝皮书
深圳社会治理与发展报告（2018）
著(编)者：张骁儒 2018年6月出版 / 估价：99.00元
PSN B-2008-113-4/7

生态安全绿皮书
甘肃国家生态安全屏障建设发展报告（2018）
著(编)者：刘举科 喜文华
2018年10月出版 / 估价：99.00元
PSN G-2017-659-1/1

顺义社会建设蓝皮书
北京市顺义区社会建设发展报告（2018）
著(编)者：王学武 2018年9月出版 / 估价：99.00元
PSN B-2017-658-1/1

四川蓝皮书
四川法治发展报告（2018）
著(编)者：郑泰安 2018年6月出版 / 估价：99.00元
PSN B-2015-441-5/7

四川蓝皮书
四川社会发展报告（2018）
著(编)者：李羚 2018年6月出版 / 估价：99.00元
PSN B-2008-127-3/7

四川社会工作与管理蓝皮书
四川省社会工作人力资源发展报告（2017）
著(编)者：边慧敏 2017年12月出版 / 定价：89.00元
PSN B-2017-683-1/1

云南社会治理蓝皮书
云南社会治理年度报告（2017）
著(编)者：晏雄 韩全芳
2018年5月出版 / 估价：99.00元
PSN B-2017-667-1/1

地方发展类-文化

北京传媒蓝皮书
北京新闻出版广电发展报告（2017～2018）
著(编)者：王志 2018年11月出版 / 估价：99.00元
PSN B-2016-588-1/1

北京蓝皮书
北京文化发展报告（2017～2018）
著(编)者：李建盛 2018年5月出版 / 估价：99.00元
PSN B-2007-082-4/8

创意城市蓝皮书
北京文化创意产业发展报告（2018）
著(编)者：郭万超 张京成 2018年12月出版 / 估价：99.00元
PSN B-2012-263-1/7

创意城市蓝皮书
天津文化创意产业发展报告（2017～2018）
著(编)者：谢思全 2018年6月出版 / 估价：99.00元
PSN B-2016-536-7/7

创意城市蓝皮书
武汉文化创意产业发展报告（2018）
著(编)者：黄永林 陈汉桥 2018年12月出版 / 估价：99.00元
PSN B-2013-354-4/7

创意上海蓝皮书
上海文化创意产业发展报告（2017～2018）
著(编)者：王慧敏 王兴全 2018年8月出版 / 估价：99.00元
PSN B-2016-561-1/1

非物质文化遗产蓝皮书
广州市非物质文化遗产保护发展报告（2018）
著(编)者：宋俊华 2018年12月出版 / 估价：99.00元
PSN B-2016-589-1/1

甘肃蓝皮书
甘肃文化发展分析与预测（2018）
著(编)者：马廷旭 戚晓萍 2018年1月出版 / 定价：99.00元
PSN B-2013-314-3/6

甘肃蓝皮书
甘肃舆情分析与预测（2018）
著(编)者：王俊莲 张谦元 2018年1月出版 / 定价：99.00元
PSN B-2013-315-4/6

广州蓝皮书
中国广州文化发展报告（2018）
著(编)者：屈哨兵 陆志强 2018年6月出版 / 估价：99.00元
PSN B-2009-134-7/14

广州蓝皮书
广州文化创意产业发展报告（2018）
著(编)者：徐咏虹 2018年7月出版 / 估价：99.00元
PSN B-2008-111-6/14

海淀蓝皮书
海淀区文化和科技融合发展报告（2018）
著(编)者：陈名杰 孟景伟 2018年5月出版 / 估价：99.00元
PSN B-2013-329-1/1

河南蓝皮书
河南文化发展报告（2018）
著(编)者：卫绍生 2018年7月出版 / 估价：99.00元
PSN B-2008-106-2/9

湖北文化产业蓝皮书
湖北省文化产业发展报告（2018）
著(编)者：黄晓华 2018年9月出版 / 估价：99.00元
PSN B-2017-656-1/1

湖北文化蓝皮书
湖北文化发展报告（2017~2018）
著(编)者：湖北大学高等人文研究院
中华文化发展湖北省协同创新中心
2018年10月出版 / 估价：99.00元
PSN B-2016-566-1/1

江苏蓝皮书
2018年江苏文化发展分析与展望
著(编)者：王庆五 樊和平 2018年9月出版 / 估价：128.00元
PSN B-2017-637-3/3

江西文化蓝皮书
江西非物质文化遗产发展报告（2018）
著(编)者：张圣才 傅安平 2018年12月出版 / 估价：128.00元
PSN B-2015-499-1/1

洛阳蓝皮书
洛阳文化发展报告（2018）
著(编)者：刘福兴 陈启明 2018年7月出版 / 估价：99.00元
PSN B-2015-476-1/1

南京蓝皮书
南京文化发展报告（2018）
著(编)者：中共南京市委宣传部
2018年12月出版 / 估价：99.00元
PSN B-2014-439-1/1

宁波文化蓝皮书
宁波“一人一艺”全民艺术普及发展报告（2017）
著(编)者：张爱琴 2018年11月出版 / 估价：128.00元
PSN B-2017-668-1/1

山东蓝皮书
山东文化发展报告（2018）
著(编)者：涂可国 2018年5月出版 / 估价：99.00元
PSN B-2014-406-3/5

陕西蓝皮书
陕西文化发展报告（2018）
著(编)者：任宗哲 白宽犁 王长寿
2018年1月出版 / 定价：89.00元
PSN B-2009-137-3/6

上海蓝皮书
上海传媒发展报告（2018）
著(编)者：强荧 焦雨虹 2018年2月出版 / 定价：89.00元
PSN B-2012-295-5/7

上海蓝皮书
上海文学发展报告（2018）
著(编)者：陈圣来 2018年6月出版 / 估价：99.00元
PSN B-2012-297-7/7

上海蓝皮书
上海文化发展报告（2018）
著(编)者：荣跃明 2018年6月出版 / 估价：99.00元
PSN B-2006-059-3/7

深圳蓝皮书
深圳文化发展报告（2018）
著(编)者：张骁儒 2018年7月出版 / 估价：99.00元
PSN B-2016-554-7/7

四川蓝皮书
四川文化产业发展报告（2018）
著(编)者：向宝云 张立伟 2018年6月出版 / 估价：99.00元
PSN B-2006-074-1/7

郑州蓝皮书
2018年郑州文化发展报告
著(编)者：王哲 2018年9月出版 / 估价：99.00元
PSN B-2008-107-1/1

✥ 皮书起源 ✥

“皮书”起源于十七、十八世纪的英国，主要指官方或社会组织正式发表的重要文件或报告，多以“白皮书”命名。在中国，“皮书”这一概念被社会广泛接受，并被成功运作、发展成为一种全新的出版形态，则源于中国社会科学院社会科学文献出版社。

✥ 皮书定义 ✥

皮书是对中国与世界发展状况和热点问题进行年度监测，以专业的角度、专家的视野和实证研究方法，针对某一领域或区域现状与发展态势展开分析和预测，具备原创性、实证性、专业性、连续性、前沿性、时效性等特点的公开出版物，由一系列权威研究报告组成。

✥ 皮书作者 ✥

皮书系列的作者以中国社会科学院、著名高校、地方社会科学院的研究人员为主，多为国内一流研究机构的权威专家学者，他们的看法和观点代表了学界对中国与世界的现实和未来最高水平的解读与分析。

✥ 皮书荣誉 ✥

皮书系列已成为社会科学文献出版社的著名图书品牌和中国社会科学院的知名学术品牌。2016 年，皮书系列正式列入“十三五”国家重点出版规划项目；2013~2018 年，重点皮书列入中国社会科学院承担的国家哲学社会科学创新工程项目；2018 年，59 种院外皮书使用“中国社会科学院创新工程学术出版项目”标识。

中国皮书网

（网址：www.pishu.cn）

发布皮书研创资讯，传播皮书精彩内容
引领皮书出版潮流，打造皮书服务平台

栏目设置

关于皮书：何谓皮书、皮书分类、皮书大事记、皮书荣誉、
皮书出版第一人、皮书编辑部

最新资讯：通知公告、新闻动态、媒体聚焦、网站专题、视频直播、下载专区

皮书研创：皮书规范、皮书选题、皮书出版、皮书研究、研创团队

皮书评奖评价：指标体系、皮书评价、皮书评奖

互动专区：皮书说、社科数托邦、皮书微博、留言板

所获荣誉

2008 年、2011 年，中国皮书网均在全国新闻出版业网站荣誉评选中获得“最具商业价值网站”称号；

2012 年，获得“出版业网站百强”称号。

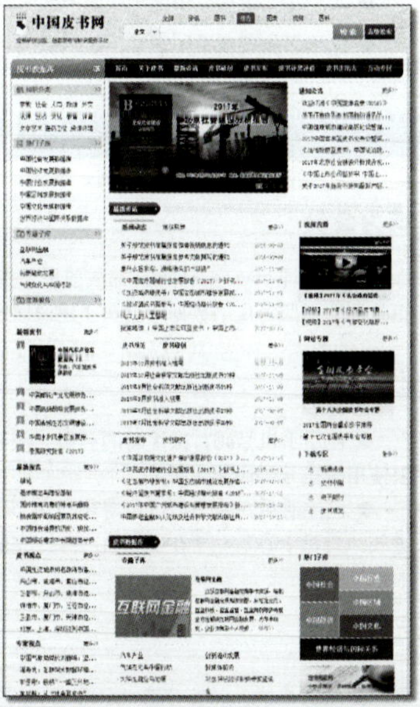

网库合一

2014 年，中国皮书网与皮书数据库端口合一，实现资源共享。

选率高、年龄构成低等“五高一低”特点；出台加强社区党群服务中心建设管理等文件，初步形成以社区党委为领导核心、多元主体有序发挥作用的社区治理新格局。深入实施“民生微实事”1.2万件，精准、及时解决一大批居民关心关注的小事、急事、难事的同时，居民参与社区事务管理的热情得到了有效激发。

（七）以承办亚太国际社工会议为契机，社会工作加快发展

深圳代表中国首次承办的第24届（2017）亚太国际社工会议圆满成功，充分展示了深圳的软实力、影响力，受到民政部主要领导、市主要领导和国内外与会人员的充分肯定。深化拓展精神卫生、涉罪未成年人帮教等领域服务，与检察机关联合推进涉罪未成年人帮教工作，精神卫生社工配置覆盖所有街道。深入推进社会工作援疆，积极落实民政部“牵手计划”，帮助喀什、长沙等4个地区社会工作的发展。全市持证社工发展至近12000人，从业社工达7800余人。

（八）扎实做好双拥优抚安置工作，复退军人帮扶取得积极成效

出台深圳市建立和完善复退军人服务体系《实施方案》，扎实做好涉军群体困难帮扶、教育疏导等工作。深入推进社会化拥军，29名先进个人获评第一届深圳市双拥年度人物。加强军供保障能力建设，深圳军供站被民政部、中央军委后勤部评定为“全国重点军供站”。优待抚恤、烈士褒扬、军休服务等工作得到进一步加强。

（九）深化拓展专项社会事务，管理服务的便利化、人性化水平有了新提升

全面推广婚姻登记微信预约、等候提醒等便利化、人性化、智能化服务。殡葬基本服务免费项目增至8项，免费总额提升至2030元，深圳获选全国殡葬改革试点城市。加强区划管理，组织开展龙华、坪山等两个新设行政区勘界、立桩等工作，平安边界创建活动深入开展。

（十）着力推进全面从严治党，民政综合能力建设得到加强

将学习贯彻党的十九大精神作为首要政治任务，创新形式、层层发动、深入学习，研究编制《深圳民政事业发展中长期战略规划（2018 ~2035年）》，全力推动党的十九大精神在民政系统落地生根、开花结果。认真配合市委巡察组巡察市民政局党委有关工作，对照巡察反馈的55个具体问题，制定70条整改措施狠抓整改，对违规问题较多的单位和个人坚持从严从快、依法依规追责执纪，制定修订91项规章制度，新出台防止利益冲突、福彩公益金绩效评价等15项管理制度，以此为契机解决了一批长期想解决而没有解决的历史遗留问题。集中开展民政服务机构普查，全面摸清底数、建立规范台账，探索开展民政服务消防安全标准化建设试点，安全监管的基础和水平有了新的提升。

二　新时代民政工作的总体思路

以习近平新时代中国特色社会主义思想和党的十九大精神为引领，深入贯彻中央、省、市有关民生民政工作部署要求，准确把握新时代民政工作的定位、特点、规律，进一步厘清思路、明确方位、推动工作，加快构建符合深圳特大城市特点和规律的新型民政。

（一）坚定不移地用习近平新时代中国特色社会主义思想和党的十九大精神指导民政事业改革发展

坚持紧密结合民政工作实际，深刻领会和准确把握习近平新时代中国特色社会主义思想的主要内容、核心要义和科学方法，深刻研究“以人民为中心”“中国特色社会主义进入新时代”“我国社会主要矛盾转化为人民日益增长的美好生活需要和不平衡不充分发展之间的矛盾”“永远把人民对美好生活的向往作为奋斗目标”“决胜全面建成小康社会”“高质量发展”等新思想、新观念、新论断，紧紧围绕党的十九大对民生民政工作提出的一系

列新部署、新要求，在社会救助、防灾减灾救灾、儿童福利、养老服务、老年福利、社区服务、社工服务、殡葬服务等与人民群众切身利益密切相关的领域，在完善制度安排、提升政策标准、扩大保障覆盖、增加服务供给、提升服务质量等方面有更大作为、更大突破，让改革发展成果更多更公平惠及全体人民，使人民群众获得感、幸福感、安全感更加充实、更有保障、更可持续，把学习贯彻习近平新时代中国特色社会主义思想和党的十九大精神变成为群众办实事、解难题、谋幸福的过程，推动深圳民政工作在新征程中实现新发展、再上新台阶。

（二）以“先行区”为标准，着力打造新时代民政工作标杆

率先建设社会主义现代化先行区、奋力向竞争力影响力卓著的创新引领型全球城市迈进，是市委市政府提出的新时代目标任务。这要求民政部门要深刻领会和认真贯彻市委市政府的战略意图和决策部署，以“先行区”为标准，紧扣率先高质量全面建成小康社会、率先构建共建共享共同富裕的民生发展新格局的要求，坚持国际视野与深圳实际兼顾，运用务实态度和科学方法，准确把握深圳经济社会发展阶段性特征，辩证分析深圳市民政工作的优势和短板，创新重构民政工作指标体系，提升完善民政事业发展规划，积极探索符合中国国情、体现时代特征、具有深圳特色的民政发展新路。在2025年前，通过保基本、兜底线，更好地保障人民群众安居乐业，通过搭平台、促整合，努力提供发展更加均衡、供给有效扩大、服务方便可及、群众普遍满意的公共服务和产品，通过强基础、激活力，健全基层社会治理体系，塑造幸福文明和谐的社区生活共同体。经过努力，到2030年，民政体制机制更加规范而富有活力，保障措施更加科学而公平公正，设施网络更加健全而便捷可及，服务体系更加高效而亲民务实，充分实现人民群众共建共享共同富裕、充分彰显经济特区生机和活力、充分展示中国特色社会主义优越性的新型民政格局全面形成，努力为新时代深圳特区勇当尖兵、再创新局发挥“民政作用”、贡献“民政力量”。与此同时，要进一步巩固发展深圳市民政工作在全国民政行业的领先优势和排头兵地位，更好地发挥经济特区

先行先试作用，着力打造和提升“全国领先的多层次、适度普惠社会养老服务体系”“全国示范的现代慈善创新发展高地”“全国社会组织创新发展示范区”“中国特色现代社工制度先行探索地”“现代文明的高品质文化生态墓园发展新模式”等品牌和特色工作，持续为新时代全国民政工作提供“深圳样板”。

（三）推进民政公共服务供给侧结构性改革，努力实现新时代民政工作高质量发展

加快动力变革，综合把握民政的公益属性、社会属性和经济属性，在保证政府应该承担的资源投入和服务责任的同时，加快引入社会化、市场化的动力机制，鼓励和吸引社会力量参与民政事业，拓宽发展路径，增强发展活力。加快方式、方法和路径创新，充分运用“互联网+”、大数据等信息化技术和手段，打造“智慧民政”，促进民政工作理念、方式、流程深刻变革；积极探索新型事业单位、公办民营、PPP等改革创新，推进民政事业单位体制机制改革，激发生机和活力；创新发展养老服务产业、防灾减灾产业、慈善信托、公益创投、社会组织相关服务业、社区服务等民政领域社会服务业，探索公共服务供给侧结构性改革新路。加快质量提升，更加注重内涵发展，建立完善法规、政策、制度、规范和标准，提升管理和服务水平，加强行业监管，促进行业健康有序发展。

（四）加强自身基础建设，加快构建“服务型、平台型、枢纽型、网络化”的新型民政

加快构建服务型民政，坚定不移地推进全面从严治党，持续加强民政系统党的领导、党的建设、党风廉政建设，坚定民政为民爱民的思想理念，以人民群众的需求为导向，进一步优化工作流程，使用现代先进的管理手段和方法，本着方便、快捷、高效、亲切的原则，为社会提供优质的公共产品和服务。加快构建平台型民政，对标国际一流城市，加快推进民政服务设施规划建设，着力补齐完善公共服务设施软硬件平台。加快构建枢纽型民政，在

全市民政工作大局中，强化市民政局在政策统筹、规划编制、运行调度、应急指挥等方面的枢纽作用，强化市、区两级民政部门的改革联动、政策衔接、资源统筹、工作互动、信息共享，形成全市工作一盘棋、协调平衡发展的格局。加快构建网络化民政，更好地发挥民政部门管理服务社会组织、社会工作、公益慈善等工作的优势，加快“放管服”改革，将更多民政事务向社会开放、转移，充分发挥社会力量在提供社会服务和推进社会治理中的主动性、积极性，最大限度地吸纳各类社会力量参与到公共产品和服务的供给中来，以满足人民群众日益增长的公共服务需求，形成强大的民政服务网络和保障网络。

三　2018年工作重点

2018年是深入贯彻落实党的十九大精神的开局之年，是改革开放40周年，也是深圳市高质量全面建成小康社会、率先建设社会主义现代化先行区的关键之年。总体工作思路是：以习近平新时代中国特色社会主义思想和党的十九大精神为引领，认真贯彻中央、省、市有关民生民政工作决策部署，准确把握新时代民政工作新形势、新定位、新要求，突出强化基础、提升质量、增创优势，坚持“抓重点、补短板、强弱项、推改革、谋新局”，加快推进民政公共服务供给侧改革和社会治理现代化，努力构建符合深圳特大城市特点和规律的新型民政。重点抓好以下六个方面的工作。

（一）聚焦夯实民政服务设施基础，强力实施“三年行动计划”

健全基础设施建设工作的督促检查等机制，积极推动采取EPC等代建模式，全面推进实施《“9＋3”重大民政服务设施规划建设三年行动计划（2018～2020）》。对需求紧迫、条件成熟的市社会救助安置院、市社会福利院、市老龄综合服务中心、市民政康复医院A院区改造、市救助站改扩建、市军供站二期建设等项目，力争在2018年底前能够开工建设。推动和支持各区（新区）结合自身实际，将加强民政服务设施建设纳入当地经济社会发展规划和党委政府工作重点，加快建立完善区级民政服务设施体系。

（二）聚焦提升民政工作质量水平，推动出台“八项政策规定”

认真贯彻落实中央、省、市有关推进社会组织管理制度改革促进社会组织健康有序发展、建立和完善城乡社区治理体系、全面放开养老服务市场提升养老服务质量、加强困难群众基本生活保障、推进防灾减灾救灾体制机制改革等重大决策部署，立足深圳实际，加强调查研究和顶层设计，推动出台深圳市深化社会组织管理制度改革促进社会组织健康有序发展的《若干措施》、全面放开养老服务市场提升养老服务质量的《若干措施》、促进社会工作发展的《若干措施》等8项政策文件，力争推出一批具体务实、含金量高、针对性操作性强、在全国具有突破性示范性的政策举措和工作措施。同时，鼓励和支持各区（新区）大胆创新、先行先试，制定实施体现自身特色和优势的相关文件或工作举措。

（三）聚焦强化民生兜底保障和提升社会福利水平，扎实办好“六件民生实事”

紧紧围绕解民忧、惠民生、暖民心，一是探索建立深圳市低保标准动态调整长效机制，年内将低保标准提升至每人每月1000元左右，织密扎牢困难群众基本生活保障网。二是细化工作措施，科学安排进度，压实工作责任，切实落实好2018年度市政府民生实事涉及民政事项。三是系统梳理总结过去两年民生微实事工作，推动出台新政，建立完善工作机制，年内组织实施8000个左右项目。四是结合推进深圳市养老服务体系建设重心向社区居家养老转移，以及激活社会资本投资养老服务活力，推动提高社区居家养老补助标准和民办养老机构资助标准；加快推动护理型、医护型养老机构发展，开业运营市养老护理院，年内新增养老床位1000张以上；加快推进医养融合发展，年内新增5家以上日照中心与社康中心建立医养结合机制，公办养老机构全面实现医养融合。五是推动敬老优待证享受年龄适度降低，扩大老人优待的范围和内容，实施敬老优待证的交通智能卡升级改造；政府出资为全市60岁以上户籍老人购买意外伤害险。六是抓好建立和完善复退军人帮扶体系《若干措施》落地实施，健全市、区、街道、社区四级复退军人服务体系。

（四）聚焦增优势、做示范，创新发展“三项品牌工作”

一是围绕打造“全国示范的慈善事业创新发展高地”，探索制定具有深圳特色的慈善信托管理制度、社会企业认定办法等，促进慈善信托、社会影响力投资等现代慈善模式加快发展；建立“深圳慈善城市”指标体系，完善鹏城慈善奖评选、深圳慈善榜编制等机制，创新开展形式多样的感恩主题公益活动，加快培育发展一批在全国有重要影响力的品牌慈善项目和慈善组织；突出社会化、大众化、专业化方向，进一步创新办展、运营模式，办好第六届中国慈展会。二是围绕打造“全国领先的多层次、适度普惠社会养老服务体系”，加快探索建立社会保险性质、有效提升老年人支付能力、具有深圳特色的长期护理保险制度；坚持事业和产业协调发展，进一步突出深圳优势和特色，推动老年人专用智能产品与服务发展；加大对“深圳国际老龄博览会”的指导和支持力度，加快培育成为国内一流、影响全球的品牌盛会，助推深圳市养老服务产业发展。三是围绕深化民政公共服务供给侧改革、增进民生福祉和拓展民政发展路径，学习借鉴美国、英国等社会服务业发达国家的经验，将公益与商业有机融合，“寓义于利”“义利并举”，试点培育发展社会企业和公益企业。

（五）聚焦提升民政事业发展活力，积极推动“五项体制机制改革”

一是推动整合优化市民政局直属事业单位设置，推进市养老护理院新型事业单位运营模式改革。二是推动建立民政综合执法机构，加强力量配备和装备建设，提升民政行政执法质量和水平。三是推动殡葬体制改革，强化殡葬服务公益性，推动建立生态葬奖励机制。四是整合和拓展现有社会救助申请家庭经济状况核对职能和机制，推动建立市、区、街道三级居民经济状况核对机构及运作机制。五是推动建立深圳市军供保障联席会议制度，提升军供保障效率和质量。

（六）聚焦加强民政综合能力建设，深入实施“两项行动计划”

一是民政行业安全监管提升行动。严格落实“党政同责、一岗双责、齐抓共管、失职追责”“管行业必须管安全、管业务必须管安全、管生产经营必须管安全”“属地管理”等要求，压实市、区两级民政部门领导班子安全生产领导责任，把工作重心进一步落到源头治理、防范教育上，巩固深化民政服务机构普查和安全隐患排查整治成果，组织开展民政重点领域风险评估，推进民政服务机构消防安全标准化建设，健全完善定期排查、台账滚动管理、交办督办、问责追责等机制，严防发生各类安全事故。二是民政工作法治化、标准化、信息化提升行动。积极推动殡葬管理条例、养老服务促进条例、社会工作者条例以及老年人社会优待办法、低收入家庭认定办法、社会救助实施办法等法规和政府规章的制（修）订；加强养老服务、社会工作、儿童福利、防灾减灾、社会救助、殡葬、婚姻登记等领域的标准化建设；加快推进“智慧民政”、社会组织综合监管平台、综合为老服务信息平台等信息化系统的规划建设。

社会治理

Social Governance

B.8 2017～2018年深圳市社会治安综合治理发展报告

孙周雄　黄 栋*

摘　要： 2017年，深圳市以提升人民群众安全感和满意度为目标，着力开展社会治安综合治理，积极化解社会矛盾，完善社会治安立体防控体系，深化平安深圳创建，不断提升社会治理社会化、法治化、智能化、专业化水平，有力维护了社会和谐稳定，为全市社会经济发展营造良好的社会环境。

关键词： 深圳市　社会治安　平安建设

* 孙周雄、黄栋，深圳市社会治安综合治理委员会办公室。

2017年，在深圳市委市政府坚强领导下，深圳各级综治部门深入学习贯彻习近平新时代中国特色社会主义思想和党的十九大精神，切实履行社会治安综合治理和维护社会和谐稳定工作职责，以“五个强化”为抓手，加强和创新社会治理，深化平安深圳创建，着力提升人民群众安全感和满意度，为深圳社会经济发展继续营造良好的社会环境。

一 强化组织领导，落实社会治安综合治理责任

（一）切实履行党政领导责任

深圳市委市政府坚决贯彻习近平总书记“发展、稳定两手都要硬”的理念，努力按照党的十九大报告提出的打造共建共治共享社会治理格局的要求，全面提升深圳社会治理社会化、法治化、智能化、专业化水平。省委常委、市委书记王伟中同志，市委副书记、市长陈如桂同志均高度重视深圳市政法综治维稳工作，亲自协调解决疑难问题，部署重大工作。市委副书记、政法委书记、市综治委主任李华楠同志亲力亲为，认真研究部署，有力推动政法综治维稳各项工作逐一落实。各区、新区党政主要领导认真履行“第一责任人”责任；区委（新区党工委）副书记主抓政法综治维稳工作，各区（新区）分管公安的政府（管委会）副职领导集中精力负责维稳工作，履行好“直接责任人”责任。各街道党工委书记主要精力用于抓好社会稳定，把矛盾解决在当地、化解在基层。

（二）健全落实综治领导责任制

严格执行综治委委员会议制度、部门联席会议制度、专项组联席会议制度等工作规范，充分发挥综治委议事协调职能。研究制定健全落实社会治安综合治理领导责任制和综治表彰奖励有关规定，进一步加强市综治委各专项组的组织领导，调整并增加市综治委10个专项组成员单位。与全市10个区（新区）和市综治委53家成员单位党政一把手签订了《2017～2018年度深

圳市社会治安综合治理目标管理责任书》，明确各单位综治平安创建任务目标。严格执行《综治实绩管理暂行办法》，全年审核领导干部综治工作意见25批，涉及158人。充分运用通报、约谈、挂牌督办、实施一票否决权制等综治政策工具，出台《深圳市社会治安综合治理重点治理街道实施办法》，对2个街道开展重点治理，对11个街道挂牌整治突出治安问题。

二　强化矛盾化解，维护社会和谐稳定

（一）强化矛盾纠纷排查化解

深化社会矛盾九大领域专项治理，成功化解了一大批重大矛盾隐患。建立市、区、街道、社区四级领导接访下访工作机制，累计接访下访达1140批2612人次，一大批信访隐患积案、难案得到化解。

（二）深化多元化纠纷解决机制改革

召开全市深化多元化纠纷解决机制改革工作推进会，印发《深圳市健全完善多元化解纠纷解决机制的实施意见》，多元化纠纷解决机制信息化平台“融平台”正式上线，用科技手段把多元化纠纷解决机制从线下搬到线上，把社会治理的触角伸得更远更深。不断加强人民调解组织建设，全市共有人民调解委员会2292个、人民调解员11157名、专职调解员1727名，实现人民调解组织全覆盖；各级人民调解组织排查矛盾纠纷线索7139条，预防各类纠纷3099宗，防止民转刑案件171宗。

三　强化打防结合，完善立体防控体系

（一）严厉打击违法犯罪

加强对各类治安要素的源头管控，完善立体化、信息化社会治安防控体

系建设。2017年，全市接报110总警情同比下降17.9%，其中刑事警情下降30.9%，治安警情下降22.7%。开展打击电信网络诈骗、“两抢一盗”、黑恶势力犯罪等系列专项行动，破获刑事案件同比上升1.2%。开展打击网络贩枪、电信网络诈骗和盗抢骗犯罪的“三打击一整治”行动，破获一大批涉盗抢案件。持续强化扫黄拒赌禁毒，战果位居全省前茅。统筹开展打击和处置非法集资各项工作，巩固“无传销城市”创建成果，推进跨部门打假协作机制建设，组织开展扫黄打非专项整治，均取得出色成效。

（二）深入推进“雪亮工程”等信息化建设

建立全市“雪亮工程”建设工作小组联席会议制度，每月定期研究解决“雪亮工程”建设联网应用中存在的问题。编制《深圳市“雪亮工程”工作方案》，以公安“雪亮工程”三期工程建设的视频专网作为联网承载，重点推动二三类视频资源整合共享。公共安全视频建设联网应用取得初步成效，全市共有一类摄像头6万个、高清摄像头3.3万个、公共区域摄像头超过130万个、高精度人脸识别设备3000余套、视频门禁设备15万套，形成一张覆盖全市的视频专网，日均采集信息5000余万条，应用视频破案比例已超过60%。率先推出全国首个《社会管理要素统一地址标准》，率先发布全国首个《政法机关电子卷宗技术规范》，全面开展智慧政法建设，大力推进“智慧法院”“智慧检务”建设，打造“互联网+民生警务平台”。

（三）广泛发动群众参与社会治理

出台《关于进一步加强群防群治工作推进平安创建活动的意见》，强力推进“五统一”标准化阵地建设。全市已建成“五统一”门卫室、保安岗亭、防控点12227个。构建起可操作性强的群防群治奖励工作机制和办法，为深圳市群防群治工作健康、可持续发展提供了扎实的制度保障。全市已建立辅警、内保、保（治）安员、出租屋综管员楼（栋）长、其他公益力量等5支规范化管理的群防群治队伍共约69.2万人，形成了各方合力、群众积极参与的社会治理新格局。

四 强化源头管控，提升社会治理水平

（一）法治引领平安创建

一是《综治条例》立法修订继续完善。运用联动融合、社会共治的理念继续推动《深圳经济特区社会治安综合治理条例》立法修订工作，目前已提请市政府审议。二是司法体制改革不断深化。进一步完善司法人员分类管理，全面深化司法责任制改革。7月6日，经中央政法委同意，中国法学会深圳司改第三方评估报告在北京隆重发布，深圳司改成果得到各界充分肯定。三是执法司法质量提升工作成效显著。全面推进以审判为中心的刑事诉讼改革，强力破解"执行难"问题，法院执行工作得到中央领导充分肯定。四是法治深圳建设阔步向前。率先出台法治中国示范城市建设实施纲要。扎实开展法治建设"四级同创"，着力营造注重法学研究、繁荣法律交流的良好氛围。五是公共法律服务体系更加完善。共办理法律援助案件超过1万宗，受援群众达2万余人，接受各类咨询12万余人次。六是全民普法工作扎实开展。落实"谁执法谁普法"责任，组织处级干部任职法律知识考试，运用一社区一法律顾问制度提升社区法律服务。

（二）开展治安重点问题和公共隐患排查整治

坚持以点带面、以点保面，对光明新区实施重点整治，将其确定为全市"重点整治样板"。2015年12月，宝安区因毒品集散中转问题被国家禁毒委通报警示，省综治委挂牌整治，经大力整治，已成功由"全国毒品集散中转通报警示地区"降级为"全国重点关注地区"。2017年4月，南山区被省综治委列为社会矛盾突出问题挂牌整治后，迅速成立由区委书记任组长、区长任副组长的综合整治工作领导小组，围绕五个方面问题开展集中整治，已成功化解30宗积案，化解率达66.7%。开展"拉网排雷"行动，加大电气火灾防范、城中村及违法建筑消防专项整治力度，2017年共检查单位14万

家，整改隐患 19 万处，临时查封 7601 宗，责令“三停”2241 家，罚款 5209 万元，行政拘留 3879 人，执法力度全省第一。持续开展“猎虎”“禁摩限电”等专项行动，实行“电子监控、全机动化、快速反应”的新型铁骑勤务，严查交通违法行为。2017 年 4 月，公安部在深圳市召开全国城市道路交通管理工作现场会，推广深圳经验。

（三）抓好专项重点治理

一是加强严重精神障碍患者救治救助工作。2017 年，李华楠同志主持召开两次全市精神卫生工作联席会议，研究解决严重精神障碍患者救治救助工作突出问题。制定出台《关于进一步加强严重精神障碍患者救治救助工作的通知》，推进监护制度落实。制定投保档次推动严重精神障碍患者监护责任补偿保险实施。二是抓好寄递物流和危爆物品安全管理。印发《关于开展寄递安全综合治理专项行动的工作方案》《深圳市关于加强物流安全管理工作实施方案》，在全市范围内开展寄递物流安全综合治理专项行动，严厉打击利用邮快件、物流渠道实施各类违法犯罪行为，督促企业落实三个 100% 制度，杜绝各类危险违禁物品流入寄递物流渠道。三是提升地铁公共安全防范水平。2017 年 7 月 26 日，李华楠同志实地调研地铁站点和运营企业，对全市地铁建设和运营工作作出具体部署。十九大期间加大地铁安保人力物力投入力度，共增加安检人员 1902 名，安排列车安全员 1407 人，确保每趟运行列车配备至少 1 名安全员。

五　强化基层基础，夯实平安深圳根基

（一）全面铺开“一中心两化”建设

一是综治中心规范化建设全面推进。严格按照国家和省的要求，围绕“防控违法犯罪、化解矛盾纠纷、排查安全隐患”三大任务，统一综治中心硬件设施建设标准和要求，大力升级改造街道综治中心功能，规范四级综治

中心运行模式，强化首问负责制等制度建设，从而实现各级综治中心线上线下实体化运作、一体化运行。二是网格管理日趋完善。科学划分网格，以“千人一格”为基本标准，将全市细分为18537个基础网格，实现全市基础网格100%覆盖。配强网格员队伍，组建了一支1.5万余人的网格员队伍。规范入格事项，将“一中心两化”网格管理事项分解细化成46个中项197个小项，进一步明确了网格员的职责任务和工作内容。三是省综治信息系统实现全面覆盖应用。召开全市应用覆盖省综治信息系统工作推进会，强力推进省综治信息系统应用覆盖工作。目前，省综治信息系统已实现横向覆盖到市、区、街道三级综治成员单位，纵向覆盖到市、区、街道政法委、综治委领导，各级综治中心全体工作人员和网格员，网格事件巡查数量、事件处置及流转、基础数据导入量等多项指标方面位居全省前列。推进视联网会议系统建设工作，截至目前，已实现市、区两级建设全覆盖，街道综治视联网建设点74个，现已完成72个，剩余2个街道综治中心正在加紧建设中。

（二）扎实推进平安细胞创建

压实各平安细胞牵头单位创建主体责任，进一步深化校园、公园、家庭等多领域创建活动，实现平安细胞创建全覆盖。深化平安企业创建，重点开展工商贸领域和危险化学品行业安全生产专项整治，严格整治危险化学品、粉尘企业，消除涉氨制冷企业“两类重大隐患问题”。深化平安医院创建，制订建设行动方案，指导医院强化内部安全管理，增强治安防控能力，减少医患纠纷、治安事件和安全隐患。深化平安家庭创建，建立婚姻家庭纠纷人民调解委员会，开展“阳光妈妈”等关爱维权行动，全市未发生因家庭矛盾纠纷引起的“民转刑”重大命案和影响社会稳定的重大案事件。深化平安社区（安全文明小区）建设，选取了18个重点难点片区，在创建经费上予以倾斜，对应安排市综治相关成员单位领导挂点指导创建，取得良好效果。2017年度共命名授牌安全文明小区129个，摘牌67个，降级2个。全市目前共有安全文明小区3655个，其中标兵小区1398个，先进小区1218个，达标小区1039个。同时，将创建工作与排查整治突出治安问题、治安重点地区相挂钩，一体推进平安市场、平安校园、平安公园等创建活动。

（三）加强社会组织管理

积极引导社会组织参与社会治理，制定了《深圳市社会组织评估指南》，健全社会组织等级评估机制。建立社会组织信用异常记录，将未按规定提交年度工作报告的521家社会组织载入活动异常名录，并纳入信用监管体系。发展精神卫生领域社会工作，发挥社区党群服务中心力量配置，为社区的药物滥用者、社区登记的精神障碍患者及其家属开展特色服务。

2017年，在上级有关部门指导和市委、市政府坚强领导下，全市综治队伍和社会各方力量共同努力，全市的综治工作和平安建设取得了一定的成效。但也应清醒地认识到，深圳的社会治安综合治理和平安建设工作仍存在一些薄弱环节和不足。如金融、劳资纠纷等领域社会矛盾仍然易发高发，刑事治安警情总量仍处高位，个人极端案事件仍然时有发生，城市公共安全隐患仍然存在，政法基础设施建设亟待加强等。

接下来，全市各级综治组织将继续深入学习贯彻好习近平新时代中国特色社会主义思想和党的十九大精神，全面落实党的十九大重大战略部署，在中央、省委、市委的正确领导下，通过加强预防和化解矛盾机制建设，严打严防暴力恐怖活动，突出基层治理和源头治理，坚持科技引领信息支撑等手段，扎实推进社会治安综合治理和平安建设，着力构建共建共治共享社会治理格局，为深圳率先建成社会主义现代化先行区提供坚实的安全保障。

B.9
2017 ~2018年深圳市社会治安形势分析及展望

罗小洪*

摘　要： 对2017年深圳市社会治安情况进行了总结，阐述了治安特点，分析了110接报刑事治安警情、交通及火灾事故情况，违法犯罪成员构成及各季节、区域发案情况，指出了实现治安稳定的5项措施。针对2018年社会治安形势，着重围绕社会治安面临的主要压力进行论述，并指出2018年需要重点做好的5项工作。

关键词： 深圳市　社会治安　刑事治安

2017年，面对安全稳定形势、社会治安形态的深刻变化，深圳市公安机关按照“对党忠诚、服务人民、执法公正、纪律严明”的总要求，稳中求进，从严从实从细抓好保稳定、护安全、促和谐各项工作，创造了良好的社会治安环境。根据全省群众安全感和公安工作满意度第三方测评结果，深圳分别以85.18分和83.59分的最高分，排全省21个地市第一名。

一　2017年深圳市社会治安特点

2017年，深圳市社会治安继续保持稳中向好的态势，110刑事治安总警

* 罗小洪，深圳市公安局。

情连续第9年同比下降。但同时，部分区域治安仍较为复杂，反诈骗和防范恶性案件、个人极端案事件的压力仍然很大。

（一）110刑事治安总警情降幅较大，连续9年同比下降

共接报110刑事治安总警情204211起，同比下降24.9%，自2009年以来连续9年同比下降。10项主要110警情同比均取得下降，除刑事治安总警情外，刑事、八类严重暴力、“两抢”、“两盗”、盗窃、诈骗、治安、交通和消防警情同比分别下降30.6%、15%、44.3%、44%、42.8%、16.4%、23.2%、5.3%和24.6%。110刑事警情以“盗抢骗”为主，合占刑事警情总量的94.1%；110治安警情以小额侵财类（盗窃、诈骗、抢夺和敲诈勒索）和结伙斗殴、寻衅滋事类警情为主，分别占治安警情总量的58.5%和25.1%。随着全市打击、防范诈骗工作的强化，诈骗警情同比再次下降，实现连续两年同比下降，带动了全市警情的下降。

全年110刑事治安总警情走势与2016年基本一致。1月（春节前）为全年最高值，2月（春节期间）为全年最低值，3、4、5月警情小幅反弹，6、7月警情环比下降，特别是7月全市启动了特别防护期，警情出现明显下降，8月回升到正常水平后走势较平稳。通过强力推进“飓风2017”等专项行动，在香港回归20周年庆祝活动、党的十九大等敏感节点期间启动特别防护措施，实现夏季、年终岁末等传统警情高发期总体防控效果明显好于2016年。

各区110刑事治安总警情同比均下降。全市各区的110刑事治安总警情同比降幅均超过17%，盐田区降幅最大为33.3%，龙华区降幅最小为17.8%。宝安、龙岗、龙华区仍是警情高发区域，三区合占全市的58.3%。

（二）犯罪主体外源性比重上升，青壮年违法犯罪问题依然突出

从2017年全市公安监所（看守所、拘留所、戒毒所）收押人员情况看，一是男性、青壮年占绝对多数，青壮年违法犯罪问题依然突出。新收押人员以男性为主，占86.8%；18岁以下的未成年人占0.4%；60岁及以上

的老年人占1%；18～39岁的青壮年仍是“主力”，占72.5%；40～59岁的占26%。二是外来流动人员比重上升。收押人员中，非深户籍流动人员占95.5%，较2016年增加0.4个百分点。三是大多数为义务教育期以下学历水平。新收押人员以初中学历为主，占82.7%。但同时，高学历人员犯罪上升的趋势仍在延续。四是犯罪类型以侵财、暴力型为主。收押人员中，涉盗（扒）窃、涉毒、伤害、抢劫、抢夺、诈骗等主要案件类型占53%。

（三）火灾四项指标“一升三降”，电气问题成为引发火灾的主因

全市共发生火灾2097起，死亡9人、受伤17人，直接经济损失1512.85万元。与2016年相比，火灾四项指数“一升三降”：火灾起数上升38.6%，死亡人数减少2人，受伤人数减少20人，直接经济损失下降50.05%。2097起火灾中，主要发生在住宅（含宿舍）、垃圾及废弃物场所、机动车及厂房，分别占火灾总数的37.5%、13.4%、11.8%和9.2%。电气为引发火灾的最主要原因，生活用火不慎、自燃及外来火源等引发的火灾也较多。表现在：一是住宅及电气火灾易发多发（占火灾总数的36%）。特别是一些城中村、出租屋及“三小”场所，普遍存在使用劣质电器、用火不慎等现象，直接导致火灾因素急剧增多。二是“三合一”、违章搭建等现象没有杜绝。出于经济因素以及便于照看货物，一些三小场所违规住人屡禁不止。三是违法建筑、高层建筑火灾危害性高。由于建筑总体布局、规划不合理，城中村等违法建筑的消防安全隐患依然突出；城市高层建筑体量大、增长快，火灾危害性高。

（四）交通四项指标“二升二降”，死亡人数下降幅度较大

全市共发生统计上报道路交通事故2004起，造成346人死亡、1214人受伤，直接经济损失716.27万元，同比分别上升54.51%、下降16.83%、上升26.06%、下降16.44%，其中死亡人数减少70人。万车死亡率降至1.07，实现连续33个月一次死亡3人及以上道路交通事故“零发生”。同时，仍存在以下突出问题：一是事故和拥堵警情仍在高位运行。全市汽车保

有量同比上升1.5%，事故、拥堵警情在2016年大幅上升的情况下，2017年开始逐步下降，但仍在高位运行。原特区内福田、罗湖、南山区的警情出现较大降幅，但原特区外辖区警情变动幅度不大，大鹏则出现大幅上升。二是原特区内外交通管理水平差距依然很大。原特区外涉摩托车、电动自行车、货车及违停等交通问题突出，交通事故依然高发，仅宝安、龙岗两区道路交通事故死亡总人数占全市的比例就超过50%。

二　2017年促进深圳市社会治安稳定的主要措施

2017年，深圳市公安局积极回应人民群众对社会平安稳定的新期待、新要求，深入推进“飓风2017”专项行动，创新完善立体化、信息化社会治安防控体系，力求社会治安形势平稳。

（一）保持高压，严打突出违法犯罪活动

紧紧抓住人民群众反映强烈的突出治安问题，深入推进“飓风2017”专项行动。刑事案件破案数在立案数同比下降10.9%的情况下，同比上升3.2%。

对多发性侵财类犯罪“串着打、链条打、源头打”，开展一系列统一行动，全市盗抢案件同比下降37.5%；在上级公安机关领导下，强化国际执法合作，多次赴境外强势打击电信诈骗犯罪团伙，端掉电信诈骗窝点45个，抓获犯罪嫌疑人370人；在全国率先牵头成立“线上反诈联盟”，依托“81234567”反诈骗热线等精准劝阻潜在被骗群众4.2万人，拦截诈骗资金3.9亿元，电信诈骗警情同比下降24.4%，破案同比上升38.1%。

严打黑恶势力犯罪，侦破宝安涉黑专案，抓获164人，逮捕73人；开展专项行动，抓获实施跨境贩毒的黑社会组织成员14人。严打严重刑事犯罪，年内命案全破。严打经济领域犯罪，侦破经济犯罪案件占全省的1/4；先后侦破“善心汇”“龙爱量子”特大网络传销案和“飓风2号”地下钱庄系列案等大案。严打涉毒犯罪，缴获各类毒品8.1吨，查处吸毒人员1.7万

人，强制隔离戒毒3152人。推动在市、区、街道三级建立了禁毒委（办）和禁毒工作领导小组，在28个街道、126个社区建立了社区戒毒（康复）工作站，同比上升25%。

（二）点面结合，深化社会治安防控体系建设

针对信息化、动态化环境下社会治安工作规律特点，坚持关口前移、整体防控，以创新完善立体化、信息化社会治安防控体系为抓手，全面提升社会治安整体防控水平。

全市日均出动警力1.2万人次不间断巡逻执勤，200名武警、100名特警和属地公安分局机训力量在重点部位巡逻值守，2000名交警“铁骑”在重点路段巡逻，快速响应反恐、治安防范需要。在福田交通枢纽和东门片区开展立体防控体系示范点建设，强力推动全市人员密集场所安全管理工作，制定大型商场安全防范标准，督促指导大型商场新增保安力量2020名、安防设备4000余套。

在治安复杂区域集中各类资源和力量，综合采取打、防、管、控、建、宣等手段，实施联动高压整治。全市11个治安复杂区域接报110刑事治安总警情同比下降34.5%。其中在龙华区景乐南北片区实施“警政综合整治”后，刑事警情环比下降16.7%，治安警情环比下降40.7%，诈骗、盗窃警情环比分别下降40.0%、51.2%。

（三）盯住源头，加强公共安全监管

坚持把保护人民群众生命财产安全放在第一位，努力增强人民群众的获得感、幸福感、安全感。开列隐患清单、整改清单、责任清单，压实领导责任、主体责任、监管责任，强化风险隐患排查整治，筑牢公共安全防线。2017年，全市火灾死亡人数同比下降18.2%，交通死亡人数同比下降16.8%，实现危爆物品管理连续24年“零事故”。

开展社区“拉网排雷”专项整治行动，全面排查风险点、危险源，共发现火灾隐患、违法行为22.5万处，同比上升41.3%。深入开展电气火灾

防范、城中村及违法建筑消防专项整治等行动，推广安装独立式烟感报警器5.3万个，完成老旧线路改造5.04万米，将2100余栋高层建筑纳入“户籍化”管理。推进消防基础和灭火救援设施建设，建成重点单位微型消防站6700余个、社区微型消防站740个，构建区域联防组织近200个。参与灭火救援1.8万起，解救被困人员1万余人。

在全国率先组建交警“铁骑”队全覆盖巡查，启动交通事故主体责任深度调查机制，开展“猎虎”“禁摩限电”等交通安全综合整治行动。成立全国首个共享交通联合指挥调度中心、车驾管实战支撑中心、24小时交警自助服务厅。在全国首创“移位左转”“遥控护栏潮汐车道”等道路交通组织新模式，以互联网手段处理异常拥堵占比超过95%，排名全国第一。“城市交通大脑”项目斩获“2017年世界智慧城市博览会”全球大奖。

（四）着眼长远，推进公安改革创新

运用“块责任”理念打通基层治理“最后一公里”，在创新社区治理上闯出新路。先后在龙华区试行基层力量整合“同胜模式”，在福田区试行基层联勤联动“水围模式”，在宝安区试行基层力量发动义警模式，在龙岗区试行基层职责融合“天安云谷、吉祥模式”。其中，吉祥模式推出后，排查消除消防安全隐患数同比上升64.9%，火灾起数环比下降51%。

依托警务云终端，打通信息化应用“最后一公里”，开启移动警务新时代。云终端后台已对接信息资源800亿条，嵌入大数据模型20个，实现大数据移动应用。

以数据精准融合为支撑，打造“互联网+民生警务”平台，年内受理量超过124万宗，网上办事率超过60%。布设70台新研发的民生警务一体机，提供“零距离”、24小时在线服务。全年办理出入境业务775万证/次，同比上升10.7%，保持排名全国第一。

（五）多措并举，打造过硬公安队伍

稳步推进执法规范化建设。线上，积极推进新警综系统建设，努力实现

从接处警入口到移送审查起诉出口的“全链条”监督、全方位记录，打造“执法闭环”管理体系；线下，推进执法办案、涉案财物管理、案管“三个中心”建设，提升办案效率、质量和规范化执法水平。

建设民警“足印档案”管理平台，用“块数据”“硬记录”精确评价每位民警的工作绩效，营造风清气正的警营生态。实施“赛马工程”，为警队长远发展做好人才储备。强化典型引领，开展“每日警星”“青年之星”“十大马天民式民警”等评选活动，激励士气，激发荣誉感。

三 2018年深圳市社会治安形势及展望

展望2018年，综合评估各方面因素影响，预计2018年深圳市社会治安仍将保持总体平稳，但也面临着以下突出压力。

（一）警情反弹压力

预计2018年进入深圳市的流动人口将持续增加，社会治安压力将进一步增大。全市110刑事治安总警情已经连续九年下降，出现反弹的压力不断增大。

（二）防范个人极端案事件压力

虽然近年来全市社会治安形势不断向好，各类严重暴力犯罪大幅度减少，但2017年个人极端案事件时有发生，反映出社会治安防控还存在短板、漏洞。如何将游离在公安机关视线之外的边缘人员（未列管的极端人员、各类信息采集触觉无法感知人员、流浪乞讨人员等）全面纳入防控网，成为迫在眉睫的课题。

（三）社会治安形势出现新变化压力

刑事犯罪与现代科技的结合越来越紧密，网络化、智能化、职业化趋势明显。黑恶犯罪从“硬暴力”向“软暴力”、从“公开性”向“隐蔽性”

转变，作案手法从“头目直接组织指挥”发展为“躲到幕后操纵犯罪”，呈现“向政治领域渗透、向新领域扩张”等新特点。经济犯罪日趋专业化。国家知识产权局确定深圳市为知识产权综合管理改革试点城市，知识产权刑事保护要求空前提升。新型制贩毒工艺、手法和新精神活性物质不断出现，给禁毒工作带来新的压力。

（四）防范电信网络诈骗犯罪压力

经过近年来不间断的专项打击，全市电信网络诈骗犯罪高发态势得到初步遏制，但诈骗警情占刑事警情的比重却仍在上升，警情总量依然巨大，市民被骗资金总额也逐年上升。电信网络诈骗已成为侵财类案件的首害，受害者众多，严重影响了人民群众安全感和社会经济秩序。

（五）火灾隐患大量存在压力

防火灭火压力不减，全市有城中村 1725 个、建筑物约 35 万栋，居住人口近 500 万。现有高层建筑 8000 多栋，其中大部分为 20 世纪 80 ~ 90 年代建造，规划布局不合理、建筑设防标准低、消防设施缺失或陈旧老化等消防安全问题十分突出。

（六）城市道路交通安全压力

受机动车保有量持续增长，地铁、水务、城管施工作业占用道路资源，停车泊位严重不足等客观因素的影响，道路交通拥堵的总体态势短时间内难以改变。同时，新型交通出行方式对城市交通带来了新的挑战，共享单车在深圳市投放数量已超过 80 万辆，违规停放、违规骑行、盗窃私占、涉自行车事故不断攀升等问题日益凸显，对城市交通秩序的影响较大。压事故、减伤亡的任务艰巨。2017 年，全市道路交通事故死亡人数占安全事故死亡总数的 67.6%，尤其是涉电涉摩、涉共享单车交通死亡分别占全部死亡人数的 33.8%、10%。

四　促进深圳社会治安进一步好转的思路

2018年是贯彻落实党的十九大精神的开局之年，是改革开放40周年。深圳市公安机关将继续坚持稳中求进、改革强警、科技兴警，更快破大案、更多破小案、更好控发案，始终把以人民为中心的发展思想贯穿公安工作始终，进一步提升人民群众的获得感、幸福感、安全感。

在开展各项常规工作的基础上，重点做好五个方面的工作。

（一）严密防控经济、金融风险

强化经济、金融风险监测预警，将经侦基础排查纳入社会治安立体防控体系，围绕互联网金融、投资融资、股市房市等重点领域，加快建设经济、金融犯罪风险预警监测平台，及时发现涉众型、风险型犯罪线索，做到“早发现、早防范、早查处”；积极配合有关部门落实监管措施，严防违法违规金融行为转化为经济犯罪。

开展严打经济领域犯罪专项行动。深入推进“猎狐”等专项行动，加大对非法集资、网络传销、地下钱庄、涉银行卡、虚开骗税、假币等违法犯罪的打击力度，遏制经济犯罪高发势头。

（二）开展扫黑除恶专项斗争

充分发挥公安机关扫黑除恶主力军作用，认真贯彻中央农村工作会议精神，坚持把打击黑恶势力犯罪与治理基层腐败问题、加强基层政权建设有机结合起来，着力铲除黑恶势力的政治基础、经济基础、社会基础。

强力整治涉黑涉恶重点地区、行业和领域，积极商请党委政府和有关部门支持，集中优势力量和资源，积极开展区域整治、驻点打击、定点清剿，做到“有黑扫黑、无黑除恶、无恶治乱”，努力将涉黑涉恶势力消灭在萌芽阶段，有效治理区域性涉黑涉恶犯罪突出问题。

（三）依法严厉打击突出违法犯罪

开展“飓风2018”专项行动。从源头打击电信网络诈骗上下游犯罪和灰色产业链，增强全民防诈意识，遏制此类犯罪高发态势；狠打持枪、制贩枪弹、走私枪支弹药犯罪，着力铲除涉枪涉爆隐患；完善破小案工作机制，加大对“两抢一盗”等多发性侵财犯罪，以及涉黄涉赌、食药环犯罪的打击力度。

开展严打网络犯罪专项行动。重点打击网络贩卖枪支弹药、网络政治谣言和有害信息、网络攻击等，排查整治网络安全隐患，强化网络社会综合治理，着力营造清朗的网络环境。

开展涉毒犯罪综合整治行动。创新打击制毒犯罪专案机制、堵源截流工作机制，进一步织密“海陆空邮网”一体化查缉网络，推动禁毒斗争形势持续好转。

（四）全力维护公共安全

深入开展治安防控“铸盾”行动，推进立体化、信息化、智能化社会治安防控体系建设，严管严控易肇事肇祸精神病人、扬言实施个人极端行为人员，进一步健全完善商场、企业内部治安保卫体系，创新群防群治模式，及时有效应对各类突发事件。

深入开展“除火患、保平安”专项行动，推进电气火灾防范整治，坚决遏制重特大火灾事故，最大限度减少“小火亡人”事故；推进“智慧消防”建设，加快消防监管信息化系统建设应用；夯实公共消防基础，实现城中村“七个一、七必须”，推进超高层公共建筑“一站一队”建设，加快全市小型、微型消防站建设使用步伐，全面提升灭火救援能力水平。

深入开展“遏事故、保安全”专项行动，全力降低道路交通事故，努力实现交通事故死亡人数稳中有降。积极推进“智慧交通”建设，争取为全国输出更多交通治理先进经验。

（五）全面加强和改进基层基础工作

成立基层基础工作委员会，加强基层基础工作统筹指导，实施“夯实基层基础攻坚计划”，构建基层基础工作新体系。“基层”以派出所为重点，“基础”以社区警务为核心，推进岗位职责“加减法”，努力建立起责权清晰、权责匹配的所队关系，推动警力向派出所下沉，推动社会治理重心向社区下移。

继续广泛借助现代科技手段，大力推进智慧派出所、智慧社区警务建设。深入开展信息化攻坚行动，优化完善深云系统和社区警务APP。全面总结推广各区基础治理经验，把握“枫桥经验”精髓，探索打造更成体系的社会化、法治化、智能化、专业化社会治理新模式。

B.10
深圳市劳资纠纷调处工作现状及思考

吴洁红*

摘　要： 劳资纠纷一般由劳动者与用人单位之间的利益冲突引发。劳动关系双方作为不同利益主体，利益冲突不可避免。经过劳动监察机构多年来的努力，深圳市劳资纠纷治理成效明显，近年劳资纠纷总体呈下降趋势。深圳市用人单位守法意识和劳动者维权意识也进一步增强，因用人单位违法而引发的劳资纠纷事件逐步减少，但因劳动者提出超出法律基准范围诉求而引发的劳资纠纷明显增加。同时，劳资纠纷领域出现一些新情况、新问题，值得高度关注。本文将对近年来深圳市劳资纠纷化解处置基本情况进行总结，对当前劳资纠纷的趋势特点进行分析，并结合当前劳资纠纷预防化解处置的实际工作情况，提出下一步工作对策和建议。

关键词： 劳资纠纷　纠纷化解　纠纷预防

一　近年深圳劳资纠纷化解处置基本情况

深圳市产业结构转型升级推进力度大，社会治理的法治化建设水平较高，用人单位守法意识和劳动者维权意识普遍较强，近年来劳资纠纷总体呈下降趋势。2017年，深圳市各级劳动监察机构共处置30人以上劳资纠纷

* 吴洁红，深圳市人力资源和社会保障局。

101件，同比下降16.5%，每一宗纠纷均得到及时、妥善处置。除新一佳、城市厨子、沃特玛、新美亚科技等少数事件参与人数较多、影响较大外，大部分劳资纠纷持续时间短、规模小，劳资纠纷总体可控，劳动关系基本稳定，具体情况如下。

（一）纠纷持续时间较短、规模相对较小

纠纷在7天内解决的共76件，占总量的75.2%，持续时间相对较短；参与人数在99人以内的共79件，占总量的78.2%，规模相对较小。

（二）纠纷主要发生在制造业

从纠纷的行业分布情况看，制造业89件，占总量的88.1%。另外，建筑业4件，住宿餐饮3件，居民服务业2件，交通运输业、物流业、房地产业各1件。制造业由于市场竞争激烈、利润低、用工数量大、用工管理不规范等原因，劳资纠纷相对多发。

（三）私营企业和港澳台商投资企业纠纷多发

从经济类型看，私营企业54件，占总量的53.5%；港澳台商投资企业34件，占总量的33.7%。另外，外商投资企业10件、来料加工企业2件、个体工商户1件。

（四）企业经营困难或经营管理发生改变的居多

从发生劳资纠纷的企业经营管理状况看，企业经营困难的46件，占总量的45.5%；企业搬迁、重组、转型升级、厂房租约到期和企业更名等发生经营管理改变的有31件，占总量的30.7%。

（五）员工主要诉求集中于经济补偿金和工资报酬

员工要求支付经济补偿金的有50件，占总量的49.5%；要求企业支付拖欠的工资和加班费的有34件，占总量的33.7%。另外，员工向企业提出

增加加班时间、提高工资福利待遇、调整绩效考核方案等要求的有16件，要求企业补足社保缴费的1件。据统计，员工提出的诉求超出了法律基准的有55件，占总量的54.5%。

二　当前劳资纠纷的趋势特点

劳动关系双方作为不同利益主体，利益冲突不可避免。经过各级劳动监察机构多年来的努力，劳资纠纷治理成效明显，近年深圳市劳资纠纷总体呈下降趋势。深圳市用人单位守法意识和劳动者维权意识进一步增强，因用人单位违法而引发的劳资纠纷事件逐步减少，但因劳动者提出超出法律基准范围诉求而引发的劳资纠纷明显增加。与此同时，劳资纠纷领域出现了一些新情况、新变化，必须引起高度重视。

（一）经济补偿金问题成为劳资纠纷的热点

《劳动合同法》实施以来，员工对获得经济补偿金的期望值越来越高，经济补偿金已成为员工的诉求热点。深圳市2017年劳资纠纷情况的统计分析结果显示，经济补偿金类事件占30人以上劳资纠纷事件总量的49.5%。近年来，一旦企业方面的经营管理或经营生产行为出现调整或变化，员工便闻风而动向企业提出支付经济补偿金的要求。即使在企业同城搬迁等劳动合同并未发生解除或终止的情况下，员工也会向企业提出支付经济补偿金的诉求。劳资纠纷中，员工对获得经济补偿金的期望值往往高于法律基准，现实中企业又往往处于生产经营困难境地而无力支付，或因于法无据而不愿支付。这类纠纷涉及人员多、金额大，而且影响面广，容易形成示范效应。

（二）员工诉求超出法律基准类劳资纠纷问题突出

近年深圳市超过半数的30人以上劳资纠纷事件涉及员工诉求超出法律基准问题。主要表现为三种情形：一是企业正常经营生产，员工要求企业减少加班时间，提高工资福利待遇；二是企业方面的经营管理或经营生产行为出现部分调整或变化，如企业同城搬迁、可能搬迁、变更名称、更换股东、股权转让等，但劳动合同并未发生解除或终止，员工却联合起来向企业提出买断工龄支付经济补偿金；三是企业经营生产行为出现较大变化，企业与员工之间的劳动关系解除或终止，员工要求企业支付远高于法律规定标准数倍的经济补偿金。员工诉求超出法律基准类劳资纠纷问题，缘于劳资双方利益冲突，双方利益博弈周期往往较长，少则一周半月，多则达一两个月。员工提出了高于法律基准的诉求，知道于法无据难以胜诉，一般不会选择走劳动争议仲裁或诉讼等依法维权途径，而是采取怠工、堵厂、堵路等手段向企业和地方政府施压，并利用互联网、微信等新媒体将事件快速扩散并予以发酵，如果处置不慎，容易发生连锁反应。2017 年 12 月 18 日上午，深圳市福田区新美亚科技（深圳）有限公司部分员工因担忧公司搬迁影响自身相关权益，在厂区内怠工。以新美亚科技（深圳）有限公司劳资纠纷事件为例，该公司工资发放正常，无欠薪行为，且向员工提出的补偿方案优于法律规定。但员工向公司提出的经济补偿金诉求却比法律规定的两倍还要高。公司有员工约 2100 人，员工为实现诉求抱着法不责众的心态采取怠工形式施压，事件影响大，处置难度大。

（三）受产业结构调整影响，劳动关系存在一定不稳定因素

随着深圳市产业结构调整步伐不断加快，企业结构发生改变，治水提质、安全生产等工作也在同时推进，部分高污染、高能耗的低端企业遭到淘汰。一些企业开始通过合并、分立、搬迁等方式适应产业政策的调整。在此过程中，企业的停业、结业以及新旧企业的变更和企业性质的变化，都会对劳动关系和谐稳定造成冲击。

（四）新业态涌现导致欠薪等劳资纠纷风险可能增加

当前平台经济、分享经济、“互联网 +”等新经济、新业态不断涌现，为经济增长注入新动力。但同时应看到，一方面新业态对传统老行业会造成一定冲击和挤压，导致部分传统老行业企业经营困难；另一方面，互联网金

融等新业态经营扩张激进，经营管理方式尚不成熟，缺乏相关行业规范，潜在隐患较多，欠薪等劳资纠纷风险隐患有所增加。2016 年以来，深圳前海自贸区内一些互联网金融企业由于资金链断裂所引发的欠薪类案件有上升趋势。当前经济正处于增速换挡期，仍存在下行压力，新业态企业欠薪隐患可能进一步增加。

（五）劳资关系深层次矛盾陆续显现，劳资纠纷调处难度加大

随着社会经济的不断发展和产业结构的进一步升级优化，劳资关系中一些深层次矛盾陆续显现，如福利待遇问题、分享企业发展成果和参与企业日常经营管理问题。这些问题难以在短时间内彻底解决。同时，劳资双方的博弈策略也随着社会经济发展得到大幅度提升，博弈程度加剧。微博、微信等新兴媒体的介入，提高了劳资纠纷群体性事件的社会关注度，对政府部门依法行政提出了更高的要求。

三　预防化解处置劳资纠纷的主要做法及成效

近年来，深圳市创新工作理念，不断增强预防劳资纠纷和处置群体突发事件的能力，依法维护劳动者合法权益，大量的劳资矛盾得到及时化解，没有出现严重影响社会安定的重大劳资纠纷事件。

（一）加强隐患排查，及时跟踪化解劳资纠纷隐患

强化落实市、区、街道联动的三级信访隐患排查制度，在特殊时期和敏感节点坚持每日“零报告”制度。贯彻“预防为主、基层为主”原则，深化劳动监察“两网化”管理，通过网格巡查、信息化办案、网上申报等途径采集和掌握用人单位信息，提前排查欠薪等纠纷隐患，并建立风险隐患台账，及时予以跟踪、化解，努力将劳资纠纷消除在萌芽状态。目前，全市劳动保障监察信息系统已将 37 万多家用人单位信息纳入管理。

（二）着眼劳资和谐，及时调解劳动争议

开展街道劳动争议调解综合示范工作，大力推进完善调解组织规范化建设，提升调解预防化解劳动争议效能，充分发挥调解在争议处理中的基础性作用。龙岗宝龙街道调解中心、坪山和谐劳动关系促进会被确定为全国劳动争议调解综合示范单位，宝安西乡街道调解中心、龙华利金城工业园调解中心被确定为全省劳动争议调解综合示范单位。2017 年全市各类劳动争议调解组织共调解案件 25572 宗，其中达成调解协调及和解案件 22065 宗，调解成功率达 86.29%。

（三）提升仲裁效能，及时裁决劳动争议

畅通申请渠道，推进法律援助窗口进驻劳动争议仲裁机构，依法及时为劳动者提供法律服务和法律援助。推进仲裁办案规范化、队伍专业化和服务信息化建设，大力提升劳动争议处理效能。对重大集体争议开通“绿色通道”，优先立案尽快开庭，依法快速裁决。2017 年全市各仲裁机构共立案受理劳动人事争议案件 30916 宗，涉及 56227 人。

（四）着力分类处置，有效遏制劳资纠纷群体性事件

落实《深圳市人民政府办公厅关于加强深圳市劳资纠纷分类处置工作的意见》及相关配套制度，建立部门联动、协同化解的处置工作机制，发生重大劳资纠纷群体性事件时，综治、维稳、人力资源保障、住房建设、公安等部门，按照应急处置预案，各司其职，立即响应，稳控现场，使每一宗劳资纠纷群体性事件均能得到及时、妥善处置，维护劳资双方合法权益，确保社会稳定。2017 年，深圳市发生 30 人以上劳资纠纷 101 件，同比下降 16.5%。

（五）加大执法力度，严厉打击拒不支付劳动报酬犯罪

组织开展全市工资发放大检查、解决拖欠农民工工资问题专项行动、打

击恶意欠薪百日专项行动等一系列专项执法检查，及时查处欠薪行为。与公安机关强化执法协作，对涉嫌拒不支付劳动报酬犯罪案件，由人力资源和社会保障部门依法做好调查及证据收集工作，及时移送公安机关。2017年，全市人力资源和社会保障部门向公安机关移送涉嫌拒不支付劳动报酬犯罪案件79宗，其中公安机关立案64宗，刑事拘留36人。

（六）着力工资保障，依法开展欠薪保障工作

根据《深圳经济特区欠薪保障条例》，对企业破产申请被法院依法受理以及企业主要负责人逃匿隐匿的，及时启动欠薪垫付程序，由区人力资源部门依法使用欠薪保障基金向员工有限垫付一定数额工资然后代员工继续追偿欠薪。2017年全市运用市欠薪保障基金垫付欠薪案件93宗，同比下降21%；垫付欠薪金额1524万元，同比下降22%。

四　下一步工作对策及建议

当前，深圳经济社会正处在矛盾多发的特殊发展阶段，劳资矛盾是主要表现形式之一，劳资纠纷形势依然严峻，建议采取积极有效措施，进一步做好劳资纠纷预防化解和处置工作，切实维护劳动者合法权益和社会稳定。

（一）深入开展隐患排查和专项执法检查，依法化解和处置侵权类劳资纠纷

深入开展劳资纠纷风险隐患排查，对劳资纠纷隐患做到早发现、早处置、早报告，把矛盾化解在萌芽状态。对排查出来的隐患，落实调处责任部门、责任人员和工作措施，及时就地化解。各级各部门定期联合组织开展整顿人力资源市场秩序、高温天气劳动保护、劳务派遣用工、工资支付等专项治理行动，集中力量重拳打击违法行为。针对岁末年初劳资纠纷高发现象，在元旦、春节期间，联合开展全市性欠薪治理行动，加大对欠薪违法

行为和拒不支付劳动报酬犯罪行为的打击力度，依法联合处置劳资纠纷群体性事件。

（二）健全劳资纠纷预防化解和处置工作机制，强化基层预防化解和部门联动处置工作

建立多元化、立体化劳动争议调解机制，进一步发挥基层综治信访维稳工作平台作用，统筹整合基层街道劳动保障、司法行政、人民法庭的调解资源和力量，统一受理和调处劳资纠纷，促进劳资双方加强沟通、平等协商，及时化解矛盾和冲突。推进仲裁办案规范化建设、仲裁队伍专业化建设和仲裁服务信息化建设，大力提升劳动争议处理效能。加强部门协调联动，依据劳资纠纷风险预警、群体性劳资纠纷处置、打击恶意欠薪等重点工作的需要，建立相关部门联席会议制度，加强工作统筹协调及联动衔接，形成遏制劳动违法行为和处置群体性突发事件的合力。

（三）完善应急处置分类预案，分类处置劳资纠纷事件，进一步提升处置工作效能

创新工作思路，研究劳资纠纷发生时间节点、行为性质、激烈程度，进一步完善应急处置分类预案，在依法依规的前提下，根据影响企业生产经营秩序和影响社会稳定的程度，分类处置劳资纠纷。处置过程中，对企业的违法行为依法查处，对员工合理诉求积极引导协商解决，对严重扰乱公共秩序的违法行为依法惩戒。

（四）加强对新型劳资纠纷问题的研究，提高新型劳资纠纷群体性事件的处置能力和水平

结合实际工作，就经济补偿金、新业态用工、劳动者超出法律基准诉求等问题展开专题调研，及时探索研究解决方法，提高新型劳资纠纷群体性事件的处置能力和水平，力求化解处置工作及时、有序、有效，切实维护劳动者合法权益和社会稳定。

（五）进一步完善劳动法律法规，使劳动关系协调和处理有法可依

对现行劳动法律法规体系进行评估，对解除、终止劳动关系的经济补偿金的标准进行必要的修改，平衡劳资双方的利益。通过立法，对劳资双方利益博弈行为予以规范，确保劳资双方在法制框架下进行利益博弈。

B.11

2017～2018年深圳市城市环境品质提升情况及展望

刘文清　黄绍水*

摘　要：　2017年，深圳市城市管理紧紧围绕打造“全国最干净城市”“世界著名花城”目标，大力开展城市环境品质提升，各项工作取得了新成绩，实现了新变化。2018年，将以习近平新时代中国特色社会主义思想为指导，坚持把良好的生态环境作为可持续发展的根本基础，通过市区联动、全民参与，实施一系列环境提升工程，建设美丽深圳，以更加优美的城市环境迎接改革开放40周年。

关键词：　深圳市　城市管理　城市环境

一　2017年深圳城市环境品质提升工作情况

在市委市政府的坚强领导下，深圳市紧紧围绕打造“全国最干净城市”和“世界著名花城”的目标，以迎接党的十九大胜利召开、举办第19届国际植物学大会、创建全国文明城市为契机，大力开展城市环境品质提升，强基础、增优势、补短板、克难题，各项工作都取得了新成绩，彰显了新气象，实现了新跨越。

---

* 刘文清、黄绍水，深圳市城市管理局。

（一）全力打造"全国最干净城市"，市容环境卫生水平进一步提升

在全国首创"街道环境卫生指数测评"。委托第三方专业机构，通过现场测评和居民满意度调查等形式，对全市74个街道的环境卫生整体状况进行科学评价，评价结果按月在媒体上公开发布。把环境卫生评判的话语权交给市民群众，形成层层传导压力、层层压实责任的新机制，撬动基层环境卫生管理破瓶颈、补短板。针对测评结果和反映出的问题，各街道全面落实整改，加大投入力度，环境卫生管理延伸至基层末梢，形成了上下联动、以评促变的良好局面。一年来，全市环境卫生指数从72.3上升至82.8，居民满意度从65.6上升至72.8，原特区内外环境卫生水平差距不断缩小。

生活垃圾强制分类迈出坚实步伐。在全市全面推行生活垃圾强制分类制度，率先发布了国内首张《家庭生活垃圾分类投放指引》，得到中央媒体、业界的广泛关注和认可，为全国大中城市的垃圾分类探索了可操作的路径。全市有物业管理的住宅小区、城中村全部完成生活垃圾分类设施设置，玻金塑纸、大件垃圾、有害垃圾、废旧织物、年花年橘、绿化垃圾、果蔬垃圾、餐厨垃圾等八大类垃圾的分类投放、分类收集、分类运输、分类处理体系初步建成。宣传引导卓有成效，公益组织广泛参与，执法检查强力推动，市民群众垃圾分类意识不断增强，主动参与垃圾分类的人数越来越多，"光盘行动""资源回收日"等活动成为深圳市有影响力的生活垃圾分类品牌活动。

"厕所革命"全面启动。出台了《深圳市"厕所革命"三年行动计划（2017～2019）》，创新开展全市公共厕所环境指数测评，综合反映15类行业公厕建设管理水平，以评促建、以评促改，掀起全市"厕所革命"热潮。2017年，高标准打造了15座标杆公厕，新建25座街头小型公厕，完成了329座公厕升级改造，全市138座市政公园公厕改造正在全力推进，仙湖植物园12座新型公厕"一厕一景观、处处见品质"，人大代表、政协委员和市民群众纷纷点赞。

垃圾处理设施建设和提标改造稳步推进。东部环保电厂、老虎坑垃圾焚烧发电厂三期、妈湾城市能源生态园建设进展顺利。盐田垃圾焚烧厂提标改造如期完成，烟气排放指标优于欧盟标准，成为集垃圾焚烧处理、垃圾分类科普教育、市民休闲娱乐等功能于一体的环境友好型设施。南山垃圾焚烧厂、宝安垃圾焚烧厂一期二期完成烟气处理提标改造。下坪填埋场完成渗滤液处理一厂、二厂建设提升。同时，完成114座垃圾转运站升级改造，更新垃圾桶5.7万个，全市垃圾处理基础设施进一步完善。

"关爱环卫工人"热潮持续。出台了《关于进一步改善环卫工人待遇的实施细则》，保障环卫工人福利待遇及权益。联合美丽深圳公益基金会等社会组织开展阳光行动、春雨行动，向全市4.4万名一线环卫工人发放节日慰问金、慰问品合计1233万元，为环卫工子女发放奖学金、助学金135万元。设立"城市美容师"光荣榜，给全市工作年限累计超过20年的581位一线环卫工人发放慰问金116.2万元。发动4000余名志愿者在"环卫工人节"当天开展"爱心替岗"活动。各区也积极开展丰富多彩的关爱活动达100多场次。在市、区、街三级的共同努力下，全市形成了尊重环卫工人、关心环卫工作的浓厚氛围。

爱卫工作走在全省前列。全年开展爱国卫生统一行动520次，广泛动员各行业对辖区"脏乱差"进行清理整治。截至目前，全市共完成创建"市卫生村"370个、"省卫生村"286个，建设健康细胞试点120个，"四害"密度始终控制在国家标准以内，全年没有爆发与病媒生物有关的疫情，尤其是登革热疫情防控成效显著，受到省政府重点表扬。

（二）全力打造"世界著名花城"，绿化、公园品质标准进一步提升

完善了城市绿化发展的顶层设计。联合规划部门编制发布了《深圳市城市绿地系统规划修编（2014～2030）》，确立了未来全市城市绿化建设的空间基础。制定了《深圳市特色公园建设专项规划指引》，编制了《打造

“世界著名花城”策略研究》《深圳市打造“世界著名花城”三年行动计划(2017~2019)》，通过营造花景观、提升花产业、培育花市场、传播花文化等一系列工作，打造世界级的花城景观。不断完善园林标准体系，陆续编制了园林绿化“深圳标准”系列，为全市绿化品质建设提供技术和标准支撑。

道路绿化呈现新景观。以大尺度的花木种植、高标准的景观设计，不断增强绿化层次和色彩。一年来，全市完成20条花卉景观大道、74个花漾街区、151个街心花园建设，新增立体绿化40万平方米，实施了滨海滨河、深南大道、市民广场等8个路段节点、16个城市门户地区的绿化品质提升，打造了南山登良路、龙华观天路、光明光侨路、蛇口渔街花漾街区、龙岗天安云谷花漾街区、南山文心广场街心花园和福田兴融社区街心花园等一批精品项目。加强绿化精细化管理，建成了覆盖全市的绿化精细化管理信息平台，全市共治理行道树穴14.3万个、绿带48公里、黄土裸露26万平方米，在各类绿地和行道树悬挂二维码植物铭牌11万块。

公园建设取得显著成效。全力加快特色主题公园建设，香蜜公园、人才公园和深圳湾休闲带西延段等精品公园建成开园，受到了市民群众的广泛好评。西湾红树林公园等一批海绵型公园绿地建设成果获得住建部的肯定。深圳百花园、武艺公园等5个特色主题公园完成立项。全年新建改造各类公园59个，全市公园总数达942个。成功举办人民公园月季花展、园博园茶花展、洪湖公园荷花展、莲花山公园簕杜鹃花展，开展公园文化周系列活动，在全市大型市政公园建成多个具有影响力、大尺度的花雕、绿雕、花境等项目，公园品质得到显著提升。圆满完成2017年香港花卉展览等三大花卉园林展览布展工作，在银川花博会上取得了组织金奖、室内展园金奖和室外景园特别奖3项优异成绩，充分展现了深圳市园林绿化建设成果和开拓创新的精神风貌。

国家森林城市创建稳步推进。完成森林抚育2万亩，清除薇甘菊5.8万亩，建成森林远足径200公里，建成4个森林小镇，其中盐田区梅沙街道入围“全国最美森林小镇100例”。华侨城湿地公园获批国家级湿地公园试点，中国红树林博物馆获批与国家林业局共建，已完成展览内容大纲编写。4600多公顷的森林质量精准提升工程完成立项申报。举办深圳森林音乐会、梧桐山登高节等活动，广泛宣传国家森林城市创建工作。“创森”的40项评价指标已有30项达标，“创森”工作进入全面冲刺阶段。

林业生态保护全面加强。市城管局增设了林业专职机构，进一步充实了林业管理力量。积极承接省下放林业用地审批，制定了《深圳市建设项目使用林地审核审批会审制度（试行）》，对每一宗建设项目使用林地申请进行严格审查，确保依法使用林地。加大林地执法力度，全年共立案89宗，罚款318万元，恢复林地9.16公顷。加强生态修复，深圳湾滨海红树林修复工程、内伶仃岛整治修复及保护工程全面完工，深圳湾候鸟种类和数量大幅增加。加强野生动植物保护，完成全市野生植物资源调查，救护野生动物4500多只，积极推广观鸟、认昆虫、赏野花等自然保育宣传工作，全年组织活动800多次，服务市民3万多人次。狠抓森林防火，全市10个区专业森林消防队伍全部组建完成，全年森林火灾受害率仅为0.02‰，远低于1‰的控制指标，确保了深圳市森林生态安全。

成功举办第19届国际植物学大会。第19届国际植物学大会是大会百年历史上首次在发展中国家举办。在市委市政府的高度重视和全市各有关单位的积极支持配合下，科学议程、会务组织、嘉宾接待、环境提升等方面工作细致完善，大会取得圆满成功。国家主席习近平发来贺信、国务院总理李克强作出批示。大会以“绿色创造未来”为主题，倡导人类关心植物、关注未来，共有来自全球77个国家6800多名专家、学者参会。大会发布了《植物科学深圳宣言》，永久设立了深圳国际植物科学奖，建立了首座大会纪念园，吸引了一批国际组织、科研机构和重大项目落户深圳，创造了会议规模最大、参会人数最多、交流成果最丰富等多项之最。市、区城管部门还以办会为契机，推进了120个市容环境提升项目，向全世界展示了美丽深圳建设成就。特别是仙湖植物园，作为大会的重要场地，对标国际一流、全面提升，园区环境发生了根本性变化，得到国内外专家学者的一致好评。

（三）全面整治市容痼疾难题，城市环境安全整洁水平进一步提升

执法效能全面提升。围绕中心工作和重点任务，组织全市城管执法力量集中开展“双治”百日行动、“六乱一超”、垃圾偷排撒漏、夜间烧烤等整治行动，共清理乱摆卖59万宗，清理“三乱”189万处，拆除伸缩雨棚3.5万余顶，处罚垃圾偷排撒漏7225宗，占道经营等市容环境乱象得到有效遏制。围绕公共安全领域的热点难点问题，联合住建、教育、市场监管、公安等多部门，开展黑煤气“断源”、打击非法屠宰和“地沟油”、清拆乱搭建、文明养犬等联合执法行动，回应民生关切，维护城市公共安全。特别是开展了校园周边乱摆卖整治行动，在全市610所中小学校和幼儿园200米范围内划定严管区，建立“协同共治”长效机制，受到了社会各界的称赞。

城市管理短板治理扎实推进。按照市委市政府部署，从2017年8月开始，牵头对非法午托、共享单车乱停放、农贸市场脏乱差等十项城市管理短板问题进行攻坚治理。在市、区、街各级城管部门的全力推进下，攻坚行动任务全部完成。共查处非法办学及校外午托机构668宗，督促教育部门新增59所公办学校校内午休服务；清理违规共享单车86万车次，完成8000个自行车停放区设置；督促2367家餐饮企业完成油烟污染治理；广泛开展了农贸市场及周边环境脏乱差专项整治，实现了“百日见成效、年底大提升”的目标。

城中村综合治理迈出新步伐。截至2017年底，已全面完成1836个城中村的“净化”整治，创建了247个整治“达标村”、140个“示范村”，城中村环境卫生水平显著好转。在此基础上，按照市政府部署，牵头全市各相关部门对当前城中村的现状、问题进行全面梳理，结合城市更新、住房保障等新要求，制定出台了《深圳市“城中村”综合治理行动计划（2018～2020年）》，将从环境卫生、社会治安、消防安全等十个方面开展新一轮城中村综合治理，努力把全市城中村建设成幸福家园。

城市家具和立面整治取得新进展。全力推进建筑立面清洗刷新，全年共

完成59条主要道路（段）建筑外立面清洗刷新，清洗刷新面积215万平方米，全市重点路段楼宇建筑立面焕然一新。全力推进城市家具整治，共拆除各类非法设置户外广告22.5万块，取缔违法设置报刊亭242个，完成交通护栏刷新30公里，刷新人行天桥90座、各类设备箱体12000多个、灯杆5.9万座，拆除废弃电话亭2311个，城市街面、公共空间更加整洁、规范、有序。

城市景观照明水平持续提升。出台了《深圳市城市照明专项规划》，明确了深圳市灯光夜景的发展策略、总体格局和各区规划定位。制定了《深圳市景观照明行动计划》，以2018年春节和2018年8月26日两个时间为节点，对全市景观照明提升工作进行整体安排，全力打造“国内领先、国际一流”的城市灯光夜景。目前，春节前76座桥梁灯光景观提升、109条道路迎春灯笼布置等448个单体项目即将全部完成，“8·26”各项工程项目也已全面启动。同时，加强道路照明维护，全年整治有路无灯道路1100条，安装路灯1.38万盏，道路照明水平进一步提升。

（四）全面落实创新发展理念，城市管理工作效能进一步提升

城管执法改革正式启动。认真贯彻落实中央、省改革部署，会同市编办、法制办积极推进深圳市城市管理和综合执法体制改革工作，出台了《中共深圳市委、深圳市人民政府关于深入推进城市执法体制改革改进城市管理工作的实施意见》。在全市城管执法系统开展了“强基础、转作风、树形象”活动，对全体执法人员进行轮训，对执法车辆、办公场所标识、协管员制服等进行了统一规范，完成全市城管执法统一换装，全面推进综合执法全过程记录制度，树立严格、文明、理性城管执法新形象。

城管执法工作模式创新发展。全面推行“律师驻队”工作机制，74个街道“律师驻队”覆盖率达100%，暴力抗法事件下降45.7%，这一创新做法得到国家司法部、住建部的充分肯定，并联合发文在全国推广。创新城管执法勤务模式，建立市容动态巡查管控机制。以街道为单位组

建市容巡查队伍，统一配备制服，统一巡查标识，建立片区包干、岗前训示、岗后归整等队伍管理规程，下沉社区开展24小时市容动态巡查，实现辖区巡查全覆盖和实时动态监管，为市容环境管理打下了坚实的基础。

“行走深圳”成为工作品牌。全市城管大力推行“行走深圳”一线工作法，走出文山会海，走向基层一线，直面市容环境脏乱差问题。各级城管队伍将工作重心、巡查重心、执法重心下沉至基层一线，以绣花之功酿造城市。各区、各街道主要领导带头行走，亲力亲为，在全市凝聚成了一股强大的行走力量。对行走中发现的问题，不推诿、不护短、不遮丑，立行立改，马上就办，主动作为，形成了良好的工作作风。一年来，“行走深圳”常态化，解决了大量市容环境问题，特别是乱挂伸缩雨棚、占道经营、乱设广告招牌等一批“老大难”问题得到全面治理，市容环境面貌发生了翻天覆地的变化，产生了广泛的社会影响。

“智慧城管”建设步伐加快。目前，已完成项目立项和可行性研究报告编制。其中，城管综合执法指挥调度平台已在龙华、南山、盐田进行技术试点，将运用“一张图”实现对全市城管执法队伍的统一指挥、统一调度。数字城管功能不断完善，全面加强信息采集监管，对采集员的在岗情况、巡查工作进行实时动态管控，杜绝队伍空巡、空转，使信息采集员真正成为城市管理的“千里眼、顺风耳”。全市数字化城管系统受理城管案件176万余宗，同比增长22.63%，整体结案率达99.3%。全面推广新型市容环境责任制，层层压实作业单位履约责任、红线业主主体责任、基层辖区监管责任，目前，“优优城管”可视化电子地图系统已覆盖74个街道、1926个监管单位、7922个维护单位，有效提升了问题处置效率。

“美丽深圳”文明广泛传播。打造了“美丽深圳”志愿者行动、“美丽深圳”文明使者成长计划、“垃圾不落地深圳更美丽”文明行动、“美丽深圳”公众互动平台、社会监督员“走进城管”等一系列公众参与品牌活动，城市管理公众参与度进一步提升。全年共组织各类文明倡导活动1500多场，

“美丽深圳”志愿者总数达1686人，“美丽深圳”文明使者达7万人，“美丽深圳”公众互动平台粉丝量达28万人，日均上报案件达1200多宗。积极做好公众宣传，通过报纸策划、电视专栏、户外宣传、“双微”新媒体等多种形式，宣传城市管理工作特色亮点，全年在媒体组织报道6000余次，制作播出《城管在身边》《城管在线》140期，形成了多维度、立体化的城管宣传态势，展示了全市城管的新面貌。

在取得新成绩的同时，深圳市城管工作与国际国内先进城市相比还有差距。一是精细化管理程度不高，工作总体上还比较粗放，环卫、绿化、灯光等都存在管理标准不高问题，一些城中村、背街小巷、集贸市场脏乱差问题还比较突出。二是垃圾处理能力严重不足，垃圾处理设施长期处于超负荷运行状态，面临较大环境风险。三是城管执法问题仍然比较突出，执法力量不足，执法管理滞后，还不能很好地满足城市管理法治化要求。四是林业管理力量还比较薄弱，市、区林业管理体制不顺，仍然存在林业监管不到位等问题。五是生活垃圾分类工作推进力度总体不够，市民参与度不高，强制分类的措施还未能真正落地。六是智慧城管建设还相对滞后，与现代城市管理要求还不相适应。

二 2018年深圳城市环境品质提升工作展望

2018年，深圳市政府工作报告中明确提出，要坚持把良好的生态环境作为可持续发展的基础，牢固树立绿水青山就是金山银山的理念，高标准优化城市规划，高品质加强环境建设，推动城市净化、绿化、美化、亮化，大力治理“大城市病”，努力打造美丽中国的深圳样本，实现更高质量、更有效率、更加公平、更可持续发展。

深圳城管将牢记使命，勇当尖兵，以习近平新时代中国特色社会主义思想为指导，坚持把良好的生态环境作为可持续发展的基础，按照打造“全国最干净城市”和“世界著名花城”的目标，通过市区联动、全民参与，实施一系列环境提升工程，建设美丽深圳，以更加优美的城市环境迎接改革开放40周年。做到“四个聚焦”：一是聚焦净化提升，认真落实打造“全国最干净城市”三年行动计划，让城市越来越干净；二是聚焦绿化提升，认真落实打造“世界著名花城”三年行动计划，让公园越来越有品质、绿化越来越有品位；三是聚焦美化提升，认真落实城市环境品质提升任务，让城市越来越美；四是聚焦亮化提升，认真落实灯光环境规划和建设行动计划，实现亮化提标，让城市灯光夜景更加迷人。做到“四个强化”：一是强化品质第一，城市管理所有的项目、工程都按照精品、样板和亮点来打造；二是强化规范标准，注重运用法规制度标准管理城市，推动城市管理向精细化、智慧化转型；三是强化问题导向，全力解决影响城市环境品质的短板问题；四是强化责任落实，把压实责任作为工作落实的重要抓手，在抓落实中出成果、见实效。

2018年，全市城市管理重点组织开展好以下“八项行动”。

（一）组织开展好城市环境品质提升行动

一是打造“世界著名花城”行动。在春节、8月26日和国庆的3个时间节点内，高质量地完成各项绿化品质提升工作，每个区至少完成2条“花景大道”，每个街道至少建成1个花漾街区和2个街心花园。同时，全面梳理城市绿化短板，推进城市主干道和主要进出口景观创建，开展深南大道品质提升设计方案国际竞赛，完成全市主要道路45座桥梁绿化景观提升，新增立体绿化40万平方米，努力实现“城市在花园中、花园在城市中”。加快特色主题公园建设，2018年全市要新建提升各类公园60个以上，重点推进深圳百花园、竹文化公园、前海紫荆园等特色主题公园建设。实施莲花山公园、深圳湾公园等8个大型市政公园品质提升，全面提升公园服务功能，让全市公园更具文化内涵，凸显城市特质。

二是立面整治行动。深入开展建筑外立面清洗刷新，2018年集中推进100条主次干道（段）两侧沿街建筑立面的清洗刷新，并逐步向支路延伸、向非临街建筑立面延伸。进一步加大户外广告整治力度，严格按照有关规定和设置指引进行审批，严格把关、严格控制，尤其是二楼以上的户外广告审批，2018年上半年全面完成违法广告拆除。出台《深圳市店面招牌品质提升设置指引》，各区按照指引分别打造1条户外广告品质化设置示范街区，同时全面启动户外广告设置详细规划编制工作，推动户外广告长效管理。

三是景观照明提升行动。对标国际先进城市和地区，加强城市夜景的整体设计，打造独具特色的灯光风景线。重点包括完成深南大道、滨河滨海、北环大道3条流光溢彩的灯光长廊建设；对罗湖、福田、后海等4个核心区域灯光夜景进行重点打造，提升其他各区（新区）的中心城区、街道中心城区的景观照明建设水平；在全市繁华商业区推广一体化视觉系统建设，对全市人行天桥、人行通道、广场绿地等公共空间的夜间景观进行艺术化改造。同时，推动新建楼宇景观照明与建筑主体同时设计、同时施工、同时投入使用，出台《深圳市城市照明管理办法》，实现城市灯光夜景的持续发展。

四是道路品质提升行动。进一步规范报刊亭、早餐车、平价售卖车等经营性家具的管理。对报刊亭，严格按审批位置进行设置，坚决取缔违法设置及违规经营报刊亭；对早餐车，联合食药监部门做好登记管理，推动2~3家早餐连锁企业率先实现规范登记、规范经营；平价售卖车在2018年9月底前全部退出市场。同时，进一步加大城市家具刷新力度，2018年完成全市市政道路及周边区域各类箱体刷新和废弃电话亭、邮筒的拆除工作。

五是“厕所革命”行动。按照“厕所革命”三年行动计划的目标要求，全面实行短板公厕整改清单制和整改销号制，2018年完成新建街头特色公厕100座，升级改造各类公厕1000座以上。其中，市政公厕、公园公厕的升级改造任务年底前全部完成，其他社会公厕的升级改造按照项目化的方式列出清单和时间表，强力推进，全面提升深圳市公厕管理服务水平，补齐影响群众生活品质和城市环境的短板。

六是城中村综合治理行动。组织实施《深圳市“城中村”综合治理行动计划（2018～2020年）》，牵头住建、公安、消防等部门，对全市1600多个城中村实施安全、燃气、管线、市容、雨污等10个方面的治理，2018年完成600个以上综合治理任务。制定完善治理标准体系，推动物业管理进村和整租改造运营，搭建城中村综合管理服务平台，提高治理效率和民生服务质量，让广大市民拥有更多获得感。

（二）组织开展好生活垃圾强制分类推进行动

2018年，着重从四个方面开展工作，加快形成可复制、可推广的生活垃圾强制分类“深圳模式”。一是围绕“减量”，完善大件垃圾、餐厨垃圾等8大分流分类收运处理体系，开展快递包装回收试点，从源头上减少排放，促进资源循环利用，做好减量文章；二是围绕“文明”，广泛开展宣传教育，各区分别建立1个科普教育基地，把垃圾分类转化为市民的文明习惯，提升全民参与水平；三是围绕“强制”，加快推进垃圾强制分类立法，通过执法引导，明确政府各部门、物业服务企业、收运处理企业、居民个人以及生产、流通、消费各环节主体的分类责任，以法制保障垃圾分类工作的有序运行；四是围绕“标准”，健全垃圾分类模式、方法、技术、考核等标准体系，2018年实现所有物业管理小区和机关企事业单位生活垃圾分类全覆盖。

（三）组织开展好创建国家森林城市冲刺行动

对照国家森林城市40项考核指标，统筹各区各部门打好创建冲刺攻坚战，在2018年完成国家森林城市创建工作。实施森林质量精准提升工程，完成794公顷林相改造、1962公顷中幼林抚育，薇甘菊面积下降到300公顷左右。实施生态系统保护和修复，修复建设39公里河流带状森林，新增光明、石岩街道等2个森林小镇，启动中国红树林博物馆建设。全面加强“创森”公众宣传，组织开展各类特色主题宣传活动，确保全市“创森”知晓率达95%以上。同时，以创建国家森林城市为契机，进一步理顺市、区、街三级林业管理体制，完善区、街林业管理机构，推进林业执法改革，全面加强森林生态资源保护和管理。

（四）组织开展好垃圾处理设施建设攻坚行动

2018年，东部环保电厂、宝安老虎坑垃圾焚烧厂三期、南山妈湾城市能源生态园实现主体工程建设全面完成，盐田餐厨垃圾处理厂基本建成。深入推进垃圾密闭化收运治理，2018年完成300座以上的垃圾转运站升级改造，进一步规范垃圾站点、垃圾桶点管理，推广机械化收运，淘汰手推车等落后机具，消除垃圾收运过程中的二次污染。同时，进一步加强垃圾处理设施运营监管，科学统筹协调全市垃圾处理，强化垃圾填埋场渗滤液处理处置，消除环境风险，确保城市环境安全。

（五）组织开展好城管综合执法改革深化行动

全力推动城管综合执法体制改革落地。形成全市统一的执法体制模式，出台深圳市城管执法机构、编制配置和职能调整的具体方案，构建权责明晰、服务为先、管理规范、执法严明的城市管理执法体系；建立全市统一的指挥勤务体系，完成城管执法市、区、街统一指挥平台建设，实现点对点、扁平化、可视化指挥；建立全市统一的网上办案体系，全面推行网上办案，杜绝网外办案、不上网办案的现象；建立全市统一的人员管理体系，将全市执法人员、协管员、市容巡查员纳入统一管理平台，统一培训、统一考核监督；建立全市统一的执法监督体系，健全执法管理和执法监督考核评价制度，开通城管执法队容风纪、违法违纪统一受理电话和微信举报平台，正风肃纪，一查到底，严格队伍管理。

（六）组织开展好智慧城管建设行动

按照打造一流智慧城市的统一规划，积极推动智慧城管项目先行先试。加快项目初步设计、概算编制等前期工作，2018年实现一期公共平台建设全面开工，并重点推进智慧城管指挥中心建设，建立一套感知、分析、服务、指挥、监察“五位一体”的城管指挥运行体系，对城市管理态势进行实时分析和预警，及时发现问题、解决问题。组织指导各区积极推进智慧城管建设，对现有数字城管平台进行升级改造，与市级指挥中心平台进行对接，实现全市城市管理的科学部署、智能指挥、及时调度。同时，继续提升数字城管平台功能，进一步整合环卫、绿化、灯光、执法等城市管理行业数据，完善推广“优优城管”APP终端应用，全面落实服务企业、红线业主等主体责任，打通案件处置最后“一公里”，提升为民服务水平和效率。

（七）组织开展好“美丽深圳”公众参与推广行动

不断适应城市管理治理现代化要求，围绕“美丽深圳”品牌，拓展志愿者、社会组织、企业家、市民公众等社会主体参与城市管理的广度和深度。进一步壮大“美丽深圳”志愿者队伍，组织开展清山净滩、垃圾分类、文明养犬等志愿活动，形成常态化志愿服务机制。特别是在深圳马拉松、“百公里”徒步走等全市大型户外活动中，提前介入、提前策划，大力传播“城市因您而美”“垃圾不落地　深圳更美丽”等文明理念。不断扩大“美丽深圳”公众互动服务平台的影响力，增加公园停车等便民功能，力争粉丝量达40万人，日均爆料案件数超过3000宗。进一步加强与人大代表、政协委员的沟通联系，发展壮大城管社会监督员队伍。定期组织公众开放日、主题体验日等活动，引导社会公众有序参与城市管理。

（八）组织开展好深入一线“行走深圳”行动

认真总结“行走深圳”经验，巩固“行走深圳”工作成效，建立完善“行走深圳”长效机制，将行走制度化、规范化。通过行走持续深入发现解决城市管理突出问题，攻坚克难、铁腕治疴。通过行走厘清责任主体，压实管理责任，强化精细管理，将城市的每一个细胞置于精细管理之中。通过行走改进工作作风和工作方式，及时回应市民的诉求和关切，激发城市管理治理的创新活力。

B.12

2017 ~2018年深圳市社区治理发展报告

深圳市民政局社区建设和区划处*

摘　要： 2017年，深圳市民政局紧扣“构建党委领导、政府负责、社会协同、公众参与、法治保障的基层治理新格局”的目标任务，在健全完善社区治理体系、提升社区治理水平、加强社区治理基础工作等方面采取了一系列新举措，取得了显著成效。2018年，将以习近平新时代中国特色社会主义思想和党的十九大精神为指引，坚持问题导向，从政策创制、管理体制改革、共建共治共享、服务水平提升、信息化等多维度加大力度、攻坚克难、开拓创新，全面推动深圳市社区治理工作实现新发展。

关键词： 社区治理　共建共治共享　信息化

2017年，深圳市民政局认真贯彻党的十九大和习近平总书记对社区治理提出的系列工作部署，以及省、市关于加强和创新社会治理的工作要求，充分发挥党组织在社区治理中的领导核心作用，以推动和改进社区共治为方向，坚持“改善社区民生”和“激发社区活力”并举，积极探索加强社区建设的新模式、新举措，初步构建起了党委领导、政府负责、社会协同、公

* 执笔人：钟汉、陈潇胤、刘柱，深圳市民政局。

众参与、法治保障的基层治理新格局，走出了一条符合时代特征、解决实际问题、具有深圳特色的特大城市社区治理新路。

一 2017年深圳社区治理的情况及特点

（一）健全完善社区治理体系

1. 强化制度设计，全面加强基层党委对社区各项工作的领导

一是加强基层管理体制改革。根据市委市政府出台的《深圳市基层管理体制改革指导意见》，着力构建以社区党委为核心，以居委会自治为基础，以社区工作站为政务管理服务平台，社区各类主体共同参与的新机制。二是大力推进党建标准化建设。先后出台《关于推进社区党建标准化建设的意见》《关于推进城市基层党建“标准+”模式的意见》，以五个标准化建设为抓手，明确社区党委在议事决策、资源配置、服务群众、监督管理中的主导地位。三是充分发挥基层党组织的领导核心作用。以社区“两委”换届检验基层党组织战斗力，通过充分发挥街道党工委的“一线指挥部”作用，充分发挥社区党委在换届选举工作中的领导核心作用，于2017年6月份圆满完成社区“两委”换届工作，选举过程平顺有序。四是花大力气大抓基层大抓支部。根据《关于大抓基层大抓支部强化城市基层党建的若干措施》，加强社区服务型党组织建设，着力提升服务水平，并在园区、商务楼宇、商圈市场、行业协会商会、国有企业、机关、高校等领域推行党建标准化建设，确保所有领域党建工作规范化。

2. 强化基层政权组织建设，充分发挥其在社区治理中的主导作用

一是厘清基层政府与基层各类组织的权责边界。根据《深圳市基层管理体制改革指导意见》的有关文件精神，对街道办事处、社区党委、居委会、工作站的职责分工和相互关系做出明确定位。同时，实行政府职能部门职责下沉准入制度，确需街道承担的新增事项，须由区级党委政府严格审核把关，并做到权随事转、人随事转、费随事转，人财物同步下放，确保权责

对等。二是编制权责清单，进一步“强区放权”。完善行政权责清单管理体系，认真理顺市、区层级的行政审批、行政服务等事项。全市（包括区级）各职能部门的权责清单全部在网上公布，便利群众在线查阅和网上办理业务。

3. 规范基层群众性自治组织建设，增强社区治理、社区协商工作活力

一是加强居委会建设，不断扩大居民参与基层自治渠道。2017 年第八届居委会换届基层民主参选率提高 7%，社区居民主动参与基层民主自治的热情进一步提高。新一届居委会班子成员 5363 人，总体素质较高。其中，大专及以上学历占比 90.2%，比上届大幅提升 13.2%；女性占比 42.5%。二是引导非户籍居民融入社区，积极参与社区治理。全力贯彻广东省关于开展非户籍常住居民及党员参选社区“两委”选举试点工作要求，全市纳入试点的社区 492 个，选出非户籍“两委”成员 532 人。三是强力推进政经分开。341 个“村改居”政经分开，实行社区书记与董事长分设。同时，财政每年给每个社区 200 万元，由社区党委统筹安排和使用，为社区服务群众提供有力的经费保障，使社区“两委”更好地回归社会治理、服务群众的职能。

4. 整合资源，推动社会力量协同参与社区治理

通过加强政策、财政资金支持，积极推进社区平台建设，助力社区、社会组织、社会工作“三社联动”。一是明确“三社”职责，厘清联动关系。通过探索实践，逐步认识到基层党组织是“三社联动”的领导者，把握“三社联动”的发展方向；社区是“三社联动”的平台，社会组织是“三社联动”的载体，社会工作者是“三社联动”的人才支撑。二是推动两个转变，增强联动内生动力。政府层面，着力推动从“管理”到“服务”的新转变。加强基层管理体制改革，推动社区党建标准化，进一步规范社区工作体制机制。社会层面，着力推动群众事务“为民作主”到“由民作主”转变。结合居民议事会、“民生微实事”等，有序吸引、吸纳更多社区的“能人”、“贤达”以及热心居民等参与社区协商治理。三是畅通“四联”机制，发挥联动效用。信息联通，建立深圳社区家园网及其子网站覆盖全市各社

区，各区各街道依托其建立信息收集、反馈、调处工作链；组织联建，以社区党群服务中心为平台，通过政府购买，提供非行政化社区服务，并服务、孵化和管理社区社会组织，促进社会救助、社会福利、未成年人保护等政策的落实。服务联办，组建深圳社区志愿总队，在社区党群服务中心成立正式的社区志愿者组织，逾5.5万名社区志愿者在总队的管理下开展各类志愿服务，进一步健全社工义工服务联动模式。问题联治，以区域化党建为引领，依托社区联席会议，针对社区群众的“急难愁”问题，统合社工、心理咨询、医护等各类专业队伍，运用专业方法，联动治理，综合解决。

（二）不断提升社区治理水平

1. 做实社区居民议事会，有效调动社区居民参与社区治理

在充分发挥基层党组织领导核心作用和居民委员会自治主体作用的同时，着力做实社区居民议事会，让居民议事会真正成为居民参与社区协商的最主要平台。广泛从社区党组织、居委会、工作站、业委会、物业管理公司、驻社区单位、社区社会组织、居民或居民代表、社区民警、外来建设者、辖区企业等单位推选产生议事会成员，最大限度地涵盖社区各类人群。将社区“民生微实事”项目的征集、确定、实施、监督等居民关注度高的事项纳入议事会议事内容，提高社区居民参与的兴趣。在全市推广罗湖区本土化的“罗伯特议事规则”——“罗湖十条”，从议题的提出、讨论、表决等各个环节到参会代表发言顺序、发言时间限定、须注意事项等，都做了详尽细致的规定，确保议事规范、高效。

2. 多措并举推广实施“民生微实事”，持续提升民生质量

通过深入全市各区（新区）、部分街道、社区实地了解“民生微实事”工作开展情况，结合调研、抽检情况，研究并形成《规范提升“民生微实事”工作对策建议调研报告》，提供决策参考信息。会同市委组织部、市财委研究制定《深圳市社区“民生微实事”实施工作规程》，进一步规范和加强社区“民生微实事”实施工作，夯实社区党委领导核心作用，充分发挥居委会自治作用，引导社区多元主体积极参与社区治理。成功举办“民生

微实事”半年总结交流座谈会。认真审核各区（新区）2016 年“民生微实事”项目经费申报。完成 100 个市级“民生微实事”服务类项目库实施情况的检查工作，将其中 15 个推广效果差的项目予以出库处理；完成第四批市级项目的征集和入库工作，进一步提升项目库质量。目前，全市市级“民生微实事”服务类项目库共计 100 个项目。此外，对全市 9 个区（新区）65 个街道 607 个社区的 607 个“民生微实事”项目进行了抽检，出具了抽检报告，并将相关抽检情况转相应区（新区），推动“民生微实事”的规范实施。2017 年，全市共实施“民生微实事”项目 12372 件，其中，工程类项目共实施 2931 件，服务类项目共实施 8408 件，货物类项目共实施 1033 件，全市投入财政资金共 12. 98 亿元。实施一件件居民关心的工程类、货物类、服务类项目，不仅改善了社区软硬件环境，丰富了社区居民文化生活，增进了居民幸福感和获得感，而且其以居民需求为导向，“居民点菜、政府买单”的运作模式为加强党的领导，实现政府治理、社会调节、居民自治良性互动，落实依法开展基层民主自治建设等进行了新的探索，初步形成了深圳市在创新社区治理上的新亮点和新特色。

3. 社区党群服务中心实现新定位，不断提升社区公共服务能力和水平

按照中共深圳市委基层治理领导小组《关于推进社区党群服务中心建设的实施意见》要求，社区党群服务中心依照开放、集约、共享原则，全面整合各级各部门在社区设置的各类机构、牌子、平台、工作力量和阵地资源等，集中提供一站式、综合性、多功能的社区公共服务，把现有的党群服务中心建设成为党和政府在社区基层的执政阵地。建设全市统一的党群服务中心信息系统，作为社区党群服务中心的一站式网上信息平台。将全市统一的“一门式一网式”政务服务综合受理系统、社区组织运作管理系统、生活服务各类便民服务系统等与党群服务中心信息系统对接，为社区居民提供政务服务、基层组织运作服务、生产生活服务等各项内容。通过公开招标，委托第三方机构完成 422 家社区党群服务中心政府购买项目的市级评估工作。以“线上线下”相结合的方式，组织培训全市社区党群服务中心政府购买项目的行政辅助人员，进一步提高他们的综合素质和履职能力。截至 2017 年

底，全市已建成社区党群服务中心政府购买项目672个，实现全覆盖。

4. 以社区邻里节为依托，鼓励社区居民共同参与，促进社区邻里融合，培育社区文化

圆满举办深圳市第十一届社区邻里节活动，市领导等为社区邻里节揭幕。本届社区邻里节以“感恩邻里·守望相助”为主题，由盐田区承办市主会场活动，其余9个区（新区）举办分会场活动，全市各社区共举办670余场次的邻里节活动，通过开展丰富的、群众喜闻乐见的活动，让互不相识的居民走出了家门，参与到社区各项活动中来，进而彼此熟识，促进融合，让单独的个体在这座陌生的城市中感受到了家的温暖，增进了居民对深圳这座城市的认同感和归属感。

（三）加强社区治理基础工作

1. 加强社区工作队伍建设，提升基层队伍战斗力

一是分级分类开展社区“两委”班子成员全员轮训。市、区、街三级联动，抓好社区“两委”班子成员全员轮训，有针对性地开展非户籍委员培训。二是加大从社区党委书记中招录事业编制的力度。对就业年龄段社区党委书记实行事业岗位、事业待遇，其中连续任职满6年、表现优秀、群众拥护的，经过规定程序可以使用事业编制。同时，加强对后备干部的培养，进一步保障、强化了社区“领头羊”的作用。三是配强社区党群服务中心政府购买项目的专业力量。每个社区党群服务中心政府购买项目建立了以专业社会工作者为骨干的运营团队，原则上配置全职工作人员5名，其中注册社工原则上不少于3名。通过政府购买服务，鼓励配置和发展跨专业的复合型人才，探索形成以专业社工为骨干，社区干部职工、志愿者、康复师、护理师、心理咨询师等多种力量并存的社区服务队伍。

2. 理顺社区家园网管理体制，推动社区家园网改版上线

深圳社区家园网自2017年起由市民政局负责建设及运营维护，进一步理顺了社区家园网的管理体制。为更好地发挥社区家园网在推动社区建设、构建和谐社区中的作用，通过公开招标，委托了第三方单位对社

区家园网进行重新设计改版，并于2017年7月1日上线试运行。新版社区家园网不仅为居民提供及时全面的资讯服务；社区居民还可以通过社区家园网参与社区事务、参加社区活动、办理个人事项、享受公共服务、表达个人诉求等。同时，为推动社区家园网持续规范发展，研究制定相关运营管理指导规则。截至2017年底，全市已经实现了社区家园网的社区全覆盖，在构建和谐社区、创新社区服务和治理方面将发挥越来越重要的作用。

二 社区治理面临的主要问题和不足

习近平总书记多次强调指出："社区虽小，但连着千家万户，做好社区工作十分重要"，"社会治理的重心必须落到城乡社区"。党的十九大报告明确提出要加强和创新社会治理，打造共建共治共享的社会治理格局，提高社会治理社会化、法治化、智能化、专业化水平。党中央、国务院以及民政部、广东省也对加强社区建设、推进社区治理等进行了具体部署。深圳市在社区治理等方面与上述系列要求、标准，与率先建设社会主义现代化先行区的定位还存在差距，主要表现为：制度设计保障方面，新形势下，全市社区治理领域的制度设计及配套文件正在起草，健全社区治理长效机制等方面还大有可为；街道和社区设置方面，虽然街道行政区划优化调整工作有所进展，但街道和社区"小马拉大车"的现状未得到根本性解决，仍需进一步构建与特大型城市发展、社区建设相适应的合理社区空间布局；社区自治方面，社区基层自治组织领域的一些制度滞后于实际工作需要；社区议事协商的制度、模式等方面，从"有"到"优"还存在一定距离；社区服务方面，提供优质高效社区服务的供给主体还有待进一步培育，非行政化供给社区服务还无法满足群众日益增长的美好生活需要，社区服务规范化、精细化的深度不够；社区信息化建设方面，在社区治理融入"互联网+"思维的方法不多、力度不强，运用大数据提高社区治理工作效能方面还做得不够。

三 2018年社区治理工作重点

在全国上下对社区治理愈发重视的时代背景下，将认真贯彻中央、省、市关于加强和创新社会治理的部署要求，进一步完善社区治理体系，深化基层管理体制改革，激发基层社区活力，提升社区服务水平，推动社区治理工作方式的变革创新，实现多元主体共建共治共享，提升社区治理的精细化、现代化水平。

（一）以加强基层社区治理制度设计和政策创制为切入点，进一步完善基层社区治理体系

强化社区党委领导核心地位，发挥居委会自治作用，引导工作站、股份公司、群团组织、社会组织、业委会、物业公司、驻社区单位等各类组织有序参与社区治理。不断加强社区治理能力建设，进一步提高社区居民参与能力、社区服务供给能力、依法办事能力、矛盾预防化解能力、信息化应用能力，实现社区治理多元合力显著增强。根据上级统一部署要求，积极发挥民政部门作用，谋划深圳市贯彻落实上级关于加强和完善城乡社区治理相关意见的政策措施，推动社区治理制度设计工作进一步开展。

（二）以行政区划研究和基层管理体制改革为抓手，进一步提高基层政权组织的管理效能

立足于城市功能定位和空间发展态势，加强行政区划发展研究和管理，结合常住人口、管辖面积、管理任务和行政资源承受能力等因素，加强对深圳市行政区划优化调整工作的研究。提升精细化管理水平，更加合理地确定社区管辖范围和规模，促进居民自治与网格化服务管理有效衔接。严格落实社区减负和社区准入等各项制度，确保基层权责利相统一，不断完善基层治理体系。

（三）以推进社区共建共治为方向，鼓励引导社区多元参与，激发基层社区活力

在统筹协同社会力量方面，积极开展“三社联动”理论性研究与实践，建立以社区为平台、社会组织为载体、社会工作专业人才为支撑的新型社区治理机制。在推进社区自治方面，牢牢把握民法赋予居委会特别法人身份的契机，研究制定深圳市加强和改进社区居委会建设的若干措施，努力增强居委会统筹社区资源的能力。在推进社区协商方面，出台居民议事标准指引，促进基层协商规范化，赋权居民议事会参与“民生微实事”项目等社区重大事项的审议，继续做强做实社区居民议事会，使其成为社区协商最重要的平台。在推进社区居务监督方面，实现社区居务监督委员会的全覆盖，实现居务监督委员会在人员结构、权责事项等方面的优化调整，让社区居民监督真正落到实处。

（四）以人民群众共享发展为目标，不断提升社区服务水平，增强社区居民的获得感和幸福感

一是着力提高社区服务的精细化水平，体现人文关怀，因地施策，解决群众最关心、最直接、最现实、最受益的问题。推动社区服务供给均等化，从社区融合、社区发展、社区共建等方面深度挖掘，丰富社区服务内容，提供家庭式、定制式的社区服务。加强社区服务标准化建设，进一步提高社区服务供给质量。

二是完善修订购买项目的服务标准和内容，进一步凸显社工专业化优势，提升社区服务水平，确保服务的项目更精准对接居民需求。开展“社区融合+”行动，除办好特定节日全市“社区邻里节”活动外，还将推动社区党群服务中心开展一批社区融合活动，并通过引导、鼓励各社区实施一批促进社区融合的“民生微实事”项目，形成点面结合、多元参与的社区融合系列行动，增强居民对社区的归属感和幸福感。

三是大力推动社区“民生微实事”工作，总结近年来“民生微实事”

实施情况，科学评估项目实效，推动出台新一轮实施方案及相关配套政策，完善监督管理机制，充分调动各方合力提升“民生微实事”项目的质量和效益。继续推进“民生微实事”服务类项目库建设，征集吸纳优秀服务类项目入库的同时积极推进项目在社区落地实施。

（五）以强化信息化水平为重要支撑，切实推动社区治理工作方式的变革创新，提高工作效能

研究推动以信息化手段了解民生需求、丰富服务内容、拓展服务渠道、扩大服务范围、提高服务质量，不断满足人民群众日益增长的个性化、多样化需求。用大数据推动社区治理跨越式发展，提升社区治理能力，构建精准治理、多方协作、有效监管的新模式，实现社区治理的智能化、精准化、协同化。将加强社区家园网的建设作为推动社区信息化的主要内容。一方面，进一步研究出台管理制度文件，推动社区家园网形成常态化、长效化的规范运行；另一方面，充分利用“民生微实事”等美誉度高、涉及面广的社区服务项目，通过社区家园网定期组织开展一系列线上线下相结合的活动，吸引更多的社区居民点击参与，进一步提高社区家园网的知晓率。

社团组织

Mass Organizations

B.13

深圳市青少年普法工程实施情况及存在的问题分析

共青团深圳市委员会*

摘　要： 全民普法和全民守法是依法治市的基础，是实现城市治理体系和治理能力现代化的有力保障。青少年作为城市建设发展的主力军，是普法工程的关键环节，关系“全国一流法治城市”建设的成败。为此，团市委创新启动了以“社会组织+”为核心的“青少年普法工程”，直击青少年普法教育薄弱环节，精准提升普法成效，帮助解决基层社会治理顽疾，让城市对青年发展更友好，让青年对城市发展更有为，助力青年发展型城市建设。

关键词： 青少年普法　社会组织　社会治理

---

* 执笔人：边郭晓晴、杨凤仙，共青团深圳市委员会。

一　全市普法工程项目启动原因及情况

（一）青少年普法教育是加快构建法治城市的基础环节

习近平总书记说："青年的价值取向决定了未来整个社会的价值取向。"实现城市治理体系和治理能力现代化的核心是治理法治化，治理法治化离不开成功的普法教育和全民的遵纪守法。深圳作为全国"青春之城"，青少年人口比例超过5成，青少年普法成效直接关系着一流法治城市建设的成败，关系着城市发展未来。

（二）社会组织参与是创新基层社会治理的必要手段

当前，中国政府正由管理型向服务型转变，传统以政府为主导的管理手段已不能满足当前多样化的社会需求，建立全社会共建共享、协同治理的社会治理体系已成为必然趋势。通过引入社会组织，既可以有效减少财政预算，弥补现有服务体系的不足，又可以有效避免社会矛盾激化，推动构建和谐社会。

二　关于青少年普法工程当前存在的问题分析

（一）青少年普法组织架构尚不完善，顶层设计条块分割

近年来，深圳市普法教育顶层设计不断优化，出台了"七五"普法规划及相关配套文件。各部门根据权责划分，结合上级单位的指标要求，按照"谁执法谁普法"原则落实普法任务，未形成有效联动机制。由于缺乏系统化的顶层设计和资源整合，普法教育呈现碎片化、活动式的"一阵风"教育，不仅内容上重叠交叉，更缺少宏观战略设计与中微观行动路线设计，导致青少年普法工作成效不明显。

（二）青少年普法师资队伍严重匮乏，实施路径较为单一

据调查显示，目前深圳市在册的普法讲师团成员仅有50余名（不含学校师资），且多为兼职人员。师资队伍的严重匮乏，导致普法教育对在校青少年群体尚难以完全覆盖，遑论非学籍青少年、就业青年等更为庞大的群体。实有普法队伍离庞大的普法需求相去甚远。在实施路径上，活动形式仍较传统，以讲座、咨询等为主，表现出青少年接纳度、参与度较低的“灌输式”特点，在一定程度上制约了普法成效。

三　青少年普法工程工作目标及体系

“青少年普法工程”针对当前普法队伍、普法服务、普法发展存在的突出问题，推进“普法能力建构者”“普法服务建构者”“普法队伍建构者”三大计划，着力构建多方参与、协同共治的社会化、专业化、体系化的青少年普法新格局。

（一）推行“普法能力建构者计划”，加强社会组织生态体系培育

该计划旨在提升社会组织参与普法教育等基层社会治理的能力，解决资源不足、服务参差不齐等束缚社会组织发展的问题，主要做法如下。

一是在战略指引上，强化政策支持与管理。制定《深圳市社会组织参与青少年毒品预防教育工作方案》等实施意见，为社会组织参与“青少年普法工程”等社会治理提供政策制度支持，引导其有序参与社会治理；推动“青少年普法工程”纳入社会治安综合、依法治校考核体系，探索出台社会组织参与“青少年普法工程”考核指标体系与绩效基准，促进普法工程规范化发展。

二是在资源支持上，加强配套服务。依托青少年发展基金会成立“青少年普法工程”专项基金，募集社会资金，为参与“青少年普法工程”的社会组织提供资金支持；依托团属市青年社会组织联合会成立跨界专委会，

集合在社会组织方面的专家、学者、行业资深前辈为参与“青少年普法工程”的社会组织提供个性化的督导优化服务。

（二）推行“普法服务建构者”计划，加强平台战略建设

该计划旨在构建有广度、有深度、有效度的普法服务体系，解决当前普法宣传中存在的“广度不及、深度不够、力度不足”等问题，主要做法如下。

一是在普法广度上，推出全面覆盖的普法套餐。不再满足于宪法、刑法等基本法的宣传，而是通过项目路演、项目大赛、图片巡展等活动形式，链接全市各类社会组织，培育孵化“事前普法教育 + 事中法律援助 + 事后矫正帮扶”全链条的体系化禁毒服务，实现 1 + 1 > 2 的整合效应。

二是在普法深度上，开展形式新颖的普法教育。不满足于浮光掠影的摊大饼式宣传，而是结合社会热点，如举办的两期“青少年普法工程”分别以“防治校园欺凌”与“校园毒品防治”为主题，发动各类社会组织以论坛、戏剧、主题班会、夏令营、个案帮扶等新颖的教育形式，让法律渗透至青少年认知深处。2017 年已推动校园欺凌普法教育、禁毒普法教育落地南山、大鹏共 80 多所学校。

三是在普法效度上，实现禁毒服务的精准投放。启动青少年普法情况基础调研监测工作，多维度分析掌握深圳市在校学生防毒、涉毒现状和发展规律，为禁毒服务开展提供数据基础；推行“校园禁毒社会服务项目菜单”计划，学校根据菜单按需下单，实现不同人群的差异化链条管理。

（三）“普法队伍建构者”计划

该计划旨在建立一支发动力足、专业性强、稳定性高的普法工作队伍，解决普法工作队伍数量不足、专业水平不高、流动性大的痼疾，主要做法如下。

一是在智库力量引进上，建立三人部门战线。成立链接包括政府部门单位、社会组织代表、企业 CRS 部门、学校代表、社区服务中心代表、律师

代表、人大政协代表等的“青少年普法工程工作委员会”，充分发挥各界成员的专业优势与引领作用，为青少年普法工作提供方向指引，链接更多的社会资源。

二是在专业力量引进上，联动专业社会组织。依托深圳社工学院青少年事务分院、深圳市青年社会组织联合会等平台型社会组织的平台资源优势，联合各类优秀社会组织，调动专业社工、志愿者等普法志愿导师的积极性，完善培训、服务、激励机制，为青少年普法工作注入更多的专业力量。

三是在特色力量引进上，扩大“双工联动”队伍。作为“志愿者之城”，也是社会组织发展的先进地区，深化建立“双工联动”队伍，充分发挥社工与义工的天然互补优势，实现社工专业技能与义工的人力资源的结合。2017 年共青团深圳市委员会依托青少年事务分院与禁毒志愿学院等组织，初步建立了一支 1700 人的青少年事务社工与 10000 人的普法志愿者队伍。

四　青少年普法工程工作机制

（一）团组织指挥协调

通过建立共建共享的跨部门合作机制，联合各职能部门激活社会组织网络，制定社会组织参与“青少年普法工程”的战略服务框架，指引、监督、考核、支持社会组织的青少年普法服务，为社会组织参与基层治理社会提供经验探索。

（二）社会组织提供服务

依托市青年社会组织联合会等平台型组织，面向全市社会组织筛选培育优秀的青少年普法种子项目，并结合本市需求进行整体优化设计，将其打包成体系化的系列普法服务包，一站式解决普法各子领域的难题，切实让普法做到有广度、有深度、有效度。

（三）青少年积极参与

通过引入专业社会组织，不断创新优化普法新形式、新手段，提高青少年参与普法积极性，吸引更多青少年主动加入普法工作队伍，成为普法守法的向善向上的青少年。

五　全市青少年普法的预期成效

（一）对青少年而言

一是护航青少年健康成长。“青少年普法工程”提供涵盖宪法普法教育、国防普法教育、环保普法教育、禁毒普法教育等各个方面，有效推动了普法服务在各大学校、社区落地，全方位提升青少年法律素养，有效预防青少年违法犯罪，帮助青少年健康成长。二是提升青少年社会参与能力。青少年通过参与“青少年普法工程”，提升青少年的国家认同感和社会参与意识，获得了积极的价值观、社会能力、责任意识和身份意识，促进青少年更加积极地参与社会建设，让青少年对城市发展更有为。

（二）对城市而言

一是提供基层社会治理的“社会组织 +”有益探索。“青少年普法工程”是全国首次系统性引入社会组织参与基层社会治理的有益探索，有效解决校园欺凌、毒品犯罪等青少年普法难题。二是夯实平安深圳与法治城市建设的基石。通过深入贯彻实施深圳市“青少年普法工程”，进一步加大了普法力度，提升了全民知法守法成效，为法治城市建设夯实了基础，让城市对青年发展更友好。

（二）对社会而言

一是提升社会各界对青少年普法的重视。“青少年普法工程”自 2017

年3月启动以来，受到社会各界的广泛关注与好评。《人民日报》进行专门报道，《南方都市报》《深圳晚报》进行了整版报道，吸引了人大代表、政协委员、律师、家长等各界代表的积极参与，建言献策。二是营造全社会普法守法的良好氛围。“青少年普法工程”通过发动政府机构、社会组织、人大代表、政协委员、律师等各界力量，营造了全社会共同普法的良好氛围，促进了法治社会建设。

B.14
深圳以志愿服务助力社会治理分析及展望

王华峰*

摘　要： 深圳志愿服务自1989年在全国率先开启以来，创新多项举措，一直保持全国志愿服务工作的领先地位，目前，深圳志愿服务立足党政中心和民生关切，聚焦现实“堵点”“痛点”，坚持把增进民生福祉作为志愿者行动的根本目的，以专业化志愿服务深度参与深圳社会治理，巩固提升志愿服务在治水提质、交通治理、精神医疗卫生、公共安全等领域的工作成效，推动专业志愿服务广泛参与到教育、医疗、社会保障等民生领域。

关键词： 深圳　志愿服务　社会治理

志愿服务是现代社会文明进步与国家现代性的重要标志。党的十九大报告提出，要提高人民思想觉悟、道德水准、文明素养，提高全社会文明程度；要推进志愿服务制度化，强化社会责任意识、奉献意识。

深圳是全国志愿服务的发源地之一，自1989年在全国率先推进志愿服务工作以来，一直保持全国志愿服务工作的领先地位，成为深圳在全国的一张闪亮名片。2017年初深圳市明确了打造“志愿者之城3.0”的工作思路：

---

* 王华峰，共青团深圳市委员会。

以制度化、专业化为引领，推动志愿服务从提供社会服务向参与社会治理、凝聚社会共识跨越。在全市范围内广泛招募专业志愿者参与护河治水、法律服务、公共安全、医疗保障、社区禁毒等专业领域的服务，聚焦深圳市城市发展现实“堵点”“痛点”，继续巩固提升志愿服务在治水提质、交通治理、精神医疗卫生、公共安全等专业领域的工作成效，引导专业志愿者充分参与社会治理，推动志愿者广泛参与到教育、医疗、社会保障等民生领域。

一 2017年深圳市志愿服务工作助力社会治理的主要表现

开展志愿服务是创新社会治理的有效途径，对于理顺政府与社会的关系、激活社会力量参与社会治理的潜力、拓展多元主体参与社会治理的社会化渠道具有重要作用。

当前，深圳正在全力打造“青年发展型城市”和“志愿者之城”，截至2017年底，全市注册志愿者达到158万人，比2011年翻了两番，占常住人口的比例达到13%，位居全国前列。2017年11月，广东省委常委、深圳市委书记王伟中担任市“志愿者之城”建设工作领导小组组长，市领导李华楠、李小甘、高自民担任领导小组副组长，在12月5日“国际志愿者日”当天，王伟中、李华楠等市领导实地调研了“志愿者之城”建设工作，继续加大对“志愿者之城”建设工作的领导力度。

（一）文明引导志愿行动提升城市公共文明

2017年，针对市民反映强烈的社会热点问题、人流量较大的难点区域和重要交通枢纽，深圳志愿者主动开展文明劝导活动。

一是针对社会热点难点问题进行文明引导行动。针对共享单车摆放中存在的问题，组织志愿者及早介入，在福田区开展“福田美·共享爱”共享单车规范使用志愿行动，在南山区开展“单车归队”共享单车规范使用志愿行动，在宝安区专门成立共享单车志愿者服务队，在龙华区设置30个共享单车志愿服务点，引导市民共享文明出行。针对全市控烟的难点问题，在龙岗区、光明新区举办控烟宣传文艺会演，开展控烟宣传教育，劝阻吸烟行为，协助场所经营者、管理者开展控烟工作。

二是针对人流量较大的难点区域开展文明劝导工作。针对东部地区节假日人流密集问题，在盐田区大小梅沙等 8 个重点路口协助开展交通文明劝导活动，引导市民遵守公共秩序。在大鹏新区组织中小学生在大鹏所城等旅游景点为游客提供引路、咨询、景点介绍、垃圾不落地等志愿服务。

三是开展交通文明提升劝导活动。针对电单车骑行不规范、行人闯红灯、机动车不礼让等行为，在全市 92 个重点交通路口，16 个交通枢纽场站，14 个文化旅游、交通等公共窗口服务点，18 个重点地铁口，组织 2 万多交通文明志愿者开展文明劝导活动。特别是联合公安公交部门组建约 3 万人的公安公交义工队伍，联合地铁部门组建 1.3 万人地铁义工等，在发挥群防群治功能、维护公共交通安全、保障乘客安全文明出行、维护全市公共交通治安的和谐稳定等方面发挥着重要作用。

（二）志愿服务走进办事大厅，提升窗口行业公共服务能力

为切实服务深圳“民生幸福城市”建设，志愿者在办事大厅，通过志愿服务提升公共服务能力。近两年来，深圳探索在医院、法院、税务、社保、口岸等热点难点办事大厅推进志愿服务工作，共在上述大厅设立 30 多家特色 U 站，取得良好的效果。

一是开展公共秩序引导，提升办事大厅的文明水平。志愿服务进驻办事大厅后，志愿者与办事大厅的工作人员密切配合，快速有效地指引疏导人流，有了“红马甲”的介入，办事群众的文明意识大大提高，文明排队、礼让老幼等行为大幅增加。

二是优化资源配置，使志愿服务成为补充公共服务的重要力量。办事大厅因受人员编制限制等的影响，普遍存在人员不足导致服务滞后等问题，志愿服务进驻后，有效缓解了人员不足的问题，成为一支补充公共服务的重要力量。

三是架起办事人员与群众之间的桥梁，缓和社会矛盾。尤其是在医院、

法院系统引入志愿服务之后，以往的医患矛盾、诉讼矛盾等得到有效缓解。在实践中还有不少患者在痊愈后纷纷加入医院的志愿服务，医院方也表示，志愿服务在改善患者就医感受、加强医患沟通和优化就医软环境方面取得突出成效，志愿服务在凝聚社会共识方面发挥了重要作用，成为社会的润滑剂、稳定器。

（三）志愿服务围绕中心工作参与社会治理，助力提升公众参与意识

志愿服务是公众参与社会治理的有效途径，也是提升市民的家园意识和对城市认同感的重要形式。只有家园意识和认同感达成共识后，城市才会更加文明和谐。2018 年，深圳从参与水环境治理等生态文明志愿服务入手，深入推进志愿服务参与社会治理行动。

一是打造专业队伍，唤起公众参与环保公益。针对中央环保督查中反映的问题，团市委联合专业社会组织专门成立了水环境治理的志愿服务队，实施“河未来 · 益起行”志愿服务助力治水提质工作行动，组建“志愿者河长”、“河小二”、“护水骑兵”、“红领巾”小河长等志愿服务队，开展常态化巡河护河。建立 3 个护河治水 U 站，设立 92 个常态化志愿服务监测点。围绕护河治水开展圆桌对话、趣味参与、社会宣导、节水知识进校园等活动。联合在深 8 所高校，组建高校治水联盟，组织大学生调研并编写专业护河调研报告。目前，全市共有 702 名志愿者河长，带领 10 万名“河小二”护河志愿者常态化开展护河治水志愿服务，有效提升了市民对水务市政工程的满意度，达成“治水提质，人人有责”的普遍共识，护河治水志愿服务参与率明显提高，公众参与面不断扩大，社会影响力日益提高。

二是积极参与民生实事。除了参与水环境治理等行动以外，还积极参与民生实事志愿服务工作，在精神卫生与心理健康、禁毒宣传等工作中积极行动，同时开设心理咨询热线，针对潜在的心理障碍不特定人群，通过热线电话咨询及网络在线咨询，倾听青年朋友的心声，帮助青年朋友正确处理人

生、情感、婚恋、法律、劳资等工作和生活问题；成立和发展了拥抱阳光精神健康服务组与健康志愿服务U站，组织各类精神卫生类宣传联谊等活动，为市民提供信息咨询、就医指引、应急处置等基础便民服务，帮助精神病患者及其家属；设立社区及校园心理健康U站，积极开展心理健康志愿服务进社区、进校园活动，预防社区居民特别是中小学生心理疾病。设立首家禁毒志愿服务站辐射社区8所学校、近1.8万名师生，采取宣传、入户、帮教三位一体的新方式，助力社区禁毒宣传工作。

三是加强群防群治工作，继续推动平安志愿服务。加强社区平安志愿者工作是贯彻落实社会治安综合治理工作要求，加强和创新社会管理、服务民生的具体举措，有利于整合社会力量和资源，促进共建共享平安深圳。近年来，深圳围绕平安深圳建设的总体要求，推进平安志愿者队伍建设，实现平安志愿服务的社区化、常态化、规范化，为社会和谐稳定与平安深圳建设做出新贡献。社区平安志愿者由热心社会公益的社区党员、离退休人员、社区小店业主、公交司乘人员等组成，由街道组织协调，以社区为单位，利用工作业余时间开展以下志愿服务：治安巡逻、守楼护院活动；宣传法律知识和安全防范知识；配合有关部门开展矛盾纠纷的排查、化解工作；收集社情民意，发现违法犯罪线索，反映群众意见和要求；协助专门机关落实重点人员的教育管理等。在治安岗亭、社区U站、城市U站、绿道U站等开展平安志愿服务。由各级政法、综治部门牵头，团委协助，组织平安志愿者在治安岗亭开展力所能及的志愿服务。

二　志愿服务参与社会治理的分析与启示

深圳的志愿服务，启蒙早、发展快，又极具城市个体特色，是一个既富有实践意义又处于不断行进中的现实命题。面对社会治理现代化的时代挑战与机遇，在新形势下深圳志愿服务参与社会治理该如何继续作为呢？在已有的公益性、无偿性、服务性等基础上，新时代的志愿服务不仅强调提供社会志愿服务，更强调志愿服务治理，正如党的十九大报告中所指出的“加强志愿服务制度建设”。加强制度建设，积极引导志愿服务方向，就更需要党政部门、企业团体和社会组织等群体共同建设志愿服务参与社会治理的生态环境，从而更大程度地激发公众参与社会治理创新的热情。

（一）志愿服务参与社会治理工作需以社会发展需求与开阔视野指导实践

开展志愿服务参与社会治理的工作，需要结合社会发展需求，以广阔的视野，协同政府部门、慈善服务、社会工作等各方力量，才能保证符合社会治理现代化的真实需求，同时又能反过来产生助推作用。推动社会治理工作，必须理解透彻城市与社会建设的新要求、新方向，掌握市民最关心的现实关切，切准问题，找到短板。在队伍培育上，从志愿服务的动机、志愿服务之外的社会参与意识等方面加强自我修炼与培养提升。在服务行动上，做好志愿服务行动前的“社会功课”，了解参与社会治理的具体方向，加强调查研究。面对社会经济发展进程中所遇到的新问题，需有前瞻意识，试从志愿服务的角度有预见性地进行行动干预。顺应时代潮流，灵活使用传播手段，用市民喜闻乐见的表达方式来传递志愿服务信息，做好组织发动；发展新媒体，跟进“互联网+”时代的线上线下呼应，扩大志愿服务的受益面。

（二）推进社会治理工作需结合深圳志愿服务新特点

一是志愿服务参与更加多元。近年来，党团员在志愿服务中逐渐成为主导力量，其中党员志愿者27.4万多人，占志愿者人数的17.3%；团员志愿者46.8万多人，占志愿者人数的29.7%。来深就业创业的高学历人员、科研团队、海归等高层次人才踊跃加入志愿者队伍，在创新创业的过程中也通过志愿服务的形式回馈社会。二是志愿者的活跃度更高。截至2017年底共开展志愿服务项目67万个，共有460万人次志愿者报名参与服务，全年累计志愿服务时间达到690万小时。三是志愿组织发展更加规范专业。目前，在市义工联登记备案的志愿服务组织有1.1万家，其中注册为法人志愿服务组织的有2013家，年均服务超过1000小时的骨干志愿服务组织达到701家。同时，团市委带领全市各级团组织在医疗救护、护河治水、垃圾分类、海洋保护、法律援助、科普教育等19个领域组建1022支专业志愿服务队。

（三）紧密围绕中心工作参与社会治理取得新成效

近年来，经过不断研究与思考，深圳志愿服务从参与社会基层治理、城市管理、民生重点等领域入手，让“志愿服务成为民生补充、和谐力量”。一座“志愿者之城”要求志愿者在党委政府的中心工作上发挥重大作用，需要我们立足党政中心和民生关切，聚焦现实发展状况，不断发现问题、解决问题。例如，2017年面对城市发展存在的一系列交通问题，为加强深圳市道路交通安全管理，坚决遏制道路交通事故高发多发势头，团市委、市义工联发起了以志愿服务助力深圳市交通安全文明环境提升行动，招募“志愿者路长”，涌现出了“义警义工队”、“暴走路面”巡查义工队等一些特色志愿服务队，助力交通安全与治理工作。目前，深圳共青团、各级义工联组织更加关注城市建设发展中的在社会治理过程中不断涌现的新旧民生问题，如环保、涉毒、涉法、安全隐患等领域的志愿服务工作；同时继续完善社区志愿服务体系建设，扩大社区U站等志愿服务站点的覆盖面，深化邻里守望志愿服务行动，编织和谐爱心网。

（四）参与社会治理亟待志愿服务专业性建设与培养

深圳是中国内地志愿服务规范化、专业化建设的发源地之一，自1989年起步以来，诞生了内地的第一个法人志愿者组织、第一部地方性义工法规、第一批国际志愿者、第一个“义工服务市长奖”、第一本青少年志愿服务教育课程读本、第一张多功能电子义工证、各支志愿服务专业化队伍等，志愿服务工作在规范化、专业化上取得了一定的成绩。但随着改革开放的不断深入和社会主义经济的发展，人们的思想观念、思维方式、价值取向都发生了重大变化，社会发展对志愿服务的需求日趋多样，对志愿者的专业知识与能力素质，尤其是参与社会治理方面也有了更为全面的要求。首先，志愿服务理念要体现专业性。需要将常规的志愿服务主题做出新意，不断赋予新的发展意义，持续做好志愿服务在专业领域的对口输出，支持深圳社会建设在专业领域的发展，提升志愿服务的含金量，例如十九大报告将“建设美丽中国”提升到人类命运共同体理念的高度，要求必须尊重自然、顺应自然、保护自然，2017 年团市委、市义工联发起的“河未来·益起行”以志愿服务助力治水提质行动，就是紧密结合社会发展需求，做好专业志愿服务的精准对接。其次，服务内容要体现专业性。志愿者来自各行各业，结合自己的专业所长提供志愿服务，这不但能有效保证志愿服务的质量，而且在一定程度上可以激发志愿者的专业兴趣以及专业成就感，并在完成志愿服务的同时，使专业素养得到更为全面的提升。与此同时，也鼓励志愿者能以志愿服务为触发点“倒逼”自己学习新知识，掌握新技能，扩展专业面。

三　志愿服务参与社会治理的建议

（一）加强参与社会治理的专业志愿服务组织的队伍建设

志愿服务参与社会治理要注重广泛性参与和专业化发展相结合，形成优化志愿服务人力资源配置和提高志愿服务组织化程度的新格局，重点培育和发展专业志愿服务队伍。一是设法让更多的专业人才加入志愿服务队伍，充分参与社会治理。鼓励各行业部门出台支持专业人才参与志愿服务的政策措施，引导医生、教师、律师、社工、专业救援人员等成立专业志愿服务队伍，使拥有专业资质的志愿者在队伍中发挥专业作用。二是加强志愿者专业培训工作。针对禁毒、交通、环境治理、精神卫生、网络等领域志愿服务工作要求，研究编写专业知识教材，组建导师团或专家团，开展志愿者岗前培训工作，使广大志愿者具备专业领域志愿服务工作的基本常识，提升志愿者在专业领域的服务能力和服务技能。邀请专业大咖、专业一线志愿者开展线上与线下相结合的专业培训。同时完善志愿服务通用培训数据库，形成基础培训、专业技能培训和骨干领袖培训等多层次培训体系。

（二）加强志愿服务的制度化与标准化建设

为社会治理创新提供强力保障，需要从健全志愿服务工作制度入手。一是加强对注册志愿者的管理，优化服务，提高注册志愿者参与志愿服务的活跃度和质量。二是完善各项制度建设。建立健全志愿服务组织的负责人管理、项目管理、信息披露、监督惩处等机制。规范志愿服务过程管理，明确时间记录、时间证明出具等标准，健全以服务时间和质量为主要导向的志愿服务评价机制。三是完善志愿服务激励机制。志愿者的激励以精神激励为主，健全志愿服务各项激励机制，充分激发志愿服务组织参与社会治理的创新引擎，让志愿者在志愿服务中获得精神满足感和自豪感。同时也需确保志愿者的基本补贴，例如为志愿者购买保险，发放交通补贴、就餐补贴，免费体检等。

（三）进一步培育社会治理志愿服务文化

志愿服务文化是志愿服务的内核和精髓，是推动志愿服务事业持续健康发展的力量源泉，也是协调人际关系，凝聚社会共识，改善社会风气，培育和践行社会主义核心价值观，推动社会治理创新的丰厚土壤。志愿服务文化是创新社会治理的润滑剂、助推剂和黏合剂，要进一步加强志愿服务文化理论研究，加强先进典型培育，拓宽培育渠道，以及吸收优秀传统文化和国外先进志愿服务文化有益成果，发挥志愿服务文化在创新社会治理中的载体作用，使志愿服务文化渗透于社会的每个角落，融化于大众的血脉之中，充分激发社会治理创新的内在活力。

（四）加强志愿服务参与社会治理的研究工作

加强志愿服务研究工作，透彻了解志愿服务对社会治理的作用，研究志愿者如何参与社会治理，以理论为基础加强志愿服务参与社会治理的作用。

一是以团委、义工联为依托成立研究中心。加强与专业的志愿服务研究机构交流合作，整合高校、党校、社科院、团校等资源力量，组建专家调查研究小组，通过专家的分析研究及广泛的社会调查，加强对志愿服务理论的基础性研究，并且学以致用，不断在实践中总结经验，提升治理能力。二是定期举办志愿服务理论研讨会或文化沙龙。邀请国内外相关学者及一线志愿者开展理论研讨会，汲取国内外的优秀做法，相互借鉴经验，探讨志愿服务与社会治理的关系。

B.15

深圳市社区妇女组织“会改联”工作调研报告

马　宏*

摘　要： 为更好地贯彻落实中央及省委、市委关于做好基层党建和群团改革的重要精神，切实加强新形势下基层党建和妇女工作，深圳市妇联成立课题调研组，对深圳市社区妇女组织“会改联”工作进行专题调研，全面进行改革探索，特别是积极探索将社区妇女组织从“社区妇女工作委员会”改建为“社区妇女联合会”，优化社区妇联的管理模式、运作机制和工作体系，着力强化社区妇女组织联系和服务妇女群众的功能，切实加强社区妇联的政治性、先进性和群众性。

关键词： 深圳　社区妇联　“会改联”

妇联是党和政府联系妇女群众的桥梁纽带，是国家政权的重要社会支柱。2013 年 11 月，习近平总书记在与全国妇联领导班子集体谈话时指出，联系和服务妇女是妇联工作的生命线。2015 年 7 月，中央召开建党以来首次党的群团工作会议，习近平总书记在会议上强调指出，群团事业是党的事业的重要组成部分，要切实保持和增强党的群团工作和群团组织的政治性、先进性、群众性，克服机关化、行政化、贵族化、娱乐化，开创新形势下党

* 马宏，深圳市妇女联合会。

的群团工作新局面。2016 年 9 月，在习近平总书记亲自部署下，经深改组会议专题研究，中共中央办公厅印发《全国妇联改革方案》，对妇联改革作出重大部署，提出创新基层妇女组织设置，积极推动在城乡社区普遍建妇联，指导社区妇联组织向妇女生活最小单元扎根，壮大基层工作力量，把活跃在城乡社区、热心妇女工作的各类女性人才充分吸纳到基层妇联组织和工作队伍中来。

深圳市妇联深入学习贯彻习近平总书记系列重要讲话精神，认真落实群团工作会议要求，结合市委和上级妇联的工作部署，全面进行改革探索。在深入开展理论探索的同时，市妇联发动各级妇联组织，积极研究妇联基层组织建设、工作机制创新等综合性改革举措，先后进行了社区妇联会、流动妇联等实践探索，致力于推动将社区妇女组织从“社区妇女工作委员会”改建为“社区妇联”（以下简称“会改联”），优化基层妇联的管理模式、运作机制和工作体系，发挥好基层妇联联系服务妇女群众的作用。

一　社区妇女组织“会改联”工作的重要意义

社区建妇联，做强基层、夯实基础，是切实解决习近平总书记指出的群团基层组织薄弱、“高位截瘫”问题的关键环节，在妇联改革全局中具有固本谋远的重要意义。

群团改革前，深圳市社区普遍设立“妇女工作委员会”。社区妇工委是街道妇联派出机构，属于社区工作架构组成部分。主任由社区党委任命，一般由社区“两委”中的女性委员担任，社区工作站指定 1 名兼职人员负责日常工作，完成社区党委和街道妇联交办的妇女工作任务，具有行政化色彩。社区妇工委通过设立“社区妇女儿童之家”，开展“阳光”系列服务项目等，提升了服务质量，有效回应了社区妇女儿童家庭的需求。

新组建的社区妇联具有党的群团组织的鲜明特点。一是体现了坚定的政治性。社区妇联坚持党建带妇建、妇建促党建的组织原则，实行社区党委和街道妇联双重领导、以社区党委领导为主的领导体制，是社区组织体系的有机组成部分，体现了党领导下的基层妇女群众自治。二是体现了广泛的群众性。打破户籍、年龄、职业、党派等界限，由在社区居住、工作、生活的各行业各领域妇女群众协商推选妇女代表，在社区妇女代表大会上选举产生社区妇联执委会，研究确定社区妇女工作的重要事项，并由执委会协调各方资源，共同推动落实妇女工作任务。发挥社区妇联就在妇女群众中间、了解妇女需求、工作“接地气”的特点，配合社区党群服务中心，办好社区“妇女儿童之家”，以妇女儿童和家庭的问题、需求为导向，开展项目化、专业化、社会化服务，让广大基层妇女群众切实受益，真心诚意成为党的妇女组织的一员。三是体现了鲜明的先进性。采用专、兼、挂相结合的方式，广泛吸纳社区各行业各领域优秀妇女进入社区妇联，成为主席、副主席、执委，发挥她们的公益热情，结合其自身资源和优势，弘扬社会主义核心价值观，服务妇女群众，既壮大了社区妇干队伍，解决了妇联组织上大下小、“倒金字塔”结构导致的基层力量薄弱问题，又对广大社区妇女群众发挥了示范引领和团结凝聚作用。

社区妇女组织“会改联”工作在全国尚处于改革探索阶段，对于如何更好地发挥社区妇联在基层党建和社会治理中的作用，正确处理社区妇联与其他社区组织的关系，合理构建内部治理机制、制度建设，配备好资源等一系列问题在国内尚无成形的参考模式。在积极推进全市“会改联”工作的同时，有必要通过对社区妇联的建设现状进行全面摸底调研，反映存在的问题和改进方向，对标深圳标准、深圳质量，打牢规范运作基础，发挥好社区妇联联系服务基层一线妇女的作用，促进深圳经济社会快速健康发展。

二　深圳市社区妇女组织“会改联”工作发展现状

（一）社区妇联建设情况

在深圳市委组织部的大力支持下，2015 年底，市妇联推动将“2016 ~ 2018 年逐年完成 30%、80%、100% 社区妇联建设任务”纳入《全市基层治理工作任务清单》。广东省妇联改革方案提出，2017 年要 100% 完成村（社区）妇联组建任务。在各区委、新区党工委的重视支持下，截至 2017 年 10 月，全市已建 656 个社区妇联，完成了 100% 社区建妇联的工作任务，共吸纳 8523 名优秀女性加入社区妇联队伍中。

（二）社区妇联的服务现状

社区妇联认真贯彻落实习近平总书记“注重家庭、注重家风、注重家教”的重要指示精神，弘扬社会主义核心价值观，密切配合社区党群服务中心规范化建设，以社区“妇女儿童之家”为服务载体，服务内容主要涵盖五个方面：一是巾帼建功行动，包括巾帼文明岗创建、最美家庭评选、巾帼志愿服务等，弘扬社会主义核心价值观，加强示范引领；二是巾帼维权行动，包括婚姻家庭关系调解、反家庭暴力、妇女儿童法律援助等，致力将矛盾和纠纷化解在基层萌芽状态，维护社区安全稳定；三是巾帼关爱行动，如心理健康服务、困境儿童帮扶、贫困妇女扶助、关爱单亲母亲和老年妇女等，帮助解决妇女儿童家庭的实际困难，促进民生幸福；四是巾帼成才行动，如开展妇女素质培训、帮助妇女创业就业等，提高妇女素质，促进妇女发展；五是巾帼风采行动，如广泛开展各类妇女文娱、艺术团队活动等，丰富社区生活，维护社区和谐。

市妇联在全市稳步推进“妇女儿童之家”项目建设。作为妇联组织在社区的服务阵地，目前全市已建成社区妇女儿童之家 675 个，通过社区妇女儿童之家落地社区的服务项目 346 个。市妇联建立了社区妇女儿童之家优秀项目资源库，通过召开项目评审会，已重点资助 19 个特色项目。市妇联长期深入社区，深入妇女儿童家庭，组织实施“阅芽计划”、“亮睛计划”和“阳光家庭”、“阳光家长”、“阳光女工”、“阳光心灵工作室”等阳光系列服务项目，开展专业化、项目化、社会化精准服务，受到社区广泛欢迎。宝安区妇联组织的“馨和家园”、“忘忧草——女童防性侵”项目和罗湖区妇联“懿·BASE”等项目深入社区，为社区服务注入了生机和活力。

（三）社区妇联组织保障情况

为广泛联系各界妇女群众，妇联不设职业、年龄、党派、户籍等门槛，不需办理入会手续，也不收取会费。《中华全国妇女联合会章程》第三十六条规定："妇女联合会的行政经费、业务活动和事业发展经费，主要由政府拨款，提供经费保障，列入各级财政预算，并随财政收入的增长或工作需要逐步增加。"在党委、政府的重视支持下，目前，深圳市社区均有"会改联"工作经费。2016 年度，各区、新区共投入财政经费 2666.5 万元，用于社区妇联建设。2017 年度，投入社区妇联建设的经费增加到 6490.1 万元，增长了 143%。

三 "会改联"工作面临的主要问题

（一）社区妇联联系服务妇女的方式需要改进

社区妇联是党领导下的社区党群组织体系的重要组成部分，需要通过有机整合扩大整体效益。新形势的发展、社区的差异性和妇女群众需求的多样化，对加强社区妇联的政治性、先进性、群众性提出了更高的要求。但调研中发现，目前，社区妇联工作内容还比较传统，工作格局较为封闭，联系各类型妇女群众的方法还有待改进，服务的社会性、专业性还有待增强，需要从规范工作流程、运作体系、工作方式等方面进行优化提升。

（二）社区妇联工作缺乏规范指引和业务培训

社区妇联是一个新生事物，还未形成规范化建设标准，加之社区妇女干部基本为兼职，往往是妇女工作的新兵，对妇联工作不了解，工作的随意性较大，工作效果往往存在显著差异。基层的实践提出了根据社区特点和妇女儿童家庭需要，对标深圳标准、深圳质量，研究确立社区妇联工作规范体系，并对社区妇干进行全员培训，这是加强社区妇联建设的固本强基工程。

（三）社区妇联资源保障缺乏政策支持

习近平总书记在党的群团工作会议上指出，要妥善解决基层群团组织缺编制、缺经费、缺办公场所、缺工作人员的“四缺”问题，切实增强组织活力。当前，深圳市社区妇联普遍存在的缺专项经费、缺活动阵地、缺专职工作人员的问题，以及各区资源配备不平衡问题，归根结底需要加强顶层设计，从制度层面加以解决。

四　“会改联”工作今后的努力方向

（一）坚持党建带妇建，妇建促党建，不断增强社区妇联的政治性、先进性、群众性，充分发挥社区妇联联系服务社区妇女群众的桥梁纽带作用

社区妇联要旗帜鲜明讲政治，做党开展社区妇女工作最可靠、最得力的助手，不断增强政治性、先进性、群众性。一是坚持党建引领，以党建带妇建。推动将妇建工作纳入党建工作总体格局，将妇建工作纳入党建工作考核内容并提高比重；推动落实妇联主席作为社区“两委”委员提名人选、作为党员的社区妇联主席参加社区党委工作会议的规定，实现社区党建与妇建同部署、同落实、同督导；积极配合社区党组织与其他社区组织沟通协商制度的落实，主动参加社区党群议事会，充分发挥作为社区党组织联系妇女群众的桥梁纽带作用，踊跃参与社区党群服务中心“一中心多站点”建设，推动社区党建发展。二是坚持妇建创新，以妇建促党建。社区妇联主动发挥作用，充分发挥妇联组织除性别外，无党派、年龄、职业、户籍、会费等限制的优势，开门办妇联，本着“哪里有妇女，哪里就有妇女组织，哪里就有妇女工作”的原则，构建区域化开放型社区妇女组织体系。在社区妇女群众、两新组织和辖区单位中广泛建立妇女小组、妇委会等妇女组织，形成全覆盖、广吸纳、动态开放的集成妇联组织体系。将优秀的妇女吸纳进社区

两委和社区妇联队伍中，为参与基层治理和社会建设提供人才支持。通过“建组织、创品牌、强服务”，把社区的妇女凝聚起来，切实承担团结引领妇女群众听党话、跟党走的政治任务，为夯实党执政的妇女群众基础做贡献。

（二）建立完善社区妇联服务机制，参与“三社联动”社区治理模式，建设服务型社区妇联组织

一是参与“三社联动”体系。积极参与“三社联动”相关政策和管理制度的实施，参加由社区党委、社区居委会、社区工作站、社区社会组织、社区居民代表等组成的联席会，以社区党群服务中心为平台，积极反馈社区妇女儿童和家庭的需求，参与其中制定有关满足妇女需求的政策性服务、支持性服务和延展性服务，推动建立规范化的“三社联动”服务体系，通过购买社会组织服务的工作机制，加强对妇女社会组织的指引，通过以项目化的形式链接社会资源，使这些服务与妇女儿童家庭需求对接，形成互动，激发社区活力，有序参与到社区建设中。二是以需求为导向开展服务工作。社区妇联要发挥贴近社区妇女群众需求的优势，打通作为联系服务妇女群众的“最后一公里”的联系通道和服务通道，研究妇女群众需求的差异性，建立以群众需求为导向的基层服务项目标准化体系，在社区推行的各项服务项目，结合专业特色制定相应的运行管理标准和服务质量标准，以标准化推进均等化，提升项目规范化，促进妇女工作精准服务、供需对路。三是打造联系服务社区妇女群众的网络阵地。把握新媒体发展大趋势，将社区妇女工作纳入“网上大妇联”建设，作为妇联、妇女组织、妇女群众之间的互动平台。畅通网上联系妇女群众渠道，整合各级妇联资源和特色，以群众“点菜”、妇联组织“买单配菜”的服务方式，开辟线上线下妇女群众联系服务新格局，集聚网上巾帼正能量。

（三）研究制定“会改联”工作指引，开展社区妇干培训，加强对社区妇联的指导

根据深圳市“会改联”工作深入推进，社区妇联快速发展，但缺乏具

体的管理规范的实际情况，拟探索制定社区妇联制度化体系。一是形成社区妇联建设体系。制定目标任务，落实相关管理和工作职责，推动社区妇联规范运作。二是建立健全“机关制度”。加强妇女代表联系制度、宣传培训制度、信访维权服务制度、经费保障制度等，加强社区妇联的机制建设。三是开展社区妇联干部培训，指导社区妇干精准掌握社区妇联工作要求，尽快进入工作状态，并结合社区特点，开展各具特色的服务，着力推动社区妇联实现有质量的稳定增长、可持续的全面发展。

（四）加强顶层设计，进行制度安排，强化社区妇联资源保障能力

切实解决“四缺”问题，使每个社区妇联真正做到有钱办事、有人办事、有阵地办事，是社区“会改联”工作不可缺少的资源保障。一是人员建设强队伍。建议由市委组织部牵头，与相关部门联合出台制度，支持每个社区配备1～2名妇联专职人员，同时落实社区妇联执委队伍的政治、生活待遇等相关配套政策。二是经费建设强保障。在专项财政经费保障方面，拟请各区、街道党委重视，有关部门支持，建立完善的社区妇联专项工作经费保障制度，将社区妇联组织工作经费纳入区年度财政预算，根据社区妇女数量划拨经费，保障社区妇联工作顺利开展。三是阵地建设强功能。目前，社区妇联主要依托社区党群服务中心开展各项服务。建议社区党群服务中心标准化建设中注重发挥社区妇联的作用，纳入社区“妇女儿童之家”服务项目，设置相应标识，方便群众参与，通过温情、细致的项目化、专业化、社会化服务，更好地服务妇女儿童家庭。

B.16
2017 ~2018年深圳残疾人事业发展情况分析与展望

深圳市残疾人联合会*

摘　要： 为贯彻党的十九大、习近平总书记对广东、深圳工作的重要批示指示精神，落实新形势下中央、广东省、深圳市关于做好群团组织改革的有关要求，结合市委对深圳的新战略定位和使命任务要求，总结2017年度深圳市残疾人工作取得的成就和存在的问题，通过工作现状分析和对比，提出解决深圳市残疾人工作中存在问题的建议，形成发展深圳残疾人工作的新思路和创新举措，明确了2018年深圳残疾人工作的重点工作安排，对残疾人事业进行了展望。

关键词： 深圳　残疾人　无障碍环境

2017年以来，在中国残联、广东省残联的关心和指导下，在深圳市委市政府的重视和领导下，深圳市认真学习宣传贯彻习近平新时代中国特色社会主义思想和党的十九大精神，以及习近平总书记对广东、深圳工作的重要批示指示精神，认真落实党中央和广东省委的决策部署，深入贯彻落实国务院《关于推进残疾人小康进程的意见》和《“十三五”加快残疾人小康进程规划纲要》，推动残疾人事业取得了新成绩。在补齐民生短板上持续用力，市民群众获得感、幸福感、安全感进一步增强。

---

* 执笔人：洪平、罗业翔，深圳市残疾人联合会。

一　深圳市残疾人基本情况

根据残疾人抽样调查数据统计，深圳市常住各类残疾人13.47万，其中，户籍残疾人5.49万人，户籍残疾人占全市户籍总人口比例为3.02%。2017年底，深圳市持有第二代残疾人证的户籍残疾人24100人，其中肢体残疾9886人、精神残疾5655人、智力残疾3104人、视力残疾1439人、听力残疾2552人、言语残疾313人、多重残疾1151人。

二　2017年深圳残疾人工作情况回顾

2017年是深圳市全面实施《深圳市加快残疾人小康进程“十三五”规划》，推进残疾人民生保障和社会服务体系建设取得新进展的重要一年。在深圳市委市政府的领导和上级残联的指导下，深圳市残联以残疾人为中心，一手抓党建和队伍作风建设，一手抓服务质量提升；一手抓硬件环境建设，一手抓法制环境建设；一手抓事业，一手抓产业；一手抓残疾人需求供给，一手抓社会资源配置，推动深圳市残疾人工作迈上了新台阶。主要做了以下增强残疾人获得感的民生实事。

一是完成了深圳市残联主席团、理事会社会化改革，吸纳了一批社会精英和优秀残疾人代表进入残联主席团、理事会，有力地破除了机关化、行政化弊病。

二是深圳市已被民政部等部委列为国家康复辅具产业综合创新试点城市（全国共12个）。

三是经过一年的调研，初步形成了“智慧残联”的设计规划工作。

四是制定《深圳市“十三五”无障碍环境建设工作方案》，提出通过实施“八个一工程”，建设全面无障碍环境城市。

五是联合深圳市委组织部、市财政、人社、民政部门印发《关于建立健全社区残疾人协会的通知》，重新明确社区残疾人协会定位和组织架构，解决了专职委员归位难和社区残疾人服务缺位的问题。

六是对深圳市民爱残疾人综合服务中心进行了转型升级的规划，明确把它建设成深圳市综合性残疾人服务基地。

七是首个重度残疾人托养中心列入深圳市重点建设工程，将进一步满足深圳市重度残疾人的托养需求，大大减轻了重度残疾人家庭的负担。

八是率先在全国举办了一个视障康复教育班，深圳市特殊需要儿童早期干预服务实现残疾类别全覆盖。

九是开展全市残疾人康复机构信息发布试点工作。

十是试点把社区健康服务中心作为就近就便残疾人康复服务平台，为残疾人提供健康管理、康复训练、辅助器具服务咨询与指导、家庭医生签约等服务，打通了残疾人社区康复服务“最后一公里”。

十一是推动创新了全国第一只残疾人信托产品，完善残疾人安养和照护制度，减少残疾人家庭后顾之忧，促进残疾人有尊严地生活。

十二是成立了全国第一个区级公益共享心理服务平台，为残疾人及社会各界人士提供共享化、公益性、全天候、全方位心理健康服务，开创了心理健康服务的新模式。

十三是为深圳户籍持证残疾人、残疾军人、伤残人民警察以及康复服务机构购买了意外伤害保险，具有创新性，有效增强残疾人群体人身意外风险保障，造福广大残疾人及其家庭。

十四是扩大康复救助对象至18周岁，提高康复训练补贴标准，提高人工耳蜗植入报销标准，新增人工耳蜗处理器升级补贴，改进了工作机制和流程，切实提高了残疾儿童少年康复救助水平。

十五是助推深圳狮子会打造570工程，帮扶全市570户低保家庭残疾人，精准地帮助困难残疾人2020年达到小康，一个也不能少。

十六是解决了一批长期制约残联发展的维稳问题，使残疾人群稳定，残联工作风清气顺。

十七是超额完成深圳市政府3件民生实事以及广东省政府1件民生实事，包括扶持残疾人就业创业478名，向户籍重度残疾人、一户多残残疾人、老残一体残疾人、低收入家庭（低保、低保边缘）残疾人、在读残疾人大学生、住房困难残疾人以及发生意外事故和突发重病住院的残疾人发放特殊困难补助28167人次；开展残疾人辅助器具评估、适配和训练服务，为872名深户残疾人适配辅具1231件；制作、发放残疾预防、残疾人出行等宣传手册10万册；举办10场标准手语培训，培训人数1300余人；为300名6周岁以下残疾儿童提供康复救助；建设2家新职康中心。

十八是发起“把停车位还给残疾人”活动，与深圳市交警局联合出台了《关于加强公共停车场残疾人专用停车位秩序管理的通告》，为深圳市残疾人驾驶者发放残疾人专用停车位使用标识，开展残疾人专用停车位管理情况检查，督促停车场管理者依法设置残疾人专用停车位。

十九是联合有关部门出台了《深圳市残疾人精准康复服务行动实施方案》，为各类残疾少年儿童、成年残疾人及高龄残疾人提供康复补贴和服务，建立全年龄段、全方位的残疾人康复救助和服务机制。

二十是推动深圳狮子会做好精准助残服务，由深圳狮子会捐赠三条导盲犬给三位盲人朋友，并提供后续服务，为盲人朋友提供出行便利。

二十一是与深圳非遗文化产业公司共同签署了《关于支持残疾人事业发展的帮扶框架协议》，通过多渠道遴选出合适的残疾人，进行非遗技能培训；重点培养残疾非遗艺人或具备手工艺基础的残疾人，定向扶助残疾人就业。既方便残疾人就业，也提升残疾人就业技能水平和素质，还扩大了非遗的社会影响，促进非遗传承保护。培养了一支非遗文化传承人队伍。

二十二是顺利举办深圳市第五届残疾人运动会。首次把特奥运动纳入进来；参赛残疾人运动员451人，参赛规模达560人次。为本次运动会提供服务的裁判员、义工和工作人员超过400人。

二十三是在“国际残疾人日”举办了“首届深圳市特殊文化节暨第五届残疾人展能节”助残宣传主题活动，为残疾人搭建展示文体、艺术等方面才艺及精神风貌的平台，吸引了近千人参与。

二十四是为老人、残疾人办乘车证的办证率达40%。

二十五是2017年，发放残疾人生活津贴2280人次，共计发放补助金

137.31 万元；重度残疾人护理补贴 59894 人次，共计发放补助金 7314.2 万元。

二十六是向 312 名社区残协专职委员发放 2017 年度临时物价补贴合计 187450 元；发放 2017 年度机动轮椅车燃油补贴。

二十七是组织律师志愿者，进残疾人家庭、社区维护残疾人权益。

二十八是推动把无障碍环境建设纳入深圳市城市总体规划。

二十九对 125 户有需要的残疾人家庭进行无障碍环境改造。

三十是设计了体现新时代精神的深圳市残联徽标，完成了三个硬件规划。

三十一是举办首次户外“爱耳日”宣传活动，18 万人次参与。

三十三是联合中国狮子联会等单位举办了爱在中吉“中国梦新狮代”深圳狮子会 2018 新年慈善晚会，筹得慈善捐款 900 多万元，用于开展精准扶贫等公益慈善活动。

三十四是资助残疾人创业就业，扶持盲人按摩机构发展。

三十五是首次将唐氏综合征基因检测纳入产前筛查项目。

2017 年，深圳市残联还主要做了以下七项面上工作。

（一）积极推进残联主席团、理事会社会化改革

2017 年初，通过召开主席团会议，聘请了 8 名主席团名誉主席、顾问，调换和增补了 3 名主席团兼职副主席；理事会增加了 3 名兼职副理事长，调换了 19 名兼职理事，社会知名人士和优秀残疾人代表占理事会成员总数的 81.48%。出台了主席团议事规则、理事会工作规则、理事长办公会议议事规则、理事履职规程等制度，建立健全了主席团、理事会议事决策机制，形成了以社会人士为主、专兼职结合、体制内外融合的治理结构。深圳市残联率先推进社会化改革工作，荣获 2017 年市直机关“党建杯”创新大赛决赛暨广东省直单位第五届工作技能大赛第四协作区（工作创新组）三等奖。

（二）认真实施《深圳市加快残疾人小康进程“十三五”规划》

制定发布了《深圳市加快残疾人小康进程“十三五”规划》责任分工一览表，将规划内容细化为137项具体工作任务，明确了每项任务的牵头单位和责任人以及完成时限，有效推动各项工作任务的落实。

（三）大力发展残疾人康复和辅具服务

完成残疾等级评定人3476人次、专业评估服务2472人次、辅具评估1118人次、通报转介服务1120人次；开展中途宿舍服务227人次，资助2114名精神残疾人服药补贴302.8万元；开展心理健康讲座和辅导80场，服务2650人次，完成11964人次脑瘫儿童的康复教育工作；开展辅具适配服务854人次，适配辅具1199件。出台《深圳市社区健康服务中心残疾人康复服务试点方案》，在全市范围选取10个社区健康服务中心，就近就地为残疾人提供健康管理、康复训练、辅助器具服务咨询与指导、家庭医生签约等服务，打通了残疾人社区康复服务“最后一公里”；调整了残疾少年儿童康复救助政策，扩大康复救助对象至18周岁，提高康复训练补贴标准。成功申请深圳市成为康复辅助器具产业综合创新试点城市。推动“深圳市视障儿童康复教育基地”在全国率先挂牌。推动唐氏综合征产前基因筛查工作及产前筛查补贴机制的建立。

（四）扎实推进残疾人教育和就业服务

开展残疾人职业培训及教育3000多人次，30名考生考上中职和高等院校；为4000多名残疾少年儿童提供康复训练及学前特殊教育服务；组织专业技术培训12期，培训专业人员1100多人次；开展用人单位按比例安排就业年审2501家，8524名残疾人实现就业；为646户登记失业残疾人员家庭提供就业援助，帮助1126名残疾人享受就业专项扶持政策，帮助133名残疾就业困难人员实现了就业。

（五）认真做好残疾人困难救助和保障工作

核发二代残疾人证 3986 份。发放残疾人生活津贴 2280 人次，发放补助金 137.31 万元；重度残疾人护理补贴 59894 人次，发放补助金 7314.2 万元。向 312 名社区残协专职委员发放 2017 年度临时物价补贴 18.745 万元；接待残疾人来访 192 批 296 人次；组建了深圳市首个专门为残疾人权益保障服务的律师志愿者服务团队；为户籍持证残疾人、伤残军人和伤残人民警察购买人身意外伤害险，为残疾人康复服务机构购买团体意外险。

（六）加强无障碍环境建设

制定《深圳市"十三五"无障碍环境建设工作方案》，提出实施"八个一工程"，建设无障碍环境的"深圳标杆"。出台《深圳市无障碍环境建设督导工作制度》，主动发现、查找深圳市无障碍环境建设漏洞短板，并跟踪督导整改落实。开展残疾人就业机构无障碍环境评估 27 家，公共环境无障碍验收 31 处；参与 42 个无障碍设施工程竣工验收；进行无障碍环境建设督导 52 次；多次与清华大学无障碍研究院就无障碍城市标准制定、体系建设进行商议；提出了创建全面无障碍城市的目标，拟制定城市全面无障碍总体规划，构建无障碍一系列标准。

（七）广泛开展残疾人文体、宣传活动

一是组织开展形式多样的文体活动。开展国家通用手语系列培训 10 期，累计 1300 多人次参训；邀请华大基因董事长汪建等知名人士作多场专题报告；深圳选手在土耳其聋奥会斩获两枚金牌，为国争光；成功举办深圳市第五届残疾人运动会；承办广东省首届残疾人冰壶展示活动、全省残疾人飞镖锦标赛；组织参加全国、广东省及香港地区的多场残疾人文体、创业就业比赛，获得了 12 个一等奖、10 个二等奖、12 个三等奖、18 个优秀奖等多个奖项。二是加强残疾人事业产业宣传工作。召开深圳市残联理事与新闻媒体

新春谈心会；向社会广泛征集深圳残联徽标等意见和建议，打造“深圳残联CI系统”；在报纸、电台、电视台定期播出残疾人节目；在助残日、残疾预防日、爱眼日等重大残疾人节日，举办“推进残疾预防，共建全面小康——让我们携手把无障碍停车位还给残疾人”“就业助残”招聘会等多场内容丰富的扶残助残活动，全市各区先后举办了200多场助残日主题活动。

（八）加强党的建设，增强发展残疾人事业产业的政治保障

坚持党组书记带头抓党建责任制，党组书记对党建工作亲自安排和部署，切实加强对机关党委和基层党建工作的领导和指导。持续开展党组理论中心组学习，制定实施包括“三会一课”制度在内的11个制度，深入实施各类主题学习教育活动，创新开展党员志愿者活动和“书记项目”，增强了党员的先进性和纯洁性。通过加强从严治党、推进党风廉政建设，着力解决残疾人反映强烈的突出问题，全面提升党员干部拒腐防变意识、依法行政意识、廉洁从政意识、程序制度意识，实现全系统党风政风进一步好转，努力营造了风清气正、干事创业的良好政治生态，为推动深圳市残疾人事业产业更好更快发展提供了坚强保障。

二　深圳残疾人事业发展中存在的主要问题

对比广东省残疾人工作，深圳市残联工作特点是，残疾人福利保障水平相对较高，比如广东省制定的残疾人生活津贴标准是每人每年1200元，深圳市是每人每年2400元；广东省重度残疾人护理补贴标准是每人每年1800元，深圳市是每人每年4800元。但深圳市残疾人工作也有不足之处，主要有以下几个方面。

一是服务基础设施不足。根据第二次残疾人抽样调查统计数据，深圳市有各类户籍重度残疾人1.67万人，目前增加到了3万余人，重度残疾人生活自理能力较差、家庭负担较重，一般具有强烈的托养服务诉求，目前深圳

市还未建立市级重度残疾人托养照料机构。二是信息化管理水平较低。未将残疾人基础数据联结到深圳市政府办事大厅网上办公系统。三是机构设置不健全。中国残联，广东省残联以及北京、上海、广州、中山等兄弟城市残联，均已设置独立的权益保障部门。而深圳市残联至今未单独设置权益保障部，体现残联重要职能和服务宗旨的权益保障部内设在组织宣传部。四是人才队伍建设能力弱。顶层制度设计不健全，学科建设滞后，残疾人康复、特殊教育、残障社会工作等专门人才不足，残疾人服务专业人才工资待遇水平低、流动性大，缺乏相关奖励扶持办法。

此外，深圳市残疾人工作与广东省委、深圳市委对发展残疾人事业产业的要求，与科学发展趋势相比，还有以下问题亟待改进：一是深圳市 2009 年率先全国出台《深圳市无障碍环境建设条例》，但没有进行系统性建设，没有构建城市无障碍管理理念、规划设计、工作标准等体系。二是政策研究和科研能力较低，制约了事业产业的科学健康发展。三是未持证户籍残疾人和非户籍常住残疾人未能共享深圳经济社会发展成果。

四　促进深圳残疾人事业发展的建议

为贯彻党的十九大关于发展残疾人事业的精神，确保实现习近平总书记“全面建成小康社会，残疾人一个也不能少”的要求，建设现代化国际化创新型城市，高质量全面建成小康社会，补齐民生短板，推动深圳在新时代走在前列，扩大深圳竞争力和影响力，提出以下建议。

一是建议成立深圳市重度残疾人托养中心（事业单位）。托养中心项目被列入“十三五”规划纲要深圳市政府重点投资项目，要求于 2018 年开工建设。为了加快该工作的推进，需要专门的机构和人员。建议尽快成立深圳市重度残疾人托养中心（事业单位），负责托养中心的筹建及今后的运营管理。

二是独立设立残疾人权益保障部门，将深圳市残联权益保障部单列，作为独立的处室。

三是将深圳市残疾人综合服务中心和深圳市特殊需要儿童早期干预中心转型为残疾人工作枢纽型事业单位。深圳市残联下属的两个事业单位既做直接服务又做间接服务，既当运动员又做裁判员，在职能定位上存在缺位和越位的问题。我们将调整两个中心的职能和机构设置，变直接服务为间接服务，把两个中心建设成枢纽型残疾人服务组织。

四是建议深圳市政府和中国残联加强合作，开展创建全面无障碍城市的试点工作。建立有效的合作机制，并把创建全面无障碍城市纳入深圳市政府重点工作，推动深圳市各个相关职能部门协同推进，推动社会各界和广大市民积极参与，共同做好各项创建工作。

五是推动深圳大学引进高水平的国内外专家，与深圳市残联合作成立实体性的“残障政策研究院”，开设残疾人工作管理、康复、无障碍建设等学科，培养专业队伍，推动残疾人工作可持续发展。

六是深圳市约30%的残疾人从业人员正在从事艺术创作和模拟工作，他们每年生产万余件具有深圳特色风俗、风情和风骨的艺术产品。在国际国内重要交往活动中广泛使用残疾人艺术作品，塑造城市形象和缔造城市间的友谊。

七是探索建立适度普惠型的残疾人福利制度，逐步将持居住证的非户籍常住残疾人纳入到残疾人福利保障特别是公共服务范畴。

五　2018年重点和创新工作展望

2018年是贯彻党的十九大精神的开局之年，是改革开放40周年，是决胜全面建成小康社会、实施“十三五”规划承上启下的关键一年，是深圳“城市质量提升年”，做好2018年工作意义重大。深圳市残联将高举习近平新时代中国特色社会主义思想伟大旗帜，以永不懈怠的精神状态和一往无前的奋斗姿态，为深圳高质量全面建设小康社会，率先建设社会主义现代化先行区，为改革开放40周年献上优异答卷，为实现“两个一百年”奋斗目标和中华民族伟大复兴中国梦做出新的更大贡献。2018年，要重点抓好以下五个方面的工作。

（一）打造残疾人服务“四个一”工程

“四个一”工程已列入深圳市人民政府2018年重点工作。一是开工建设深圳市重度残疾人托养中心。该项目属民生领域政府兜底工程，已列入深圳市政府重大投资项目，目前深圳市残联正抓紧协调项目选址工作，确保2018年开工建设。二是打造深圳市创新创业无障碍服务中心。2018年完成项目立项、环评、可研报告和规划设计方案以及项目开工前期准备工作。三是建设深圳市助残电召服务中心。以智慧残联建设为基础，创新残疾人服务供给模式，不断提高残疾人生活获得感。2018年完成平台正式上线和宣传推广工作。四是推动建设深圳市首个无障碍爱心公园。利用公园场地，进行全面无障碍环境改造，建设增添公益慈善、爱心景观元素，经常性举办关爱活动，为深圳市打造一个最有温度的爱心公园，2018年启动建设施工。

（二）进一步加大无障碍环境建设力度

将建设全面无障碍城市纳入深圳市总体规划；制定一套全面无障碍城市建设标准体系；出台一系列扶持无障碍产业发展的新政策；打造城市信息无障碍服务平台；推动部分高校开设无障碍建设专业学科；举办无障碍事业产业交流博览会；建设一个全面无障碍标杆体验中心；打通城市无障碍微循环系统，使深圳成为方便残疾人融入社会的城市。

（三）推进康复辅具产业综合创新试点

一是抓紧出台深圳市康复辅具产业政策。深圳市残联、深圳市民政局牵头制定具体实施方案上报深圳市政府，已经深圳市政府常务会审议通过。二是实施一批重点项目和服务。围绕实施深圳市康复辅具产业政策，重点培育一批康复辅具企业，建设康复辅具研发平台，举办产业展会，完善康复辅具服务网络，实施一批康复辅具民生工程等。三是推动建设康复辅助器具产业园。依托深汕合作区建设康复辅具产业园，汇集一批优质企业入驻园区，做大做强深圳市康复辅具产业，力争在“十三五”末期产值规模达到600亿元以上。

（四）推动深圳市残疾预防工作继续走在全省全国前列

一是完善残疾筛查机制，发挥基因科技企业优势，开展婚前、孕前、孕期体检，有效避免先天性、遗传性残疾现象的发生发展。二是完善残疾随报制度，建立预防体系，推动建立完善筛查、诊断、随报、评估一体化的残疾监测网络，完善多部门统一的残疾报告制度和信息共享机制。三是构建残疾预防产业链条。通过科学研究、遗传咨询、基因编码、基因筛查、康复补偿等工作，构建起残疾预防的产业链条，降低残疾率，甚至消灭某些致残基因或疾病的发生。

（五）建立健全残疾人工作治理体系，完成群团改革任务

按照群团组织改革的要求，从纵向、横向、外围三个层面，全方位推进残联治理体系改革，形成完整的残疾人事业产业发展生态圈。2018年3月底前，深圳市各级残联召开了代表大会，完成换届任务，并以换届为契机，推进区、街道残联主席团和理事会的社会化改革；对直属事业单位进行枢纽化的事业单位体制改革；支持深圳市民爱残疾人综合服务中心二级事业单位改革；对专业社团和街道职康中心进行法人治理体制改革；完善全市各社区残协组织，探索在产业园区和企业建立残协。

基层探索

Practices at the Grassroots Level

B.17
福田区2017 ~2018年社会建设成效、形势分析和展望

胡丽娟　胡　鹏*

摘　要： 以党的十九大报告为指引，2017 年，福田区认真贯彻落实中央和省市区有关决策部署，加快推进社会事业改革和社会治理体制创新，进一步保障和改善民生，增强社会发展活力，辖区社会建设工作呈现良好局面。2018 年，面对新的形势和新的要求，福田区将及时调整工作指导理念和发展战略，紧紧围绕市区工作要求，以问题为导向，以改革为动力，全力施展社会建设新作为，开创辖区社会建设新局面。

关键词： 社会建设　社区治理　社会组织

* 胡丽娟、胡鹏，深圳市福田区委政法委（社工委）。

一　2017年福田区社会建设主要亮点

2017年，福田区着力树标杆、提品质，创新社会治理模式，保障高水平民生，不断完善基层社区治理体制机制，民生保障和社会事业发展取得新业绩，社会治理现代化水平再上新台阶，社会建设工作呈现良好局面。

（一）以问题为导向，开展社会重大问题调研

开展了社会影响力投资生态圈建设研究，公益创投方式创新研究，培育社区基金会助推社会治理创新研究，老旧小区社会治理调查、物业企业、业委会管理机制改革研究等课题调研。针对老旧小区提出发展社区自组织、制定老旧小区社会治理保障清单、创建资源对接平台等措施推动老旧小区升级改造。社会影响力债券研究形成了《福田区社会影响力投资生态圈建设项目可行性研究报告》和《福田区社会影响力投资生态圈建设项目社会影响力投资案例报告》，制定了《福田区关于打造社会影响力投资高地的意见》，经区政府七届二十二次常务会议审议通过；公益创投研究，形成了《产业引导基金方式解决社会问题可行性分析报告》和《国内外政府解决社会问题方式创新进展研究报告》；培育社区基金会助推社会治理创新研究，形成了《福田区培育社区基金会助推社会治理创新研究调研报告》。物业企业、业委会运行机制调研，形成了《福田区关于深化业委会和物业管理机制改革的实施意见（送审稿）》，经区委全面深化改革领导小组第十一次会议审议通过。积极开展市民社会心态现状等重大问题咨询研讨。设立“阳光心理　幸福福田”微信公众号，“当心理专业遇上社会治理——婚姻家庭纠纷调解之心理健康专业研讨会”获得较大的社会反响。

（二）加强民生治理，全力提升公共服务水平

2017年，共投入157亿元用于民生和社会事业发展，占公共预算财政支出的比重达80%，民生保障体系不断健全，基本公共服务日趋均衡优质，

城区综合环境显著提升。

1. 全面提升教育、医疗、就业、养老等“基本民生”

完成1所新建学校和3所学校改扩建，新增学位2700个。新办3所幼儿园，新建16所普惠园。医联体改革取得突破，在全市率先实现市属医院—区属医院—社康中心信息互联互通和双向转诊。中航社康中心入选全国社康百强。新增就业岗位9.6万个，莲花街道“就业创业超市”获国家人社部表扬。全面打造“医养结合”健康养老服务新模式，实现养老服务机构医疗服务全覆盖。“五有五化”都市社区养老新模式入选国家发改委、民政部、老龄委联合编撰的由社科文献出版社出版的《走进养老服务业发展新时代——养老服务业发展典型案例汇编》。

2. 突出解决济困扶弱、社会保障等“底线民生”

精准扶贫新疆塔县已帮扶6761人脱贫，广东和平县对口帮扶3778人脱贫。发放扶困、育孤、助残、失独等社会救助金7000多万元。智障人士“喜憨儿”洗车中心项目获中国公益慈善项目大赛金奖。福田区获评“广东省妇女儿童发展规划省级示范区（2016~2020年）”。

3. 做实做强满足居民群众急需的“小微民生”

制定出台《福田区“民生微实事”项目政策指引（2017）》《关于进一步推动“民生微实事”提质增效的若干措施（2017~2019年）》。全区共征集“民生微实事”项目2275个，其中工程类943个、服务类1332个，立项办理1784个，其中工程类745个、服务类1039个，财政预算支出2.01亿元，吸引社会投入1158.1万元。2017年9月26日，民政部黄树贤部长视察益田社区党群服务中心，对益田社区党群服务中心“三社联动”成效给予高度肯定。2017年12月14日，福田区“民生微实事”被广东省民政厅确定为“2016年度广东省社区治理十大创新成果”。

（三）加强多元治理，激发社会参与活力

探索建立具有福田特色的新型基层治理模式，围绕打造共建共治共享的社会治理格局的主题，积极培育和扶持社会力量，进一步激发和引导多元主

体参与社会治理和公共服务。2017 年 6 月 19 日，深圳市委副书记、市委政法委书记、市社工委主任李华楠同志到深圳社会组织总部基地（福田）调研，对福田区社会组织发展和社会治理创新工作给予充分肯定。截至 2017 年底，全区登记注册的社会组织共 675 家。其中，社会治理重点领域 27 家，占比 4%，包括心理健康类 13 家、矫治安帮类 2 家、法律援助类 5 家、纠纷调处类 7 家。

1. 加强综合服务，提升社会组织发展水平

依托总部基地，为市、区社会组织提供以资源对接、社会组织培育、项目发展、标准建设、保障服务等为主要内容的综合服务。2017 年累计为区级社会组织提供年检培训服务 1445 次，为 136 家区级社会组织提供政府职能转移和购买服务资质初审服务，为区级社区服务中心提供 90 多家次评估服务，为社会组织提供 3028 家次财务、人事、法律等相关服务，并提供媒体宣传推广服务 220 次。组织辖区四个重点领域的社会组织举办“社会组织能力建设提升系列课程”“社会创业训练营”“社会创新之旅”“项目预算设计”“社会组织年度规划”“互联网工具与社会组织信息化管理”“社会组织品牌与影响力传播”等专题培训。赴云南大学举办“福田区社会组织发展及社会治理专题培训班”，提升机构专业能力。

2. 打造培树社会组织，参与社会治理典型

紧紧围绕社会治理四大重点领域开展项目培育和品牌打造，通过加强社区服务项目化运作，实现社区供需对接，助推社会组织的培育发展和社区治理创新。2017 年共 404 家机构申报项目 563 个，确定资助项目 236 个，资助金额 35084104 元。四大重点领域项目资助 37 个，资助金额约 745 万元，占资助总金额的 21.5%。其中，资助心理健康项目 20 个、矫治安帮项目 4 个、法律援助项目 8 个、纠纷协调项目 5 个，四大重点领域受资助项目所占比例比上一年增长约 10%。遴选培育社会创新项目 18 个，培育出多个品牌项目，如“大爱福田——涉罪未成年人帮教工程”项目、“家事调查、调解制度改革”项目、“社会化专业化青少年普法‘新雨计划’”等，有效提升了社会治理的精准度和实效性。“大爱福田——涉罪未成年人帮教工程”项

目入选市级优秀项目，并荣获最高人民检察院通报表扬。在2017年5月开展的“社会组织服务周”活动中，专设“社会治理类”社会组织板块，甄选10家优秀组织进行机构展示、主题沙龙和互动体验等活动，集中展示社会组织在创新社会治理方面的重要功能，选树社会组织参与社区治理的典型。

3. 推进社会责任建设，强化企业责任意识

按照市委市政府办公厅《关于进一步促进企业社会责任建设的意见》的通知精神，举办了福田区2017年企业社会责任宣讲会。通过政策解读、案例分享、主题授课方式推广普及企业社会责任，了解践行企业社会责任的重要性与必要性。积极发动本辖区企业申报参与全市企业社会责任评价活动。截至2017年底，已有14家本辖区企业获得三星评价星级，7家获得两星评价星级，平均评价指数为70.64。辖区内梅林、福田、南园、华富等街道积极引导企业参与安全整治活动等，组织动员企业参与社会治理工作，推动树立企业履行社会责任良好形象。如深圳市园林集团有限公司参与花卉世界违法建筑的拆除工作，参与整治会议及协助开展维稳工作；在辖区“美通天下”“新美亚”“善心汇”等维稳案件中，积极引导企业主动参与维稳案件的调解处置过程，对维稳案件的圆满解决均发挥了重要作用。

（四）加强创新治理，树立中心城区标杆引领

聚焦打造现代化社会治理“福田样板”，树立社区治理现代化的新坐标，统筹推进全区社区体制机制创新，规划一批前瞻性、改革性和应用性并重的行动措施和重点改革创新项目，全面提升社区治理精细化、科学化、现代化水平，打造高品质综合环境，建设一流国际化中心城区。

1. 创新基层社会治理格局

围绕打造共建共治共享社会治理格局的主题，进一步深化“强核多元五化”社区治理模式，着力从巩固党的执政基础、理顺社区治理体制、丰富居民参与社区治理等领域，全面推进业委会和物业管理机制改革。联合区住建局制定《福田区关于深化业主委员会和物业管理机制改革的指导意

见》，重点针对业委会和物业管理中存在的热点难点问题，实施试点突破，打出“3个试点+10项机制”的系列改革组合拳，构建“党建先行、机制保障、四方联动”的住宅小区管理创新体系，确保基层社会的平安和谐稳定，提升群众幸福感和获得感。《深圳商报》《深圳特区报》分别对福田区梅林街道金燕园小区业主委员会举行“约法三章”履职承诺仪式进行了宣传报道。沙头街道“以‘对标管理’推进社区治理”获评第四届全国基层党建创新优秀案例。

2. 创新公共服务 PPP 模式

瞄准国际前沿发展趋势，创新公共服务 PPP 模式，启动社会影响力投资生态圈建设，积极推进社会领域供给侧改革。出台《福田区关于打造社会影响力投资高地的若干意见》，该文件是国内首个区县级政府系统性提出社会影响力投资的政策文件。明确提出力争在五年内将福田区打造成初具规模的社会影响力投资高地。12月3日，“全球公益金融论坛暨2017社会影响力投资峰会”在福田举办，与会专家认为，福田区具备良好的公益基础，将成为公益金融和社会影响力投资的先导城区。市委市政府办公厅《调研与交流》第30期刊发了《建议试行社会影响力投资　推进深圳市社会领域供给侧结构性改革》文章，对福田区社会影响力投资探索予以充分肯定。

3. 搭建社会要素交易平台

依托“互联网+”技术手段，破解社会要素交易资源不集中、信息不对称、渠道不通畅等难题，打造以公益服务项目或产品为主要标的物，促进项目、产品和资金精准对接的线上平台，建成社会领域社会要素交易平台。同时，依托深圳社会组织总部基地（福田），全面搭建核心要素实体支持体系，实现政府、企业、社会组织等各类交易主体信息融通和资源对接。深圳社会要素交易平台（福田）集“公益+市场”“线上+线下”“交易+研发”“政府+社会”“传统+现代”5+特点于一体，实现了社会要素各方主体交易信息全公开、社会要素交易全周期精细化管理、社会资源高效率配置、社会要素交易信息大数据智能研判。2017年高交会期间，深圳社会要素交易平台（福田）作为新时代智慧福田成果之一对外发布。

4. 深化多元纠纷解决机制

坚持司法引领推动多元共治，对人民调解“福田模式”进行深化和发展，逐步建立了以“全流程信息化共协同多元化”为核心的多元化纠纷解决机制改革的“福田模式”，形成了可复制的“福田经验”，推动多元化纠纷解决机制“从线下到线上、从粗放到精细、从零星布局到全面铺开”的转型和升级。2017 年，辖区 15 个在线调解室全年化解纠纷 8324 宗。2017 年 12 月 20 日，全市多元化纠纷解决机制改革工作推进会在福田召开。

（五）加强智慧治理，推进基层治理现代化

坚持科技引领和信息支撑，促进基层治理体系和治理能力的现代化。

1. 积极推动“织网工程”建设

依托大数据推动社会治理创新，按照深圳市统一部署，以“公共信息资源库、网格信息员队伍、社会管理工作网、社区家园网、社区综合信息采集系统、决策分析支持系统”（简称“一库一队伍，两网两系统”）为基本架构，建设覆盖市、区、街道、社区四级的“织网工程”综合信息系统。实现信息资源跨区域、跨层级、跨部门的互联互通、融合共享。在此基础上，进一步开发民生服务和社会管理领域的各种应用，全面提升公共服务保障能力，提高城市精细化管理水平。市网格办对福田区开展督查考核 8 次，区网格办对各街道开展督查考核 58 次，组织各街道社区网格管理中心对社区网格开展督查考核 283 次，从督查考核的成绩来看，福田区“四个实有”信息各项指标总体达标，获得了市业务主管部门的充分肯定。

2. 全面加强智慧福田建设

持续推进“智慧福田”建设，建成城区综合治理平台、指挥街道工作平台、维稳工作系统等产品。“智慧福田”APP 正式上线，实现一站式门户管理和服务，可提供 120 项个人服务和 170 项企业服务。创新数据服务模式，数据共享与应用水平全市领先。公安分局“e 采宝”（一体化信息采集仪）发明获全国金奖并在全省推广；智慧法院“巨鲸”智平台，在全国率先实现信用卡金融类案件全流程在线办理；在线司法确认工作室、“云上公

证”固证平台、“天眼”智能查违等一系列智慧建设项目，在全市、全省乃至全国走在前列。2017 年 7 月福田区被市政府确定为深圳市新型智慧城市建设试点区；2017 年 10 月被市委政法委确定为基于块数据的网格化管理与服务试点区。

二 2018年福田区社会建设形势分析

2018 年是全面贯彻党的十九大精神的开局之年，是改革开放 40 周年，是决胜全面建成小康社会、实施“十三五”规划承上启下的关键一年。市委提出建设社会主义现代化先行区，打造全面彰显习近平新时代中国特色社会主义思想磅礴力量的“深圳标杆”。福田区作为深圳的中心城区，对标新时代打造共建共治共享的社会治理格局的目标要求，社会建设工作还存在一些问题和不足：一是面对社区服务需求多样化、个性化的发展趋势，需进一步完善以政府为主导、各种社会主体共同参与的公共服务供给格局，实现供给主体的多元化和供给方式的多样化；二是通过政府购买服务等灵活机制形成的政社合作关系还不成熟、不稳定；三是社会组织发展结构还不够平衡，缺乏专业人才和自身能力不足尚难以满足社会治理的需要；大部分社会组织的资金筹集渠道来源单一，自我生存与发展能力薄弱；四是信息化与社会治理融合程度不高，社会治理现代化、精细化、智能化水平有待进一步提高等。

三 2018年福田区社会建设重点工作

（一）深化“强核多元”社区治理体系建设

着眼打造现代化基层社会治理“福田样板”，补短板、强弱项，深化社会治理体制改革和社会治理创新，打造共建共治共享的社会治理格局。一是持续强化社区党组织的核心引领作用。围绕“多元共治”主题，持续强化社区党组织的核心引领作用，优化社区治理架构，深化以社区党委为领导核心，居委会、工作站、股份合作公司、机关单位、群团组织、社会组织、物业公司等有序发挥作用的现代化社区治理格局。二是推进业委会、物业企业参与社区共治机制的改革试点工作。总结、推广试点社区业委会、物业企业参与社区治理、承接社区服务和管理职能等的经验做法，调动社会力量参与社区治理的积极性。三是加强社区公共服务清单管理。通过深入实施"福田区社区基本公共服务清单""福田区增益性公共服务清单"，创新公共服务供给方式，完善市场化机制，广泛吸引社会资源、社会力量、社会资本与社区服务供需对接，进一步推动政府职能转移，不断优化社区服务体系，实现供给主体和方式多元化，提高公共服务共建能力和共享水平，推进社区、社会组织、社会工作"三社联动"。

（二）推进社会建设培训调研工作

借助高等院校、科研机构及社会建设领域专家、行家等社会培训资源，分不同专题和学习对象，为区四套班子领导、区社工委组成人员、各部门各单位分管负责人、社区居委会和工作站负责人、社会组织负责人等开设讲座，提供培训或举办讨论交流活动。围绕社会发展所需、群众关心期盼等热点难点问题，组织一批社会建设专项调研，推动社会建设调研成果转化为改革创新实践。

（三）引导多元主体有序参与社会治理

鼓励辖区企业履行社会责任，引导其参加深圳市企业社会责任评价，推进社会责任建设。遴选、分享模范履行社会责任的优秀案例，形成有利于推进社会责任建设的良好氛围。落实深圳市《关于鼓励和规范社会组织积极有序参与社会治理的意见》和《福田区关于鼓励和规范社会组织积极有序参与社会治理的实施方案》，构建政府与社会共同参与社会治理的良性互动机制。举办"社会组织服务周"活动，向社会展示优秀的社会治理类项目典型案例，开展共建共治共享社会治理创新项目优秀案例分享相关活动。推动深圳社会组织总部基地（福田）综合服务功能转型升级，通过政策优惠、项目资助、资源对接等方式，加大力度引导社会组织在心理健康、矫治安帮、法律援助、纠纷调处等领域开展服务，培育一批在创新社会治理、化解社会矛盾、维护社会稳定、促进社会和谐等方面发挥积极作用的专业社会组织。

（四）推动专项资金市场化、社会化运作

按照政府资金引导、社会资本参与、市场化运作的模式，打造更具市场化、社会化特质的社会建设专项资金，吸引社会资本参与、开展社会建设。一是围绕社会组织在心理健康、矫治安帮、法律援助、纠纷调处等社会治理领域，在继续扩大社会组织自主申报专项资金的基础上，主动规划一批对标一流、补强短板、助力建设社会主义现代化典范城区的社会建设项目；面向社会征集一批“推进社会力量参与社会治理”的创新案例，开展社会建设创新项目培育计划遴选优质社会治理创新项目，总结、推广社会治理创新工作好的经验做法；打造一批有效预防和化解社会矛盾、促进社会和谐稳定的品牌项目，通过监测评估的方式总结项目工作经验，挖掘工作亮点；推动持续实施一批具有可操作性、特色鲜明、受欢迎、可复制的创新项目并编制《福田区社会治理创新优秀案例》。二是以出台新修订的《福田区社会建设专项资金使用管理办法》《福田区社会建设专项资金评审工作规则》和升级深圳社会要素交易平台（福田）为契机，不断简化申报评审流程，实现从受理申报到绩效评估全流程线上操作。通过出台受理、监测、绩效评估、财务审核等一系列工作规则，使专项资金的使用管理不断规范化、科学化、信息化。三是依托深圳社会要素交易平台（福田）数据库丰富的数据资源，对专项资金从2014年至今开展的项目进行大数据分析提炼，对专项资金的使用管理绩效和资助项目结果产出、社会效益等展开分析，逐步形成一份专项资金绩效分析报告并向社会发布，引导多元主体有序参与社会建设，推动社会建设专项资金提质提效。

（五）打造社会影响力投资高地

按照社会治理领域供给侧结构性改革的要求，开展社会影响力投资探

索。在《福田区关于打造社会影响力投资高地的若干意见》这一制度设计的基础上，完善配套政策体系，通过发展社会影响力投资业态、加大对社会影响力投资的扶持力度等，实施建设“一圈两平台三区”（即构建社会影响力投资生态圈；建设社会影响力投资全球互联平台和社会影响力投资服务平台；建设社会影响力投资创新政策试验区、总部集聚区和研发核心区）行动计划，逐渐形成一个主体多元、服务完备、资源丰富的投资生态圈和城市基层治理体系，力争五年内将福田区打造成初具规模的社会影响力投资高地，引领全国乃至全球社会影响力投资的发展。

（六）升级社会要素交易平台

完成深圳社会要素交易平台（福田）2.0 版本升级，推动实现社会建设专项资金全流程信息化管理，发挥平台链式效应，吸引更多、更具影响力的社会组织、企业等参与社会建设。一是做好宣传推广。利用专项资金的辐射引领作用，鼓励资助项目通过平台筹集社会资金。利用社会组织服务周，组织开展一系列社会组织展示交流、项目发布和对接洽谈活动等，提高知名度和影响力。二是做实支持系统。通过引进专业机构，打造企业公益战略实践、社会组织风险评级、社会服务项目研发三大服务体系，形成功能强大的支持集群。三是做优线上功能。依托平台实现专项资金全流程信息化管理。开展社会服务项目社会配资，强化政府资金、社会资金与适配项目的精准对接。开展社区服务项目、公益创投项目方案设计的征集、评选，筛选一批优秀项目向社会发布。四是做强智库扩容。链接各领域专家学者，高校、研究院等机构的研究资源，推动对福田区社情民意、社会组织和社会服务发展的热点难点问题进行相关研究，为社会建设提供理论指导，并实现将研究成果转化为社会服务成果。

（七）提升社区治理智能化水平

依托智慧福田建设，以建设新型智慧城市为抓手，加速智慧社区试点，推进社区服务便利化、智能化建设，实现社会治理科学化、精准化和高效化。结合社会建设“织网工程”暨智慧福田项目，利用移动客户端、微信、微博等新媒体，探索“社会微治理”模式，提升“五化”建设水平，推进社会共建共治体制机制创新。协同有关单位推进“织网工程”建设，进一步完善基础网格和工作网格的划分，明确网格信息员的职责，建立基础网格和工作协同机制，构建条块结合的立体化网格化服务管理体系。

（八）健全社会组织综合监管体系

加强综合监管工作的统筹协调，严格落实社会组织综合监管工作联席会议制度，定期或不定期地向各成员单位通报综合监管和培育发展工作的进展、存在问题和工作计划等。提升综合监管智能化水平，依托智慧福田建设，建立福田区社会组织综合服务及监管的信息平台，充分运用大数据和“互联网+”，完善服务方式，提升监管水平。加强与国安、国保部门的合作，进一步完善信息交换和联络机制。强化总部基地合作机构、专项资金资助项目中涉外或涉敏事宜的上报备案工作。

B.18
基层社区治理体系和治理能力现代化的罗湖实践

杨勤慧*

摘　要： 罗湖区作为深圳的老城区，毗邻香港，外来人口众多，基础设施老旧，社会利益多元，这些特点给罗湖的社会建设带来了挑战，形成了罗湖社区治理现代化进程中绕不开的几大突出问题和难点，制约着“共建共治共享社区治理格局”的建立和形成。社区治理体系和治理能力的现代化在本质上是一个“破旧”与“立新”的过程。从2012年开始，罗湖区围绕完善治理体系和提升治理能力目标，针对罗湖社区治理的突出问题和难点，遵循罗湖社区治理特点和规律，精心谋划、破立结合，以“革新制度、创新体系、更新能力”为主线，在社区开展了一系列社会治理领域探索，形成了一套可供参考的“罗湖样本”。

关键词： 罗湖　社区治理　治理能力　“罗湖样本”

党的十八大首次提出国家治理体系和治理能力现代化，吹响了全面深化改革的进军号。十九大深入提出“打造共治共建共享社会治理格局”的目标，进一步为城区社会治理指明了方向。社区是城市社会的基本单元和全息

---

* 杨勤慧，深圳市罗湖区民政局。

缩影。社区治理不仅是社会治理在社区层面的微观体现，也是国家治理的基础。因此，国家和社会治理层面的现代化，必然要求城市社区实现治理体系和治理能力现代化。社区治理体系和治理能力的现代化在本质上是一个“破旧”与“立新”的过程。从2012年开始，罗湖区围绕完善治理体系和提升治理能力目标，以问题为导向，以罗湖社区治理特点和规律为主线，精心谋划、破立结合，在社区开展了一系列社会治理领域探索①，形成了一套可供参考的“罗湖样本”。

一 背景和动因

近年来，罗湖区经济快速发展，颇具成效，但对应的社会建设却较为滞后。犹如“低挡高速”行车，长此以往必将损耗城市发展的持续动力。因此，亟待将社会建设推上与经济发展相适应的挡位，使“效率”和“公平”相得益彰。罗湖区作为深圳的老城区，毗邻香港，外来人口诸多，基础设施老旧，社会利益多元，这些特点给罗湖的社会建设带来了挑战，形成了罗湖社区治理现代化进程中绕不过的几大突出问题和难点，制约着“共建共治共享社区治理格局”的建立和形成。

一是社区主体职责不清。“居站分设”② 体制下，社区工作站承担了市、区各条线下达社区的事项，机构日益庞大，工作繁杂，多达10类88大项计380小项。同时，由于近95%以上的人财物均投入到各类行政事务中，工作呈现“一家独大”局面，社区其他主体参与社区治理的空间被挤压，地位不明确，相互间权责边界不清。

二是社区共治机制不畅。社区党委、工作站掌握大部分社区资源，与其

---

① 包括2012年“罗湖十条”的文华社区居民自治、2013年“多元协商”的党政社群社区共治、2014年“赋权归位”的社区治理体制改革、2015年社会组织改革、2016年基层治理的南湖街道样本、2017年民生微实事2.0版本等。

② 2004年深圳市推行“居站分设”社区体制，当时破解了一些难题，但10年后出现了工作站日益庞大、不堪重负等问题。

他非政府治理主体之间以管理和被管理关系为主；政府习惯性单方面供给社区服务，民生项目缺乏与受众沟通互动的平台，对社区需求回应度不高，甚至呈现“吃力不讨好”的尴尬局面。社区缺乏链接多元主体平等协商、共同治理的平台和机制，各主体“自扫门前雪”，难成合力。

三是社区参治能力不强。“居站分设”体制下，社区居委会孱弱，功能边缘化，居委会成员全部兼职，工作经费一年仅一万元；社会组织成长土壤未形成，发育不良，95%的社区组织以自娱自乐的文体类为主；居民参与方面，外来人口与户籍人口呈2∶1倒挂，社区租户比例在50%以上，归属感不强，社区参与呈浅表被动、组织无序等。

这些问题一方面源于罗湖先天软硬件缺陷，另一方面则主要在于传统粗放式社区管理模式难以适应现代化治理条件下“政府治理和社会调节、居民自治良性互动”的要求。主要体现在社区多元主体格局未确立、协同共治体系缺失、社区各主体欠缺适应现代化治理的基本能力等，这几个方面对应社区治理体系和治理能力现代化的三个基本向度：制度设置、协同体系、参治能力，成为罗湖推进社区治理现代化的主要着力点。

二 举措及成效

近年来，罗湖区委、区政府深刻领会中央关于推进“治理体系和治理能力现代化”、打造“共建共治共享社会治理格局”的新要求，围绕罗湖社区治理的突出问题和难点，以“革新制度、创新体系、更新能力”为主线，探索出了一条推进社区治理体系和治理能力现代化的新路子。

（一）体制改革打造“制度现代化”

2014年，罗湖区在社区推行治理体制改革，通过“去旧”“立新”，确立社区多元主体格局，厘清各主体权责，为社会组织、自治组织等非政府主体的参治行为提供制度上的合法性与空间上的可行性。

1. “两减”去旧

一是职能转变减事项。全面梳理《城市居民委员会组织法》等涉及社区治理的现行 76 部法律、法规、规章和文件，明确社区应依法履行职责，对照去除实际承担职责中无法律依据或不适合在社区层面执行的工作项目。依法取消、转移社区工作站承担的工作任务 102 项①；取消各类台账 46 项②；聘请专业律师团队梳理出社区不应开具的证明 65 项；并且撤销了各类考核评比检查任务、责任制以及临时性组织机构③，大大减轻了社区负担。二是审批层级减流程。梳理出 4 大类 15 小项社区审批事项，从“三级审批”简化为“二级审批”，或从“二级审批”简化为“一级审批”，实现了优化流程、减少环节、提质增效。通过清除社区中存留的“违法建筑”，为新的制度设置打开空间。

2. “三定”立新

一是明确架构定主体。在依法清理社区事项基础上，理顺社区组织架构，用区委、区政府文件以明确“一委一居一站一中心”④ 为常态，以社区社会组织为补充，驻社区单位密切配合，社区居民广泛参与的社区多元治理结构，从制度层面明确了社区组织架构，赋予了非政府主体参治行为的合法性。二是各司其职定权责。按照政事分开、政社分开的原则，厘清社区各类主体的工作职责，对社区重新“定职能、定岗位、定人员、定保障”，分别制定社区党组织、社区居委会、社区工作站、社区服务中心工作清单，明确了各社区主体的权责边界。三是边界清晰定准入。建立社区行政事务准入机制，社区工作清单以外的事项申请进入社区的，申报单位要向区编委会上报工作需求、政策依据、工作标准、工作期限、工作保障、培训制度等事项，经由区编委会审议同意后遵循“费随事转、权随责走”原则进入，为行政

---

① 其中取消的工作任务 79 项、转移的工作事项 23 项。

② 其中电子台账 22 种、纸质台账 24 种。

③ 其中，取消考核评比检查任务 9 项，取消社区临时性组织机构 24 种，撤销了除人口与计划生育目标管理责任状外社区工作站与街道办事处签订的所有责任书共 11 项。

④ “一委一居一站一中心”即以社区党委为核心，以社区居委会为基础，以社区工作站为平台，以社区服务中心为依托。

事项“回笼”设置了制度屏障，破除社区行政事务“只增不减、无限下发”的魔咒。

（二）多元协同创新“体系现代化”

针对社区共治机制缺失问题，罗湖区从2012年开始，先后从“点”“面”“体系”三个层次逐步深入探索，初步形成以民生微实事为载体的现代化协同体系。

1. 试点探索协商共治模式

一是试点居民协商机制。2012年，罗湖区在黄贝街道文华社区开启社区治理试点，通过在社区居民代表大会下创设“社区决议会”，引入“罗伯特议事规则”，形成“文华十条”议事规则，探索出一套以居民为主体处理公共事务的协商模式。“决议会”模式成为全市推行社区居民议事会的雏形；“文华十条”成为全区协商议事“罗湖十条”的母本。二是探索多元共治平台。2013年，罗湖区推行党政社群社区共治，将政府在社区开展民生项目的过程分解为共治“四问”模式①，引导社区各利益主体共议共商共决策民生项目，首次将“多元共治”理念转化成为一套可落地的方法论和可操作的社区民生事项决策机制。② 党政社群社区共治试点以来，先后入选全市社会建设“风景林”重点培育“盆景”，入围由《南方日报·深圳观察》评选的“深圳十大改革项目”等，共治模式广获认可。

2. 全面推行“三赋”议事会

2015年，罗湖区在文华试点和党政社群社区共治经验基础上，全面推广社区居民议事会，通过“三赋”将社区多元议事协商制度化、常态化。

---

① 一是问需。通过线上线下多种方式滚动征集居民建议案，网罗社区民生需求。二是问计。对收集的需求进行“筛选”“归类”“四性分析”，形成提案。三是问政。通过社区和街道两级共治问政会选出年度亟须开展的民生项目。四是问效。社区议事代表对项目实施进行监督，年终根据评价体系以共治问效会形式对项目进行评价。

② 从2013年到2015年三年党政社群社区共治期间，“四问”共收集居民有效建议案累计100561份，通过问政决议出共治入围项目341个，使用共治资金3760.6万元，吸纳社会自筹资金415.6万元。

一是“赋制”。经由2015年及2017年先后出台和修订议事会规范性文件，明确包括社区党委、居委会、居民、企事业单位、社会组织、人大代表等协商主体地位、构成比例、选举程序、议事程序等。2017年新一届社区居民议事会选出议事员1637人，其中社区党委议事员224名、居委会议事员112名、人大代表议事员111名、企事业单位议事员221名、居民议事员969名。二是“赋能”。以“罗湖十条”议事规则作为社区居民议事的“诉讼法”，着重培养规则运用能力、项目设计能力、财务管理能力等八种能力，综合提升其议事能力，使社区议事决策能动有序。三是“赋权”。确定议事会权力清单，将每个居委会10万元社区基金的决策、社区公益服务项目设置以及民生微实事项目决议等实质性权力交由议事会决议。① 社区居民议事会确立的多元“协商议事”制度化，与社区治理体制改革确立的多元“主体权责”制度化，共同构建起社区治理现代化条件下“各司其职”与“协同合同”的有机统一。

3. 民微联动“多元”体系

社区居民议事会制度偏“共议”，轻“共行”。为全面构建现代化的多元共治体系，2016年，罗湖区依托民生微实事聚焦社区需求、议行并重的特点，将社区多元共治从多元“共议”升级为“共议”“共行”有机结合的多元联动体系。一方面，强“共议”。将社区居民议事会审议纳入民生微实事“三级审议”② 程序中最重要、最核心环节，并通过每年每个社区200万体量的资金“实锤”强化民生微实事体系的“共议”功能。从2015年底到2017年12月31日，罗湖区112个社区居民议事会审议通过的民生微实事项目3523个，总计金额高达2.1亿元。另一方面，促“共行”。经由2017年动态优化程序，以“四个聚焦”吸附社区多元主体参与“共行”，即以聚焦群众身边需求、聚焦老旧小区基础设施短板、聚焦社区服务多元供给、聚焦群众满意度，调动社区居民、物业企业、社会组织、社区“两委”

---

① 从2015年全区推广社区居民议事会以来，10个街道112个社区居民议事会共召开议事会1861场，审议各类社区事务3800项，涉及资金多达2.2亿元。

② “四三级审议”包括社区“两委”初审、社区居民议事会审议、街道第一书记审核。

等参与项目问需、设计、实施、监督、评价以及维护管理等全过程。通过民生微实事“一件事”，编织出一条社区“共议”“共行”的纽带，社区多元协同体系已现雏形。

（三）分类提升助推“能力现代化”

罗湖区根据各主体在社区治理中的角色及作用，分类提升，将基层群众性自治组织、社会组织、社区居民调升到同一共治频道，为社区治理体系和治理能力现代化的实现提供有力支撑。

1. “三优”活化居委会自治功能

针对“居站分设”造成的居委会孱弱现状，罗湖区先后从制度、人员、资源上“三优化”，使其重担社区治理大任。一是优化管理机制。在 112 个居委会[①]实行管理标准化，如南湖街道围绕“推进社会治理精细化”发展战略，从制度、重点专项工作、考核体系、台账模板等几大方面将社区居委会工作实行精细化管理；依托社区居民议事会按照“回避原则”[②] 设立居务监督委员会，实现居务监督常态化、规范化等。二是优化人员结构。大幅提高居委会成员一般补贴[③]；为每个社区居委会配置 2 名专职人员[④]，专职开展社区居民自治活动；结合嵌入社区多元共治体系需要，每年有针对性地开展议事规则、项目审议、社区组织发展等各类培训。另外，推动非户籍常住居民参选社区居委会。2017 年社区居委会换届选举，在一些非户籍居民较多的社区选举产生了 50 名专选专用的非户籍专职居委会委员，有效扩大了居民自治群众基础。三是优化资源配置。将居委会可调配经费从原来的 1 万元

① 2017 年 3 月前全区有 115 个社区居民议事会，2017 年 3 月因棚户区改造 115 个居委会中有 5 个居委会合并为 2 个，社区居民议事会相应调整为 112 个。

② 社区居民议事会成员中的社区居委会成员、社区集体经济组织负责人、社区会计员、出纳员等不得担任社区居委监督委员会成员，划清“监督方”与“被监督方”的界限。

③ 居委会主任补贴由每月 500 元提升为 1000 元；居委会副主任由每月 400 元提升为 800 元；其他居委会成员由每月 300 元提升为 600 元。

④ 包括一名居委会专职成员及一名居委会专职文员。

提升至200万元以上[①]；首创将居委会账务交由区国库支付中心代管；将社区党群服务中心纳入社区居委会指导下开展专业化社区服务，为居委会更好地服务社区配备了强有力的抓手。

2. 管育结合全面提升社会组织能力

罗湖区自2015年开始，以“四立”提升社会组织参治能力，将这“一元”主体有机融入进社区多元共治生态。一是以党建和改革立规范。一方面成立“社会组织党委”[②]，依托罗湖社会创新空间、懿贝斯女性社会组织服务中心建立特色联合党支部[③]；将党建工作纳入社会组织业务等，为社会组织发展引领方向，集聚资源合力。另外，开展社会组织改革，确立“宽进严管、放管结合”原则。大幅降低登记门槛，扩大直接登记范围[④]，改年检制度为年报与抽查相结合制度，建立信息披露制度，建立社会组织“黑名单”制度，推动部门信息互通，开展联合监管，健全注销、撤销退出机制等。二是以培育和扶持促发展。一方面，依托罗湖社会创新空间，全力培植社会组织发展土壤，通过为社会组织提供各类技术服务[⑤]，建立专业能力长效培训机制，有针对性地提高社会组织专业化水平。[⑥] 笋岗街道进一步成立了全市首个街道层面社区组织孵化中心。2017年，罗湖“创新培育方式，推进社会组织健康发展”项目荣获“党建杯”创新大赛暨广东省直单位第五届工作技能大赛第四协作区复赛二等奖。另一方面，多渠道加大社会组织

① 包括每年工作经费5万元，民生微实事资金最高200万元，社区基金10万元。

② 截至2017年12月31日，罗湖区社会组织党委共有党支部22个、联合党支部4个、党员129名。

③ 针对零散党员，依托罗湖社会创新空间建立联合党支部，将党员不足3人的纳入联合党支部管理；针对女性党员，依托懿贝斯女性社会组织服务中心，成立全市首个女性社会组织联合党支部。

④ 如实行注册资金认缴制，将非行业协会会员数量由50个降至15个，降低场所要求，允许社区公益服务类社团登记同一住所等。

⑤ 包括办公、功能空间以及培育孵化、咨询服务、政策指引、能力提升、种子资金、互动交流等服务。截至2017年12月31日，空间共入驻组织28个，其中13个已成功出壳，启动种子基金47万元。

⑥ 2017年以来开展法律、财务、项目管理、内部治理等方面的培训和工作坊活动近50次，受训人数1000多。

扶持力度。如每个居委会设立 10 万元社区基金用于社区社会组织孵化；每年 1.66 亿元民生微实事资金用项目扶持方式串接辖区社会组织培育；开展“大爱罗湖·公益慈善项目对接计划”，对接爱心企业资金与优秀社会组织项目①；建立社会组织激励扶持机制，对优秀社会组织和项目给予激励扶持；等等。通过一系列对“提能增质”改革措施，辖区社会组织参与社区治理能力显著提升。②

3. 两大举措引导居民组织化有序参与

罗湖区以“组织化有序参与”作为目标手段，有效引导居民主动嵌入社区共治网络。一是正反两向力促居民组织化参与。“正向”以“活动项目化、项目组织化、组织公益化”的“三化”路径，引导居民从自身爱好的社区活动逐步成长为主动参与社区共治的公益性组织。2016 年，罗湖区把社区社会组织备案下放至街道、社区，进一步为居民型社区组织发展提供便利条件。③“反向”规定必须以社区居委会、社会组织等名义，以项目形式申请使用每个居委会每年设立 10 万元社区基金，倒逼居民依托甚至成立社区组织申请资金开展活动。④ 促进了居民对组织化参与方式的接受和认同。二是议事规则引导居民有序参与。引入“罗伯特议事规则”，形成社区议事铁律“罗湖十条”。每年对议事代表和社区居民辅以各类有针对性的规则培训⑤；引导居民在社区冲突事件调处、居民议事以及民生微实事等事务中实操“罗湖十条”；同时依托社区居民议事会培育本土议事规则主持人⑥，不断增加居民中的规则“传播者”和“执法人”，使议事规则逐步成为居民参与社区公共事务的一种内化于心、外化于行的习惯，居民参与的规则意识得

① 2016 年首届对接活动共促成 15 个公益项目与 8 家爱心企业配对，配对金额 160 万元。

② 截至 2017 年 12 月 31 日，全区共登记备案社会组织达 1475 家，每万人拥有社会组织 14.7 家，远超过全市 8.2 家的平均数。

③ 截至 2017 年 12 月底，罗湖区登记和备案社会组织 1414 家，其中备案类的社区社会组织就达到 1006 家，占辖区社会组织总数的 2/3 强。

④ 自 2015 年社区基金建立以来共支持社区活动项目 900 余个，金额超 1000 万元。

⑤ 截至 2017 年 12 月 31 日，罗湖区、街道、社区三级开展的议事规则相关培训总计超过 150 场，直接受训人次达 7000。

⑥ 截至 2017 年 12 月 31 日，罗湖已培育出 83 名本土议事规则主持人。

到大幅度提高。

经过多年探索与努力，罗湖在社区治理现代化探索方面成效明显，治理主体从一元变为多元，多元协同体系日趋成熟，各类主体参治能力不断提升，社区治理体系和治理能力现代化格局已现雏形。罗湖区2014年获民政部评为“全国社区治理和服务创新实验区”，并于2016年顺利通过验收；“多元融合机制”“活化赋权居委会、社区治理法治化建设”项目于2014年、2015年连续被评为“中国社区治理十大创新成果奖”，使罗湖成为全国唯一一家连续两年获奖单位；2016年，南湖街道基层社会治理精细化“街道样本”案例在“广东省社区治理十大创新成果”中排名第二。

三　经验与启示

推进社会治理体系和治理能力现代化是一项既具创新性又具挑战性的任务，是实现国家治理现代化的内在需要。近年来，罗湖区系统推进社会治理现代化，在取得一定成绩的同时，也积累了有益经验。

（一）坚持党的领导、聚合资源、把握方向，是推进社区治理现代化的重要保障

坚持党的领导，是完善“党委领导、政府主导、社会协同、公众参与、法治保障”的社会治理体制的要求。社区中存在多种不同利益主体，决定了社区治理现代化一定是一个系统工程，离不开社区各类主体的协同配合以及多方资源的整合参与。社区党委在整合多方资源、把握政治方向、稳定治理环境等方面，具备天然优势和本质职责。如我们开展的党政社区共治，通过发挥党的引领作用，吸附社区7类主体参与共治，在确保试点平稳推进的同时，撬动社会各界投入资金415.6万元，表现出强大的包容性和吸附能力，为社区治理现代化的推进提供了根本保障。

（二）坚持制度先行、明确主体、厘清权责，是推进社区治理现代化的基础前提

社区治理现代化的基本特征是“多元共治”，推进社区治理体系和治理能力现代化，首先必须改革旧有一元管理体制，用制度确立起多元主体格局。只有各方各领其权，各担其责，社区党委、社区工作站与其他非政府治理主体的关系才能真正从“管理”转化为“协作”，“共治”才有基础。在2014年之前，罗湖社区只有工作站在唱“独角戏”，体制改革之后，除社区党建事务、行政事务分别由社区党委和社区工作站负责外，其他社区服务和居民自治方面的项目，社区居委会实施占34%，社区党群服务中心实施占16%，社会组织实施占35%，其他企事业单位开展占15%。罗湖通过制度先行，确立社区多元治理格局，为非政府治理主体独立赋格，有效地激活了各类主体的参治主动性，为“共治”打下坚实基础。

（三）坚持需求导向、遵循规律、长效发展，是推进社区治理现代化的本质要求

“舟循川则游速，人顺路则不迷”，在推进社区治理体系和治理能力现代化过程中另一个经验启示是：不能仅从政府视角出发，以刚性手段推进社区治理。而应以需求为导向，遵循社区发展规律，系统设计、柔性治理。比如，探索社区治理现代化，就要遵循制度、体系、能力三个基本向度的现代化要求；比如推动居民组织化参与，不能简单以行政手段规定居民必须成立社区组织。而是应按照社区组织培育发展规律，从社区需求出发，通过用活动吸引居民参与，以“活动项目化、项目组织化、组织公益化”的路径，推动居民自然向公益型社区组织转化。只有抓住现代化治理的内在规律，把握社区需求，才能真正响应社区发展的内生动力，社区治理才能长效持续。

（四）坚持议事规则、理性引导、有序互动，是推进社区治理现代化的有效工具

“罗湖十条”议事规则所借鉴的罗伯特议事规则，是一套经过长期实践证明有效的规则。作为社区议事必须遵循的程序规则，“罗湖十条”在规范议事秩序、推动决策公平的同时，给社区灌输着规则所体现的尊重、倾听、妥协等现代化治理精神，它使罗湖社区治理在保持生动活力的同时，始终稳定有序。比如，在文华试点过程中善用“文华十条”规则，彻底解决了“东益汽车广场污染”和“北斗地铁施工噪音污染”等原本看似进入死局的社区维稳事件。“罗湖十条”议事规则之于社区，是法律之于社会的一个缩影，装备了议事规则的社区治理，很好地实现了社区从静态稳定到动态稳定的过渡。

在总结社区治理体系和治理能力现代化建设经验的同时，罗湖区委、区政府也深刻地意识到社区治理任务的艰巨性和复杂性。一方面，党的十九大提出“打造共建共治共享的社会治理格局”的目标任务。罗湖社区治理现代化探索在社区“共建”和“共治”方面颇显成效，但在社区“共享”方面，硬件基础薄弱，软件服务专业性和信息化程度较低，前景不容乐观。另一方面，民政部2017年底印发了《关于大力培育发展社区社会组织的意见》，从数量和质量上提出培育发展社区社会组织的具体目标。罗湖社区组织起步较早，数量已初具规模，但总体质量不高，在人群上，社区的主力——中青年人参与有限，其力量和智慧并未在社区组织发展乃至治理中得到充分挖掘；在类别上，主要以自娱自乐为主的社区社会组织占绝大多数，难以达到《意见》关于“社区社会组织成为创新基层社会治理的有力支撑”的目标要求。下一步，我们将继续针对现实短板和不足，深化罗湖社区治理实践。一是依托城市更新、社区场地“共享”等措施优化社区服务硬件布局，提高罗湖社区服务硬件体量和适用性；二是通过优化专业社会工作者嵌入社区治理机制，探索依托互联网建立精准、迅速的社区服务供给及反馈网络等，提升社区共享软件水

平；三是建立起统一的社区专职工作人员管理体系，打造社区专职工作者共同体，进一步推动社区治理力量格局的体系化和科学化；四是探索建立起社区居民后备治理人才的培育机制，如通过议事规则主持人培训、公益性社区组织激励扶持等，引导热心社区事务的年轻人逐步成长为社区治理中坚力量。

B.19

社会组织公信力建设的罗湖探索

苏媛媛*

摘　要： 公信力是社会组织的生命线，罗湖区立足本区实际，探索出社会组织公信力建设的罗湖路径，即：通过加强社会组织党建，确保党对社会组织的政治领导；通过建立约谈预警机制，提升社会组织诚信意识；多路径引导社会组织规范化运作；全面实行社会组织统一社会信用代码；建立“年报＋抽查”机制、信息披露机制和信用奖惩机制，全面加强社会组织综合监管。

关键词： 社会组织　公信力　党建　约谈预警　综合监管

社会组织是参与社会治理的重要主体，是推动社会建设的重要力量。近年来，随着社会组织力量的发展壮大，党对社会组织建设的重视程度也越来越高，党中央和国务院不断出台政策促进社会组织健康有序发展。2017 年召开的党的十九大上，习近平总书记在论述“打造共建共治共享的社会治理格局”中专门提到，要“加强社区治理体系建设，推动社会治理重心向基层下移，发挥社会组织作用，实现政府治理和社会调节、居民自治良性互动”。社会组织作为基层社会治理的重要参与者，再次被委以重任。基层社会组织是反映社区居民生产生活诉求、沟通政府与社会关系、满足人民群众多元化社会服务需求的重要载体，也是推动社区居民有效参与社会治理的重

* 苏媛媛，深圳市罗湖区民政局。

要力量。而基层社会组织要能够存续并发挥社会治理的作用，必须打造自身的公信力。只有赢得社会的普遍信任，才能有效调动社会力量参与社会治理，从这个意义上说，公信力是社会组织的生命线，也是衡量社会组织诚信建设成效的核心要素。因此，打造社会组织公信力是改进社会组织自身建设、促进社会组织更好地参与社会治理的要求，也是推动建立现代社会组织体制、促进社会和谐文明的重要举措。罗湖区立足本区社会组织发展现实，高度重视社会组织公信力建设，多措并举全力打造社会组织公信力，力图探索出一条适合罗湖社会现实的社会组织公信力建设之路。

一 深挖党建潜力，全面提升两个覆盖率

社会组织党组织是党在社会组织中的战斗堡垒，理应发挥政治核心作用。罗湖区认真贯彻落实中央对加强社会组织党建的要求，从区级层面重视社会组织党建工作，通过成立区级社会组织党委，统筹全区社会组织党建工作。建立“区域化”“属地化”管理原则，将教育、卫生、社区类社会组织的党建分别归口教育局党委、卫计局党委和街道党工委管理，其他社会组织的党建均由社会组织党委兜底负责，化零为整，确保党的组织和工作“全覆盖”。目前，社会组织党委下辖党支部25个、党员151名。

为全面掌握社会组织党员信息，社会组织党委结合社会组织年报，先行排查登记类社会组织，全面了解党组织、党员的底数，实时跟进社会组织党建情况信息。登记管理机关要求新成立的社会组织同步填写党员信息调查表，及时掌握党员信息，引导符合条件的社会组织成立党组织，并将党建工作纳入社会组织《章程》。社会组织在申请登记成立时，须向登记管理机关提交《社会组织党建工作承诺书》，拟任主要负责人和拟任法定代表人向登记管理机关承诺坚持党的领导，执行党的路线、方针和政策，开展党建工作，积极发展党员。社会组织登记管理机关将社会组织党建嵌入年报、等级评估、换届改选、评优评先等过程。

罗湖区针对辖区社会组织党员分散、党建基础薄弱的现状，积极发挥枢

纽型社会组织的辐射作用，在枢纽型社会组织中发展党员，成立特色联合党支部，如依托懿贝斯女性社会组织服务中心，成立全市首个女性社会组织联合党支部；依托区义工联合会成立联合党支部，发展吸附志愿者党员；依托茶行业、律师行业成立茶行业联合党支部和律师事务所流动党员联合党支部，带动、推进行业党建。发挥罗湖社会创新空间作为全区社会组织孵化基地的作用，将社会组织中的零散党员全部纳入创新空间联合党支部的统一管理。

罗湖区重视对社会组织党建的经费支持，通过制定激励扶持办法，对新建立的党组织给予5000元启动经费扶持。对社会组织党务干部给予每年4800元补贴，对社会组织党支部给予每个党员每年500元活动经费，同时，全额返还上年度上缴的党费用于支持党支部开展活动。社会组织党建经费保障了社会组织积极开展党建活动，当前罗湖区社会组织党组织已经实现了“两学一做”学习教育常态化。社会组织党委向党员发放了“两学一做”学习教育口袋书、党组织活动记录本，同时发放了《习近平总书记系列重要讲话读本》《中国共产党章程》《胡锦涛文选》《习近平谈治国理政》《十九大党章学习手册》《党的十九大报告辅导读本》《习近平关于社会主义文化建设论述摘编》等书籍，组织开展了“学省代会精神迎党的十九大召开”和“学报告、学党章”党员两次考学，显著提升了党员的理论素养。此外，社会组织党委开展积极分子培训班，在2017年对18名社会组织中的入党积极分子进行考核培训，吸纳其积极向党组织靠拢。

罗湖区在社会组织党建工作中的积极探索，取得了良好的效果，得到了社会各界的广泛认同。国家社会组织管理局廖鸿副局长对此予以高度评价，罗湖区社会组织党建创新成果在2017年由深圳市直机关工委、市总工会、团市委、市妇联组织举办的“党建杯”创新大赛（服务创优组）中荣膺二等奖，并成功晋级省半决赛。

二　建立约谈预警机制，提高社会组织诚信意识

诚信意识是促进社会组织诚信建设、打造社会组织公信力的思想基础，

罗湖区立足提高社会组织负责人诚信建设意识，建立了约谈预警机制，并将这一机制贯穿于社会组织登记管理的全过程。对申请登记成立的社会组织，登记管理机关主动约谈举办者，了解举办者创办意图、法律意识、诚信意识及社会组织运作的可行性，宣讲社会组织相关法律法规、诚信建设、规范化建设等要求。对变更法定代表人的社会组织，登记管理机关约谈现任法定代表人与拟任法定代表人，详细了解现任法定代表人在任期间的工作情况，听取现任法定代表人的意见建议，了解拟任法定代表人对社会组织运作管理的了解情况、对社会组织相关法律法规的认识，并向其宣讲相关政策，提出相应要求。对日常监管中发现存在问题较为集中的社会组织，登记管理机关约谈其法定代表人，指出问题所在，提出整改意见，并限期整改，同时要求社会组织加强对相关法律法规的学习，增强诚信意识。2017 年，罗湖区共约谈社会组织 69 家，占全区登记社会组织总量的 11%。通过约谈预警，社会组织的法治意识、诚信意识显著提升，相应的失信行为得到及时纠正。

三　引导社会组织规范化运作，提升规范化程度

社会组织的规范运作是社会组织诚实守信的基本要求，罗湖区在对社会组织进行登记管理中发现，由于绝大多数社会组织负责人及从业人员都是从其他行业改行来运营、管理和参与社会组织，因此普遍存在对社会组织的运作管理不清楚的情况，从而导致社会组织管理较为混乱，更难以建立合理的内部治理结构。针对这一突出问题，罗湖区认真研究社会组织相关法律法规和管理规范，出台《罗湖区社会组织规范化建设指导意见》，从章程、组织结构、管理制度、能力建设等方面全面规范社会组织运作。根据省市要求，制作了社会组织章程范本，规范社会组织章程。按照现代社会组织体制要求，推动社会组织建立健全现代法人治理结构，完善社会组织换届选举、财务管理等内部管理制度。

为更有效地规范社会组织的运作，罗湖区建立了社会组织能力建设教育培训机制，每年举办 2～3 期培训，围绕社会组织法治建设、组织结构、项

目运作、财务管理等内容深入开展培训，全面提升社会组织自身建设能力和服务能力。2017 年，罗湖区组织开展两期社会组织能力提升培训，共有 320 余人次参与。培训围绕社会组织税务专题知识、社会组织法律风险防控、社会组织最新政策法规解读、《慈善法》实施背景下社会组织发展定位、社会组织管理实务、社会组织等级评估及优秀案例分享、本土优秀社区项目案例分享等展开，促进了社会组织对相关法律、专业知识和管理能力的提升。

为加强对社会组织财务管理的外部监督，罗湖区根据省市要求，建立了社会组织法定代表人离任审计和注销清算审计制度。登记管理机关依法向社会公开征选了 4 家会计师事务所，对申请法定代表人变更登记和注销登记的社会组织分别开展法定代表人离任审计和注销清算审计，审计费用由罗湖区民政局承担。自 2017 年 11 月初确认委托深圳新睿会计师事务所、深圳泓信联合会计师事务所、深圳市财安合伙会计师事务所、深圳计恒会计师事务所有限公司四家会计师事务所负责辖区社会组织法定代表人离任审计和注销清算审计工作以来，截至 2017 年底，共委托会计师事务所对 8 家社会组织开展了审计工作。社会组织法定代表人离任审计和注销清算审计制度的建立，强化了登记管理机关对社会组织的财务监督，客观上规范了社会组织的财务管理行为，提升了社会组织的财务管理水平。

四　全面推进社会组织统一社会信用代码使用，便捷部门信息互通

统一社会信用代码是推进社会组织信用信息建设的重要措施，社会组织统一社会信用代码的使用，不仅有利于社会组织证件管理，还有利于使用统一身份对社会组织进行管理和监督。罗湖区按照民政部、深圳市的统一要求，全面开展社会组织“多证合一”换证工作，要求社会组织限期换领新证，实现社会组织登记证、组织机构代码证、税务登记证、刻章许可证和社保登记证合成为统一社会信用代码证。目前，新登记成立的社会组织直接领取统一社会信用代码证，存量社会组织基本全部完成换证工作。统一社会信

用代码的使用，便捷了行政机关之间信息互通，民政、税务、公安、财政、审计等部门已经实现了信息互通。民政部门每月将新增登记社会组织信息通报各职能部门，各相关部门将发现的社会组织的违法违规行为及时通报给民政部门。如，税务部门将发现的社会组织未按时申报税务的情况共享，方便了民政部门及时督促整改，消除了潜在的违法风险。

五　建立“年报＋抽查”制度，强化综合监管

近年来，罗湖区降低了社会组织登记门槛，社会组织数量显著增加，社会组织监管任务加重。为了有效强化对社会组织的监管，罗湖区出台社会组织年度报告办法和抽查监督办法，建立年报与抽查相结合的机制，加强对社会组织日常运作的监管和对年报真实性的核实。每年年初，登记管理机关通过网站、短信、QQ 群等方式向社会组织发布年报填报通知，并通过制作年报填报指引、组织年报填报培训等方式引导社会组织开展年报填报工作。登记管理机关面向社会公开征选会计师事务所，引入专业力量承接年报的检查和抽查社会组织的财务审计工作，提升对社会组织监管的专业化水平。同步出台《罗湖区社会组织活动异常名录管理办法》，对未在规定时间内提交年报的社会组织，将依法纳入社会组织活动异常名录。2017 年，共有 59 家社会组织因未按要求填报年报而被列入活动异常名录。

为加强对社会组织年报填写内容真实性的核查，根据《罗湖区社会组织抽查监督办法》，在年报填报完成后，每年抽取 5% ~10% 的社会组织进行现场抽查。民政部门会同业务主管单位、审计、财政、公安等相关职能部门联合开展，并邀请人大代表、政协委员、媒体代表参与监督。2017，罗湖区完成对 32 家社会组织的抽查，发现社会组织存在财务管理不规范、不及时变更登记地址、内部治理结构不完善等方面的问题，民政部门对发现的问题及时发出整改书，要求社会组织限期整改。整改书同步抄送给业务主管单位，使业务主管单位既能了解到社会组织的运营状况，又能敦促社会组织及时进行整改。对在规定期限内不能完成整改的社会组织，依法纳入社会组织

活动异常名录。2017 年，有 3 家社会组织因未在规定期限内完成整改而被纳入活动异常名录。

六　建立信息披露制度，推进社会组织信息公开

社会组织信息公开是促进社会组织透明化运作、提高公信力的有效方式，也是加强公众监督的重要途径。随着社会组织承接政府职能转移和购买服务数量的增多，罗湖区出台社会组织信息公开办法，加强了对社会组织信息公开的要求。依托“深圳民政在线”公开全区社会组织基本信息，方便查询与接受监督；采用全市统一的年报填报系统，将社会组织填报的年报依法向社会公开，接受社会监督；每年年初，在罗湖电子政务网上公开全区所有社会组织的主体信息、年检情况、等级评估情况、异常名录等方面信息。每年年初，将所有具备承接政府职能转移和购买服务资质的社会组织目录予以梳理并向社会公开。

作为社会组织的登记管理机关，罗湖区民政局致力于将社会组织登记管理的全过程实现公开透明管理，每周在“罗湖电子政务网”的“信用信息双公示”栏目中公开社会组织名称预核准、成立登记、变更登记、注销登记等方面信息。社会组织年报提交情况、抽查监督情况、纳入活动异常名录情况、等级评估结果、承接政府职能转移和购买服务资质认定信息、处罚信息等全部在罗湖电子政务网上予以公示。对社会组织激励扶持评选，罗湖区坚持透明化运作，从发布公告、进行初筛到现场考察、专家评估、结果公示，每个步骤都在罗湖电子政务网上予以公开，广泛接受社会监督。

七　建立社会组织信用奖惩机制，实现诚信激励、失信惩戒

打造社会组织公信力，必须实现奖惩分明。罗湖区通过激励扶持评选和活动异常名录，建立了社会组织信用奖惩机制，激励先进、惩戒失信，有效

促进了社会组织的信用建设，遏制了失信行为。罗湖区民政局与财政局联合出台社会组织激励扶持暂行办法，对诚实守信、表现突出、在社会组织等级评估中获得3A及以上评估等级的社会组织予以表彰。2017年开展了首次社会组织激励扶持评选，共有37家社会组织受到表彰，获得奖励扶持金额达76.5万元。罗湖区重视对社会组织等级评估结果的应用，对在社会组织等级评估中获得5A级的社会组织，直接纳入承接政府职能转移和购买服务社会组织推荐目录，无须再行申请。

罗湖区出台社会组织活动异常名录管理办法，将失信、不按要求提交年度报告、存在违规违法行为的社会组织纳入“黑名单”。被载入活动异常名录的社会组织，在承接政府职能转移和购买服务、等级评估、评优评先等方面受到限制。社会组织活动异常名录实施动态管理，因未提交年报而被纳入异常名录的社会组织，在补填年报后，可以申请移出异常名录。登记管理机关经过审核，做出是否移出异常名录的决定，对移出异常名录的决定依法向社会公示。2017年因未在规定时间内提交年报而被纳入黑名单的59家社会组织已经有4家补报年报，经公示无异议后移出黑名单。社会组织活动异常名录制度的建立，有效震慑了社会组织的失信行为，倒逼社会组织加强公信力建设。

B.20
深圳市南山区和谐社会建设发展指数的实践与探索

林电锋　陈泽钧　陈　尘*

摘　要： 从2011年开始，深圳市南山区着手编制和谐社会建设发展指数，至今已历时7年，共发布6次报告，全面地呈现、评估、检测全区社会建设工作的现状和成效。这期间，指数从指标设置、指标权重、数据采集方式以及计算模型等各方面不断进行了优化升级，其科学性、客观性和可操作性不断得到强化。目前，南山区和谐社会建设发展指数已成为一套能够比较全面反映社会建设效果、梳理问题严谨的社会治理指标体系，成为指导社会建设工作的重要抓手，为南山区提供更有利的决策制定和规划工具，以实施更有效的社会宏观管理措施。

关键词： 社会建设　发展指数　指标权重　数据采集方式　计算模型

深圳市社会建设经过多年发展取得了诸多成绩，在改善民生建设与创新社会治理中发挥了重要作用，然而经济建设工作有一套成熟的指数体系可以衡量，社会建设工作却一直没有科学有效的评估指数，导致辖区民众对社会建设的工作成效和水平缺乏直观而生动的认识，居民、社会及市场参与社会建设的积极性不高。

---

* 林电锋、陈泽钧、陈尘，深圳市南山区委政法委（区社工委）。

为做到客观全面呈现、检验社会建设工作的现状和成效，摸清辖区居民和社会各界对社会建设的看法，2011 年南山区在全市率先编制和发布《南山区和谐社会建设发展指数》（以下简称发展指数），将社会建设的抽象内容变成可以衡量、观看、比较的数据图表，成功探索出一条社会建设工作量化、评估及考核的新路子，并于 2012 年 3 月获得了国家版权局著作权登记认证，成为首例成功申请专利的地方性社会建设标准体系。2012 年 7 月，在全国首创的《南山区和谐社会建设发展指数》第二次进行发布之际，得到了时任市委书记王荣同志的肯定及批示：突出的六大公共服务领域很准确，扎扎实实抓下去，在党群、政群、干群等和谐关系上取得进步。

一　南山区发展指数的推出背景

为准确把握辖区居民对社会建设的满意度，以及对公共服务的实际需求，进而能全方位推进社会建设工作，补齐短板、巩固优势，南山区以需求导向为引领，以改革发展成果更好地惠及群众、不断增进民生福祉为目标，于 2011 年 8 月率先发布《深圳市南山区和谐社会建设发展指数（2009 ~ 2011）》，将社会建设的抽象内容变成直观的图表形式，成为推进社会建设的重要抓手。

（一）以目标为导向，创设发展指数为打造和谐南山提供科学决策

发展指数在模型构建上主要参考国家 CPI、PPI 指数体系和美国国家满意度调查模型（ACSI）。国家 CPI、PPI 指数体系严谨、成熟，社会认可度非常高；美国国家满意度调查模型用于对政府与公共服务部门服务的满意度评价，在实践上被世界各国广泛采用。南山区以《南山区社会建设标准体系》为基础框架，以全面反映南山区社会建设现实、发展重点为方向，稳步推进指数编制、体系架构等工作。指数值以 2009 年为基准年，由各年度的具体数值与基准年对比后，加权汇总而得。客观指标由 8 个一级指标、6 个二级指标、84 个三级指标、128 个辅助分析指标组成；共涉及基层党建、

基层民主、社会管理、公共服务、社区文化、生态文明、人才队伍和经济发展8个领域内容，结合居民对社会建设的质量感知、期望、满意度，进一步增强民众对南山区的归属感。

（二）以需求为导向，编制发展指数为完善社会治理工作提供依据

相比经济建设而言，社会建设内容抽象，难以具体化、标准化，通过编制发展指数，将社会建设的抽象内容变成直观的数据图表，全面地呈现辖区社会建设工作的现状和成效，掌握广大居民对公共服务的切实需求以及对社会建设的客观评价，及时发现社会建设中存在的短板，使之最大限度激发社会建设创造活力，为进一步推进社会建设的跨越式发展提供翔实数据，为政府各部门决策提供科学的参考依据。

二　南山区发展指数的主要作用

发展指数在推进落实社会建设工作实践中，充分发挥着“风向标、听诊器、监督仪、助推器”作用，在进一步推动和谐社会建设工作中取得了显著成效。

（一）成为社会建设工作的“风向标”

用辖区居民对社会建设工作的满意度及真实客观的政府各业务部门数据，全面展现社会建设整体推进情况，充分发挥指标体系的目标导向功能，发现不足、取长补短，实现社会建设各领域的突破，推进南山区社会建设工作的科学发展。

（二）成为检测社会建设成效的“听诊器”

通过把社会建设各部门工作完成情况向民众公布，以责任分划、量化对比为标准，形成倒逼机制，以增强民众幸福感为工作导向，有利于促进社会建设工作的部署落实，实现从制度上督促将建设和谐社会的各项工作落到实处。

（三）成为民意评判社会建设的“监督仪”

以数据形式公布社会建设情况，保障辖区民众对社会建设的知情权、参与权和监督权，让世界级创新型滨海中心城区的建设成果由百姓来监督评判，引导民众不断深化对幸福的认识，促进社会心态的改善，建立积极和合理的生活预期。

（四）成为激发社会创造活力的“助推器”

通过直观反映社会组织、居民个人等社会群体参与社会建设的实效，最大限度地激发社会活力，促进其积极参与社会治理，让争取幸福、创造幸福成为社会的主流风气，助推由“政府主导”向“居民自治”转变。

三　南山区发展指数的主要做法

发展指数以具有较强综合性和代表性的指标为基础，通过严格控制指标数量，注重衔接协调，动态可调，避免重复统计。随着辖区民众关注重点的变化及对幸福认识的深化，指数体系可适时修正调整，成为南山区推动社会建设工作的指挥棒、方向标和助力器。

（一）强化党建引领，提高基层凝聚力

以区域化党组织体系建设为契机，扩大基层党组织覆盖率，发挥“双向互动”的制度优势，扩大居民有序政治参与，扩大辖区民众参与社会管理和社会服务范围。以全区党组织、党员人数、党群服务中心数量、各类社会组织等指标为重点，进一步提高各级党组织的凝聚力、影响力和引领力，畅通社情民意渠道，促进社会和谐。

（二）深化民生建设，提升社会幸福感

以保障和改善民生为核心，把促进就业放在优先位置，以就业财政支

出、就业培训、就业情况统计以及和谐劳资关系等指标为重点，及时掌握辖区各类人员的就业情况，实施更加积极的就业政策，促进劳资关系的和谐。通过对辖区居民开展社会调查的方式，以社会满意度指数形式展现居民幸福感，推进民生事业建设，增加民众幸福感。

（三）优化重点指标，打造社会均等体系

重点包括就业、教育、医疗、保障、住房、出行和环境等方面，以各类服务财政支出、零就业家庭数、来深建设者子女学位供给数、基本养老、医疗及保险参保人数、人均住房建筑面积、城市人均公园绿地面积等指标为重点，为推进基本公共服务均等化提供指引。

（四）细化社会管理要求，推进工作质效提升

以“智慧南山”“织网工程”为抓手，转变思想观念，寓管理于服务，在服务中加强管理，以实有人口登记情况、流动人口比例、计划生育服务水平、信访案件处理、各类安全事故情况等指标为重点，用信息化、智慧化手段和机制提高社会管理精细化水平，为推进社会治理社会化、法治化、智能化、专业化提供有力支撑。

（五）固化工作成效，构建提升标准长效机制

传承传统文化，不断适应时代需求，以打造和谐城区为目标，形成生态城区、生态人居新格局。以社区各类文化活动场次、图书馆藏量、生态环境建设投入、绿化建设概况、生活垃圾无害化处理情况等指标为重点，对文化发展和生态情况等工作具有重要参考价值。

四　南山区发展指数的主要成效

通过与权威、专业的第三方机构开展合作，发展指数紧密契合南山区经济社会的发展实际，历经探索创设谨慎论证、规范优化机制保障、与时俱进

发展完善等阶段，如今已形成由7个一级指标、20个二级指标、59个三级指标、190个辅助分析指标组成的完整的指数体系，进入稳定的常态化运行阶段。2011～2016年，发展指数分别为107.51、112.66、119.81、129.42、136.92、141.54，保持逐年攀升态势，年均升幅为5.09%。

（一）健全指数体系建设，推进编制工作常态运行

发展指数通过多年发展，扎实开展编制工作，已进入常态化、机制化运行阶段，呈现出“三个结合”的运行特点。

1. 推动客观成果与主观评价相结合

发展指数既包含了南山区社会建设成果大数据分析的客观性，又结合了民众对社会治理成果直接感知的主观评价，通过构建科学、合理的体系架构，体现以群众满意与否为衡量标准的党政工作特点。

2. 推动社会化与专业化相结合

发展指数的构建、优化、编制和发布等工作，均以专业的第三方机构为主导开展，体现了发展指数的专业化和政府社会治理工作社会化紧密结合的现状，以国家简政放权、放管服相结合为指导方向，为发展指数成果应用在各部门、各单位的工作上提供了有力保障。

3. 推动探索创新与巩固传承相结合

发展指数编制工作在巩固传承历年优良架构体系和运作经验的基础上，在内容与体系方面进行相应的探索创新，如2016年度发展指数增加了市民关注的十大民生热点等内容，对深入推进社会治理、努力增进民生福祉具有较强的指导意义。

（二）完善指数指标设置，全面呈现社会建设成果

2016年度的发展指数编制工作从2016年11月启动，截至2017年6月完成总报告编制工作。通过委托专业机构对原有指数体系进行优化，结合优化结果及南山发展实际，由指数编制的第三方机构针对原有指数指标模型进行调整，针对实际数据测算、新旧模型衔接性、指标增减设置、指标数据可

获得性等方面开展分析研究，在实现2016年度发展指数的代表性、逻辑性得到优化、强化的同时，保障其科学性、可行性和客观性。

2016年度总指数为141.54，较上年上升4.62点。其中，客观指数为140.84，较上年提升3.16点，主观指数为143.18，较上年提升8.05点。2016年指数中，基层民主、社会管理、公共服务、社会组织、社区文化、生态环境、民生建设等领域与上年相比，呈“六升一降”的态势，即除基层民主指数同比下降外，其余六指数均同比上升。其中社会组织、民生建设、社区文化指数升幅大，且排名高，属于社会建设中的优势领域。

（三）推进编制工作创新，发挥表率和导向作用

2016年度发展指数在历年运作的基础上，在内容、体系、发布方式上有所探索和创新。

1. 在内容上，增加市民关注的十大民生热点

民生建设成果是社会治理工作带给市民的最直接感知，2016年度发展指数创新将与居民日常衣、食、住、行和基本文化娱乐直接相关的十大热点领域进行深入分析，这对深入推进社会治理、努力增进民生福祉具有较强的指导意义。

2. 在体系上，结合发展实际优化调整指标

包括实际新增指标、优化逻辑指标以及剔除僵化指标等工作。结合优化结果及南山发展实际，2016年度指数指标体系增设了“开通官方微信/微博的社区数量”“全区公共自行车总量”等指标。通过指标的优化调整，强化指标体系的代表性、逻辑性和科学性，让发展指数更好地发挥“晴雨表”的客观衡量作用。

3. 在发布方式上，打造内外兼顾的宣传体系

2016年度发展指数发布方式采用两种：对内印刷简报，将总体报告发至区各职能部门及街道办；对外以第三方权威机构名义联合发布，在《深圳特区报》《晶报》《蛇口消息报》等媒体上公开发布年度报告，让民意评判和媒体监督成为社会建设工作的强大推动器。

五　发展指数编制工作存在的问题

发展指数的编制工作历经多年发展，从初始创设时的青涩逐步成长为稳定运作的常态化编制机制，在全方位呈现社会建设成果的同时，也存在一些不容忽视的问题。

（一）发展指数与现实情况的结合有待进一步加强

社会建设工作热点多、创新多，总是不断出现新情况、新变化，而发展指数的发布工作仅为一年一度的形式，不能非常及时地反馈全区各相关部门，进而以最快的速度指导建设工作的开展及动态调整。

（二）发展指数数据获取的及时性有待进一步提高

如在2016年度发展指数的编制工作中，从正式启动到发布截止历经近6个月的时间，这其中数据提供的滞后问题很大程度上影响到编制进度。客观数据需从相关部门获取，其中有7个重要数据由于未能准时获取，客观数据的及时性和完整性均受到一定程度的影响。

（三）发展指数分析成果在应用实践中有待进一步加深

在通过分析社会建设的大数据、反映相关部门工作成效的同时，能帮助各部门查找社会建设工作的薄弱环节，督促、引导各级各部门以问题为导向、以民生需求为指引，实现提升管理和服务能力。发展指数运作以来，各业务部门根据指数成果分析发现的问题和呈现的相关民生需求，进行有针对性的工作改善和服务提升工作做得不够充分，发展指数成果对工作的指导应用有待进一步加强。

六　进一步促进发展指数完善的建议

针对发展指数编制工作中存在的问题，将进一步构建完善的指标体系，促进其功能特点得到充分发挥。结合南山区实际，从促进成果转换、完善规章制度、提高工作效率、建立网上指数平台等方面下功夫，充分发挥发展指数引领社会和谐建设的重要作用，探索出一条可量化、可评估、可考核的社会建设工作新路子，为进一步推进社会建设工作营造和谐环境提供人性化、合理化、科学化的决策依据，进一步推动辖区社会建设事业的长远发展。

（一）强化思想认识，重视指数分析成果应用

通过从思想上统一认识、高度重视发展指数的实践指导意义，将发展指数作为社会公众对部门工作的重要评价指标，实事求是地通过发展指数的成果分析转换，切实指导本部门社会建设工作实践，主动查找自身不足，及时补齐短板、巩固优势，全面提升部门管理能力和服务质量。

（二）建立联席机制，共同完善指标体系编制

发展指数既是社会建设工作的“晴雨表”，更是各业务部门工作精准化、精细化的重要抓手。通过构建完善的工作联席机制，不断优化指数指标体系，让其更好地发挥“晴雨表、风向标、听诊器”的功能作用。

（三）提高数据及时性，确保功能得到充分发挥

客观指数在发展指数中占比70%，是指数体系的重要组成部分，客观数据提供的快慢将直接关系到指数报告的编制进度，进而影响指数成果指导工作实践的成效。在客观指数的数据提供上，以强化沟通、督促跟进为举措，提高数据的及时性和精确度，共同保障指数的作用得到充分发挥。

（四）不断优化指数模型，实现指数建设与时俱进

为保证发展指数的科学实效，必须加强指数模型扩展性的研究与建设，围绕社会建设开展的最新工作情况与动态变化状况，不断优化指数模型的条块结构，及时修正发展指数的动态偏差，实现发展指数与实际工作同步。

（五）建设指数网络平台，实现指数信息化、动态化

借“智慧南山”建设的“东风”，建设发展指数网络平台，开设连接各相关单位的指数信息录入端口，保证指数各项指标信息的联通。通过定制专门的网上指数运行软件，实现“对发展指数一次点击即了解全区工作情况”，及时发现社会建设工作的成效与不足，及时跟进解决出现的问题。推动建立动态化的指数，通过提供增长或下降变化走势分析的功能、在网络平台上的实时动态查阅，为科学决策分析提供参考依据，在网络问政方面实现新突破。

B.21

盐田区政府大数据应用调研报告

郑　健*

摘　要： 本文在走访调研盐田区相关职能部门和基层单位的基础上，进一步梳理盐田区政府大数据运用现状及存在的问题、数据使用需求等情况，通过与国内外整体情况及深圳其他区的大数据建设应用情况进行详细比对研究，为推进盐田区政府大数据应用提出可供参考的工作思路、对策建议。

关键词： 盐田区　政府大数据　数据需求

深圳市基于前期“织网工程”的推广实施，完成了数据的集中共享，形成了常态化的数据共享融合机制，建成全国首个动态准确的城市级大数据库，并获得由国家五部委联合授予的全国唯一一个“政务信息共享国家示范市”称号。深圳市各区、新区近年来以“织网工程”“智慧城区”等工作为统领，积极推动大数据工作的建设与发展，基本完成数据基础层的搭建。盐田区积极统筹推进大数据工作，在数据基础层面，建成区数据共享交换平台，初步完成数据汇聚工作；在数据应用层面，探索开发9个专题应用模块；但是，数据基础的夯实及数据应用的挖掘还有待加强。

---

* 郑健，深圳市盐田区委政法委。

一　政府大数据发展现状分析

（一）发展情况

1. 大数据基础设施建设情况

基于“织网工程”工作的开展，盐田区目前已具备了良好的大数据软硬件支撑环境及完整的安全防护系统，建成了全区统一的区信息资源共享交换平台和区公共信息资源库，与市信息资源交换平台实现互联互通，基本完成数据基础层的搭建。

2. 区公共信息资源库建设情况

推进区公共信息资源库建设，在镜像市公共基础信息库盐田区相关信息的基础上，通过大力开展全区业务信息系统的数据并网工作，逐步建立了包括人口、法人（机构）、房屋、城市部件等基础库（镜像库），商事主体登记、网上办事等主题库，以及民政、环水、出租屋管理等业务库。目前，区公共信息资源库共有各类数据1.6亿余条，信息资源初具规模。

3. 大数据应用情况

充分应用区公共信息资源库的数据，首批开发完成区级人口分析、法人分析、房屋楼栋、公共教育、医疗分析、经济分析、生态环境、社会建设、信息搜索等9个系统模块的建设，为公共政策提供决策参考。结合各业务部门需求，展开了8大数据业务库建设，逐步强化了对大数据的分析能力。

4. 信息业务系统部署应用情况

盐田区部署在政务内网、政务外网、专网及互联网的信息业务系统共计132个，区信息中心负责统筹与管理，建设部门或者相关业务部门负责日常使用、自行维护。各部门使用的信息业务系统有62个为省、市直属系统，仅在垂直层面存在数据的交互，在横向上系统大都相互独立。

从基层来看，信息业务系统数量多，以田心社区工作站为例，在正常业务工作中共使用系统32个，其中省市垂直系统20个、区业务系统8个、其他系统4个。

区委政法委正在使用的系统10个，包括盐田区反走私综合治理监控系统、深圳市网格管理系统、广东省社会治安综合治理信息系统等；正在筹备建设的系统3个，包括信息分拨平台等。

5. 纵向横向分析比较情况

一是区公共信息资源库与市公共信息资源库情况比对。区库的整体数据量情况较小，数据样本的丰富度偏小（与区特性有关），在数量层面和市库对比意义不大，仅从数据来源、更新频率、管理的角度进行比对（见表1）。

表1 市、区公共信息资源库对比

	市库	区库
数据来源	31家委办局	18家委办局
更新频率	大部分每天更新	大部分未更新/少部分偶尔更新/环水局每小时更新
数据库的管理	有专门负责团队及固定管理机制	暂无

二是区共享交换平台与市共享交换平台比对情况。市各委办局在通过市共享交换平台进行数据的交互过程，已形成正向数据质量监测循环体系，为数据的流通提供了质量保障；区共享交换平台暂未加载相关应用，如需通过共享交换平台进行数据的交互，则需要各部门根据自身需求进行相应接口的开发。

三是盐田区与深圳其他区数据应用建设情况比对情况。与深圳其他区相比，盐田区在建设基础数据库、共享交换平台、数据安全体系等方面做得比较好，在数据治理、数据标准等方面有所欠缺，总体来看，盐田区的大数据建设与应用发展处在全市中等行列。

（二）存在的问题

1. 数据电子化程度较低，缺乏统一数据标准

调研中发现，调研的单位部门的信息化水平参差不齐，能做到无纸化办公的部门较少，数据的保存形式较为传统，大多以Excel表格的形式存放，

不利于后续数据共享工作的开展。现已接入区库的数据多为原始数据，缺乏统一数据标准，无法在其基础上进行直接应用。

2. 数据共享及更新的保障机制有待加强

目前，区库已有的数据资源种类不全面，无法满足各单位对于多维数据的需求，数据在共享层面上的力度不强，缺乏统一的数据共享标准，缺乏有效的数据更新保障机制。

3. 数据质量有待提升

数据治理缺乏有效的数据处理手段，未对区库内数据的完整性、一致性、正确性等问题进行多方校对验证，数据质量难以保证，进一步导致数据的可用性不高。区基础库的数据使用权限受限，区层面只有数据的查询权限而无使用权限，数据无法直接应用导致了“活”数据入库后最终变成了“死”数据。

4. 数据创新应用有待挖掘

盐田区的数据体量较小，数据零散，数据样本较少，且在目前的数据质量前提下，以数据为元素可支撑的应用场景不多，在已有的应用场景中，因各方面的限制束缚，使用效果并不理想。

5. 基层数据采集有待改进

街道、社区工作人员业务系统繁多，导致信息重复录入的工作量增加；进行数据采集的需求来源于不同的部门，各有不同，导致重复采集的工作量增加，基层人员的工作压力增大。

6. 内部的大数据意识有待提高

大数据是近年来的新兴事物，目前各方对大数据的应用处在探索阶段，政府工作人员对大数据的了解与认识不深，对大数据能在工作中发挥什么作用认识不全面，影响今后大数据的建设与推广。

二　政府大数据应用需求分析

（一）数据共享需求分析

诸多委办局存在数据共享的需求，尤其对于实有人口数据的需求较大，包括人口数量、人口属性、人口分布等。但各单位普遍存在的条线系统，导致数据不通，数据很难在本地沉淀；数据的共享机制不对等，导致部门内部产生的数据在需要使用时还需向上级单位申请，横向连通更难实现。因此，需要打通各业务部门与区交换平台的接口，建立常态化的数据交换机制，不单是业务部门的数据汇聚到区库，也包括区库数据反哺业务部门，形成互惠互利、可持续的数据共享交换机制，推动数据资源的共享交换，推进政府数据资源的整合。

（二）数据应用突破需求分析

盐田区许多业务单位都存在较强的大数据应用需求，但具体的应用场景、应用价值、先决条件还处于探索阶段，意见不一，缺乏定论。可从政府大数据辅助政务工作的角度入手，在社会建设、公共服务、公共安全等方面进行大数据创新应用的挖掘分析，为政府的科学化管理提供决策依据，满足政府工作的精细化管理需求，提升政府服务的普惠化水平。

（三）数据质量提升需求分析

各委办局在进行数据使用场景探索时，对数据质量以及数据安全提出了相关要求。确保数据的准确性、一致性、完整性和时效性是数据应用的前提，对数据使用者进行权限控制是确保数据安全的一个有效措施。为了提升数据的质量可从数据治理角度入手，通过建立数据标准管理体系、正向数据质量提升系统、数据安全管理体系来进行数据质量的提升，最终形成优质的数据资产。

（四）机制保障需求分析

盐田区在大数据应用方面的整体工作目前由区信息中心进行统一管理，但当前的大数据管理工作在向区职能部门及基层推进时并不顺畅，条块化现象比较突出。要完善健全政务信息资源共享机制，强化项目后期建设、验收、运维和评估管理制度，建立常态化政务数据采集利用制度，建立健全资源共享监督考核机制，以统一有效的机制做保障。

三　推进盐田区政府大数据应用的建议

按照国家供给侧结构性改革的要求，坚持创新、协调、绿色、开放、共享的发展理念，围绕建设国家新型智慧城市的目标，加强顶层设计和统筹协调，大力推动政府数据资源共建共享共用，加快政府数据开放，创新各领域大数据应用，建立“用数据说话、用数据决策、用数据管理、用数据创新”的工作机制，提升基于大数据的政府治理能力和公共服务水平，促进大数据与产业融合创新发展，努力建成具有区域特色的新型大数据示范区。

（一）统筹基础设施建设，构建统一的盐田大数据平台

1. 优化扩容盐田区政务云平台

运用云计算、虚拟化等技术，统筹全区的计算、存储、网络等资源，为各部门业务系统的快速部署提供虚拟计算、存储、网络等服务。在政务云平台现有的基础上，进一步扩容计算、存储资源，使现有政务云平台的虚拟机业务接待能力得到提升，扩展其现有规模。通过优化存储双活架构，提高网络上下行带宽，提升磁盘访问并发能力，使可靠性、存储访问性能和网络处理性能进一步提高，为政务服务平台、协同办公系统等高访问量的关键业务系统提供更可靠的保障。

2. 构建盐田区统一的大数据资源中心

一是建设全区统一数据权威的公共信息资源大数据库。完善基础库、主题库、业务库的建设，归集各部门有价值的信息资源，丰富数据库的数据种类和内容。编制区公共信息资源库信息资源目录，为各街道、各部门使用公共信息资源库信息资源提供指引。

二是完善升级数据共享交换平台。基于政务信息资源目录体系，实现各领域、各部门数据的统一目录管理、统一认证和统一交换。建立以信息资源共享为核心的政务协同工作机制，统一数据交换标准和接口规范，实现不同网络、不同系统之间的互联互通和交换共享。基于统一的数据共享交换平

台，实现政务部门间的信息共享和业务协同，避免分散、重复建设同类平台。

三是建设政务大数据开放平台。加强对政府部门数据的统筹管理和集中开放，统一制订全区数据开放计划，优先推动信用、交通、医疗、旅游、就业、社保、地理、文化、教育、环保、金融、安监、质监、食药监、农业、统计、气象、企业登记监管等相关领域的政府数据集向社会开放。组织实施数据开放计划，以政府数据开放为纽带，吸引带动行业大数据开放，引导企业、行业协会、科研机构、社会组织等主动采集并共享开放数据，实现数据开放常态化。鼓励和支持企业和公众挖掘利用政府的开放数据资源，创新商业模式，开发互联网创新产品，催生新应用、新业态。

3. 增加数据来源拓宽数据维度

除政府内部数据外，应多渠道拓宽数据维度，可以从三个方面着手。一是建立全方位的物联感知体系，增加数据采集内容，基于万物互联获得更多的感知数据；如物联网数据、WIFI 探针数据等。二是与社会企业开展数据方面的合作，通过数据互换或其他合适的形式，获取社会数据；如与运营商合作，利用手机信令数据丰富人口分析的内容；与互联网公司合作，获得各类互联网数据，如共享单车数据、地图数据等等。三是扩展政府部门数据共享类型，如公安部门、交通部门的视频数据资源，住建部门的 BIM 数据等。尽可能多地丰富数据宽度积累数据厚度，以支撑全面展示盐田区的运行状态。

（二）加强数据治理，形成优质的政府数据资产

1. 完善工作机制，提高数据管理水平

建立相应的信息资源管理办法，明确数据共享、更新的机制和审批主体、流程等。明确数据更新标准和原则，对资源库的信息进行及时更新和质量保障。明确数据使用权限和范围，对数据使用单位、使用人员进行分级授权，对数据的开放使用范围进行对应授权。明确数据共享访问的申请流程和方式，为有共享需求的单位提供数据共享申请渠道。明确数据监察和考核机

制，对信息资源共享和更新情况进行统计、分析和考核评估，对资源库信息的及时性、准确性、完整性以及系统运行情况进行监督。

2. 建立全区统一的数据标准管理体系

要建立全区大数据统一的数据标准，制定数据导入、访问、更新的接口技术规范，让数据收集和交换的过程有章可循、有据可依，构建非结构化数据库、历史数据库，为数据的追踪溯源提供依据。构建政务信息资源目录体系，实现盐田区各领域、各部门数据的统一目录管理、统一认证和统一交换。建立政务协同工作机制，统一数据交换标准，实现不同网络、不同系统之间的互联互通和交换共享。

3. 建设数据质量提升系统

通过开发应用数据质量提升系统来实现数据质量提升服务，对数据质量进行实时监测，结合数据稽查，进一步建立全面、完整的数据质量提升规则，实现数据的去伪存真、纠错补全、统一规范、合理关联及持续优化。建设大数据清洗加工系统，建立数据标准和清洗规则，实现数据的清洗加工和标引编目，形成规范化、质量化的主题数据，实现数据分级分类管理。

4. 强化数据安全保障

完善区信息网络安全防护体系，强化信息安全基础设施建设，有效防御网络攻击。按照国家信息安全等级保护标准的要求，建立严格的身份认证和责任认定下的等级授权机制操作流程，各街道、各部门根据授权访问所需的信息资源，进行开发利用，确保系统和数据运行安全、实用快捷。从数据脱敏、数据安全、环境安全及数据授权管理等方面进行安全管理，确保政府数据的安全性及可控性；采取分级授权、数据使用留痕、日志管理等技术手段，实现数据安全的可追溯。

5. 建设数据全生命周期管理系统

在盐田区数据采集、汇聚、交换、共享、服务等各环节进行监控、控制、审计，实现数据全流程监管，收到事前可管、事中可控、事后可审的精细化管理效果。

（三）构建数据分析及可视化体系，形成自动分析预警能力

在完成数据集中共享并清洗融合形成“精数据”的基础上，需要构建多层次的数据分析能力，以支撑日常工作的需要，具体内容包括以下方面。

1. 构建大数据分析智能技术平台

提供实时计算、离线计算、流式计算、内存计算等多种计算能力以及机器学习、人工智能等多种分析算法，实现数据分析智能化。

2. 建立大数据分析的应用模型

对大数据平台建立的各种模板和模型进行统计、查询和列表展示，以丰富的展现形式为决策者提供分析和管理上的帮助。

3. 对数据进行可视化展示

以简洁、清晰为原则，对数据内容进行可视化，展示内容包括地图、数据库的内容及业务主题分析等，展示媒介包括电脑、PAD、手机等终端。

（四）挖掘数据潜力，提升政府治理能力和公共服务水平

1. 社会建设领域

（1）建立城市运行监测中心。运行监测基于各部门对接的数据及大数据平台汇聚的数据，通过构建区域运行关键体征指标体系，实现政务、交通、城管、消防、医疗等城区运行体征指标数据以及重点区域、城管问题、突发事件、非紧急救助等信息的在线监测。通过设置对应的业务专家阈值对潜在风险或具体问题进行预警告警，进而实现对区域运行各类具体场景、事件、指标的实时监测和近期趋势预测分析。

（2）建设人口全生命周期管理系统。通过对人口的全生命周期管理，能全面掌握人口的活动轨迹及人口的成长状态，对重点人员轨迹跟踪查询或对相关补贴申请的核查核验提供辅助作用，可针对重点人群在事前进行重点监控、事中进行规范动作、事后建立应急处理平台多方联动。通过对人口、法人、房屋基础库数据的关联比对，形成若干条关系型数据，构建关系型数据库，以便为人口、法人、房屋三方的关联关系查询提供依据。

（3）构建生态文明大数据平台。推动大数据与生态文明建设的深度融合，将大数据建设融入生态文明建设全过程，实现生态环境综合决策科学化、生态环境监管精准化、生态环境公共服务便民化三个目标。利用大数据支撑环境形势综合研判、环境政策措施制定、环境风险预测预警，提高生态环境综合治理科学化水平。充分运用大数据提高环境监管能力，全面设立生态环境监测点，使环境质量、重点污染源、生态状况监测基本全覆盖。利用大数据支撑生态环境信息公开、网上一体化办事和综合信息服务，发挥生态环境数据资源的服务作用。

2. 公共服务领域

（1）建设基本公共服务资源配置分析系统。基于多方数据的融合与关联，开展未来趋势预测，为科学合理地配置公共服务资源提供大数据支撑。开展学位压力挖掘分析，如通过将人口数据、学校数据进行联合建模，结合不同年龄结构的人口增长趋势，对学校学位压力进行精细评估及预测，为教育资源的建设与分配提供决策支持。开展医疗资源预测分析，如通过将人口的增长趋势、医院及社康中心的分布区域、数量进行联合分析，对盐田区未来的医疗资源需求进行预测，合理地进行医疗资源的规划及配置。

（2）以数据驱动互联网 + 政务服务。建设政务服务网上办事数据库，建立健全政务服务信息采集、归类、储存、维护、交换、使用、管理机制，通过数据共享交换平台，实现各环节、各时段、各类政务服务数据在统一申办受理平台、权责清单系统、各部门业务审批系统等各类系统间的互联互通，变“群众跑腿”为“信息跑路”，变“群众来回跑”为“部门协同办”。建设统一的政务电子证照库，将居民身份证号码、社会信用代码进行关联，实现办事相关证明材料统一存储、可重复使用。开展政务服务数据分析和挖掘，进一步精简事项环节，优化事项流程，提高网上办事的用户体验。开发数据智能录入系统，可通过模拟不同系统的数据输入流程进行数据自动上报，可通过数据一次录入、多个系统自动分发的方式，解决基层工作人员数据重复录入的问题，减轻工作量及工作压力。

（3）搭建全区统一的服务企业信息平台。将企业基本信息、企业诉求分类信息、诉求状态等信息进行关联融合，对企业服务管理的各类管理事件、信息等进行全周期记录，建立企业服务全息信息。通过对大数据的分析挖掘，为企业提供更多精准化、个性化主动服务。加强企业人才服务，通过整合各方人才信息资源，对接人才、企业、机构的需求，实现人才资源和创新创业资源的汇集，达到汇聚资源、集成服务、支撑企业发展的目的；同时，为企业高端人才定制人才服务清单，提高高端人才服务水平和精细化管理。

3. 公共安全领域

（1）大力推进大数据在维稳综治、应急指挥等方面的应用。依托区数据共享交换平台，整合部门间信息共享资源，打通政法部门与其他部门的数据壁垒。大力推进大数据在反恐、维稳工作中的应用，完善反恐维稳、治安防控、安全管控、应急处置、抢险救援等应用功能，着实提升政府职能部门的社会治理能力和水平。建立以区应急指挥系统为中心、各街道联动的应急指挥体系，实施突发事件风险预警、应急处置决策支持等大数据应用。同时，加强高清视频监控、车辆抓拍、物联网和身份证信息读取等各类数据的采集，实现社会治理、交通物流、视频监控、互联网等涉及城市安全的数据有效整合共享，社会整体联动应用。

（2）建设安全生产大数据平台。建立跨部门、跨领域、跨行业的安全生产大数据发展协同推进机制，加强安全生产监管和服务。运用大数据手段实现政府负面清单、权利清单和责任清单的透明化管理，完善大数据监督手段。建设全区安全生产监管信息平台，构建安全生产统一数据库，满足安全生产网格化监管、综合监管、应急救援、公共服务四项综合监管功能，为全区安全生产状况持续稳定好转提供信息化支撑保障。建立全区安全生产大数据应用体系，逐步实现安全生产信息“来源可查、去向可追、责任可究、规律可循”。

（3）构建基于语义分析的舆情分析平台。通过机器学习，针对互联网信息，形成按不同领域、不同主题、不同关键词、事件重要程度等多维度的舆情简报、舆情专报、分析报告、移动快报、图表等，进行语义分析，为决策层全面掌握舆情动态做出正确舆论引导，提供分析依据。

B.22
创新与规制：完善龙岗社会治理之格局

王延奎　曹昊云*

摘　要： 党的十九大报告在阐述新时代中国特色社会主义思想时，提出统筹推进“五位一体”建设必须紧扣国内社会主要矛盾发展变化，“提高保障和改善民生水平，加强和创新社会治理”，“打造共建共治共享的社会治理格局”。这充分体现了党对当代中国社会治理和社会建设规律认识的进一步深化。十八大以来，龙岗区积极加强社会治理创新，为全国贡献了龙岗智慧，从“党委领导、政府负责、社会协同、公众参与、法治保障”社会治理格局的五个维度展现龙岗社会治理之美。本文针对龙岗如何紧扣十九大关于新时代国内主要矛盾的历史性转变，破解社会治理中发展不平衡、不充分的难题，提出了以创新和规制完善龙岗社会治理的格局，具体从社会领域党建创新、社会治理供给侧改革、社会创新联动机制建设、社会治理多元主体培育以及幸福社区建设五个方面，提出了有指导性和针对性的社会治理共建共治共享机制和路径。

关键词： 龙岗区　社会治理　幸福社区

党的十九大报告在阐述“新时代中国特色社会主义思想”时，要求紧扣我国社会主要矛盾变化，就如何按照“五位一体”总体布局统筹推进社

* 王延奎、曹昊云，深圳市龙岗区委政法委。

会建设问题，指出要“提高保障和改善民生水平，加强和创新社会治理”，提出“打造共建共治共享的社会治理格局”。充分体现了党对当代中国社会治理和社会建设规律认识的进一步深化，有力地彰显了党的执政逻辑与社会治理实践要求。龙岗在过去五年的深圳建设中国特色社会主义示范市进程中，贡献了龙岗的诸多智慧。本文以深圳龙岗的社会治理创新为样本，从社会治理格局的五个维度概述龙岗社会治理之美，并围绕党的十九大确立的新时代要求和使命，继续登高望远、勇于变革、永不止步，以创新与规制，推进龙岗社会治理迈向共建共治共享新征程。

维度一：核心引领之美

——一个物体的质量越大，其引力越大。一个国家（政党）同样如此，中国共产党作为执政党，凝聚了8900余万党员、13亿人民，56个民族共生共融，其引领力、向心力独一无二。

加强党对一切工作的领导，直接包含了党对社会治理的领导，体现了党的执政能力。截至2017年6月，龙岗区共有党组织2520个、园区综合性党组织60个、党员38970名。建成居民小组党群服务室243个、花园小区党群服务室38个、非公企业党群活动室413个。在区委领导下探索的“激发社会活力、推动共建共享”社会治理机制入选“全国社会治理创新优秀案例”。完成69个“村改居”社区政企社企分开改革，形成的“一核多元、协同共治”基层治理体系获评首批“全国社会治理创新优秀地区”。建立民生实事常态化公开征集和办理供给机制，“社区民生大盆菜”改革项目入选全国“社区治理十大创新成果”。开展企业园区标准化党建，设立园区党群服务中心，以天安云谷为代表的党组织融合各类治理元素，推动园区创新发展，2017年迎来中组部的现场调研并获充分肯定。探索党的基层组织建设在花园小区的新路径、新方法和新作为，生动实践“支部建在连上”，龙岗社会治理共建共享故事成为“样板”。

维度二：平安和谐之美

——现代社会的平安和谐源于现代社会规则之治。对一个人口严重倒挂的城区而言，科技发展与应用下的社会法治规则是社会活力与秩序并存的基础保障。

社会管理是政府的基本职能之一，为建设更高水平的平安龙岗，2014年龙岗率先编制全国第一张党政全覆盖的权责清单，在区行政服务大厅网络上运行，并按照中编办的调研指示，致力于为全国权责清单编制探索经验。深化行政审批制度改革，将全市各区对口部门的审批事项、程序、条件、时限等情况作为改革参照指标，精简审批事项101个，优化审批环节279个。实行网格化管理，全区科学划分为3823个基础网格，2016年，推广平湖“中心＋网格化＋信息化”省级试点经验，实现区、街与省、市综治信息系统全面对接。建成高清探头19400余个，实现“重点区域、重点路段、重点部位”高清探头全覆盖，部门、街道数据信息全部贯通并网，“雪亮工程”联网应用走在了全市前列。布吉街道的“科技围村”物管模式荣获公安部基层技术革新奖。横岗街道“信访调解司法确认”机制获全省推广，2015年以来有效终止各类纠纷1094宗且无一反复。按照“互联网＋政务服务”思维，在全国首创政企共建产业园区公共服务平台5个，共为1500多家园区企业、15万名创新人才打通了政府服务企业“最后一米”。

维度三：协同创新之美

——现实中大量的社会问题来自于基本规则之外的不确定性①，公共政策的实施无法解决社会环境变化下的全部问题。以创新应对社会（市场）出现的各种问题、形成与政府协同共治，则是各类社会组织（企业）存在与发展的价值追求。

社会治理既是对全社会的治理，也是对全社会共同参与的治理。作为深圳市基础教育改革试点实验区，龙岗积极撬动社会资本参与，在全国率先探索“民建公有、民营公助”的政府资助学校办学新模式，龙岗因此获评全国义务教育均衡区。全市率先推动企业自主购买社工服务，2012年首届“全国（深圳）企业社会工作建设研讨会”在龙岗召开。成功探索“和谐劳

① 借用经济学里的不确定性概念（uncertainty），指的是经济主体对于未来的经济状况尤其是收益与损失的分布范围以及状态不能确知。

动关系企业社工综合服务”项目，龙岗成为“全国企业社会工作试点地区”。经过多年发展，龙岗的专业社工深度参与社会服务，人数从 49 人发展到 1300 多人，领域从 4 个拓展到 19 个，2013 年被民政部确定为首批“全国社会工作服务示范地区”。历年来龙岗社工机构和社工获国家级荣誉 20 项、省市荣誉 60 多项，获奖项目数和人数均位居全市各区前列。成立的南坑社区圆梦基金会是全市首家社区基金会，出台龙岗区社会组织培育扶持办法和专项资金使用管理办法，社会组织总数达到 1806 家，居全市之首，2014 龙岗入选民政部确定的“全国社会组织建设创新示范区”。作为一个拥有 1242 家规模以上企业的产业大区，龙岗 60 余家行业协会（商会）有效引导会员企业履行企业社会责任，2017 年成为全市企业社会责任企业园区试点区。

维度四：社区参与之美

——公众参与是现代民主的重要形式，也是社会和谐稳定的重要基础。引导社区居民直接参与社区公共事务决策和监督，既是居民依法参与社区自治、体现当家做主的重要形式，也是在健全完善代表制民主前提下的有效补充。

2014 年，龙岗以分类梳理“村改居”社区和“纯城市”社区党委、工作站、居委会“权责清单”为突破口，成功探索“一核多元共治”社区治理格局。推进的“社区民生大盆菜”项目，成为社区居民议事的重要驱动力，2016 年获得民政部“中国社区治理十大创新成果奖”。社区治保会、楼（栋）长联合会、平安促进会、群防群治联合会等社区社会组织形成“四会联动”，积极协助开展社区禁毒、防邪、精防、消防、治安等治理工作，社区居民成为参与综合治理的重要社区力量。2017 年，引领志愿者参与治水提质行动、环境提升行动和文明创建志愿争先行动，推动志愿服务专业化发展。其中，四季花城社区拥有注册义工 1800 多人，市级五星级义工有 77 人，先后获得了全国文明单位、全国先进离退休党支部、全国和谐社区建设示范社区等各级荣誉近 200 项，涌现 70 岁“深圳市百优义工”曾根莲、“全国无偿献血奉献奖金奖”董鹏远、“深圳市最美长者”石文霞等先进典型的同时实现自身的发展。111 个社区党群服务中心实现社会化、项目化运营，为社区居民提供不少于 11 项的免费公益服务和若干特色服务项目，有效回应社区需求。

维度五：规则秩序之美

——法者，治之端也。现代法治经济和法治社会已经成为中国社会发展的基本取向。社会规则内化于心外化于行，需要在全社会形成尊法学法守法用法环境，才能实现以法治思维和法治理念推进法治社会建设。

龙岗作为“中国十佳法治化建设城区”，始终以法治作为社会治理根本原则和价值导向，运用法治思维、法治方式深入推进龙岗法治社会进程。秉承法治实践，创新“龙岗法治大讲堂”，推进法治讲堂进工厂、进社区、进机关、进学校，2016 年获评选“全国法治宣传教育先进区”，且为全市唯一获此殊荣的行政区。探索信访工作法制化新途径，龙岗区“信访调解司法确认”制度在全市信访部门宣传推广。指导成立各行业协会（商会）60 余家，建立 483 个调解组织（包括行业协会商会内部调解组织），选拔聘用首席人民调解员 70 名，全面提升人民调解质量，构建以社区人民调解为依托，企业、行业人民调解为补充的全方位、立体化人民调解网络。创新基层法援社会化参与机制，在劳动、社保、检察、工会、残联、看守所等部门建立了专业性较强的法律援助站，选取部分街道综治诉求中心、大型医院、交警、公安、法院和重点劳动密集型企业建立援助联络点，构建起一张“半小时服务圈，中心城 15 分钟服务圈”的法律援助立体网络。

——谋大事者必要布大局。大格局决定着事物发展的方向，“格”是时间，“局”是空间，掌控了大格局也就掌控了局势。对中国而言，为人民谋幸福，实现中华民族伟大复兴，就要从人类社会发展大视角切入，对中国当前所处的位置（时间和空间）做出科学的判断，力求站得更高、看得更远，谋求更大的战略布局。

党的十九大报告描述过去五年中国对世界经济增长的贡献率超过 30%，国内生产总值稳居世界第二，报告已鲜明指出中国特色社会主义进入了新时代。一个仍处于社会主义初级阶段的最大的发展中国家，国内主要矛盾已经发生了历史性转变。统筹推进经济、政治、文化、社会、生态的“五位一体”建设，必须紧扣国内社会主要矛盾发展变化，构建更具时代特征的共建共治共享社会治理格局。其中共建是基础，共治是关键，共享是目标。深圳作为国家经济中心城市，经济总量位列国内第四，龙岗作为珠江口东岸深莞惠城市圈几何中心、深圳辐射粤东粤北地区的“桥头堡”，经济总量2016年已跃居深圳市第三。既有的社会治理创新依然不能满足新时代背景下中央赋予的特殊使命和责任担当，社会建设不平衡不充分的挑战非常艰巨，需要龙岗区委继续登高望远，以“创新”改变既有规则和惯性，以“规制”构建更符合现代社会发展需要的秩序与和谐，围绕社会治理社会化、法治化、智慧化和专业化水平的再提升，继续为深圳乃至全国打造共建共治共享社会治理格局贡献龙岗样本。

一　创新社会领域党建：强化党对社会治理工作的领导

十九大报告强调党对一切工作的领导。在中国社会框架中，尤其需要加强党对社会的有效引导、服务、动员和整合，社会领域党建以社区、社会组织、新经济组织为主阵地。创新社会领域党建，需要从体制、机制和政策上通盘考虑，进一步加强顶层设计，统筹协调，上下联动，整体推进，保障党对社会治理工作的政治领导作用。

（一）强化社会领域党组织的核心作用

以深入学习党的十九大会议精神和习近平新思想为契机，做足社会领域党建重要性、实效性的宣传和氛围营造。以社会领域党员和群众为本位，结合产业转型、社区转型和社会发展需要，加快区委党校对社会领域党建工作的理论创新研究，破解制约具体某一行业、某一类别党组织作用发挥的体制机制问题，不断总结固化具有示范性、推广性、创新性的基层党建工作项目，以党建创新引领龙岗的社会创新。

（二）深入推进社会领域标准化党建

总结中浩工业城园区党建和天安云谷高端产业园区“智慧党建”模式，提高园区党建标准化建设质量，凸显园区企业党建的“一线指挥部”作用，更有效地贯彻党在经济领域的新发展理念。以社区标准化党建促“书记项目”创新，在理顺社区党委、居委、工作站、社区党群服务中心关系的基础上，推动书记项目更接地气，更有效地带动社区转型发展，激发社区活力。发挥区社会组织党委的业务指导作用，进一步消除党建中的体制机制梗阻，引导社会组织党建工作在科学会、规范化、标准化轨道上无障碍运行。

（三）推进社会领域党建工作方式创新

顺应新媒体发展和信息技术应用趋势，创新“两新”组织党建工作指导和联系机制，推进党建核心引领与企业发展战略内在驱动相互呼应、相互渗透和促进。创新党建人才培育和发现及人才资源的整合凝聚机制，不断激励优秀企业、组织坚持新发展理念，激励人才争先创优，不断增强党组织对各领域优秀人才的吸引力和凝聚力。完善党员志愿人才及项目库，依托社区党群服务中心、园区党群服务中心等阵地，完善“党员志愿者＋专业社工”的志愿服务专业化发展机制，推广党建工作典型和特色服务品牌。

（四）推进群团组织改革夯实基层群众基础

深化“党建带群建，党群共建”机制，统筹改革工青妇等群团组织机关的职能配置和机构设置、管理模式、运行机制。强化街道一级工青妇等群团组织的枢纽功能，推进群团机关“扁平化”改革。以“领导班子专挂兼、专职干部遴选制、基层队伍多元化”推进群团工作队伍建设。研究群团组织参与社区自治、以合适方式参与政府购买服务的办法与机制，巩固党执政的阶级基础和群众基础。

二　拓展大数据应用：推进社会治理领域供给侧改革

龙岗460万常住人口日益增长的民生服务、社会参与需求与供给不均衡不充分的矛盾，已经成为引发各种社会矛盾、降低群众满意度和幸福感的重要原因。龙岗在社会治理上的科技应用国内领先，具备推进智慧治理的基础条件，在新时代背景下，需要把握群众对幸福的评价逻辑规律，提高民生保障和社会治理的供给体系质量和效能。

（一）以智慧城区建设推进城市人口智能治理与服务

加强全区流动人口管理与服务实效研究，推动全市人口、产业政策引导人口科学布局。加快推进数据标准体系建设，优化基础网格和网格队伍结构，依托“综治中心＋信息化＋网格化”建设，推进综治中心实体平台的功能升级和系统对接，开展重点人员的行为痕迹数据分析研究。深入推进“雪亮工程”建设，发挥高清电子探头的广覆盖和二、三类探头的社会化并网，开发智能分析系统提高数据处理能力，形成对暴恐、违法犯罪、交通违章、房屋违建、食品药品安全等行为的有效预防和精准打击。加大对肇事肇祸精神病人、社矫人员、艾滋病人等特殊人群的智能穿戴系统开发管理应用，提高社会化、专业化服务质量，保障民生服务的精准供给和对弱势人群的精准帮扶救助。

（二）提升以市民幸福评价倒逼的民生保障和服务效能

传统以户籍常住人口为测算口径的民生保障和供给已经不能适应实有人口对民主法治、公平正义的需要。需要坚持以人民为中心，改变民生保障供给机制，关注非户籍常住人口、流动人口和家庭结构变化，智能化开展社区居民幸福调查，深入分析影响居民对幸福评判的指标变化，实现特殊家庭的精准分析和定位、社区服务的精准推送、弱势人群的精准救助。

分析具体政策实施中对弱势人群利益的影响，保障社会政策与经济政策的协同发展。倒逼政府既量力而行又尽力而为，优化公共财政预算结构，逐步消除教育、就业、养老、住房等领域保障不充分和供给不均衡的矛盾，促进社会融合。

（三）构建以物联网为基础的公共安全预防处置体系

完善区智慧城市运行中心功能，丰富以人口、法人、房屋（物业）、城市部件信息实时采集为基础的数据库，推进智能分析应用和大数据关联下的部门协同共治。加强城市公共基础设施建设的物联网技术应用，推进新建桥梁、道路、边坡、机场、车站、书城、商场超市、新建高层等人员密集的公共设施建设与物联网技术的同步应用，完善智能管理与安全预警机制，最大限度地防范公共安全事件。加强水、电、气、油等城市公共管网和消防、监控、探头等城市公共部件的智能化管理，进一步完善“城中村”与老旧工业厂区建筑消防设施的管护，不断完善“微治理”机制，做好公共突发事件事前应急预案。

（四）完善以推进信用信息共建共享为基础的社会诚信体系

遵循统一的信用标准和技术规范，加快应用社会组织综合监管平台，推动社会组织完善法人治理结构，加快社会组织信用信息的有效整合和依法公开，加大重点涉信访社会组织的信用记录审查力度。探索手机版办事大厅建设，提升城市便民利民服务质量。完善互联网违法与不良信息举报机制，推进社会“微治理”创新。加快建立实有人口以身份证为信用根的信息应用，加强对重点涉信涉访人群的有效监管和服务。如采集的花园小区违建信息，经核实通知业主整改三次无效，则信用信息同步推送国土交易信息库，系统自动限制该房产的抵押、交易和评估。完善区、街道、社区政务信息公开和承诺兑现制度，逐步实现政府部门、市场企业主体、社会组织和社区居民全口径信用信息的互联互通和科学应用。

三　有效回应社会需求：完善“1+N”区街[①]联动的社会治理创新体系

社会创新是用一种新的实验性方法解决具体的社会问题，并及时总结创新成果形成更完善的制度供给。龙岗打造区街联动的社会创新平台，开展社会创新倡导和社会动员，推进社会创新形式与内容的有机统一，从而构建能有效回应社会需要的社会创新生态圈。

（一）完善纵横联动协同的社会创新体系和平台

推动区街社会创新平台的联动共享与协同合作，共同实现平台的党建引领、供需对接研究、创新人才培育、社会组织监管功能。建立与社区网格办、社区党群服务中心、园区党群服务中心业务合作与信息联通机制，实现弱势人群服务的有效推送、社会矛盾隐患的及时缓解，保障创新项目的有效实施。加强与工青妇等群团组织、专业化枢纽型组织合作，有效支持专业化社会组织项目跨社区实施。

（二）创新社会公益创投项目遴选和供需对接机制

创新社会治理和公益服务项目遴选机制，有效对接区社会建设专项资金，充分展现政府对社会创新的支持和撬动，以此带动企业、社会组织共同助力社会治理，重点培育社会治理创新典型。发挥区、街工商联对各类行业协会（商会）的联系、引导、服务优势作用，重点开发增进企业员工和关联方参与体验、助推企业产品服务质量提升的公益服务项目，形成适合企业参与的项目产品集。

---

① 深圳龙岗区构建的1+N社会创新体系，包括1个区级总部和1个文体分部、11个街道分部平台建设，跨部门跨区域的联动协作机制，社会创新项目遴选和支持机制，社会创新成果产权保护机制等。

（三）创新社会心态培育和不良社会心理干预机制

定期开展社会心态数据分析研判，完善社会心理健康服务体系。以社区党群服务中心、园区党群服务中心为阵地，探索社区居民精神健康知识普及项目化、社会化运作机制。探索专业化社会组织参与心理健康教育和市民情感护理进社区、家庭、企业园区和学校活动，倡导自尊自信、理性平和、健康向上的社会心态，开展情感护理志愿者培训，提高社区居民情绪预警敏感度和心理干预实效，有效疏导调试不健康的社会心态，最大限度地防范极端公共安全事件发生。

（四）完善推进社会治理创新的制度供给

发挥各级政府强大的创新动员和宣传优势，有效促进创新理念的培育和普及，形成认同创新、尊重创新、保护创新、参与创新的价值理念，为社会创新营造有利舆论氛围。探索社会创新成果专有权的界定和保护机制，强化有利于社会组织和企业参与社会治理创新的关联政策导向，保障持续的社会创新资金供给，畅通信息共享平台，保护创新火种，激发创新热情。

四　培育社会治理主体：完善政企社协同共治善治机制

营造新时代政企社协同共治局面，需要政府有效放权，扩大企业、社会组织协同参与空间。龙岗作为深圳经济强区，拥有 32 万家市场主体、300 多万产业人口和 1800 多家社会组织，这些都是未来推进政府职能转移、参与政府购买社会服务、履行社会责任的潜在力量。

（一）鼓励引导社会组织参与社会治理重点领域服务

落实市的《关于规范和引导社会组织健康有序发展的实施意见》，重点引导存量社会组织参与心理健康、矫治安帮、法律援助、矛盾调处领域的专业性服务，在服务中实现对社会组织的综合监管，引导专业化发展。依托区街社会创新中心，为各类社会组织培育孵化、项目展示提供能力培训、场地支持、信息共享和项目支持，推动入驻初创型、示范型、支持型社会组织自助互助，形成良好运行的创新生态圈。

（二）指导社区社会组织规范化参与社区治理

发挥社区社会组织联系社区居民的天然优势，引导社区文体兴趣类社会组织参与社会治理，重点扶持社区群防群治联合会、社区平安联合会等社区社会组织参与社区治理，开展增能培训和项目辅导，提升社区民生大盆菜项目资源链接，项目管理和财务、法律风险防控能力。探索社区志愿组织参与社区治理项目的第三方跟进和效果评估机制建设，形成社区治理项目开发、实施和监管环节多元主体参与的社区内部良性循环。

（三）深化园区企业社会责任"深圳标准"[①]实践

创新"深圳标准"宣讲方式，深入电子信息、智能机器人、新能源、跨境电商、绿色低碳和应急产业等产业集群区，探索社会化倡议项目和企业责任空间拓展新机制，推进龙岗更多企业履行与自身发展阶段相匹配的社会责任。用好"扶贫济困日"和深圳每年一度的全国公益慈善大赛的契机，搭建星级企业参与社会治理、分享社会责任实践的平台，形成典型带动。

（四）强化企业社会责任内生动力的制度供给

落实《深圳社会责任规划纲要》，引导社会组织协同参与，分析上市公司社会责任承担要求和上市公司环境信息披露方面的政策规定，结合公益事

① 深圳市企业社会责任标准主要由一个意见、两个标准组成，即《关于进一步促进企业社会责任建设的意见》和配套的《企业社会责任要求（SZDB/Z 133－2015）》《企业社会责任评价指南（SZDBZ/Z 134－2015）》，2015 年 4 月 1 日开始实施。企业社会责任评价划分为三个等级，分别为★级、★★级、★★★级。企业自愿参与，由第三方机构评价，相关部门共提出 11 条具有针对性和吸引力的政策措施。

业捐赠法、慈善法等法律法规的宣传，推动企业社会责任的供需对接。充分发挥龙岗区社会创新公益基金的平台作用，整合社会资源，提高企业参与龙岗社会治理的精准度，实现多赢，增强龙岗企业竞争的软实力和可持续发展动力。

五　打造幸福社区样板：完善以党组织为核心的社区自治体系

十九大报告指出，基层是一切工作的落脚点，社会治理的中心必须落实到社区。必须完善以基层党组织为核心，引导驻区单位、社会组织、群团组织等各类社会力量广泛参与，发挥社区各方面的作用，更好地为社区居民提供精准有效的管理和服务。

（一）强化社区党委对居委会自治工作的领导

推动深圳加快修订社区居民委员会工作办法，固化社区居民议事会工作规程，不断拓展居民议事成员的代表性和覆盖面。强化社区居委会的组织建设，推行社区居民公约，探索根据花园小区居民结构特点，设立符合小区自治需要的专业委员会，完善居委会对社区社会组织、社区党群服务中心的指导监督机制，指导社区逐步形成以自治章程为核心、以各类决策议事规则为重点、各类小区居民公约相配套的社区自治规则制度体系。

（二）健全“社区民生大盆菜”项目形成和监管机制

健全自下而上自治议题和项目形成、项目资金监管机制，积极运用新媒体等手段，拓展居民参与项目监管渠道和平台，推动自治方式的信息化和现代化。把物业管理、环境卫生、社区安全、违建群租、河流治污等社区管理难点问题作为社区居民议事的重点议题，开展弱势群体救助，吸引居民融入社区建设。加强志愿服务项目规划设计，利用志愿服务信息平台、资源整合平台、组织孵化平台推动志愿服务供给与需求有效对接。

（三）提升专业社工精准开展社区特殊人群服务的质量

发挥龙岗社工机构不断壮大、专业社工人才不断集聚、政府购买专业社工服务领域不断拓展的优势，发挥社区党群服务中心平台优势，开展社区各类困难人群的信息实时更新，深入禁毒、社矫、防邪、精防等社区特殊人群的个案服务，确保“一个也不落下”，实现关爱救助服务全覆盖，扶贫、扶智和心理增能服务的全方位开展，切实凸显社工的专业优势和价值。

（四）强化社区居民参与“幸福社区”建设的主人翁意识

以开展“幸福社区”指标体系构建和创建为契机，完善全市社会建设客观指标体系和社区满意度问卷调查设计，发挥社区党委的统筹协调作用，开展居民生活满意、生命活力、人格成长、潜能感知等维度主观感受指标的设计。加强对影响居民幸福感的社区设施、环境绿化、文明行为、邻里互助、人际交往以及公正执法、公共安全状况指标政策分析，探索委托社区志愿组织定期开展社区居民幸福感和满意度调查分析，以“幸福社区”建设强化城市社区共同体功能。

B.23

深圳市龙华区进一步完善社会矛盾纠纷多元化解机制研究报告

黄民华　谢 金*

摘　要： 习近平总书记在十九大报告中指出："中国特色社会主义进入新时代，中国社会主要矛盾已经转化为人民日益增长的美好生活需要和不平衡不充分的发展之间的矛盾。"这一重要论断反映了中国社会发展的巨大进步，也反映了发展的阶段性特征，为当前和今后一个时期的社会矛盾纠纷化解工作明确了工作方向。2018 年恰逢改革开放 40 周年，随着社会主义市场经济向纵深发展，社会思想文化呈现出日益多元化趋势，社会矛盾化解工作面临着复杂形势和严峻挑战，如何调动各方力量，整合政法系统资源，形成社会矛盾纠纷多元化解工作合力和齐抓共管工作格局，成为社会矛盾纠纷化解工作中必须深入探究的课题。

关键词： 龙华区　社会矛盾　多元化解　齐抓共管

一　主要观点

龙华区作为深圳中轴提升战略的直接受力点，随着城市转型升级进程深

---

* 黄民华、谢金，深圳市龙华区委政法委。

入推进，新老矛盾叠加交织，社会矛盾纠纷呈现出面广量大、触发点多、突发性强、主体多元化、内容复杂化的特征，既是“黄金发展期”，也是“矛盾凸现期”。从近年来工作情况来看，当前龙华区社会矛盾纠纷的主要诱发因素：一是劳动争议引发的矛盾纠纷。龙华区是深圳的产业大区，受土地规划、租金上涨、成本增加等多种因素影响，一些劳动密集型企业纷纷向成本更低的惠州、东莞、河源等周边地区转移。特别是十九大闭幕后，龙华区一些推迟搬迁的企业重启搬迁计划，因企业搬迁重组引发的劳资纠纷问题不断增多，加上工人提出经济补偿金等法外诉求，部分企业客观存在社保、公积金少缴、未缴问题，龙华区社保及公积金的执法队伍建设起步晚、经费少，劳动监察部门在排查、处罚企业的违法行为时，难以同时联合社保、公积金部门解决有关问题，不仅增加了劳动部门处置压力，也增加了群体性劳资纠纷的调处难度。二是邻避问题引发的矛盾纠纷。一些民生工程建设，如医院、变电站、垃圾处理场站、城市快速路等项目在推进过程中，规划场址周边居民群众出于担心影响自己生活居住的环境，或者对房价造成影响等因素集体进行抵制，形成“邻避效应”，需要涉及的多个部门共同做工作。三是环境污染引发的矛盾纠纷。一方面，因建筑施工噪声、餐饮业油烟污染等问题影响到群众生活质量，信访投诉不断。龙华区开发建设进程加快，施工项目较多、较集中，市政类工程因工期紧，大多存在赶工期问题，部分房地产企业建筑工地违法超时施工，龙华区居民对建筑施工噪声的投诉量持续增长。另一方面，龙华区日产生活垃圾约2180吨，由于没有自己的垃圾处理场所，需要全部外运处理。一旦外运和清理迟滞出现垃圾堆积散发臭气，会引起群众大量举报和投诉。四是城市更新问题引发的矛盾纠纷。在城市化进程的推进过程中，城市建设和更新项目涉及的征地拆迁、拆违问题引发的矛盾纠纷日益增多，如梅龙路征地拆迁纠纷，福轩大厦、金凤凰豪苑拆违纠纷。五是社区股份公司土地问题引发的矛盾纠纷。一些社区股份公司在20世纪80年代将村集体土地出租，签订较长时间的土地转让合同，随着社会发展变迁引发利益冲突，由于时间跨度长、利益关系复杂，处理起来棘手，涉事利益群体每逢重要节点采取上访等方式向政府施压，需要从政策层面统筹考虑，推动源头解决。六是房地产和物业管理引发的矛盾纠纷。随着龙华区发展提速，新建楼盘不断增多，加上老旧小区物业管理滞后，因房屋质量、配套设施、物业管理交接等引发群体性事件不断增多。七是学位问题引发的矛盾纠纷。随着龙华区城区环境、人口结构不断优化，在学位本身紧张的情况下，群众对名校、公办学位渴望大，一些“五类、六类”学生家长要求申请公办学位，一些本身能够到公办学校就读的又要求上“好学校”。一旦预期难以实现就采取串联上访、聚集等方式表达诉求。八是涉众金融问题引发的群体性事件。互联网金融企业风险点多面广，主要通过互联网运营，具有较强的隐蔽性和突发性，此类问题涉及人数多、金额高，部分投资受损群体频繁串联。九是复退军人群体问题。龙华区户籍参战涉核退役人员约100人，其主要诉求为延续原灵活就业政策、社保保障、医疗救助、经济援助、就业帮扶、住房补助等。当前龙华区复退群体政策外诉求增多，部分原非户籍人员将户口迁至辖区并纳入区优抚对象，该群体希望通过政府引导参与社会管理。十是“农转非”群体问题。龙华区“农转非”群体主要指2003~2004年股份合作公司改制前，已将户口迁出所辖村组而未能分配股权的原村民。2014年以来，该群体联合其他区原村民先后多次到市信访局、区政府上访，要求政府恢复其股权、红利分配、“一户一栋”建房指标等福利。十一是突发性事件引发的矛盾纠纷。交通肇事认定、赔偿、非正常死亡和工伤事故纠纷等突发性事件也常常引发矛盾纠纷，个案处置、经济补偿标准不一，没有形成处置类似事件的长效机制。

从龙华区社会矛盾纠纷表现方式上来看，主要特点有：一是类型多样化。征地拆迁、土地转让、劳动争议等以经济利益诉求为主要特征的矛盾纠纷，涉及政策、法律、经济和社会生活等方方面面，调处难度大，易形成上访和群体性事件，成为影响社会稳定的热点问题。二是主体群体化。由房地产、金融、学位、重点工程建设等引发的矛盾纠纷，由于纠纷主体利益一致，往往采取抱团取暖、网上串联、集体上访等方式表达诉求。三是内容复杂化。群众利益诉求往往与民事、经济、行政等因素交织在一起，特别是近年来邻避效应、涉众金融等纠纷，诱因复杂，参与者的合理诉求与不合法方式交织在一起，多数人的合理诉求与少数人的无理取闹交织在一起，群众的自发行为和一些人的别有用心交织在一起，给处置工作带来相当大的难度。四是矛盾易激化。由于当前矛盾纠纷往往涉及较多利益群体，有的群众存在“法不责众”的错误认识和侥幸心理，采取的方式较为激烈，有的群众甚至抱着“小闹小解决、大闹大解决”的错误想法，为引起关注而采取越级上访、集体上访形式，以求解决问题，情绪容易失控，给矛盾纠纷调处带来相当大的难度和复杂性。

二 核心思路

当前，矛盾纠纷主体多元化、类型多元化、诉求多元化，传统的化解矛盾的理念、思路、措施、途径已不能适应新形势、新变化，多元化解成为解决当前社会矛盾纠纷的重要途径，重视和完善新常态下的多元化解矛盾机制成为维护稳定、促进和谐的必由之路。如何完善这一机制，主要思路有以下几点。

（一）整合各方力量形成多元化解矛盾纠纷的合力

在区委区政府的统一领导下，区委政法委发挥统筹协调和牵头抓总作用，依托现有资源，有效整合各单位调处矛盾纠纷的力量，促进各相关职能部门的相互协调、配合。一方面，将龙华区现有的医调委、妇调委、一社区一法律顾问等现有矛盾纠纷调处力量，纳入多元化解矛盾纠纷机制的框架中来；运用好区信访局访前法律工作室、信访公开合议庭等制度，不断做大做强，形成品牌示范效应。另一方面，建立健全与区委组织部、区人大、区政协的沟通联系机制，结合龙华区党代表、人大代表、政协委员到基层开展的各项活动，定期组织“两代表一委员”开展接访走访活动，着重听取、收集群众反映的难点热点问题，通过各种方式推动问题解决；主动协调区法院、区检察院，做好诉访分离善后衔接和诉调对接工作。在解决具体矛盾的时候，由具体的事权部门牵头，其他相关部门予以配合，利用各自特有优势，形成解决问题的合力。

（二）建立健全矛盾纠纷信息预警机制

在进一步整合各类社会矛盾纠纷调解资源的基础上，建立以综合治理为中心，法治服务中心、司法所、派出所为重点，各部门共同参与的矛盾纠纷动态分析机制，坚持“一事一研判，一周一研判”制度，做到动态信息收集及时，动态分析全面透彻，预警、预测和防范有效。着重针对重点领域、重点项目、重点问题进行定性分析，增强及时发现和解决矛盾的针对性，真正做到重点领域的矛盾早掌握、重点项目的矛盾早化解、重点问题的矛盾早控制。对突出矛盾采取相应对策，使之处于平稳可控状态，对一般的矛盾通过分析及时施策，确保不升级、不形成不良影响，不危害社会稳定。

（三）健全完善信访纠纷解决方式

推广各街道、社区人民调解委员会经验做法，各职能部门结合实际工作需要，相应成立纠纷调解室或者调解中心，建立起区、街道、社区三级调解网络。对群众信访纠纷，分流、引导到各职能部门和街道开展调处化解工作，对化解结果及时反馈登记，健全工作台账。加强经费预算，保障街道、社区等基层调解组织的必要办公条件，进一步满足信访纠纷形式、主体、内容多样性、复杂性的要求。同时，定期组织培训班和讲座活动，加强人民调解员的业务培训，提升相关工作人员的整体素质，引入社区法律顾问，聘请专业律师，提高人民调解员的专业知识、法律政策和业务水平，力争做到信访纠纷多级调处、源头化解。

（四）健全完善各种纠纷解决方式之间的协调对接机制

一是加强有效解决诉讼与非诉讼纠纷的衔接配合。加强法院与职能部门、人民调解等非诉纠纷解决主体之间的沟通联系，在具体个案办理中增加接触频率，在纠纷解决过程中，善于借助诉外力量开展矛盾纠纷的化解工作，对移交法院仲裁处理的非诉纠纷加强配合，增强联动解决纠纷的意识和能力。二是加强非诉讼纠纷解决方式之间的衔接配合。对不属于涉法涉诉纠纷的，有权处置的职能部门之间要加强工作衔接和互补，如消协调解与工商行政管理部门的调解，人民调解委员会与街道司法所、法律援助服务中心之间的调解，加强各相关单位之间的信息互通、缺位互补，形成一个有效且和谐的整体，增强化解工作的协调联动性，对可以通过非诉途径解决的纠纷及时就地化解。

（五）建立分类管理和分级调处工作机制

按照政府主导、部门负责、协调配合、齐抓共管的思路，对排查出来的矛盾纠纷进行研判，根据事件性质和事权管辖范围明确化解责任主体。本着矛盾纠纷不上交的原则，按照社区、街道、区逐级进行矛盾纠纷调处化解工作。具体而言，社区法律顾问、警务室、纠纷调解室能够解决的矛盾纠纷，直接将其化解在社区；社区化解有难度的，上报街道综治维稳部门，由街道牵头，协调相关部门、司法所、派出所、人民调解员及事权单位进行调处，仍难以化解的，报由区委政法委统筹协调，公、检、法、司相关部门视情形参与，依托区信访公开合议庭平台，有权主管的职能部门及人员配合，进行联合调处。特别重大、疑难的，报请区委区政府召开专项协调会议，研究解决方案，采取领导包案等方式，综合运用各种手段推动化解。

三　建议对策

完善矛盾纠纷多元化解机制是保障群众合法权益、促进社会公平正义的必然要求，是加强和创新社会治理，深化平安龙华、法治龙华、融合龙华建设的重要内容。因此，要坚持法治引领，按照“党政主导、综治协调、司法引导、多元共治、法治保障”的原则，健全合理、高效、公平的多元化解机制以适应不同需求，具体对策如下。

（一）整合资源，搭建公共法律服务平台

创新法律服务供给机制，坚持工作前置、力量下沉、整合资源，构建

区、街道、社区三级法律服务平台。按照“设施一流、服务一流”的要求，进一步提高区法治服务中心工作标准，优化服务质量，整合全区司法行政系统相关职能和资源，设立集法律援助、律师服务、司法鉴定、人民调解、仲裁、安置帮教、社区矫正、法制宣传等于一体的综合性法律服务中心，增强配齐调解员、公证员、律师等各类专业人士，整合法律咨询、律师、公证等资源，让群众根据自己的需求“点菜下单”，对群众反映的信访诉求和法律问题求助，集中受理、分类办理、限时办结，实行“一站式”服务，用专业的服务惠民利民。

（二）充实力量，挖掘矛盾纠纷调解资源

一是选任好人民调解员。根据实际需要，调整、充实基层街道社区人民调解员队伍，选聘政策法律水平高、群众威信高、具有较强组织协调能力、善于调解重大疑难复杂矛盾纠纷的群众担任人民调解员；充分利用社会资源，吸收离退休政法干部和人大代表、政协委员、律师、基层法律服务工作者以及不同行业的社会志愿者参与人民调解工作。二是组建专家库。结合区信访公开合议制度，由各职能部门、街道、社区、司法所、派出所等单位自行推荐，遴选业务扎实、政策法律水平高的人员，建立档案和沟通联系机制，择机对一些信访疑难问题进行“会诊”“把脉”，为纠纷调解工作提供支持。同时，将专家库名单进行公示，当事人可以根据需要，直接申请专家点对点服务。三是完善法律顾问工作机制。加强现有“一社区一法律顾问”队伍建设，参与起草、审查规范性文件和审查行政行为，从源头上预防和减少矛盾发生。出现矛盾纠纷时，组织法律顾问到现场依法化解，实现矛盾纠纷在法律轨道上定纷止争。四是聘请专业社工参与纠纷调处。采取购买服务模式，引入社工等专业力量参与到人民调解服务当中，在各街道、派出所设立人民调解工作室，专职开展信访问题和治安纠纷的人民调解工作。

（三）强化法治思维，拓宽矛盾纠纷调解渠道

一是诉调对接。建立与法院、检察院的衔接机制，采取诉前主动告知人

民调解，诉中委托人民调解等方式，邀请调解员参加司法调解等程序，以及在法院、基层法庭设立人民调解室，注重调解过程，以对话和非对抗的斡旋缓和对立情绪，协助涉事各方达成一个利益平衡点，达到和谐解决纠纷的目的。二是依托职能部门设立行业性调解委员会。推广现有医调委、妇调委的经验做法，在矛盾纠纷较突出的领域，由具有行政调处职能的行业主管部门设立劳动争议、交通事故、物业管理、环境保护、安全生产事故等调委会，有效分流矛盾纠纷，减轻行政压力。三是打造人民调解文化品牌。参照“民法公园”的做法推而广之，打造“人民调解文化长廊”，以人民调解谚语、劝和名言警句、漫画图解等为主要形式，加强“人民调解文化”的宣传。通过选编案例，发放资料，传播“有纠纷找调解”的理念，充分挖掘社会资源，在法治的框架内强化乡规民约、传统道德、行业规则的约束力，调节利益关系，规范社会行为，促进行业自治和社会自治。

（四）强化保障措施，完善考核评估体系

一是强化领导责任。坚持领导包案，带案下访，分兵把口、分头排查、分级防控、分类疏导，化解疑难信访问题。将矛盾化解列入综治考核和信访绩效考评的重要内容，建立科学合理的考核评估体系和激励机制，避免考核指标设置约束力弱、可持续性差。对矛盾纠纷问题突出的地方和单位，通过定期通报、约谈、挂牌督办等方式，限期进行整改。对因矛盾纠纷排查不深入、化解不力导致群体性事件多发的地区，实行一票否决制。二是强化源头治理。严格执行重大决策社会稳定风险评估制度，按照“谁决策，谁负责”的原则，实行决策终身责任追究制度和决策违法责任倒查机制，促进依法行政、科学决策，以源头预防和化解社会稳定风险。三是强化经费保障。建立以财政经费保障为主体、纠纷解决行业收费为补充、公益化和市场化运行并举的经费保障机制，促进多元调解机制的法治化、专业化、规范化。

B.24

深圳市龙华区推动产业工人参与社会治理创新做法

胡庆光　王树明　郑伟文*

摘　要： 龙华辖区总面积175.58平方公里，下辖6个街道、108个社区。目前，辖区常住人口151.15万人，其中户籍人口25.5万人，实际管理人口289.2万人。地区生产总值达2130亿元，工业占主导地位。产业工人作为龙华区经济建设和社会发展的重要力量，促进产业工人深度融合龙华，具有十分重要的意义。为加快产业工人队伍建设改革，创新社会治理路径，破除社会融合壁垒，推动建设更高水平的"融合龙华"，龙华区坚持共建共治共享的社会治理总体思路，结合产业工人的治理问题和发展需求，创新性地提出"产业工人参与型治理模式创建"项目，以产业工人群体的自主参与推动基层社会治理精细化创新，安定有序、充满活力的"融合龙华"初具规模。

关键词： 产业工人　社会治理　龙华区

2017年龙华区成立行政区以来，全区社会建设系统牢牢把握社会建设共建共治共享的总思路，深入贯彻落实上级关于加强和创新社会治理的部

* 胡庆光、王树明、郑伟文，深圳市龙华区委政法委。

署，以鼓励和规范社会组织积极有序参与社会治理为重要抓手，创新性地提出“产业工人参与型治理模式创建”，以产业工人群体的自主参与推动基层社会治理精细化创新，推动“融合龙华”社会建设落地生根，社会融合更加全面深入。

一　产业工人参与型治理模式创建项目实施路径

产业工人参与型治理模式创建项目创建过程中，始终坚持政府治理的主导性、社会力量的协同性、产业工人的参与性，集中三方力量，形成最大向心力。具体由龙华区委政法委统筹协调，各街道、相关部门对接专业社会组织，在全区6个街道和富士康科技园、锦绣科学园、联华工业园3个厂区实施“6+3”治理改革试验区方案。

（一）产业工人参与型治理模式创建项目指导思想

全面贯彻中央全面深化改革领导小组关于加快产业工人队伍建设改革的重要指示精神，以中央、省、市和龙华区关于创新社会治理的决策部署为指导，坚持全心全意依靠工人阶级的方针，从巩固党的执政基础和促进龙华经济社会健康稳定发展的高度，全面改革激活社会建设发展的新动能，以产业工人群体的自主参与推动基层社会治理精细化创新，促进营造安定有序、充满活力的“融合龙华”氛围。

（二）产业工人参与型治理模式创建项目基本原则

1. 突出工作的改革性

围绕参与型治理的主题，在社会建设工作理念和实践方式上进行深度改革，发挥政府治理主导性的同时，更强调社会力量的协同性和产业工人的参与性，充分调动社会组织、产业工人群体参与社会治理的积极性。

2. 强调问题的指向性

以社区与厂区治理中的实践问题为导向，瞄准“社会治理成效提升”

“社会问题有效解决”“治理系统整体改善”三个重点方向，并优先选择治理覆盖面广、需求紧迫的工作事项。

3. 明确手法的创新性

在具体工作中努力借鉴先进经验，采取“走出去”“请进来”相结合的方式持续提升工作理念、思路，积极采用社会工作、社区营造、公益教育、群众动员、基层自治等行之有效的创新型工作手法。

4. 贯彻服务的教育性

在具体服务项目设计中体现正向价值观的教育传播，以提升产业工人在文化、价值、意识形态层面的城市深度认同为教育目标，塑造龙华产业工人群体新形象。

5. 坚持成果的共享性

坚持共建共治共享的新型发展理念，将产业工人群体的需求满足、问题解决、素质提升作为治理工作实质成果，增强产业工人共享龙华发展成果的获得感和幸福感。

（三）产业工人参与型治理模式创建项目工作思路

1. 两区联动打造产业工人的新型治理系统

针对龙华区产业工人聚集度高、社会融合度低、社会治理问题频发的现状，在社会治理工作中转变治理理念，将产业工人从社会管理对象转变为社会建设参与者，推动参与型社区治理和参与型厂区治理的创建，两区联动打造产业工人的新型治理系统。

2. 推动“6+3”治理改革试验区方案

在全区6个街道全面建设6个参与型社区治理创新项目，在富士康科技园、锦绣科学园、联华工业园建设3个参与型厂区治理创新项目，并依托基层实践经验开展社会治理的理论创新和模式推广工作，以基层实践、理论创新、模式推广三位一体的方式全面推进龙华产业工人社会治理改革工作。

3. 建立“区委政法委（社工委）+街道+社区（厂区）+社会组织”四级联动工作机制

改革项目由区委政法委（社工委）牵头领导，统筹协调推进，由区内6

个街道具体实施，提供全面支持，由相关社区和厂区积极参与，保障项目落地，由社会组织协调配合，提升项目效益。各单位各司其职，联动协作，高效运作。

（四）产业工人参与型治理模式创建项目特色

1. 方案设计重视治理理念创新

传统的社会治理理念认为社会治理的主体是政府，通过综合决策建立社会治理模式。产业工人参与型治理模式创建项目转变治理理念，推动将产业工人从“社会治理对象”转变成“社会治理参与者”，充分激活产业工人参与社会治理的积极性。

2. 项目实施密切依托平安创建专项经费

在产业工人参与型治理模式创建项目落地实施过程中，将其作为2018年平安创建专项经费扶持重点，广泛征集各街道、社区、社会组织策划申报项目。经过各项评审审批环节，最终确定扶持26个项目，其中9个项目直接来自“6+3”方案，扶持金额达285.09万元。不少项目虽不是具体子项目，但围绕“6+3”试点社区开展服务，最大限度地发挥专项经费对改革项目的支撑作用。

3. 项目成效意在塑造产业工人群体新形象

树立一批龙华产业工人自主参与社区和园区治理的典型案例，促进产业工人自我管理、自我服务、自我教育、自我发展，营造龙华产业工人队伍敢于创新、勇于拼搏、乐于奉献的新形象。

二　产业工人参与型治理模式创建项目实施成效

在“四级联动”机制的协调作用下和各相关社会组织的积极配合下，“产业工人参与型治理模式创建”项目按照既定的工作轨道有序开展。一是总体开局良好。“6+3”九个子项目均启动，并按照既定工作方案加快推进，有的项目还在前期工作基础上持续深化实施。如富士康科技园幸福工程着力开展“十大工程”，举办幸福人生大讲堂25场，持续提升青年产业工人综合素质、心理健康和能力水平。二是改革亮点涌现。如龙华街道在支柱产业园区青工“自治共享型社区”等治理项目中建立了清湖社区“租客自治会”，引导青年产业工人租客制定社区自治公约和安全居住公约，建立楼栋联络员制度和跨楼栋的片区自治小组制度。目前，已发展租客会员1000余名，覆盖社区楼栋78栋，初步形成“楼栋联络员—片区自治小组—租客自治会—社区自治公约”四级安全自治联防机制，有效提升社区安全工作的覆盖面和治理成效，初步建成社区安全工作的自治预防机制，实施以来，所覆盖的楼栋未发生一起安全事故。三是突出共治精神。在项目的推进过程中，积极引领和推动社会力量特别是产业工人力量参与社会治理，努力形成社会治理人人参与、人人尽责的良好局面。特别是，大部分子项目在策划和具体实施中，紧扣项目改革创新精神，着力转变社会治理理念，努力将产业工人打造成为社会建设主体。如观澜街道在新澜大布巷社区组建起了街道办、工作站、社区网格站、居委会、社会组织、社区群众六方参与的工作小组，开展共治研讨活动，在充分咨询社区网格员和租户对于改革工作的意见基础上，着力筹建“租客共治会”组织机制。

三　产业工人参与型治理模式创建项目工作展望

产业工人参与型治理模式创建项目是探索推进龙华社会治理工作的有益实践，但也存在一些不足，如扶助资金不足、专业人员缺乏、基层社会治理主动性不够、创造性退化等问题，龙华的社会治理工作仍然面临严峻挑战。党的十九大对打造共建共治共享的社会治理格局做出了全面部署，要求加强社区治理体系建设，推动社会治理重心向基层下移，发挥社会组织作用，实现政府治理和社会调节、居民自治良性互动。下一步，龙华区将深刻领会、认真贯彻落实党的十九大精神，在“产业工人参与型治理模式创建”改革项目基础上，结合区情，进一步探索社会治理新路径。

1. 强化顶层设计和统筹规划，推动各相关部门将社会治理创新放在更加突出的位置

社会治理是一项复杂的系统化工程，由组织、民政、发改、财政、住建、人社、司法等多个部门分工负责。龙华区将出台多项措施对社会治理进行制度创新，进一步调动各部门、各街道社会治理创新的积极性，通过每年召开一次社会治理工作会议、出台一份社会治理工作要点、引导扶持一批专项经费项目等方式，加大对社会建设和社会治理创新的统筹力度。同时，对社会治理问题突出的领域联合部门专题研究，系统地、有针对性地出台制度加以解决，提高社会治理专业化、法治化水平，整体推进龙华区社会治理创新取得突破性进展。

2. 激活社会治理内生动力，调动基层参与社会治理积极性

产业工人参与型治理模式创建旨在推动厂区与社区、外来务工人员与本地居民的融合，探索居民自治新模式、新方法。项目强调社会治理的重心在基层，在城乡社区，工作的重点是“社区治理体系建设”。未来，龙华社会治理将着眼于社会治理内生动力的激活，充分调动基层参与社会治理积极性。一是将社会治理重心下沉社区，在划分管理网格时兼顾历史人文等社会治理基础，调动社区多种资源和主体力量，将自上而下的社会管理转变为自上而下和自下而上相结合的社会治理。二是将社会治理着眼于激活社区内源性发展动力，深入调研了解业主、房东、租客关于社会治理的需求和兴趣点，有针对性地给予满足和引导，并通过培养社区骨干、社区领袖，推动形成社区自组织，实现社区自治。三是充分发挥党组织的核心引领作用，以社区党组织为核心，调动社区志愿者、楼栋长、居委会、工作站、社会组织等各方力量，形成“党建引领社建”的治理格局。

3. 深化产业工人参与型治理模式创建，打造共建型企业社区

按照党的十九大关于加强和创新社会治理、打造共建共治共享的社会治理格局的指导精神要求，龙华区将在“产业工人参与型治理模式创建”重点改革项目基础上进一步深化，打造共建型企业社区建设项目，推动外来务工人员更好更快融入社区生活。项目采取建立共建体系、完善自治机制、强

调环境提升、精准服务供给、健全评价机制等改革措施，旨在整合联动主体，推动街道、社区、自治组织、公安、企业等各方协调配合，建立联动机制，形成合力，共同为企业社区提供好基本服务，为租客自治提供有力支持，推动建设政府负责、社区自治的共建共治共享的社会治理格局，形成长效性、可持续的社会治理机制。

4. 充分调动社区教育、共有空间等治理基础元素，实现基层资源共享

打造产业工人参与型治理模式，不仅需要政府、社区、企业共同发力，也需要充分激活产业工人的内生动力，搭建共建共治社区平台，而教育是青年人最大的也是最具“用户黏性”的需求。龙华区将借鉴推广社区教育经验，吸引和发展多种形式的社区教育类社会组织（如清湖学堂），打造龙华特色城中村教育文化，形成适合龙华特点的社区教育模式，并通过社区事务的参与，为青工提供技术、方法和治理能力的培训，寓自治于教育之中，培养社区治理骨干和治理能力。另外，充分运用好共有空间的基础和硬性条件，进一步挖掘社区潜力，建设或利用现有条件提供更多社区共有空间，为居民、产业工人提供充足的议事、活动平台，充分利用社会治理基础元素，为更多社会力量参与打造共建型企业社区夯实基础性条件，推动共享理念更加深入人心。

5. 依托社会治理公益联盟，大力支持重点领域社会组织发展壮大，发挥社会治理实效

为贯彻落实深圳市鼓励和规范社会组织健康有序参与社会治理政策，龙华区成立了社会治理公益联盟，吸纳全市从事心理健康、矫治安帮、法律援助和纠纷调处等四大领域的16家社会治理重点领域社会组织加入联盟，促进知识、人才、服务、空间等优质资源整合资源共享。下一步，龙华区将依托联盟，通过公益组织服务园等枢纽型社会组织，扶持孵化社会组织，大力支持产业工人重点领域的社会组织发展壮大，吸纳更多的社会治理重点领域社会组织加入联盟，同时委托专业社会机构进行运营，不断提升社会治理工作专业化、社会化和规范化水平，通过做实做深与政府部门、企业、金融机构、其他社会组织之间的对接合作，充分发挥产业工人社会治理实效。

B.25

坪山区2017~2018年社会治理创新成效、形势分析和展望

叶华明　彭腾龙　曹文中*

摘　要： 加强和创新社会治理是中国社会主义社会发展规律的客观要求，是人民安居乐业、社会安定有序、国家长治久安的重要保障。按照党的十九大和十八届历次全会精神，以及习近平总书记系列重要讲话精神和关于加强和创新社会治理的重要指示精神为指导，结合"十三五"规划及中央、省、市推进社会治理的决策部署，2017年坪山区把社会治理摆到与经济建设同等重要的位置，同步规划、同步推进，积极探索社会治理创新发展新模式。

关键词： 坪山区　社会治理　多元参与

一　2017年坪山区社会治理创新工作成效

2017年是坪山成立行政区元年和"质量提升突破年"，也是坪山未来五年工作的开局之年，作为深莞惠城市圈的重要战略节点，坪山区应充分发挥深圳东部核心区域优势，全面落实"东进战略"，合力建设东部中心，进一步夯实社会建设工作基础。按照党的十九大和十八届历次全会精神，以及中

* 叶华明、彭腾龙、曹文中，深圳市坪山区委政法委（社工委）。

央、省、市推进社会治理的决策部署，坪山区以“社会治理社会治”的工作思路，把保障民生福祉作为工作出发点，把社会领域改革作为工作突破点，着力补短板、兜底线、优服务、强管理，推动社会治理创新发展取得新成效。

（一）突出多元参与，社会治理工作取得新突破

按照省、市有关社会建设的部署要求，紧紧围绕市委“城市质量提升年”的目标任务、区委“质量提升突破年”的工作要求，8 月 31 日，坪山区委政法委（社工委）组织召开了全区法治建设“四级同创”暨社会建设实绩考核工作部署动员会，积极谋划部署 2017 年社会建设工作。一是健全社区治理体系。自 2012 年全市社会建设“风景林工程”现场会在坪山区召开以来，在市委组织部、市社工委、市综治办、市民政局等上级部门的积极推动下，社区党组织规范化建设深入推进，领导核心地位不断增强，“基层党建工作区域化”顺利将“基层党建”模块切入“织网工程”平台，率先实现党建工作现实、虚拟“两空间”全覆盖，社区服务中心和党群服务中心实现整合，社区居民议事会的功能逐步显现，楼（栋）长的服务管理作用进一步发挥，以社区党组织为核心，居委会、社会组织、辖区单位、社区居民等多元主体广泛参与治理的“一核多元”社区治理体系逐步健全。二是努力化解社会矛盾。建立基层治保组织制度，组建 3.3 万群防群治队伍，形成了“社区治保会—居民治保组织—企事业单位保卫部”的治安防范新格局。三是强化人民调解“坪山模式”。成立办事处、社区、物业小区人民调解委员会 85 个、建立 10 个人民调解室，共有 25 名专职人民调解员、1600 余名兼职人民调解员，基本实现了在矛盾多发、易发的重点区域以及重点场所全覆盖，全年调解矛盾纠纷近万宗，全年信访总量较上年同期下降 16.4%。近期，六联社区首席调解员潘名汉还被司法部评为“全国模范人民调解员”。四是努力构建社会心理服务体系。为培育自尊自信、理性平和、积极向上的社会心态，依托深圳全程心理服务中心等社会组织，策划组织社会治理案例工作坊，面向基层、面向大众、面向社会普及心理健康知

识，组织活动16场次，服务人次达400多人。针对严重精神病患者、社区矫正对象开展特殊群体心理干预“阳光关爱行动”，组织个案、团队历奇拓展30场次，服务人次达500多人。

（二）创新培育模式，率先在全市启动社会治理项目

一是前期谋划部署。以重点培育社会治理创新项目作为切入点，分别多次会同民政部门、各街道以及各社工机构进行座谈交流，积极研究探讨社会治理所涉及的创新领域。二是科学规范管理。出台《坪山区社会治理创新项目培育细则》，制定社会治理创新项目管理标准，委托经验丰富的社会组织作为第三方机构，对项目责任单位进行监督指导。三是举办遴选答辩。经过近一个月的征集和初步遴选，共计23个创新项目参加了3月24日社会治理创新项目遴选答辩会的竞技，“心灵驿站—坪山新区公交车司乘人员心理健康培育计划”“六联社区‘阳光调解室’建设服务项目”等8个优秀项目入选并予以公示。专家评委代表、市政法委社会建设指导处张英晖副处长对坪山区率先在全市启动社会治理创新项目孵化给予了充分肯定。此外，“心灵驿站—坪山新区公交车司乘人员心理健康培育计划”还入选2017年市级社会治理创新培育项目。四是做好项目监督评估。在项目公示期委托坪山区社会工作协会进行社会治理创新项目开展情况的监督评估，以月报、半年报和年报的方式监督各机构项目规划、制度建设、工作反馈、硬件投入、团队管理等落实情况，确保经费用得其所，保证项目的开展效果。

（三）突出“育”“管”并重，社会组织工作打开新局面

一是实现社会组织有序增长。出台了《坪山区社区社会组织孵化基地管理办法》，完善了23个社区社会组织孵化基地建设，加强社区社会组织规范管理。截至目前，全区共有社会组织409家，比上年增长13%。二是健全社会组织综合监管体制机制。制定了《坪山区社会组织评估管理办法》《坪山区贯彻落实守信联合激励和失信联合惩戒制度实施方案》《坪山区社

会组织综合监管工作联席会议制度》等，从行业自我监管、社会公众监管、社会组织退出等方面建立综合监管机制，设立社会组织培育专项资金，资助各类社会组织开展具有社会性、非营利性、创新性、效益性和区域性的社会服务和社会创新项目；表彰奖励突出贡献社会组织、社会组织领军人才、优秀社会服务项目。三是推动公共服务逐渐让社会组织承担。在全省率先研究制定《坪山新区政府服务外包暂行办法》。编制政府转移职能、购买服务，以及具备承接资质条件的社会组织等“三个目录”，建立了服务外包“一年一审”经费预算、程序、监督管理、评估等制度，形成以政府为主导各种社会主体共同参与的公共服务供给格局。目前，全区各单位全年分别实现2项以上公共服务职能向社会力量转移或购买服务，逐步建立健全政府与社会力量的供需对接机制。四是推动工青妇等群团组织积极发挥作用。发挥区群团工作部的职工之家、社区U站、妇女儿童之家等枢纽型作用，拓展了社区服务阵地。

（四）发挥“民情+志愿”作用，探索社会治理多方共建模式

一是以志愿服务培育社会治理新力量。项目筹备近一个月来，面向全区6个街道23个社区，覆盖两新企业、社会组织、义工团体等多行业、多领域民情志愿者150人。先后组建了“坪山民情志愿服务总队”、“坪山民情志愿服务义工队”及6个街道民情志愿服务分队，基本建立起“1+6+N”队伍管理体制和“专职人员+兼职人员+志愿者”的队伍架构，积极培育参与社会治理新力量。二是以多方联动打造社会治理新机制。积极探索“党委政府+治理类社会组织+社会公众+N”的社会治理多方联动机制，继续巩固党委政府在社会治理中的核心主导作用，以开放式架构、市场化机制引入各类社会主体参与社会治理，形成多样化治理模式，推动社会共治。通过购买服务方式，委托专业社会组织负责运营民情志愿服务项目，联动一批社会组织共同参与项目实施，充分激发专业社会组织在破解社会治理难题、应对繁杂社会事务、提升公共服务水平方面的潜力，进而推动社会治理能力持续提升。三是以民情民意提炼社会治理新思路。在坪山区经济转型升

级、城市化社会变革的阶段性特征下，项目建立起“区—街道—社区”三级信息管理机制，探索建立人民群众参与社会治理的有效机制，通过打捞民意、矛盾调解、心理健康、矫正安帮、法律援助、诚信建设等社会治理重点领域社情民意，为党委政府决策执政提供参谋建议、为群众切身利益呼吁发声，打通上传社情民意、下达党政精神的沟通渠道，全力推动社会治理源头治理。

（五）发动社会力量“面对面”，参与社会治理新成效

一是以小见大，展示宣传社会治理亮点。前期通过全区6个街道、23个社区以及辖区内多个社会组织推荐，遴选了涉及心理健康、矫治安帮、法律援助、纠纷调处等领域创新亮点共计11个，全面总结社会治理经验做法。二是体验交流，多元改进社会治理方式。定点组团“面对面”参观体验主题活动4场次，组织邀请区“两代表一委员”，党外人士代表、市民群众及媒体代表近300人次前往参观体验，通过社会各界代表的亲身体验，深刻了解项目设计目标、实施方式、服务效益等。三是众智众力，多方促进社会治理发展。在实地交流过程中，社会各界代表不仅可以听到专业人员讲解，还可以随时与项目服务对象进行沟通交流，各界代表从自身实际体验出发对项目实施效果给予客观评价，并且就项目改进提升提出宝贵建议。四是共建共享，共同见证社会治理成果。策划拍摄2017年社会治理创新项目宣传片，派发宣传社会治理创新项目宣传册1000多份，成功举办“喜迎十九大·共筑新坪山”社会治理创新主题晚会，以全国模范人民调解员、六联社区首席调解员潘名汉同志为原型编创的音乐情景剧《人民调解员》、音乐沙画《大美坪山》、关爱来深建设者“心愿树”、法制宣传签名墙以及社会治理创新项目互动展示等诸多展演方式，吸引了近500名市民观众驻足观看。社会治理“面对面”专项活动，使社会治理成为将党委政府与社会公众有效联动起来的“交响曲”，力争广大市民群众成为社会治理的受惠者和参与者，努力实现顺民意、汇民智、聚民力、润民心。

（六）多措并举，致力推动“诚信坪山”社会诚信体系建设

坪山区以构建“诚信坪山”为主线，积极探索建立共建共享机制，统筹部署社会信用管理体系建设。一是以建立和完善信用信息共享机制为核心，完善政府决策机制。按照区委“质量提升突破年”的工作要求，坚持稳中求进工作总基调，相继出台了《坪山区社会信用体系建设规划（2014～2020）》《坪山区社会信用体系建设重点工作计划》《坪山区推动名牌带动区域品牌战略实施方案（2016～2020）》《坪山区贯彻落实守信联合激励和失信联合惩戒制度实施方案》等相关文件，将公共信用信息作为区各职能部门重要参考依据，为坪山区社会信用管理体系建设提供有力遵循。二是以信用服务社会的体系构建为目标，搭建公共信息信用平台。建立健全组织架构，成立七级事业单位坪山区公共信用信息服务中心。以“市区联动、共建共享”的工作思路，积极推动坪山公共信用平台一期建设。建立坪山区信用信息子库，总体上依托深圳企业信用中心信息作为基础数据，以区相关信用数据为补充，努力构建坪山区信用信息库。建立坪山区信用信息门户网，其主要功能包括公共信用信息查询、信息公示服务、信息公告、诚信风采、曝光台以及信用新闻信息等。建立坪山区信用信息管理系统，加强对信用信息的管理与使用，主要包括信用信息管理、统计分析、后台管理等。建立坪山区信用数据共享接口，为政府各部门应用系统提供信用信息共享服务的子系统。推动区委区政府与中国人民银行及其征信部门共同签署“诚信坪山”框架协议。三是以信用服务行业的主体竞争力为支撑，鼓励企业争创品牌。强化商事主体年报制度。加强商事主体年报宣传、督促和指导，对未完成年报商事的主体进行处罚，完善商事主体退出机制。以信用监管为核心，加强事中事后监管，采取多举措加强商事主体年报，年报率创2013年商事登记改革后新高。全区已报送2016年度报告的企业16173家，年报率为84.41%，比上年同期提高7.23%，全市排名第四，其中非经营异常企业年报率94.50%，排名第二，企业年报率创下商事登记改革后新高；个体户13964户，年报率为42.71%，全市排名第三。四是探索守信激励和失信惩

戒相结合的联合监管体系，积极保障社会治理机制。推进用人单位劳动用工诚信制度化建设，建立用人单位劳动用工失信公示机制，对失信单位实行重点监察，建立“黑名单”库。对存在违法行为受到行政处罚的失信企业全部在政府官网上进行公布并纳入银行征信系统。对有重大违反劳动法律法规行为的用人单位，定期向社会公布，2018 年以来区政府官网公布失信名单 3 家，上报省人力资源和社会保障厅官网社会公示 1 家。结合“稳外贸”，联合海关搭建征信平台，指导企业熟悉海关“两建四改”改革后的业务办理及监管新规则，为企业办理海关业务提供了便利。帮助企业熟悉了海关稽查条例及 AEO 认证等规则，合规合法开展报关业务，联合开展培训活动 4 场次，受益企业 400 余家，解决问题 60 余项。

（七）压实企业社会责任，打造和谐劳动关系“坪山品牌”

坪山区抢抓省、市共建和谐劳动关系综合试验区成立新机遇，把企业社会责任建设摆在社会治理工作突出的位置抓紧抓实，通过构建“党政为主导、企业为主体、社会齐参与”的工作机制，积极引导和鼓励企业认真履行主体责任，探索构建和谐劳动关系新路径、新模式。一是构筑“1 +1 +5”企业社会责任政策体系。结合坪山特色和企业需求，探索构建“1 试行办法 +1 工作方案 +5 实施细则”的企业社会责任政策体系，即《深圳市坪山区社会企业培育认证支持试行办法》、《坪山区促进企业社会责任建设工作方案》以及企业认证申请书、企业培育办法、企业发展指引、企业监管办法、企业专项资金使用办法等五个实施细则，为企业履行社会责任给予必要的支持和鼓励。二是推进企业践行社会责任试点工作。以沃尔核、沃特玛、格兰达、青鹰梦工场等企业为全区首批试点单位，大力推进企业践行社会责任试点工作。通过策划开展《吉尼斯》企业联盟评选，推动来深职工就业提升行动、企业社会责任“UP 力量”主题活动、企业社会责任圆桌沙龙等企业文化品牌活动，切实强化企业作为践行社会责任主体的责任落实，助力打造现代企业文化。三是探索建立企业星级评价认证制度。结合坪山产业发展实际，探索建立企业星级评价认证制度，激励企业在构建和谐劳动关系、绿色发展、创新驱动、社会公益等方面加强自律、主动作为、履行责任，指定评审委员会，通过资料评审、实地考察的方式对企业进行星级评价认证，并颁发《坪山区社会企业证书》，对于通过认证的社会企业，按照A级、AA级、AAA级分别予以政策、人才、资源共享平台等方面的支持。四是正式启动企业社会责任“12345工程”及“企业信用联盟”建设。12月28日，坪山区企业社会责任“12345工程”暨“企业信用联盟”启动，在200余名企业、社会组织和市民代表的见证下，坪山区践行企业社会责任首批试点企业之一沃尔核材股份有限公司向全区企业发出“企业诚信联盟”和履行社会责任倡议，并与六和实业集团有限公司、坪山区社会治理促进中心、坪山区青鹰青年社会工作服务中心共同签署了《企业信用建设承诺书》。典春丽秘书长还结合坪山区企业履行社会方面的情况，围绕什么是企业社会责任、企业有哪些社会责任、企业应该怎样承担好社会责任及企业社会责任优秀案例进行了宣讲解读。五是打造共建共享的社会责任建设工作格局。坚持多方参与原则，充分利用各类专业组织，特别是行业协会、商会、专业评估组织等第三方机构力量，采取发起倡议、政策宣讲、专题培训等方式，积极营造各界履行社会责任的良好氛围。

（八）加强研判分析，汇集社会治理领域民情民意

一是组织社会治理工作研究课题。为加强和创新社会治理，推进社会治理精细化，积极推动社会治理类社会组织参与社会治理和民生发展事业，委托高校、市委党校专家团队及社会组织进行“坪山区社会治理中特定社群公共服务需求－供给现状研究”“深圳坪山区以‘新坪山人’项目促进社区融合观察报告”等课题研究。二是为“深圳蓝皮书·社会”供稿。按照市委政法委要求，结合坪山实际，积极把握现状，研判形势，总结问题，优化处置，以六联社区“首席调解员＋专业社会组织”的社会矛盾调解工作模式为题，完成《聚合多元社会力量，构建社区人民调解新模式——以坪山区六联社区“阳光调解”为个案》。三是加强信息新闻宣传报道。制定《〈坪山政法〉信息工作制度（试行）》，不断提升坪山区社会建设信息工作

水平，及时报道坪山区社会治理创新亮点，刊发《坪山政法》专刊15期。《坪山区率先在全市启动社会治理创新项目孵化》等近60多篇报道在《中国法制报》《南方日报》《羊城晚报》《深圳特区报》《深圳政法动态》等新闻媒体、简报上发表，营造了较好的社会治理宣传氛围。

二　2017年坪山区社会治理形势分析

党的十九大报告提出，发挥社会组织作用，实现政府治理和社会调节、居民自治良性互动，打造共建共治共享的社会治理格局。我们必须清醒地认识到，坪山的发展基础比较薄弱，发展水平相对滞后，社会治理现状依然面临许多困难和挑战。主要表现在：一是城市面貌和功能仍然落后，社会基础设施和高端配套严重不足，城区吸引力、承载力还须继续提升；二是社会发展势头呈现良好态势，发展较为迅速，但社会建设发展程度仍有较大提升空间；三是居民对社会建设工作的感知度、获得感的主观感受和期待程度普遍关注，但社会活力未能得到充分激发；四是社会治理社会化、法治化、智能化、专业化水平有待进一步提高。

三　2018年坪山区社会建设工作展望

2018年，坪山区将以党的十九大精神为指引，鼓励和规范社会组织积极有序参与社会治理，激发社会组织活力，扶持引导社会组织在社会治理重点领域开展服务，走出一条具有坪山特色、符合坪山实际的社会治理创新之路。

（一）新征程、新起点，努力开创社会组织工作新局面

1. 引导社会治理重点领域社会组织健康发展

整合社会组织培育发展资源，推动《坪山区社区社会组织孵化基地管理办法》的贯彻实施，依托社会组织孵化平台，加大对纠纷调处类、心理

辅导类、社区矫正类、法律援助类等专业性社会组织的培育扶持力度，鼓励和引导相关社会组织在矛盾纠纷调解、心理疏导、矫正安帮、法律援助等促进社会和谐稳定等方面发挥积极作用，打造一批专业化、规范化的社会治理重点领域社会组织品牌。

2. 健全社会组织综合监管体制机制

根据《坪山区社会组织评估管理办法》《坪山区贯彻落实守信联合激励和失信联合惩戒制度实施方案》《坪山区社会组织综合监管工作联席会议制度》等相关文件，建立完善政府行政监管、社会公众监督、行业协会自律、党建保障“四位一体”的社会组织综合监管体系。落实行政部门主体监管责任，加强社会组织信息的互联互通，协助社会组织服务项目供需对接，推动行政监管和社会公众监督的整合联动。支持行业协会发挥行业自律和专业服务功能，发挥群团组织和各级孵化平台的行为导引、规范约束、权益维护作用。

3. 加强枢纽型群团组织建设

加大群团工作统筹力度，指导以工青妇等群团组织为骨干的枢纽型组织体系构建。扎实推进工会建设，提升服务科学化和强化党群服务中心的作用；规范新时期共青团工作做法，强化团干部能力与工作下沉，做好团工委品牌项目；继续开展“帮扶助困”活动，依托“社区托幼中心”工程，拓展社区服务阵地，打造坪山社会组织建设特色。

（二）新时代、新使命，全面实施社会治理改革新举措

1. 深入智慧化服务平台建设

建立社区基础网格与专业网格的对应关系，完善社区网格化采集和网格员队伍管理的制度规范，构建立体的基层社会治理网格化体系。目前，“织网工程”的实际应用效果已经展现，提供上门待办服务和43项“一窗式”常办事项，推出全国首个政务信息互通共享新机制，建立政务办理协同平台、“信息惠民”服务平台和决策支撑平台，在积分入学、老年证办理、劳资纠纷处置等方面发挥了重要作用，提供的政务“大数据”，有力地促进了

对公共服务资源的科学分析，逐步发挥了辅助行政决策的功能作用。为实现信息惠民，坪山区将继续深化织网工程建设，健全区、街道的事件分类和统一分拨处置机制，完善街道工作平台，推动全区各级在社会管理方面的有效联动。按照全市统一的“织网工程”展示平台，全面展示全区“三码关联”的人、法人、房屋情况，网格化管理和事件分拨处置情况，以及大数据应用情况，做好落实部署。

2. 大力培育社会治理创新项目

2018年，坪山区将根据《坪山区社会治理创新项目培育细则》继续开展社会治理创新项目遴选，挖掘、培育社会建设创新项目，总结、推广全区社会治理好的经验做法。围绕预防和化解矛盾纠纷、培育居民健康心态、引导矫正安帮、参与法律援助、营造诚信氛围等促进社会和谐稳定的社会治理工作内容，推动实施一批具有实践性、可复制、有推广价值的创新项目。

3. 健全社区基层治理体系

深入推进社区党组织规范化建设，不断增强党的领导核心地位，将“基层党建”模块嵌入“织网工程”平台，实现党建工作现实、虚拟“两空间”全覆盖，整合社区服务中心和党群服务中心，加强社区居民议事会的功能，进一步发挥楼（栋）长的服务管理作用，实现“基层党建工作区域化”，逐步健全以社区党组织为核心，居委会、社会组织、辖区单位、社区居民等多元主体广泛参与治理的“一核多元”社区治理体系。深刻认识群众工作的重要性，建立领导干部挂点联系群众“五员”工作机制，在此基础上实施群众工作“培根固本”行动，进一步放大干部挂点联系群众功效。依托“织网工程”开发群众工作“走访服务”模块，优化走访联系社区、企业、群众工作程序，通过直接走访，收集、梳理各类问题，把群众工作做在明处、落在实处。

4. 加强社会心理服务体系建设

大力培育自尊自信、理性平和、积极向上的社会心态。面向基层、面向大众、面向社会普及心理健康知识，引导社会单位、社会组织、社会公众、社会资本参与社会心态培育，推动党政机关、企事业单位做好本单位、本系统的心理健康促进工作。开展特殊群体心理干预工作，疏导调适不健康社会心态。加强社会心理服务体系建设，将心理健康服务纳入社区基本公共服务体系，更加注重人文关怀和心理疏导，以切实有效的措施，着力促进公民道德素质的提升。践行社会主义核心价值观，加强社会公德、职业道德、家庭美德、个人品德教育，深化群众性精神文明创建活动，推动学习宣传道德模范常态化，引导人们自觉履行法定义务、社会责任、家庭责任，培育知荣辱、讲正气、作奉献、促和谐的良好风尚。

（三）新形势、新突破，加快推动社会信用建设新发展

2018 年，坪山区将以构建“信用坪山”为主线，重点围绕“归”（即归集区属数据）、“制”（即制定信用法规）、“建”（即建立监管协同），以“两推五化”积极探索建立共建共治共享机制，统筹部署公共信用平台建设。

1. “两推”

一是推进制度建设。积极贯彻落实深圳市公共信用信息管理办法，组织实施公共信用信息的归集、披露、使用和监督管理活动。制定在信用平台上实施联合监管的事项、行为、数据“三清单”，总体以制度清单指导监管执法、以行为清单明确各部门职责、以应用清单指导平台建设。二是推进平台实施。以区各单位业务需求为出发点，以信用制度管理为准则，以项目实施与集成为标准，搭建完善平台功能。以数据为基础、以业务为指导、以制度为依据，涉及查违、劳动关系、安全生产监管等重点领域，建立信用监管协同平台。

2. “五化”

一是强化标准建设。在市信用数据的基础上加快梳理区属单位信用目录，建立数据流转各环节的清洗及同步机制，确保满足从源数据到界面展示过程中的业务数据需求。二是细化数据归集。建立数据归集实施方案与工作机制，完善数据库结构设计，确保平台架构上数据归集入库节点的容错性、及时性。在网络部署上充分考虑数据本地化、实时性调用等情况，满足各类数据源对接需求。三是优化业务流程。结合坪山区执法监管特点以及业务单

位需求，在公共信用网、协同管理子平台以及管理后台上，对信用异议流程、信用信息公示、信用预警机制、协同监管职能等现有流程进行优化。四是深化应用挖掘。发挥“互联网+”作用，深入对接坪山诚信网、中国银联钱包APP“信用坪山”切入口，导入信用查询、守信优惠、守信认证、城市信用等应用场景入口，实现基本的信用查询，引导广大市民进行守信认证，增强平台实用性、便利性、覆盖面。五是实化信用奖惩制。打造全区统一的综合执法监督管理平台，梳理执法的重点、难点，对信用优者实施正向激励，予以政务优先办理；对信用劣者实行逆向淘汰，予以惩戒及淘汰，在政府招投标方面予以限制，增加违法人员的违法成本。联合第三方征信机构，建立信用评分互补机制，实现政务办理、实时监管、风险预警、联合惩戒、政策扶持、普惠金融、卫生医疗、旅宿出行、购物租借等“信用坪山”生态圈，共同营造全社会参与的诚信文化氛围。

四　新气象、新作为，积极探索社会责任建设新模式

（一）加强统筹规划，构筑“1+1+5”企业社会责任政策体系

充分结合坪山特色和企业需求，探索形成“1试行办法+1工作方案+5实施细则”的企业社会责任政策体系，即1个试行办法（《深圳市坪山区社会企业培育认证支持试行办法》）、1个工作方案（《坪山区促进企业社会责任建设工作方案》）、5个实施细则（《坪山区社会企业认证申请书》《坪山区社会企业培育办法》《坪山区社会企业发展指引》《坪山区社会企业监管办法》《坪山区支持社会企业专项资金使用办法》）。

（二）建立健全机制，力争实现“三增强、三提升”目标

完善坪山区促进企业履行社会责任的工作机制，构建企业社会责任管理评估工作体系，促进企业与社会共同发展，力争到2020年基本实现：全区企业履行社会责任的自觉性、积极性明显增强，企业良好社会影响力明显增

强，企业与员工、消费者、合作者、生态环境、社区的和谐度明显增强；企业诚信经营程度明显提升，企业依法治理水平明显提升，企业社会形象、核心竞争力和可持续发展能力明显提升。

（三）坚持“三大”原则，推动企业积极履行社会责任

遵循“党委领导、政府负责、社会协同、公众参与、法治保障”的核心要求。坚持党政引导、企业负责，充分发挥党政部门引导作用，搭建综合服务平台，建立社会化运作机制，加强指导监督，使企业自觉将履行社会责任作为实现企业市场价值的重要内容。坚持重点突破、依次推广，重点督促企业坚持法律底线，严格履行各项法定责任，组织评定星际企业履行社会责任示范单位。坚持多方参与、形成合力，鼓励和引导社会各界积极参与，充分发挥各类专业组织，特别是行业协会、商会、专业评估组织等第三方机构在促进企业履行社会责任方面的作用。

（四）精准“六个”维度，打造共建共治共享的社会治理格局

倡导以人为本，保障员工合法权益，以沃尔核、沃特玛、格兰达、青鹰梦工场等企业作为首批试点单位，策划开展《吉尼斯》企业联盟评选、推动来深职工就业提升行动、企业社会责任“UP 力量”主题活动、企业社会责任圆桌沙龙等企业文化活动。强化法治观念，保障企业依法运营，开展法律服务进企业活动，提高企业经营管理者依法运营的意识和能力，加强对企业员工的法律培训和法律援助。倡导诚信经营，保障企业恪守商规，加快全区社会信用体系建设，打通与坪山区公共信用平台的信息互通，建立健全信用监督和失信惩戒制度，推行企业信用分类监管模式。注重绿色发展，保障企业践行环保，引导和督促企业自觉履行环境保护责任，切实摒弃以环境破坏为代价的发展模式，在产、研、销各个环节贯彻绿色低碳导向，建立有利于环境保护、高效率、低排放的节约型生产方式和消费模式。加强创新驱动，保障企业争先创优，积极借鉴国内外先进标准，引导企业建立健全质量责任制度，以发起倡议、主题沙龙、政策宣讲、专题培训、星级评定等方

式，积极营造企业履行社会责任的良好氛围。鼓励参与公益，保障企业良好形象，鼓励企业注重参与公益慈善和社区发展，创造更多岗位，吸纳大学生、下岗失业以及特殊人群等就业，力所能及地参与社区公益设施建设、志愿服务、关爱慈善捐助等活动，鼓励企业以建立公益基金、社会责任基金等公益项目的方式感恩回馈社会。

B.26

光明新区2017 ~2018年网格化管理工作的成效与展望

林立军　李雅芳*

摘　要： 近年来，为破解基层社会治理难题，光明新区坚持以问题为导向，根据“法治化、标准化、网格化、信息化”总体要求，全面推进网格化管理。2017 年，通过统筹谋划、整体规划、整合资源、科技驱动、建章立制、深化改革等一系列改革举措，光明新区逐步探索基层社会治理的长效机制，网格化管理工作取得明显成效，初步解决了新区基层社会治理的主要难题。2018 年是深入贯彻落实十九大精神的开局之年，是改革开放 40 周年，是实施“十三五”规划、决胜全面建成小康社会的关键一年，光明新区将继续推动改革，查漏补缺，健全机制，充实力量，全面提升社区网格化管理服务的能力和水平。

关键词： 光明新区　网格化管理工作　成效　展望

光明新区于 2007 年 8 月正式成立，是深圳市第一个功能区，总面积 156.1 平方公里，下辖光明、公明、新湖、凤凰、玉塘、马田六个办事处、31 个社区，新区流动人口 119.08 万人、户籍人口 7.39 万人。作为原特区外的后发地区，光明新区社会结构复杂，基础设施建设滞后，民生欠账较

* 林立军、李雅芳，深圳市光明新区政法办公室（社会工作委员会）。

多，社会建设底子薄弱，各社区在发展过程中普遍存在人口多、城中村多、出租屋多的“三多”情况，给新区基层社会治理带来了一系列难题。同时，在基层治理过程中，出现了“辅助人员多、干不了活”“工作推诿、扯皮”等问题，进一步加大了基层社会管理治理难度。光明新区按照“法治化、标准化、网格化、信息化”的要求，全面推进网格化管理，先期以“大巡查、大智慧、大执法”为板块，按照“巡办分离”的原则，结合新区实际，整合资源，进一步理顺新区基层网格化管理的体制和运行机制，使网格划分更精细、力量整合力度更大、信息融合度更强、执法执行效率更高，使问题及隐患“第一时间发现、第一时间处置、第一时间解决”，切实破解基层社会治理难题，建立城市管理治理的长效机制，确保新区经济社会稳定发展。

一 2017年光明新区网格化管理工作成效

2017 年，根据市委、市政府“城市质量提升年”的工作部署，按照光明新区党工委、管委会关于推进基层网格化管理重大改革要求，为破解基层社会治理难题、加强社会管理和服务，光明新区全面推进新区网格化管理，逐步探索建立城市管理治理的长效机制。

（一）坚持统筹谋划、狠抓落实，确保网格化管理各项改革工作顺利开展

一是突出重点抓落实，增强改革执行力。光明新区成立了网格化管理工作领导小组，负责统筹新区基层网格综合管理的各项工作，研究解决工作中的重大问题。新区主要领导亲自指挥，新区分管领导具体部署，具体抓落实、抓执行力，新区其他领导也共同出谋划策。在网格化管理工作推进过程中，新区主要领导、分管领导均多次就网格化管理工作作出了具体指示，并多次召开专门会议，及时协调解决推进过程中出现的困难和问题，推进各项改革举措落到实处。

二是凝聚合力抓协调，保证改革整体性。网格化管理工作是一项涉及全区、影响全局的综合性改革，领导小组办公室在用足内力的同时，积极协调新区各职能部门、各办事处步调一致、密切协同，推动改革任务落实。2017年，领导小组办公室坚持每周召开主要职能部门碰头会，先后组织召开新区领导参加的会议有8次、其他协调会议25次，下发各类通知、通报等54次，到办事处、社区调研、召开专题会议21次；每季度召开社区网格管理工作分析会议，加强与整治部门的沟通协调，畅通隐患信息通报渠道，在提升隐患整治效率、易回潮类隐患事件整治执法、网格员信息保密等工作上形成默契。

（二）坚持整体规划、科学划分，提升基层网格化管理精细化水平

一是“抓细”，精细划分基础网格。因地制宜、科学合理地将全区原有的1345个网格划分为1732个基础网格，实现管理全覆盖、无死角、无交叉，运用网格承担起城市安全、查违、安监、消防、城管等一系列管理治理任务，提升基层管理精细化水平。

二是“抓新”，创新划分专业网格。在基础网格上设立专业格，专业格以基础网格为单元，由若干个基础格组成一个专业格，其边界与基础网格边界保持一致，不交叉、不留空当。目前，已结合新区实际创新地将消防巡查和安监巡查结合起来，统一开展专业巡查，在基础网格上设立了109个消防安监专业网格，为解决新区安全隐患问题打下了稳固的基础；设立176个文体专业网格，进一步提高新区文化体育市场巡查能力，强化文化体育市场安全管理。

（三）坚持整合资源、严格管理，推进工作队伍规范化建设

一是有效整合，组建队伍。通过整合新区、办事处、社区等各类辅助人员，建立了网格化管理工作队伍，组建了1891人的综合巡查队伍、1136人的综合整治队伍；通过整合原属光明公安分局工矿企业消巡员，与办事处安巡员合并，组建了419人的消防安监专业巡查、专业整治队伍。

二是规范管理，落实职责。建立综合网格员队伍规范化管理体系，完善网格员队伍的培训、薪酬、考核等制度。落实网格员巡查责任，将网格员队伍纳入信息化实时管理范畴。同时，改革督查机制，用大数据技术找准督查坐标点，对网格员巡查里程数、报送事件数量、上线情况进行统计分析，排查出不作为、懒作为的网格员，进行教育及现场纠正示范，做好新进网格员的传帮带。

三是现场纠正，提高效率。对新区135项综合巡查事项巡查和整治标准进行修订，明确其中的43项必须进行现场纠正，同时专门开发现场纠正模块，从技术层面对网格员提出硬性要求。2017年，新区网格员发现实有事件共1002113宗，现场纠正700396宗，现场纠正率69.89%，极大地提高了新区整体整治率，在安全隐患整治中发挥了积极作用。

四是实行奖励，激发活力。将群防群治奖励范围延伸至非治安类事项，增加非治安类群防群治奖励申报的具体流程，完善网格员申报群防群治奖励机制，对发现重大安全隐患事件的优秀网格员，最高每宗奖励5000元，提高了网格员隐患上报工作的积极性。2017年，新区各办事处共76名网格员获得群防群治奖励，其中重大隐患信息群防群治奖事件45宗，奖励人数60人。

（四）坚持科技驱动、闭环管理，推动基层社会治理信息化建设

一是以“信息化”为基础，建立网格化管理信息系统。初步完成了“1+6+18”管控指挥体系的建设工作，成立光明新区管控指挥中心，各办事处、安监、消防等部门成立分中心，实现了对巡查发现的实有事件在“第一时间”分拨。按照“人员归谁管理、终端归谁配置”的原则，为各职能部门专业巡查、专业整治队伍和办事处综合巡查、综合整治队伍的人员配备移动终端设备，实现人机绑定，全员培训使用，通过“治理通”对巡查发现的问题隐患进行分拨，信息系统对办理、流转全程跟踪督办，形成闭环管理。

二是以“数据化”为依托，充分发挥监测应用功能。构建巡查、整治

的数据监测指标体系，组织人员分析研判各类事件发生特点及变化规律，对采集的数据进行分析，对辖区重特大风险源进行及时评估，提出解决方案。对全区巡查、整治数据进行实时监测，实现了社会治理运行数据每日一报、每周一报、每月一报，为领导决策提供参考，为各级各部门工作提供数据支撑，对一线网格员工作轨迹实行全程跟踪。健全了“中心—分中心”考核体系，根据业务运行数据对各分中心的数据集成、分拨处置、跟踪督办等进行量化考核。

（五）坚持建章立制、明晰职责，实现巡查和整治工作的标准化运作

一是真正建立起网格化管理运作的“光明标准”。建立了网格化管理巡查、整治工作标准体系，实行业务运作标准化管理，逐步推进巡查、整治工作规范化、标准化运作。建立了网格化管理综合类巡查事项 14 大类 135 项，对实有事件隐患危害按从高到低的重要程度分为 A、B、C 三级，同时，建立了消防安监专业巡查事项消防安全类 6 大类 40 项、安全生产隐患类 14 大类 53 项。

二是逐步构建起网格化管理运行的制度体系。坚持以制度管人、以制度推动工作、以制度落实责任，突出重点，稳步推进，先后制定了《光明新区网格化管理考评办法》等 7 项具体制度，明确队伍管理、工作责任、工作考评、业务培训等事项，逐步探索网格化管理的长效机制。建立重大突发事项采集通报机制，有效提升了网格化管理效能。

（六）坚持深化改革，攻坚克难，网格化管理工作成效显著

网格化管理工作是光明新区加强基层精细化管理、破解基层社会治理难题的一次重大社会治理改革创新实践活动，先后推出了多项创新举措，完成了多项改革任务，突破了新区基层社会管理治理瓶颈，逐步构建了网格化管理“巡查、分拨、整治”三大核心体系，取得了明显成效。

一是解决了“管不住人”的问题。初步完成了将新区、办事处、社区

绝大部分辅助人员整合纳入了网格员队伍管理范畴，扭转了新区“辅助人员多、干不了活”的被动局面。

二是解决了“工作推诿”的问题。通过落实巡办分离原则，真正将巡查和整治职责落到实处，压实了新区职能部门与办事处的责任，扭转了“工作推诿、扯皮”的被动局面，推动新区干部作风转变，工作执行力明显增强。

三是解决了“隐患发现”的问题。推进基层精细化管理，初步实现了将一批公共安全隐患解决在萌芽状态，扭转了“隐患多、发现不了”的被动局面。2017 年，新区社会稳定，安全生产形势持续好转，市容市貌明显改善，截至 2017 年 12 月 31 日，网格员巡查上报隐患事件 104.2 万件，整治 101.9 万件，整治率为 97.79%，其中网格员现场纠正隐患事件 64.02 万宗，现场纠正占比 61.44%。网格员巡查上报从事粉尘生产、非法制假贩假、提炼“地沟油”窝点、非法储存危化品等重大安全隐患事件 128 件；巡查发现消防安全类事件 51.9 万件、安全生产类事件 8500 件，发现市容秩序类事件 382092 件、环境卫生类事件 67412 件；拆除直排式热水器 10711 台，劝导整改不规范热水器 5002 台，实现了 2017 年非法使用热水器事故“零死亡”。

二　2018年光明新区网格化管理重点工作

全面贯彻党的十九大精神，以习近平新时代中国特色社会主义思想为指导，深入贯彻习近平总书记对广东重要指示批示精神，以问题为导向，查漏补缺，健全机制，充实力量，全面提升光明新区社区网格化管理服务的能力和水平。

（一）推进综合整治队伍建设，强化综合巡查队伍管理

一是整合城市品质专责小组人员队伍，结合实际情况，建立培训、薪酬、考核等综合整治队伍管理制度，推进光明新区综合整治工作。二是进一

步健全综合巡查队伍培训、考核、人员淘汰退出等机制，提高网格员队伍整体业务水平，进一步提升网格员发现重大问题隐患的能力。

（二）理顺消安专业网格运作机制

推进消安专业网格巡查队伍建设，调整消安专业网格巡查模式。新区安监、公安消防部门牵头，会同各办事处分别组建安巡、消巡队伍。安监部门负责指导办事处开展安监专业巡查，建立安巡队伍管理制度；公安消防部门负责指导办事处开展消防专业巡查，建立消巡队伍管理制度；各办事处负责消防、安监专业巡查队伍的日常管理工作，具体组织开展消防、安监专业巡查。

（三）运用大数据提升社会治理智能化水平

加强和优化指挥信息系统建设，推进新区管控指挥中心搬迁工作。完善数据资源共享机制，充分发挥新区管控指挥信息系统数据集成、运行监测的功能，完善巡查、整治的数据采集监测指标体系，运用大数据对有苗头性、倾向性事件进行分析，研判事件发生特点及变化规律，为领导决策提供参考，为各级各部门工作提供数据支撑。

（四）创新宣传推动“大参与”建设工作

一是发挥新媒体优势，通过微信公众号、微博等途径，实时为辖区群众推送安全知识、办事指南及相关政策法规；制作系列生动形象的宣传动画，以老百姓喜闻乐见的形式，加强网格化管理知识宣传教育。二是将宣传活动与网格员队伍建设工作结合起来，通过开展丰富多彩的文艺活动，宣扬网格化管理的重要意义，树立网格员良好形象，提升群众对网格化管理的认识度和支持度。三是发动社会力量广泛参与网格化管理工作，通过“随手拍”等方式，充分调动楼栋长、志愿者和广大居民等社会各界力量的积极性和主动性，引导和组织他们参与到网格化管理工作中来。对于市民发现的隐患事件，建立倒查机制，追究巡查不到位网格员的责任。

（五）健全和完善网格化管理相关制度

明晰权责，理顺部分争议巡查事项的处置职责，完善工作队伍管理、工作责任等具体制度，推进交警、交通等专业网格建设，进一步完善网格化管理考评机制，督促相关单位妥善处置好积压红牌事件。

（六）加强网格员督查考核机制建设

一是通过推荐、遴选、考核等方式，择优选聘优秀人才加入督查队伍；同时建立督查队员退出机制，不断提升督查队伍综合素质。二是成立新区督查大队、办事处督查中队，发挥网格中心督查队力量，采取各办事处交叉督查的办法，开展互督互查互纠互导行动，提升网格员业务水平和工作责任感。三是完善督查结果应用机制，及时出具督查情况通报；对工作态度不认真、思想认识有偏差的网格员，及时谈话教育，做到事事有落实、件件有回音。

B.27
关于构建大鹏新区基层社会治理网格化管理体系的对策建议

大鹏新区政法办公室（社工委）*

摘　要： 大鹏新区自2012年成立以来，作为政府基层治理和服务最重要抓手的新区基层网格管理体系，管理和服务的内涵、外延都一直在调整探索，网格三级管理体制呈现一种“新区监督不畅”“办事处管理不力”“社区执行不能”的尴尬局面。部门职能边界不清、工作角色定位不准、后勤保障不力等一系列因素，已经使网格管理体系的实际效能完全达不到制度设置的初衷。伴随“东进”战略的全面推进，群众对政府社会管理和公共服务效能的获得感必然会有更高的要求，在这样的背景下，对大鹏新区网格管理体系的现状、困境、发展瓶颈、改革调整路径选择等进行深入研究，在学习提炼全国各大城市的先进经验基础上，提出有针对性的配套改革措施，有着积极的现实意义。

关键词： 基层治理　网格化　权责边界　信息留痕

党的十九大报告提出，提高保障和改善民生的水平，加强和创新社会治理，打造共建共治共享的社会治理格局。为贯彻落实十九大精神，

---

* 课题组成员：赵江（主笔），深圳市大鹏新区政法办公室：程得红、黄寿全、吴科兵、曾治华、杨丽。

推进基层社会治理网格化管理改革的要求，破解基层城市管理和社会治理难题，就加快构建大鹏新区基层社会治理网格化管理体系提出一些新的改革思路。

一 中国网格化城市管理模式的基本介绍

近年来，大鹏新区网格管理部门，脚踏实地开展了一系列的基础调研工作，收集“织网工程”以来的网格管理各类数据，深入基层了解人员动向，把握网格管理人员的思想动态，同时积极了解掌握外部区域关于网格化的发展方向和现阶段水平，从中汲取经验教训，学其长处，为我所用。我们发现，目前全国范围内，关于网格化管理的主流观点如下。

（一）当前网格化管理的主流观点

中国社会的主要矛盾已经转化为人民日益增长的美好生活需要和不平衡不充分的发展之间的矛盾，提供优质高效的公共管理和公共服务成了各级政府面临的最突出难题，创新城市管理模式迫在眉睫。

传统城市管理由于受到通信手段的制约，“小问题”受到条块状的管理体系的限制容易积累为“大问题”。城市网格化管理这种新型管理思维和管理模式正是为破解以上问题而产生的。

城市网格化管理通过地理编码技术、网络地图技术、现代通信技术，依靠制度、行政和技术等多种手段，将街道、社区划分成若干网格，使其部件、事件数字化，同时将部件、事件管理与网格单元进行对接，形成多维的信息体系。一旦发现问题，及早发现、及时反馈，通知相应职能部门解决问题，极大地提升了管理的范围和深度，实现城市管理空间和时间的无缝管理，是中国数字城市技术应用领域的重大突破，城市管理的新创举，代表了和谐城市发展的未来方向。

所谓网格化，简而言之就是“互联网＋城市服务管理”。网格化管理，就是按照一定的地理空间和人口分布，通过单元网格的划分，依托统一的城市管理以及数字化平台，实行分片包干、责任到人、设岗定责，实现力量下沉、无缝对接、服务到户的一种社会治理新模式。

（二）网格化管理的法理政策及国内探索

1. 中央关于社会治理网格化管理创新的新要求

中国共产党《十八届三中全会关于全面深化改革若干重大问题的决定》首次提出："要改进社会治理方式，创新社会治理体制，以网格化管理、社会化服务为方向，健全基层综合服务管理平台。"

2015 年 4 月，中共中央办公厅、国务院办公厅印发《关于加强社会治安防控体系建设的意见》的第五条要求："把网格化管理列入城乡规划，将人、地、物、事、组织等基本治安要素纳入网格管理范畴，做到信息掌握到位、矛盾化解到位、治安防控到位、便民服务到位。到 2020 年，实现全国各县（市、区、旗）的中心城区网格化管理全覆盖。"

2015 年 12 月，中共中央、国务院在《关于深入推进城市执法体制改革改进城市管理工作的指导意见》中再次要求："科学划分网格单元，将城市管理、社会管理和公共服务事项纳入网格化管理，明确网格管理对象、管理标准和责任人，实施常态化、精细化、制度化管理。依托基层综合服务管理平台，全面加强对人口、房屋、证件、车辆、场所、社会组织等各类基础信息的实时采集、动态录入，准确掌握情况，及时发现和快速处置问题，有效实现政府对社会单元的公共管理和服务。"

2. 相关城市关于网格化管理的探索

在推进基层社会治理改革、推进网格化管理过程中，全国各地已有 300 多个城市不约而同地采取社区网格化服务管理模式，鉴于网格化管理模式众多，本文仅选取与深圳情况类似的城市进行介绍。

北京：逐网推进，融合发展。2015 年 5 月北京市委常委会审议通过《关于全面加强本市城市服务管理网格化体系建设的意见》，计划在 2107 年底前，基本建成全覆盖的网格化体系，基本实现社会服务管理网、城市管理网、社会治安网"三网"融合发展，纵观北京市网格化体系建设的发展历程，从城市管理网格化，到社会治安网格化，再到社会服务管理网格化，经历了四大演变：一是工作内容的演变，二是工作范围的演变，三是工作领域的演变，四是工作方式的演变。

上海：稳步推进，精耕细作。经过多年的探索与完善，上海城市网格化管理运作可以概括为“一支队伍”、“一张网格”、“两类对象”（适用于城市网格化管理、网络监督员应当巡视的、按照标准确定的“部件”和“事件”）、“三大功能”（发现问题、分派案件、监督处置）。2013 年 8 月 5 日市政府令第 4 号公布《上海市城市网格化管理办法》。该办法在总结上海网格化管理经验得失的基础上，系统、全面地明确管理原则、工作职责、信息共享、经费保障、工作标准制定、信息系统建设、管理流程、特殊案件处理、评价考核和法律责任等。

武汉：大胆尝试，力求破解“网格员”身份困境。《中共武汉市委　武汉市人民政府关于进一步创新社会治理加强基层建设的意见》（武发〔2015〕12 号）提出，要明确网格化服务管理职能，健全网格化服务管理机制，提升网格化服务管理信息系统水平，进一步深化网格化服务管理，并配套制发了《武汉市社区工作者管理办法（试行）》。将网格员定位为从事社区服务和管理工作的社区工作者，并建立系统的招录、日常管理、薪酬、考核、退出机制，为破解网格员身份困境做出有益探索。

（三）广东省基层社会治理网格化管理改革要求及各地探索

2014 年 12 月，时任广东省委书记胡春华在综治工作调研会上提出，“将网格化管理和社会化服务结合起来，努力把社会治理落实到基层，延伸到社会末梢”。2016 年 2 月，时任省委常委、省政法委书记林少春在东莞厚街镇调研时强调，“通过建立基层社会治理网格化信息大平台，推行综治综管机制和实行联合执法机制，加快形成基层‘微治理’、‘大综管’的工作格局，把公共安全责任压实到基层”。随后，省委政法委在全省部署了“中心 + 网格化 + 信息化”体系建设。目前，网格化管理已在省内各地遍地开花。广州市按每 200 户一格标准将全市划分为 2. 5 万个网格，按照“采办分离，一格一员”的原则，每个基础网格配备一名专职网格员，主要负责公共服务基础设施、城市管理、环境保护等11项事项。东莞市以“多元联动、网格管理、综合治理”为导向，将公安、新莞人、安监、消防、工商、食药监、卫计和环保等部门业务整合后纳入网格，实现了“八网合一”大网格化管理模式。珠海市要求网格员“三活四清五到家”，既要成为本网格的活户籍、活档案、活地图，又要做到家庭情况清、人员类别清、区域设施清、隐患矛盾清，经常上门访到家、征求意见听到家、建立感情心到家、细致工作做到家、好事实事办到家。

（四）深圳网格化管理探索实践和成效

作为较早开展网格化管理试点的城市之一，深圳早在2004年就成立出租屋综管部门，出租屋管理员从公安部门划归出租屋综管部门统一领导，以出租屋（200间套）和流动人口（500人）分布标准划分工作网格，形成深圳网格化管理的基本雏形，称为基础网格。为了明确和落实精细化的社会管理和服务责任体系，深圳各职能部门在各自的专业领域也积极开展了网格化管理改革，统称为业务网格。城管部门早在2007年就在数字化城管平台基础上建立了城管网格体系，主要按道路网划分网格，每格配备1名巡查员，多数区或街道采取购买服务方式委托社会机构劳务人员承担。公安消防部门从2012年起建立了“一格三员”责任网，将每个社区划分为若干个消防网格，分别配备消防管理员、协管员（社区治安员）和督导员（社区党员干部）各1名。此外，安监部门建立了以工业区为主的安全生产管理网格，市监部门建立了以工业区和商贸区为主的市场监管网格，教育部门建立了以住宅区为主的招生网格，还有劳动、食药、水务、建设、民政、文体、电信、供电、供水等部门或行业也建立了各类业务管理网格。

深圳市委市政府敏锐地把握大数据时代背景下社会建设及政府职能转变的新契机，采用“互联网+”的思维方式，将大数据的手段和方法引入社会治理领域，2013年，深圳市全面推进以网格化管理、社会化服务为基础的“织网工程”建设，2014年4月正式设立各级社区网格管理机构。开展

“织网工程”已完成“一库一队伍两网两系统”基本架构，并于2015年在全市正式并网运行，通过云计算及大数据技术，将各部门服务、管理的数据与网格员采集的数据进行比对，以政务资源信息中心为交换平台，实现大数据的动态管理、互联互通和共建共享。在“织网工程”推动下，各区在基层社会治理方面都有一些创新探索。宝安区推行了网格化智慧管理工程建设，编织“基础+专业”的网格体系，组建“巡查+分拨+整治”队伍，建立智慧管控工作平台，提高问题隐患发现处置能力。罗湖区探索建立统一分拨处理机制，在网格办下设立社区网格信息分拨中心，建立非应急事件统一分拨平台。坪山区将网格员收为区级直管，依托智慧坪山服务中心系统将网格数据自动生成各类业务数据分析图，助力职能部门业务协同，完善社区多元治理。龙华区设立网格化服务管理中心，搭建“五员整合（出租屋综管员、计生员、城管巡查员、安监员、劳动巡查员）”基本框架，实现综治、信访、城管、安监事件统一分拨、集中指挥和联动处理。

二　大鹏新区网格化管理工作面临的主要问题和矛盾

近年来，大鹏新区积极顺应社会治理发展新形势，根据新区实际情况和工作需要，在创新社会综合治理、推进网格化管理等方面作了诸多有益探索和尝试，在学习外部先进经验的同时，也不断对自身情况和问题进行总结提炼，结合大鹏实际做了队伍管理下沉基层的尝试，为破解当前大鹏新区大部制管理带来的权责交叉严重、部门信息壁垒严重等问题，开展基层网格管理调研和网格管理体制重构课题研究，积极主动直面问题、了解掌握问题、分析问题并脚踏实地地思考对策去解决问题。目前，大鹏新区网格化管理工作仍面临以下问题和瓶颈。

（一）网格化管理机制运行不畅，政府行政风险大大提升

一是权责不清。新区大部制运作方式导致部门管理和服务职能交叉重叠

严重，相关公共区域或设施的权属及管理归口问题存在分歧，管理标准和要求不一致，问题隐患处置力量各自为政。有些部门和部分基层领导没有理解和理顺基础网格与专业网格的“采办分离”关系，遇到重难问题采取“和稀泥”方式，将采报问题的基础网格员当成处置问题的“救火队”，将本该由职能部门专业力量处置的问题，又落回基础网格之内，变成“谁采集、谁处置”，一般隐患往往拖成顽疾。二是落实不力。社会工作网运行模式存在弊端，导致权责划分、信息流转和督导不力，“上面千条线、下面一根针”，职能部门职责落实空心化，“有组织不负责任”倾向明显。三是法律风险大。大量行政执法和管理职能向社区和网格员队伍堆积，而网格员队伍本身并无相应的行政执法、行政管理权限与权力赋予，其运行过程中存在大量的法律风险，进而导致政府行政违法风险大为提升。

（二）基层社会治理问题事件分拨处置机制不健全，导致问题事件流转不及时、处置不到位，管理流于形式

一是多头受理与多头分拨矛盾。目前，几乎每个部门都建立了统一受理和分拨系统，有些部门还根据业务需求不同建立了多个事件分拨信息系统，这就必然导致多头受理和多头分拨矛盾。市、区各部门直插到社区的各类业务工作系统高达40多个，插到街道层级的更高达上百个。二是各自为政与重复分拨矛盾。有些事件分拨系统还是中央部委或省级部门直接开发管理，自上而下已形成很强的信息壁垒，跨部门之间的信息很难兼容，既导致同一事件必须基层多头录入，也导致同一问题被多系统交叉重复分拨，不仅降低了处置效率，而且让职能部门更有理由推诿。三是条强块弱与采办不分矛盾。各项政策法规都是“条”上制定，在尊重区域差异性和灵活性方面难以把握；街道或社区基层“看得见”社会问题根源所在，却因为缺乏“因地制宜”的政策调整权限而“管不了”。条强块弱就导致社区成为集发现问题和解决问题于一体的主要权责机构，采办不分导致社区只能在“办不了”的问题面前装着“没发现”。四是牵头机构与权责不对等矛盾。大部分职能部门既是行业主管部门，也是相关领域综合协调领导小

组的办公室，出于趋利避害本能，各牵头部门在制定政策或分派任务时都会选择将管理责任下压或外派，而将审批等实权内收，从而出现同一事件被不同领导小组办公室的文件相互推来推去。五是管理实际效果与唯指标考核矛盾。很多部门都将事件办结率作为考核基层管理效果的重要指标，但有些问题有其复杂的历史背景和现实原因，并非“件件能办结”，这就导致基层不得不再腾出精力搞“协调攻关”，搞“假灭灯”，做“技术处理”。

（三）网格化管理支援保障体系不完善，导致工作开展不畅、效率不高

一是管理机构设置权威性不够。新区网格中心只是一个附属于新区政法办的副处级事业单位，其组织设置上的先天不足使得其没有足够的制度性权威来保证其行使全区性的“综合指挥、协调、监督职能”，既管不到外单位的人，也管不住人家的钱，更没有组织提拔和纪律监督等抓手，要直接指挥、协调、监督区级职能部门和各办事处大量涉及社会管理和公共服务的业务，明显力有不逮。此外，大量的社会管理和公共服务事务的表现形式千变万化，新区网格管理中心既没有合法权力来源也没有专业技术能力对大量的社会事件定性、归属等重大问题进行界定，导致区级各职能部门、办事处职能部门经常与网格管理部门推诿、扯皮，网格管理中的事件分拨督查功能无法得到有效贯彻执行，权威性大打折扣。二是法制保障不足。从法律上讲，网格员上门入户虽得到公安部门委托，但其身份并不等同于民警，缺乏法律上的直接授权，对不配合信息采集的居民和企业都没有强行开门的执法权，因此进入工业区、写字楼和商品房小区更加困难。三是信息化水平不高。网格员所使用的PDA与社区民警、消防员、城管员等群体使用的信息化平台各不相通，很难在网格内实现信息情报互通共享，都必须通过新区、办事处平台进行多方周转后才能到达，对于比较急的突发事件难以利用信息化技术实现就近快速集结处置。

（四）网格员队伍面临身份困境，素质偏低，整体战斗力不强，队伍作用发挥欠佳

一是身份缺乏法律上的定位，职业认同度低。一方面网格员未被纳入国家行政或事业编制；另一方面，其也不是由社区居民选举产生，也不属于社区居委会工作人员，身份缺乏法律上的定位，普遍职业认同度低，主要表现在：缺乏职业上升通道，职业发展空间有限，网格员自我认同度低，没有归属感和成就感；社区干部普遍存在网格员“只做些辅助性工作，作用发挥不大”的认识；社区居民对网格员的职业角色认识比较模糊，进而对网格员工作不理解、不配合、不支持，有的甚至百般刁难。二是网格员工作职责不明，信息采集和事件处置职责边界不清。集信息采集员、执行员、跟踪督导员等多重角色于一体，“采办合一”，管理主体多元化和复杂化，使得本来比较明晰的工作职责变得模糊不清，导致其担负职能过多、过重。有的将“实有事件”变成“所有事件”，网格员采集事项多，且不分专业和非专业边界，不仅远远超出了网格员的实际能力和岗位权责，而且让网格员不堪重负。涉及基层的事务都要管，工作实务繁杂，疲于应付，或“虱子多了不愁”，干脆无视眼前的工作任务，无法发挥其应有的效能。三是待遇偏低，考核不实，队伍流动性大。随着网格管理工作的精细化推进，因工作压力和待遇偏低等原因，网格员队伍流失严重。在绩效方面，由于有的社区管理不细、考核不精准，绩效工资仍以吃“大锅饭”为主，丧失了绩效考核的意义，网格员“不推不动，推一下动一下”，“混日子”的现象比较普遍，工作积极性难以调动。加之重难险急的事往往都是“临时工”顶在前，导致基层队伍人心不稳，流动流失频繁，文化层次稍高的网格员流失率较高，越是优秀人才越难留住，不利于培养和积聚业务骨干。四是网格员队伍交由社区管理导致专职队伍通用化。将网格员队伍放置到社区一级进行管理使用，是大鹏新区立足当前情况作出的选择。大部制管理模式运行下的大鹏新区，有其工作或职能分工的特殊性，许多工作内容在新区、办事处一级无法得到有效的区分，职能一股脑

的下行。“上面千条线，下面一根针”，大量具体的事务性工作不断从新区、办事处层级下压至社区工作站一级，而社区工作站受限于人员编制等，无法强力扩编，在任务增加无法避免的情形下，只能两害相权取其轻，接过网格员队伍的直接管理指挥权，但同时不可避免地将其“专职队伍通用化”，完成网格管理任务的同时，将网格员用于大量的社区管理和社区公共服务。

三　关于构建大鹏新区基层社会治理网格化管理体系的对策及建议

立足大鹏新区的特殊地理环境、特殊行政管理架构等实际，从主动查找问题、解决问题出发，积极思考，通过实地调研工作，发现了上述的一系列问题，有的是和其他行政区类似的共性问题，也有的是管委会体制下的特有的问题，我们对此提出解决问题的思路和建议是“调整思路、明确定位、提升队伍、健全机制、借力科技、扩大监察”，具体对策如下。

（一）扭转认识偏差，调整管理思路

网格化管理不是社会治理的全部，社会治理的基本任务包括协调社会关系、规范社会行为、解决社会问题、化解社会矛盾、促进社会公平、应对社会风险、保持社会稳定等方面，完成这些任务，既要发挥政府对社会治理的主导作用，又要培育和发展社会组织，提高社会的自我管理能力。新区网格化管理实践，往往容易走进一个误区，认为网格化管理能应对社会治理的全部内容，“眉毛胡子一把抓”，把社会治理的内容全部纳入网格化的口袋，赋予网格太多的功能和责任，反而导致职责不清，事与愿违。当下急需扭转这种认识偏差，强力扎实推进网格化管理机制改革，强化社区基层治理，改良社区治理土壤，这是新区抢抓深圳“东进战略”机遇，加快“美丽大鹏”建设，努力实现“三岛一区”战略目标的重要支撑和保障。

社会治理千头万绪，网格管理面广事繁，落实起来牵扯方方面面的利益，从上海和武汉的实践经验来看，只有将这一牵扯诸多部门的综合性工作上升为党委或者政府的“一把手”工程，主要领导亲自管、亲自抓，切实担负起亲力亲为抓改革落实的政治责任、主体责任，抓难点，补短板，把难点问题作为努力方向，集中力量突破，才能有所突破。

（二）明确基础网格和专业网格定位

1. 区分基础网格和专业网格的管理范畴，树立“互相支持、互为补充”的运行理念

基础网格是以社区为单位，依据实有人口、房屋数量和区域面积大小，将社区划分为若干个信息采集工作网格，作为社区服务管理的基本单元，主要负责网格内的基础信息和社情民意的收集。专业网格是由各职能部门根据本行业管理需求及人员配备情况，采用专业网格与基础网格“1对1”或“1对N”的叠加对应关系，划分职能部门的专业网格；重点履行专业领域各类专项信息及问题隐患信息的采集及处置，负责相应专业问题矛盾的处置或化解，依法履行相关执法事项。基础网格是专业网格准确有效开展工作的前提和根本，专业网格反过来为基础网格的进一步夯实提供支持和补充，两者相互支持，互为补充。

2. 区分基层社会治理网格化管理中的职责分工，建立“各司其职、联动共治”的工作机制

将基层社会治理网格化管理工作按照“行政执法类、行政管理类、公共服务类”三种类型进行细分，“行政执法类”的工作职责，在法律法规没有明文规定或者明确授权的情形下，将其纳入专业网格管理的范畴；“行政管理类”的工作职责，将采集基础信息、发现和跟踪非专业类型事件纳入基础网格管理范畴，将采集专业性业务信息、发现专业类型事件和处置事件纳入专业网格范畴；“公共服务类”的工作职责，应当大胆创新，积极培育第三方社会组织，加大政府部门向社会组织“购买服务”的力度，放手引导民间社会组织参与基层社会治理。

（三）加强网格化管理队伍建设

1. 在社区层面配置综合整治员队伍

由各办事处统筹，在社区按照实际工作需要配备综合整治员。综合整治员的主要职责是：负责到现场核查基础网格员上报的事件信息，处置无须采取执法措施的非专业类型事件，向辖区居民宣传相关法律法规和政策规定，劝阻、制止、督促居民改正违反有关法律法规的行为。

2. 加强专业网格员队伍建设

在新区和办事处各职能部门按照部门职责设置专业网格员，专业网格员细分为执法类专业网格员和非执法类专业网格员。执法类专业网格员负责处置基础网格员上报的需要采取执法措施的事件，非执法类专业网格员负责排查需要专业知识辨别的事件及处置无须采取执法措施的专业类型事件。

3. 优化基础网格员队伍设置

一是维持现有管理模式，将网格员队伍由社区一级管理指挥，但随着近年来社区治理体制改革（如社区政企分开、财政预算透明化等）的推进，社区工作站实际上已经无力承担网格队伍的人员配备、财力、后勤支援等保障，很难对其进行有效指挥。需要在社区层面增加一级网格管理机构，对基础网格员进行专业化的管理指导和调度指挥，否则难以有效完成基本工作职责和各级交办的工作任务。在出现网格缺员时，社区层面仅能协调为数不多的工作人员进行补充，由于“一格一员”的配置，事实上是长时间的网格缺员，严重影响网格管理工作的开展。二是将基础网格员队伍收回办事处网格管理中心进行管理，形成办事处网格中心领导—网格长—网格员的指挥体系和管理层级，可以有效保障网格管理工作政令畅通、各项交办任务顺利推进，在某个网格出现缺员以后，办事处网格中心可以协调其他社区予以支援，甚至可以安排中心的工作人员到网格临时“救急”，以避免网格管理工作出现断档。

（四）建立健全网格化管理机制

1. 建立社区综合巡查工作机制

基础网格员在所属基础网格内开展基础信息采集和非专业类型事件巡查上报工作，遵循“眼见为实，不依据专业知识判断”和“采办分离”的原则，通过手持PDA上报事件至社区网格化分拨平台，由社区派出综合整治员到现场核查，对于无须采取行政执法措施可以处置完毕的事件，由综合整治员现场处置结案；对于综合整治员无法处置或需要采取行政执法处置的事件，由综合整治员反馈社区网格化分拨平台，上报办事处网格化分拨平台，分拨至具有相应处置或执法权限的办事处职能部门，由职能部门派出专业网格员进行处置；办事处职能部门认为问题隐患涉及多部门或跨区域等重大安全隐患无法处理的，上报新区网格化分拨平台，分拨至新区相应职能部门进行处置，或直接指定办事处处置；实现“小事不出社区，大事不出办事处”，把问题隐患化解在基层。

2. 建立办事处联动处置工作机制

一是建立联合执法处置制度。对部门职责交叉、需要多个部门协调解决的难点问题事件，由办事处执法队牵头，组织具有相关执法权限的部门进行联合执法处置。二是设立联席会议制度。对于不能直接按照权责清单确定管辖或涉及多个部门管辖的事件，由执行“首接负责制”办理的部门提出管辖异议，提交办事处联席会议研究决定责任部门。联席会议由办事处副书记牵头组织召开，分管职能部门的办事处领导固定参会，各职能部门负责人按议题参会，联席会议的议定事项由综治办负责监督落实，对于落实不到位的，综治办要将情况记录在案，纳入年底综治考核，由于落实不力造成严重后果的，实行“一票否决”。三是实施清单公示制度。经由联席会议确定疑难问题事件或新生事件的责任部门，在联席会议审议通过后并出具会议纪要，通过政府在线等方式进行公示，纳入办事处职能部门的权责清单管理。

（五）提升网格化管理信息系统建设应用

充分利用现有信息系统和数据平台资源，打破部门间信息壁垒，实现数据实时共享。在网格化管理平台建设上，充分利用“智慧大鹏”的信息化建设优势，将新区、办事处、社区的网络信息资源进行有效整合，按照“中心＋网格化＋信息化”的要求，推广应用省综治系统，对于现存的由各单位自主开发的业务系统，应主动按照省综治系统的设计标准进行改造，做到与省综治系统的无缝对接，实现新区网格化管理“一个分拨平台、一个决策系统、一个采集软件”，达到信息共享互联互通，做到数据一次采集、多方共用、互动交流、协同办公。同时，可以尝试以省综治系统平台为依托，通过二次开发，打通网格员所使用的PDA与片区民警、消防员、城管员等群体使用的信息化平台的沟通壁垒，达到应急突发事件信息及情报的互通共享和就近快速集结处置的效能，实现专业网格与基础网格的高效协作。

（六）强化催办督办机制，扩大监察覆盖范围

在当前党员干部队伍思想动态不够稳定、工作方式普遍存在“慵懒散”现象、工作效率普遍不高，很多工作人员存在不作为和少作为的情况，以期不出错或少出错。为解决网格化管理存在的一揽子问题，一是要强化催办督办机制。通过技术手段实现各个层级、环节责任人与具体事件的责任捆绑，确保权责统一、边界清晰、公开透明的监督制度落到具体单位和执行人员，以信息化的“留痕”措施为突破口，实现全过程电子留痕、电子监察。对处置超时事件较多、处置工作不力或新区领导批示督办事件应办未办的单位，政务督查部门要增加催办频率，加大督办力度。二是要扩大监察覆盖范围。以十九大提出的严格整肃党的纪律和工作作风为契机，以党的纪律监察为抓手，采取负向激励手段，通过强化纪律监察来促进效率提升和履职到位。按照十九大报告提出扩大监察范围的要求，可以将纪律监察的含义进行扩展，延伸至党政机关工作的各个环节，做到纪律监察在网格化改革工作中

全覆盖、无死角，因效率低下、工作延误、推诿扯皮、敷衍塞责等不正当理由履职不到位，造成不良影响或损失，经催办督办仍逾期未改正的，由纪检监察部门实施效能监察，视情节轻重，责令限期改正或启动问责。采取“组合拳”的方式，使各种责任主体的工作责任心和工作效率得到更加有效地推动，确保网格化改革部署落地生根。

专题研究

Thematic Studies

B.28

深圳分级诊疗意向和满意度问卷调查报告

深圳市社会科学院课题组*

摘　要： 近年来，通过深化分级诊疗制度改革，深圳逐步建立了基层首诊、双向转诊、急慢分治、上下联动的分级诊疗体系，一些改革创新走在了全国前列。调查显示，随着分级诊疗改革的深入，社康中心发挥了越来越重要的作用。但多数人仍然期望将大医院作为首诊医疗机构。医疗技术是影响市民就医选择的首要因素。受访者对于分级诊疗的制度安排总体上是赞同的，完善分级诊疗最重要的是加强社康中心建设和优化优质医疗资源分布。

关键词： 分级诊疗　满意度　问卷调查

* 课题负责人：谢志岿，深圳市社会科学院。课题组成员：杜进林，广东医科大学；倪晓锋，深圳市社会科学院；张扬文馨，香港中文大学。

一 研究背景

分级诊疗是中国医疗制度改革的重要内容。2015 年 9 月，国务院办公厅发布了《关于推进分级诊疗制度建设的指导意见》，提出了分级诊疗制度建设的基本要求：以提高基层医疗服务能力为重点，以常见病、多发病、慢性病分级诊疗为突破口，完善服务网络、运行机制和激励机制，引导优质医疗资源下沉，形成科学合理的就医秩序，逐步建立符合国情的分级诊疗制度，切实促进基本医疗卫生服务的公平可及。

该意见发布以来，深圳市在前期分级诊疗实践的基础上，继续深化分级诊疗制度改革。通过大力加强社康中心建设、优化医疗资源配置、建立社区全科医生签约制、组建基层医疗集团等改革，逐步建立了基层首诊、双向转诊、急慢分治、上下联动的分级诊疗体系，一些改革创新走在了全国前列。但大医院挂号看病难、基层医院资源利用不足的问题仍未得到根本解决。为了深入了解市民目前在各医疗层级的就医意向和行为、市民对不同层级医疗服务的满意度、影响市民在不同层级就医的主要因素，为更好地推进分级诊疗制度改革提供决策参考，深圳市社会科学院开展了“深圳市民就医意向和就医行为问卷调查”。基于此次调查的数据，分析探讨深圳市分级诊疗改革的现状，并就其存在的问题提出意见建议。

二 研究方法和样本分布

本报告采用面对面问卷调查的方法收集数据。问卷以封闭式问题为主，并结合少量开放性问题对深圳市民的就医意向与就医行为进行调查。为尽可能提高样本的代表性，本次调查分别从深圳市南山、罗湖、福田、宝安、龙岗、龙华、盐田、坪山、大鹏新区、光明新区等 10 个区域进行随机抽样调查。最终共收集问卷 1612 份，其中有效问卷 1500 份，南山、罗湖、福田、盐田、宝安、龙岗、龙华、坪山、大鹏新区、光明新区10个区域的有效问卷分别为210份、210份、210份、50份、260份、260份、150份、50份、50份、50份，有效回收率为93.05%，符合定量分析的标准。深圳市民就医意向与就医行为调查样本基本情况如表1所示。

表1 深圳市民就医意向与就医行为调查样本基本情况（n=1500）

单位：%

变量	分组	*n*	百分比	变量	分组	*n*	百分比
性别	男	733	48.9	户籍	深圳户籍	531	35.4
	女	767	51.1		非深圳户籍	969	64.6
年龄	≤20岁	56	3.7	婚姻状况	未婚	435	29.0
	21~30岁	607	40.5		已婚	1065	71.0
	31~40岁	520	34.7	生育状况	未生育	66	6.2
	41~50岁	104	13.6		已生育	999	93.8
	51岁及以上	113	7.5	住房状况	自购住房	351	23.4
文化程度	初中及以下	222	14.8		租住政策性住房	114	7.6
	高中/中专	581	38.7		租住城中村私房	618	41.2
	大专	431	28.7		租住商品房	170	11.3
	本科	242	16.1		住公司集体宿舍	94	6.3
	研究生	24	1.6		其他	153	10.2
职业	事业单位管理人员	153	10.2	居住区域	福田	210	14.0
	专业技术人员	224	14.9		罗湖	210	14.0
	企业管理人员	156	10.4		南山	210	14.0
	企业办事人员	208	13.9		盐田	50	3.3
	个体工商户	228	15.2		宝安	260	17.3
	工人和服务业人员	342	22.8		龙岗	260	17.3
	未就业	53	3.5		龙华	150	10.0
	其他	136	9.1		坪山	50	3.3
月收入水平	3000元以下	158	10.5		光明新区	50	3.3
	3000~5000元	479	31.9		大鹏新区	50	3.3
	5001~10000元	626	41.7	参与深圳市医疗保险类型	一档	663	44.2
	10001~15000元	158	10.5		二档	336	22.4
	15001~30000元	53	3.5		三档	187	12.5
	30000元以上	26	1.7		未参加	314	20.9

三　市民首选什么医疗机构就诊

1. 现实中超过四成的市民首选市级大医院和区级医院就诊

在问及“如果身体不适，您和家人一般首选什么类型的医疗机构就诊?”时，将深圳市级大医院和社区健康服务中心作为首选就诊医疗机构的市民均为316人，均占调查总人数的21.07%；将深圳区级医院作为首选就诊医疗机构的市民304人，占20.27%；将深圳街道医院作为首选就诊医疗机构的市民127人，占8.47%；仅有25人（占1.67%）将深圳私立医院作为首选就诊医疗机构；另外412人（占27.47%）看情况选择就诊医疗机构（见表2）。

表2　受访者一般首诊的医疗机构

单位：%

	市级医院	区级医院	街道医院	私立医院	社康中心	看情况	频次
福田	27.10	29.50	8.00	0.00	14.30	14.30	210
罗湖	36.20	3.30	4.30	1.40	19.00	35.70	210
南山	23.80	21.90	5.20	1.90	26.20	21.00	210
盐田	12.00	50.00	4.00	2.00	22.00	10.00	50
宝安	15.40	31.50	7.70	1.90	1.20	42.30	260
龙岗	12.69	16.54	14.62	1.92	34.62	19.62	260
龙华	16.67	4.00	2.67	1.33	40.67	34.67	150
坪山	14.00	22.00	12.00	2.00	20.00	30.00	50
光明	20.00	28.00	10.00	2.00	20.00	20.00	50
大鹏	24.00	16.00	30.00	4.00	12.00	14.00	50
合计	316/21.07	304/20.27	127/8.47	25/1.67	316/21.07	412/27.47	1500

从区域看，选择市医院首诊比例最高的是罗湖、福田、南山，选择区医院首诊比例最高的是宝安、福田、光明，选择社康中心首诊比例最高的是龙华、龙岗、南山。从文化程度看，文化程度高者首诊更倾向于选择高级别医疗机构，从收入看，高收入市民更倾向于首选高级别医疗机构就诊。从参与社保类型看，参与较高档次社保的更倾向于首选更高层次的医疗机构就诊。

2. 受访者期望以社康中心作为首诊医疗机构的占比不到3%

在问及“如果条件允许，您希望选择什么类型的医疗机构首诊?”时，期望将深圳市级大医院作为首选就诊医疗机构的市民为646人，占调查总人数43.07%；期望将深圳区级医院作为首选就诊医疗机构的市民为312人，占20.80%；期望将深圳街道医院作为首选就诊医疗机构的市民为90人，占6.00%；仅有2.53%的受访者（38人）期望将深圳社区健康服务中心作为首选就诊医疗机构；另外396人（占26.40%）看情况选择首诊医疗机构。从区域看，除宝安区外，其余各区的受访者都将市级医院列为期望首选就诊的医疗机构，将社康中心列为期望首诊医疗机构比例最高的区，首选比例仅为6%。说明推进分级诊疗改革以来，基层医疗机构还未得到市民的普遍认可（见表3）。

表3　受访者期望首选就诊的医疗机构

单位：%

	市级医院	区级医院	街道医院	私立医院	社康中心	看情况	频次
福田	83(39.50)	59(28.10)	7(3.30)	3(1.40)	7(3.30)	51(24.30)	210
罗湖	138(65.70)	6(2.90)	3(1.40)	0(0	3(1.40)	60(28.60)	210
南山	101(48.10)	49(23.30)	12(5.70)	3(1.40)	9(4.30)	36(17.10)	210
盐田	23(46)	13(26)	4(8)	1(2)	3(6)	6(12)	50
宝安	68(26.15)	77(29.62)	6(2.31)	3(1.15)	2(0.77)	104(40.00)	260
龙岗	102(39.23)	43(16.54)	40(15.38)	5(1.92)	11(4.23)	59(22.69)	260
龙华	51(34.00)	34(22.67)	3(2.00)	2(1.33)	0(0.00)	60(40.00)	150
坪山	26(52.00)	11(22.00)	4(8.00)	0(0.00)	2(4.00)	7(14.00)	50
光明	29(58.00)	11(22.00)	3(6.00)	1(2.00)	1(2.00)	5(10.00)	50
大鹏	25(50.00)	9(18.00)	8(16.00)	0(0.00)	0(0.00)	8(16.00)	50
合计	646(43.07)	312(20.8)	90(6.00)	18(1.20)	38(2.53)	396(26.40)	1500

3. 影响市民选择医疗机构的最主要因素是医疗技术

在回答“一般情况下，您选择医疗机构考虑的最主要因素是什么?”时，四成以上（620人，41.33%）受访者将医疗技术作为选择医疗机构考虑的主要因素；29.87%的受访者（448人）将就医方便程度作为选择医疗机构考虑的主要因素；将服务态度和医德医风状况以及医疗价格作为选择医疗机构考虑的主要因素分别占13.07%和11.40%。

4. 受访者对社区首诊制度了解程度整体不高

在问及市民对社区首诊制度的了解程度时，选择“非常了解”的市民仅有55人，占3.67%；对社区首诊制度“比较了解”的市民有160人，占10.67%；“有所了解”的有392人，占26.13%；“听说，但不太了解”和“完全不了解”的市民分别有497人、396人，分别占33.13%和26.40%。可以看出，市民总体上对深圳社区首诊制度的了解程度还不高。

5. 受访者赞同社区首诊制的比例为42.4%

针对“您是否赞同社区首诊制度”，42.40%的受访者赞同社区首诊制度，46.93%的受访者持无所谓态度，10.67%的受访者持不赞同社区首诊制。调查显示，对深圳社区首诊制度了解程度越高的市民，越赞同社区首诊制度态度。说明社区首诊制作为一种制度安排，如果设计妥当，受访者总体上还是比较赞同的。

四　深圳市民就医行为分析

1. 超过六成市民过去一年曾在市级和区级医院有就诊行为

在问及市民过去一年去市级大医院和区级医院诊疗的次数时，选择“0次”的市民占589人，占39.27%，选择“1次”以上的市民共911人，占60.73%。可以看出，多数市民过去一年曾使用过深圳市级大医院和区级医院医疗服务。

2. 超过六成市民过去一年曾在社康中心有就诊行为

在问及市民过去一年去社区健康服务中心诊疗的次数时，选择“0次”的市民为525人，占35.0%，选择“1次”以上的市民共975人，占65.00%。可以看出，多数市民过去一年曾使用过深圳社区健康服务中心医疗服务。在社康的服务类型中，受访者享受最多的是医疗服务，其次是体检服务、健康教育服务、预防接种和康复服务（见表4）。

表 4　不同性别市民曾使用社区健康服务中心服务情况

单位：人，%

服务类型	男	女	合计
预防接种	65(8.9)	96(12.8)	161
医疗服务	320(43.9)	335(44.8)	655
体检服务	136(18.7)	121(16.2)	257
康复服务	62(8.5)	83(11.1)	145
健康教育服务	87(11.9)	122(16.3)	209
计划生育服务	37(5.1)	69(9.2)	106
其他服务	219(30.0)	175(23.4)	394
从未接受过	137(18.8)	132(17.6)	269

3. 超过半数市民不清楚社康中心是否具备首诊能力和条件

52.47%的市民不清楚社区健康服务中心是否具有首诊能力和条件，31.73%的市民认为社区健康服务中心具备首诊能力和条件，15.8%的市民则认为不具备首诊能力和条件。

4. 四成以上受访者认为深圳大医院扎堆、基层医疗机构冷清的现象普遍

当问及“您认为深圳目前大医院扎堆、基层医疗机构冷清的现象是否普遍”时，超过四成市民认为深圳目前大医院扎堆、基层医疗机构冷清的现象普遍或比较普遍，40.27%的市民则认为该现象一般；仅有17.40%的市民认为该现象不普遍。关于大医院扎堆、基层医疗机构冷清现象的主要原因，受访者选择最多的前三项依次为基层医疗水平不能满足需求；诊疗范围重叠，未实行错位发展；基层医疗设备不能满足需求（见图1）。

五　深圳市医疗机构医疗服务满意度分析

1. 四成以上市民对深圳公共医疗服务总体满意

在问及“您对深圳医疗公共服务总体满意程度”时，约四成受访者表示很满意和比较满意（很满意3.5%、比较满意37.7%），认为服务一般的占43.1%，不满意与不太满意占7.6%，说不清占8.0%（见图2）。

从区域来看，龙华、龙岗、南山和大鹏对深圳公共医疗服务满意度偏

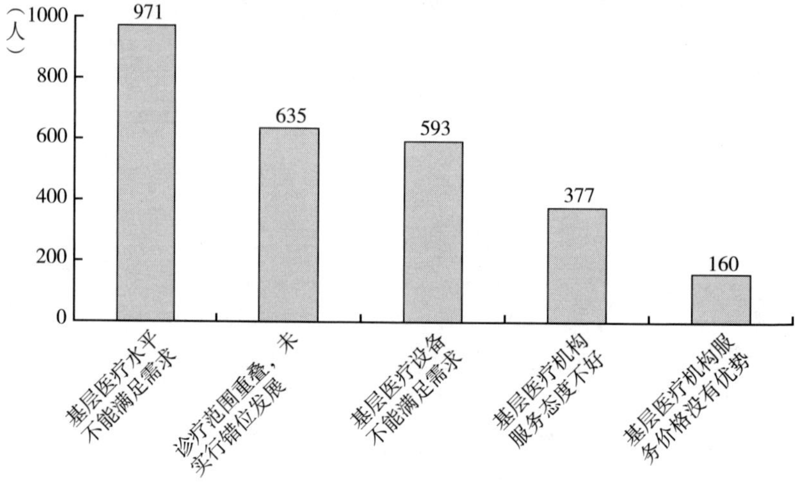

图1　大医院扎堆、基层医疗机构冷清的原因

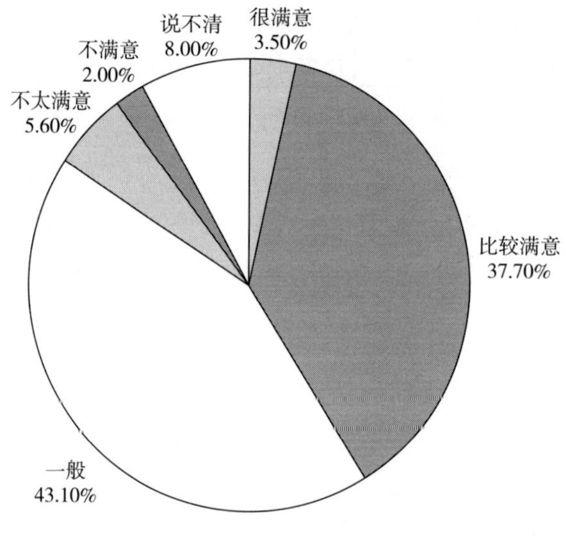

图2　受访者对深圳医疗机构公共服务总体满意度

低，回答满意和比较满意合计比例分别为13.34%、30.38%、35.52%和36%。这可能与这些区域相对紧张或落后的医疗服务有关。从户籍来看，非深圳户籍（39.11%）对深圳医疗服务的总体满意程度低于深圳户籍（45.19%），从参加社保看，社保档次越低的，对医疗服务总体满意度越低。

2. 相比而言，受访者对基层医疗机构的满意程度更低

总体而言，受访者对市级大医院的医疗服务满意度较高，表示满意和比较满意的合计为50.7%，而不太满意和不满意的最低，占5.3%；其次为区街医院，满意和比较满意计为46%，不太满意和不满意的合计为5.9%；再次是社康中心，满意和比较满意的合计为45.7%，不太满意和不满意的合计为6%（见图3）。

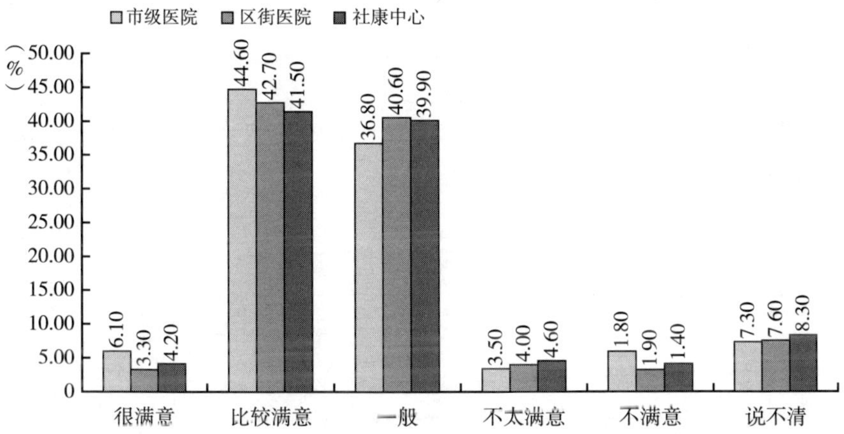

图3 市民对不同层级医疗机构的满意度

从区域来看，对社康中心满意度较高的区为罗湖、宝安；满意度较低的为南山、龙岗和大鹏。对区街医院满意度较高的是宝安、罗湖，满意度较低的是龙华、南山和大鹏。对市级医院满意度较高的是宝安、罗湖；满意度较低的是龙华、大鹏等（可能与医疗期望、医疗资源配置和医疗便利度有关）。从户籍来看，非深户对医疗满意度略低于深圳户籍。从收入看，收入较低群体对不同层级医疗的满意度相对较低。从社保类型看，社会保障标准较低的受访者对不同层级医疗的满意度较低（可能与保障水平和就医感受有关）。

六　深圳市医疗服务存在的主要问题分析

1. 优质医疗资源分布不均衡是深圳公共医疗服务存在的首位问题

对深圳市民提问“目前深圳公共医疗服务存在的主要问题是什么?”时，选择“优势医疗资源分布不均衡”选项最多（871 人，占 58.07%）；其次为“医疗技术水平”选项，550 人选择，占 36.67%；第三位为“看病难”选项，524 人选择，占 34.93%；第四和第五位分别为“服务态度和医德医风”和“看病贵”选项。可见，深圳优势医疗资源分布不均衡是深圳市公共医疗服务存在的首要问题（见图 4）。

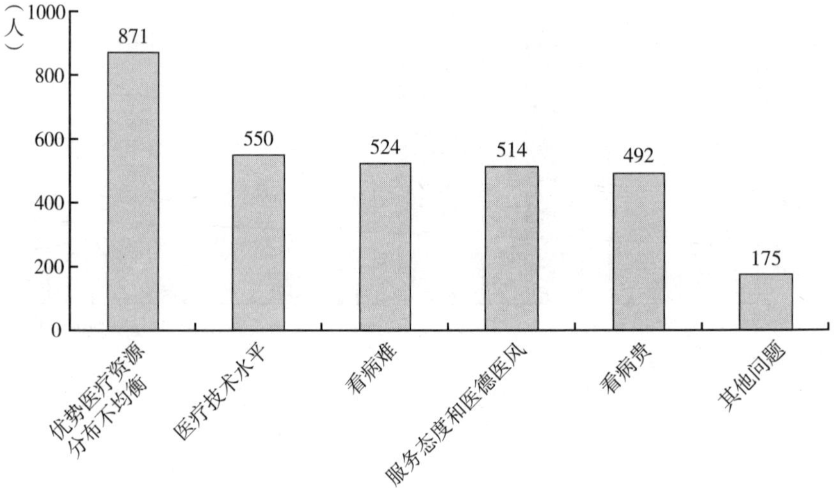

图 4　目前深圳公共医疗服务存在的主要问题

2. 医疗技术水平问题是深圳社区健康服务中心存在的首位问题

对深圳市民提问“目前深圳社区健康服务中心存在的主要问题是什么?”时，选择“医疗技术水平”选项最多（850 人，占 56.67%）；其次为“挂号困难，就医难”选项，704 人选择，占 46.93%；第三位为“服务态度和医德医风问题”选项，640 人选择，占 42.67%；第四位为“看病贵”选项，514 人选择，占 34.27%。可见，医疗技术水平问题是深圳市社区健康服务中心存在的首要问题（见图 5）。

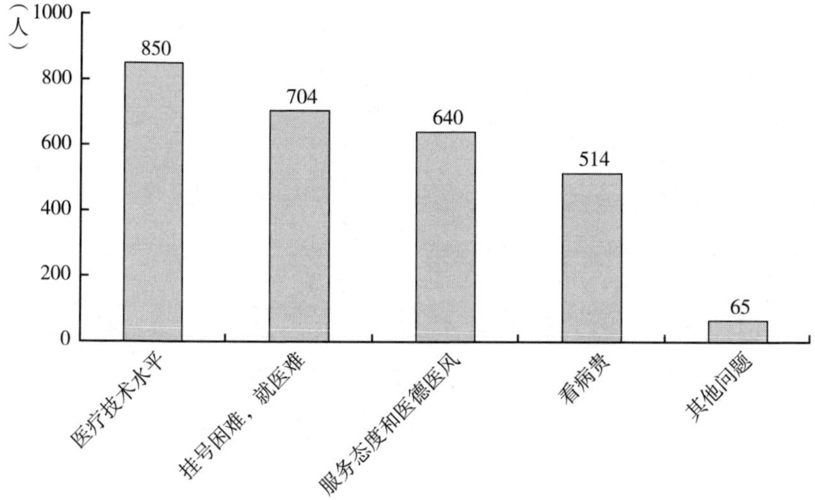

图5 目前社区健康服务中心存在的主要问题

3. 就医难、看病贵和医疗水平是深圳区街级医院存在的前三位问题

对深圳市民提问“目前深圳区级医院和街道医院存在的主要问题是什么?”时，选择“挂号困难，就医难”选项的最多，914 人，占 60.93%；其次为“看病费用高，难以承担”选项，710 人选择，占 47.33%；第三位为“医疗技术水平”选项，644 人选择，占 42.93%；第四位为“服务态度和医德医风”选项，622 人选择，占 41.47%。虽然区和街道医院就医难不如市级医院突出，但在一些医疗资源紧张的辖区，挂号困难、就医难仍然是这一级医院的一个主要问题（见图6）。

4. “挂号困难，就医难”问题是深圳市级大型医院存在的突出问题

对深圳市民提问“目前深圳市级大型医院存在的主要问题是什么?”，选择“挂号困难，就医难”选项的最多，1025 人，占 68.33%；其次为“看病费用高，难以承担”，790 人选择，占 52.67%；第三位为“区域分布不均衡，原关外区域就医不方便”712 人选择，占 47.47%；第四位为“医疗技术水平关外区域就医不方便”，346 人选择，占 23.07%；第五位为“服务态度和医德医风”选项，306 人选择，占 20.40%。从不同年

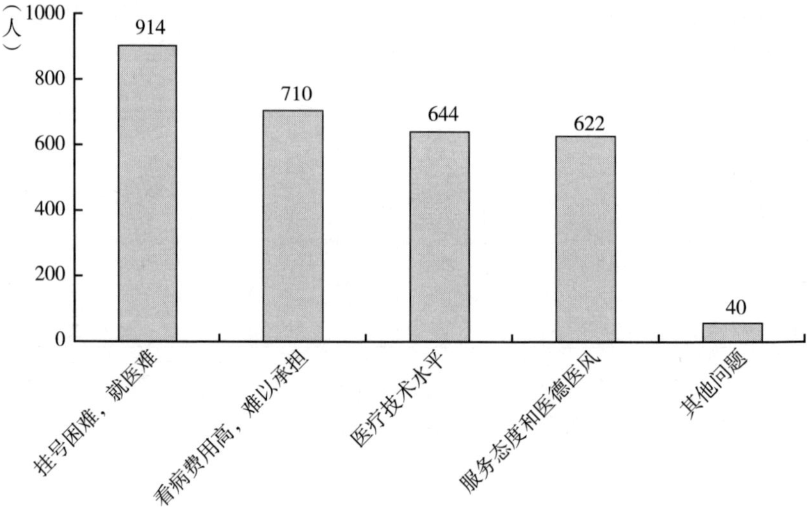

图6　目前区和街道医院存在的主要问题

龄、学历、收入和社保看，“挂号困难，就医难”都是市级大医院的首要问题，其他问题在不同群体中排序稍有不同（见图7）。

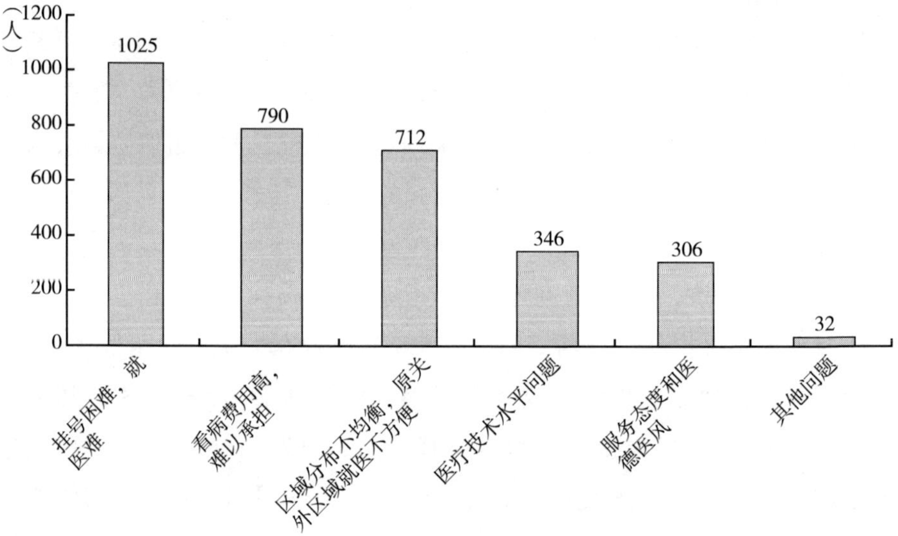

图7　目前市级大型医院存在的主要问题

七　受访者期望政府如何完善分级诊疗

1. 改善医疗服务的重点是加强社康建设，优化医疗资源配置

在问及“您期望政府重点应从哪些方面改善深圳的医疗服务?”时，受访者选择“加强社区健康服务中心建设，培养高水平全科医生服务社区居民”选项最多，904 人，占 60.27%；其次为“优化高水平医疗机构的区域分布”选项，885 人选择，占 59.00%；第三位为“提升大医院的医疗水平”选项，509 人选择，占 33.93%；第四位为“加强医德医风建设”选项，502 人选择，占 33.47%。从年龄、学历、收入来看，一些群体将优化医疗机构分布列为第一位的问题。从社保类型看，一二档社保的受访者将优化医疗机构分布列为第一位问题，三档社保的受访者将加强社康中心建设列为第一位问题。可见，加强社康建设和优化医疗资源配置是深圳市民迫切期望政府重点改善的医疗服务的前两位问题。而提升大医院医疗水平则是改善医疗服务的第三位问题（见图 8）。

2. 完善分级诊疗需加强基层医疗机构软件硬件建设

在问及“您认为应该如何完善分级诊疗?”时，选择“加强社区健康服务中心医疗设施和药品配备”和“提升基层医疗机构医疗水平”选项最多，分别为 1052 人和 1020 人，分别占 70.13% 和 68.00%；其次是“服务态度和医德医风”选项，498 人选择，占 33.20%（见图 9）。可见，深圳市民认为完善分级诊疗制度，提升深圳市基层医疗机构（社区健康服务中心）软件（医疗水平）和硬件设施（加强社区健康服务中心医疗设施和药品配备）至关重要。在备选项中，受访者选择“强制推行社区首诊制”的比例最低，仅为 109（7.3%），表明市民不希望在条件不成熟的情况下强推社区首诊。

不同年龄、文化程度、月收入水平和参加医疗保险不同等级市民均认为完善深圳市分级诊疗，首要任务为加强社区健康服务中心医疗设施和药品配备和提升基层医疗机构的医疗水平。

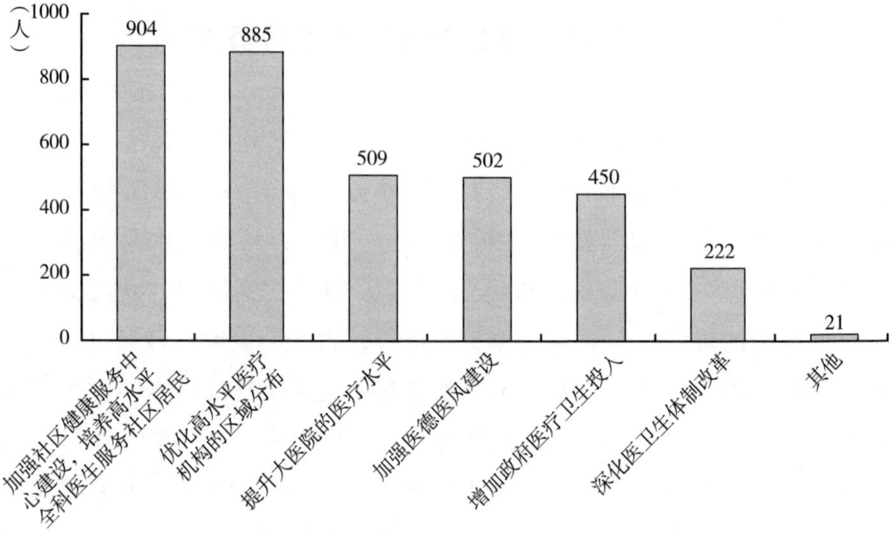

图8　受访者期望政府如何改善医疗公共服务

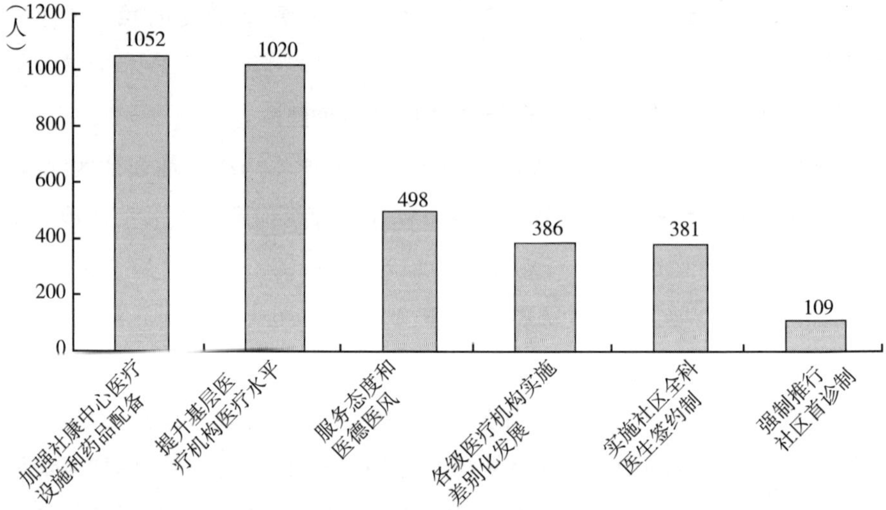

图9　受访者关于如何完善分级诊疗的意见

八　研究发现与对策建议

问卷调查显示，实施分级诊疗改革以来，不同层级的医疗服务稳步推进，社康中心在医疗、体检、康复和预防接种等方面发挥了非常重要的作用，多数市民对深圳医疗服务总体上是比较满意的。但是，调查也显示，目前深圳“大医院扎堆，基层医疗机构冷清”的现象仍然没有根本改观。现实生活中，多数市民仍然将市、区大医院作为就医的首选。即使在基层医疗机构建设得到加强的罗湖等辖区，在可以自由选择的情况下，95%以上的受访者仍然没有意愿将社康列为首选的医疗机构。调查显示，医疗技术水平是市民选择医疗机构的首要决定因素。市民选择大型医疗机构，不选择基层医疗机构，根本原因也在于目前基层医疗机构的医疗水平尚未得到市民的充分认可。关于深圳公共医疗服务总体上存在的问题，“优势医疗资源分布不均衡”位列第一，其次是“医疗技术水平”和“看病难”问题。而在问及是否赞同社区首诊制时，赞同社区首诊的受访者远高于不赞同者，并且对社康中心的了解程度越高，越赞同社区首诊。说明问题的症结不在分级诊疗本身，而在于不同层级的医疗机构是否能满足市民不同的诊疗需求，是否能承担起其应有的功能。

针对以上现状，建议从如下方面深化分级诊疗制度改革。

1. 构建“市级医疗机构 + 高水平社康”二级分诊架构

在大力提升基层医疗机构服务能力、培养高水平全科医生同时，应注意优化大型高水平医疗机构的区域分布均衡性，方便群众就医、提高效率，完善双向转诊，实现不同级别、不同类别医疗机构之间的有序转诊，完善分级诊疗制度。对于深圳这样的城市，建议由市政府统筹全市医疗事权和财权，区级政府不再兴办医疗机构，将现有区级医院全部收归市管，按三甲医院标准进行软硬件升级改造，逐步升级为三甲医院；各街道医院升级改造为市医院的区域门诊部。将社康中心全部改造为与市级医院形成分诊的高水平的基层医疗机构，由此形成高水平专科与高水平全科相结合的二级分诊架构，综合解决基层医疗薄弱和高水平医疗资源布局不合理的问题。

2. 大力提升社区健康服务中心医疗服务质量

（1）实施社康中心全科医生队伍优化提升工程。一是优化增量。通过引进、返聘、合作等方式，引进高水平全科医生，提升社康中心医技人员医疗水平。二是提升存量，加强社康中心现有医疗队伍的培训教育，形成规范化全科医师培训体系，多渠道培养优质全科医生，加强全科医生规范化培养基地建设和管理，规范培养内容和方法，提高全科医生的基本医疗和公共卫生服务能力，发挥全科医生的居民健康“守门人”作用。三是提升基层医疗人员待遇，对高水平的全科医生给予较高的福利待遇。

（2）加强基层医疗机构的药品和设施配备。整合推进区域医疗资源共享，合理确定基层医疗卫生机构配备使用药品品种和数量，加强二级以上医院与基层医疗卫生机构用药衔接，满足患者需求。提升基层医疗卫生机构中医药服务能力和医疗康复服务能力，加强中医药特色诊疗区建设，推广中医药综合服务模式，充分发挥中医药在常见病、多发病和慢性病防治中的作用。

（3）加强人工智能、互联网信息技术等新技术在医疗领域的运用，提升基层医疗机构的诊疗水平。

3. 加强分级诊疗制度宣传，提升市民对社区诊疗的认知

深圳市目前分级诊疗政策体系逐步完善，医疗卫生机构分工协作机制基本形成，以全科医生为重点的基层医疗卫生人才队伍建设得到加强，基层医疗卫生机构服务能力明显提升，就医秩序更加合理规范。然而，市民对于基层医疗机构服务能力尚存质疑，应加大分级诊疗制度宣传力度，使居民了解基层医疗机构诊疗能力和条件，引导群众提高对基层医疗卫生机构和分级诊疗的认知度和认可度，改变就医观念和习惯，就近、优先选择基层医疗卫生机构就诊，有序引导优质医疗资源下沉，逐步形成科学合理的就医秩序，发挥基层医疗机构医疗服务功能，完善分级诊疗制度。

B.29
深圳义务教育阶段学生午餐午休管理研究报告*

深圳市社会科学院课题组**

摘　要： 学生午餐午休问题是事关千家万户的民生问题。从促进学生健康发展和增进人民福祉出发，深圳应当积极借鉴国内外先进城市关于学生午餐午休管理经验，发挥政府在学生午餐午休管理中的主导作用，加大政策供给和财政投入力度，统筹协调各方力量，建立以校内为主、校外为辅的学生午餐午休服务模式和相应的管理制度。

关键词： 学生午餐午休　校内午餐　校外午托

学生午餐午休问题是事关千家万户的民生问题和社会问题，完善的午餐午休管理能够缓解家庭压力，解决家长后顾之忧，提升市民民生福祉，提高社会效率。虽然深圳重视相关制度建设，加强中小学生午餐午休管理，但午餐午休管理涉及的部门和环节较多，目前中小学生的午餐午休还存在突出问题，亟须解决。

* 本文系深圳市哲学社会科学规划重点项目“社会领域改革发展重大问题研究”阶段性成果（编号：135A007）。

** 课题组成员：李朝晖、谢志岿、徐宇珊、倪晓锋、邓达奇。

一 深圳义务教育阶段学生午餐午休及管理基本情况

（一）深圳义务教育阶段学生午餐午休基本情况

1. 学生午餐午休基本情况

调查显示，深圳义务教育阶段学生超过一半在家午餐午休，两成多学生在校内午餐午休，接近两成学生在校外托管机构午餐午休，其他情况所占比例较小。其中，公办学校学生在家午餐午休和在校外托机构午餐午休的比例均高于全市平均数，民办学校的学生约2/3在校内午餐午休，只有极少数学生在校外午托机构午餐午休。

2. 学校供应午餐午休情况

2017年，深圳共有义务教育阶段学校600多所，有学生126万名，其中公办学校学生约70万名。虽然超过一半学校为学生提供午餐午休服务，但由于大部分公办学校受食堂、午休场所和人员等条件所限，提供午餐午休服务的公办学校绝大多数仅能接收少量学生，全市公办学校在校内午餐午休的义务教育阶段学生仅6.7万名，只有少数学校能够为全部学生提供午餐午休服务。提供午餐的学校绝大多数是自行供餐，学校午餐午休的管理人员以在校老师为主，学校午餐午休工作人员多数是无酬或低酬工作。光明新区2015年开始探索实行社会配餐方式解决学生校内午餐问题，并以配餐企业委派管理人员方式进行午餐午休管理，使区内所有公办学校有需求学生均能在校内午餐午休。

3. 校外午餐午休情况

在校外午托机构午餐午休是目前学生的重要方式。根据问卷调查推算，全市在校外午托机构午餐午休的学生接近20万名，但截至2017年10月，共审批183家校外午托机构，可接纳学生约1.2万人。根据深圳市城市管理局2016年调查，全市有校外午托机构6000多家，这意味着97%的校外午托机构为无证经营的“黑午托”，约18万名学生在“黑午托”午餐午休。

（二）深圳学生午餐午休管理基本情况

1. 提倡就近入学和回家午餐午休

2008 年深圳市教育局出台了《义务教育就近入学管理办法》，规范学生入学条件。同时，进一步调整学校布局和学区划分，强力推进就近入学。在学校午餐午休条件有限的情况下，使回家午餐午休学生保持在大多数，有效防止了不在家午餐午休学生规模的不合理增长。

2. 校内提供和校外配餐并举，提高学校午餐午休供给能力

通过对公办中小学食堂进行改造，改扩建厨房和餐厅，增加就餐人数 3.4 万人，比改造前增加61.8%；开展民办中小学食堂检查与改造工作，要求民办中小学对不达标的学生食堂进行改造升级；制定《深圳市中小学校外配餐管理办法》，对校外配餐企业的选择、服务合同的订立、学校责任及配餐企业责任等方面进行明确规定，一部分学校通过校内午休校外配餐的办法解决中小学生午餐午休问题。

3. 加强制度建设，完善校外午托管理

2008 年以来，深圳陆续出台了《关于印发深圳市义务教育就近入学管理办法的通知》《深圳市校外午托机构管理办法》《深圳市校外午托场所消防安全指引》《深圳市校外午托机构食堂餐饮服务许可指引》《深圳市市场监督管理局关于印发〈深圳市餐饮服务许可（校外午托机构食堂）实施办法（修订版）〉的通知》等规章文件，规范午托管理，在全国率先建立了比较完善的校外午托机构管理制度。在完善管理制度、规范校外午托机构设立的同时，将清理无证校外午托机构职责纳入街道综合执法，各职能部门对全市无证校外午托机构采取先疏导后清理的方法进行全面清理整顿，引导无证校外午托机构向相关职能部门办理审批手续。

二　深圳义务教育阶段学生午餐午休及管理存在的问题

（一）中小学生的健康安全没有得到充分保障

午餐午休是关系中小学生健康的大事，也是关系千家万户的重大民生。当

前，五花八门的午餐午休方式存在诸多健康、卫生和安全方面的问题，不利于中小学生的成长。一是营养健康问题。午餐对处于生长发育期的中小学生的健康十分重要，但目前主要午餐形式都没有从营养均衡的角度保障中小学生的午餐供应。二是安全问题，无论是通过校外午托机构还是学生自行解决午餐午休，都存在一定的人身安全和食品安全隐患。大量无证午托机构存在消防、食品安全等方面的隐患。学生一天多次穿行于复杂的城市交通道路，面临更多交通安全威胁。三是休息问题。目前，多数学校无法为学生提供舒适的午休设施，多数校外午托机构虽能提供睡床，但午休环境堪忧，不利于中小学生的休息和健康。

（二）午餐午休家庭化导致一些学生家长不堪重负

学生的午餐午休给学生家长造成了很大困扰和负担。一是耗费了大量人力。学生的一顿午餐，很多家庭需要安排专人接送和照顾，人力投入巨大。二是经济负担。校外午托机构每月午餐午休的费用多数接近1000元，有的甚至超过1000元，对家庭而言是一个不小的负担。有的家庭不放心校外午托，不得不请老人或保姆照顾孩子午餐午休，增加的开支更大，还造成住房拥挤。三是时间负担，家庭自行解决午餐午休，家长需要花费太多的时间和精力处理期间产生的各种问题，极大地影响了家长的正常工作。

（三）学校承担午餐午休管理存在一些困难有待克服

一是由于深圳每年入学新生不断增多，学位供不应求，有限的空间都尽量用来满足学生上课需求，使得学校午餐午休场地捉襟见肘。二是缺乏相关管理经费及人员保障。由于深圳义务教育阶段学校师生比较高①，辅助人员比例也不高，教师和教辅人员的工作量已经饱和，学校如果为学生提供午餐午休服务，实际上需要教师和教辅人员加班进行管理，但目前核拨给公办中小学非教育教学时段的管理经费不能用于在编教师午餐午休管理工作补贴，很不合理，导致学校不愿推行校内午餐午休。

① 目前深圳小学的生师比为19∶1，初中的生师比为13.5∶1。

（四）校外午托无序发展，监管困难

深圳校外午托机构实行各区教育、卫生、消防等部门共同审核，最终由各区教育行政部门批复设立，民政部门核发民办非企业登记证书，并由各区教育行政部门实施监督管理，街道综合执法部门负责无证及未经登记的校外午托机构的查处工作。出于安全考虑，《深圳市校外午托机构管理办法》对校外午托机构的设立设定了较高门槛，绝大多数校外午托机构创办中因达不到消防要求而无法办理登记手续，导致正规校外午托机构少。但在校内午餐午休提供不足的情况下，校外午托成为刚性需求，因此催生大量无证“黑午托”，目前在非正规机构午托的中小学生占校外午托学生的95%以上，存在消防、卫生和人身方面的安全隐患。由于许多非正规校外午托机构规模小且隐藏于住宅楼，不易发现，加之学生家长的刚性需求，强行取缔容易造成社会问题。另外，审批制度改革和上位法的修改，造成对校外午托机构继续实施行政许可已缺乏法理依据，相应的执法也失去了法理依据，对校外午托机构管理已经成为死结。

（五）依托社区无法解决根本问题

为解决中小学生的午餐午休问题，一些社区进行了多种方式的探索。如福田区梅林街道整合街道社区公共场地提供午托服务，从梅林文化站拿出3个房间（260平方米），用于解决梅丽小学约60位困难家庭的午托问题；龙华新区松元厦社区服务中心开展“阳光午餐”服务，以解决辖区双职工就读子女中午就餐问题，一定程度上帮助双职工家长解决了孩子照顾的问题。但由于场地的限制，这些探索都只能解决极少数学生的午餐午休问题，无法从根本上解决学生午餐午休问题。

三　国内外中小学生午餐午休管理的做法与经验

发达国家和地区以及国内许多城市在中小学午托管理方面的经验做法，可供深圳借鉴学习。

（一）国内外中小学生午餐午休管理的做法

1. 美国：校内统一午餐，国家法案作为制度保障

美国制定了《全国学校午餐法案》，先后出台了10多部补充法律及技术规章制度，并制订了学校午餐计划，将学生午餐纳入法制管理，确保学生能够享受到营养均衡、低价甚至免费的午餐，并让低收入家庭子女享受午餐费用减免。

2. 日本：校内统一午餐，午餐是重要的“食育”

日本中小学对学生低价优惠供餐，午餐环节最具特色的是将午餐时间变为有效的教学时间，将单纯的吃饭变成重要的“食育”。

3. 瑞典等北欧国家：全部免费在校内统一午餐

瑞典把学校供餐作为国家社会保障的一部分，学校午餐全部免费。一般采取中央食堂配送，学校食堂适当加工后向学生提供自助餐的方式。

4. 香港：统一校内午餐短休，完善的招投标制度确保供餐品质

香港小学生统一在校内午餐短休，供餐企业采取招投标的方式，由学校和家教会共同牵头。午餐管理采取教师、值日生、家长义工、膳食公司派驻“午膳阿姨”等多元管理模式。

5. 上海：统一校内午餐，多项制度保障供餐质量

上海市中小学生统一在校内午餐，午休时间仅一个半小时。并出台相关文件，从制度上完善并保障中小学生的午餐质量，配餐公司按区县内统一的规格和标准加工饭菜，然后分别送至对口学校。一些较大的学校，有自己的食堂。

6. 北京：以校内统一供餐为主，多举措提高膳食质量

北京市全面推动校内营养餐，全市70%以上、中心城区95%以上的学生在校内用餐。在初步解决午餐问题的基础上，北京市通过膳食标准制定、行业协会管理配餐企业等多种方式保障学生的午餐质量。北京市中小学生午休时间较短，部分学校给一年级的学生提供午睡房，确保学生顺利完成幼小衔接。

7. 杭州：推行学生营养午餐，不断完善供餐体系

杭州从1990年开始率先在全国推行学生营养午餐，目前全市所有学校均为学生提供午餐，采取自办食堂和营养午餐配送两种方式。各区教育局建

立“中小学校（幼儿园）大宗食品准入供应商名录”，并统一招标营养午餐配送企业，供学校选择。

8. 南京：公布中小学生午餐营养食谱，学校食堂引入智能烹饪机器人集约化供餐

南京中小学校均为学生提供午餐，为了解决学生营养不均衡问题，专门研制了“南京市中小学生营养午餐及其当日早餐、晚餐参考食谱”，建立不同年级组的食谱。南京市教育局还积极探索应用现代科技改善食堂供餐，2015 年在中小学引入深圳繁兴科技智能烹饪机器人，形成以智能烹饪机器人为先导、净菜配送为抓手、学生营养午餐为目标的集约化午餐供应模式，给孩子们提供安全、卫生、健康的营养餐。

此外，武汉、合肥、宁波、中山等城市大多数学校也为学生提供午餐午休服务。

（二）经验和启示

美国、日本、瑞典等国家，以及中国香港、北京、上海等城市学校午餐午休管理的做法，有下列共性特点。

1. 从制度上保障学生午餐供应

美国、日本、瑞典等国家将学生午餐上升到国家法律的层面，作为国家社会保障体系的一部分；香港、上海、北京等通过部门规章、行业指引等建立营养配餐制度。

2. 以校内就餐为主

美国、日本、瑞典等国家以及中国香港、上海等城市，全体学生统一在校内用午餐；北京超过七成的学生在校内用午餐。

3. 重视学生午餐膳食营养

出台各种文件、指引、标准等，引导午餐的配餐搭配，通过午餐环节改善学生的健康和营养状况。

4. 午休时间较短

许多国家及中国香港地区学生午餐午休时间一般在 1 小时以内，上海、北

京等城市中小学生午餐午休时间大都不超过1.5小时，学生及老师均没有午睡习惯，只有短暂午休，学生通过轻体力的运动、阅读、游戏等方式进行午间休息。

5. 经费由家庭与财政共担

除北欧国家完全免费外，上述大部分国家和地区的午餐均采用低偿收费的方式，由家长支付。但公共财政对低收入家庭给予费用减免补贴，确保儿童不会因家庭经济原因而无法享用营养午餐。

6. 将午休时段变为宝贵的德育教育环节

相关国家和地区充分利用午休时段的用餐及短休环节，开展健康营养教育、自我管理教育等，全方位地提升学生的生活能力、协作精神和思想道德水平。

四　破解深圳学生午餐午休问题的对策建议

（一）总体思路

从促进学生健康发展和增进人民福祉出发，深圳应当积极借鉴国内外先进城市学生午餐午休管理经验，发挥政府在学生午餐午休管理中的主导作用，加大政策供给和财政投入力度，统筹协调各方力量，逐步探索将学生午餐午休管理作为公共产品或准公共产品的重要组成部分，立足政府先行，学校为学生提供午餐午休基本服务，校外午托机构提供个性化服务。同时，充分调动社会力量参与，统筹学校、家庭、社区和社会资源，充分利用深圳市科技创新能力较强等优势，探索用科技手段缓解土地资源匮乏、学校空间有限等困境，实现午托管理工作的共治共享，推动整体午托问题合理解决。

1. 建立以校内午托为主、校外午托为辅的午托管理方式

虽然校外午托机构可以提供个性化需求，但学校在场地、设施、环境和管理方面具有其他午托主体不可替代的天然优势。上海、北京等地以校内午餐午休为主的做法不仅受到家长和学生欢迎，而且取得了较好的社会效应。因此，必须在政府强力推动下，深入挖掘学校资源，根据自身状况，不断扩大学校提供午餐午休服务的能力，通过2～3年努力，使有在校内午餐午休

意愿的学生的需求都能得到满足。同时，允许各种社会力量创办校外午托机构，提供差异化服务，满足个性化需求，形成以校内午托为主、校外午托与家庭自主管理相结合的多元午餐午休管理方式。

2. 集中解决中小学生午餐问题

国外发达国家和地区的经验显示，午餐供应已逐步作为国家营养工程和公共服务的重要组成部分。集中供餐不仅解决了学生的午餐问题，较大程度地避免校外无证餐饮机构的食品安全问题，而且可以提供较为合理的营养搭配。因此，应该制定相关营养标准，统一解决学生的午餐问题，有条件的学校可以通过学校食堂自行解决，条件不足的学校可以通过校外配餐方式解决，以便学生能够享受到安全、营养的午餐服务。

3. 将学校午餐午休与学生“食育”、德育相结合

国外的发展经验表明，学生的午餐午休不仅是单纯的托管工作，更是可以作为学生德育教育和综合素质提升的重要组成部分。可以借鉴日本的做法，把食育看成智育、德育及体育的基础，将午餐时间变为有效的教学时间，将单纯的吃饭变成重要的“食育”。因此，有必要把学生的午餐午休融入学校教育，同步开展感恩教育、环保教育、自理教育、卫生教育、健康教育、劳动教育等，提升学生综合发展水平。

（二）具体建议

1. 多管齐下解决校内供餐问题

提供学校自行供餐能力。有条件的学校通过食堂的改扩建和引进智能烹饪机器人等方式，为学生提供统一供餐，完全不具备改扩建食堂条件的学校可以实行由社会企业集体配餐的方式为学生提供午餐。同时，引导学校选择共同的配餐公司，由配餐公司就近建立热加工厂，缩短饭菜配送时间，提高学生餐食质量。对于新建学校，相关部门应当在规划学校用地及学校建筑设计中，充分考虑校内午餐午休的相关设施和功能。有条件的食堂可为学生提供就餐区，没有条件提供就餐区的，可在教室就餐，学校教学楼可安装送餐电梯。

2. 充分利用各种资源改善学生校内午休条件

非寄宿制学校学生午休以教室内为主。鼓励教室配备空调和使用可调节、可折叠的具有午休功能的课桌椅，提高午休的舒适度。推动学校的图书馆、功能室、体育馆等场所中午向学生开放，并增加空调、折叠椅、叠摞床等设施配备。学校也可组织不午休的学生开展阅读、写作业、安静的桌面游戏及其他兴趣活动，丰富午间生活。

3. 完善校内午餐午休管理

校内午托管理，可由学校老师参加，也可通过购买服务聘请有相应资质的校外午托机构、配餐企业和社会组织参与，特别是可以探索利用社会组织丰富的资源，在午托管理中开展德育、食育、美劳活动，提高学生的综合素养。吸纳家长委员会及家长参与配餐招标和午餐午休管理，探索小学高年级和初中学生以值日生的形式轮流负责分餐和餐后整理、午休时段秩序维持等工作，提高学生自我管理和协作能力。

4. 妥善解决学校午托管理人员待遇

建议设立专门的午托管理经费，并按照合理标准发放给午托管理人员，同时要承认在编人员相应加班工作的劳动价值，突破当前午托管理报酬不能发放给在编教师的制度障碍，使更多教师愿意承担午托管理工作。

5. 完善风险分担机制，扩大学校保险保障范围

学校增设午托服务不可避免地增加校园内意外伤害、食品安全事件等发生的风险，对此必须进一步完善相关风险分担机制，扩大学校保险保障范围，提高校方责任险的保额，还可以加投团体意外险等相关保险，为学校开始午托工作解决后顾之忧。

6. 完善校外午托机构的管理

改革校外午托机构登记管理办法。按照其机构属性、规模、服务内容等实行分类登记管理。建立校外午托机构量化管理指标和评分、评级、社区巡查管理制度，根据巡查、抽查情况打分评级，并在每学期开学前后将正规校外午托机构及等级公示于学校门口。鼓励校外午托机构成立行业协会，加强沟通交流，制定行业规范，进行行业自律管理。

7. 大力培育发展午餐午休相关产业

午餐午休是一项重要的公共服务，也是一个巨大的市场和产业。要在全市重点培育一批社会配餐企业集团、智能烹饪机器人研发生产企业、专业午托服务机构，提升服务水平和服务质量，从食品原料生产、采购到加工、制作和配送形成完整的产业链，提高各环节的服务供给能力。增加学生可调节课桌椅的研发生产，有效解决学生校内午休的场地问题。通过培育相关产业和企业，完善午餐午休服务标准，提升全市中小学生午餐午休服务供给水平。

B.30
深圳市社会责任建设规划研究

深圳市社会责任建设规划研究课题组*

摘　要： 全面加强社会建设，深化社会体制改革，加快社会治理创新，是深入贯彻落实“五位一体”总体布局、“四个全面”战略布局和“五大发展理念”的必然要求，是加快推进国家治理体系和治理能力现代化的应有之义，是全面贯彻落实习近平新时代中国特色社会主义思想的客观需要。在全面建成小康社会决胜阶段、中国特色社会主义进入新时代的关键时期，科学制定并组织实施好《深圳市社会责任建设规划》，对全面推进深圳社会建设，打造共建共治共享的社会治理格局，建设现代化国际化创新型城市，具有积极意义。本文在深入分析深圳市社会责任建设的基础和发展环境的基础上，提出“十三五”时期甚至未来更长一段时间深圳市社会责任建设的总体思路和目标，明确未来社会责任建设的主要任务、工作重点以及相关保障措施，是指导深圳市政府、企业、社会组织和市民社会责任建设的引导性规划。

关键词： 深圳　社会责任建设　规划

* 课题组成员：熊瑛、冯健、张英晖、阳斌，深圳市委政法委；黎友焕、马少华、陈远良，广东省社会科学院。

一 深圳市社会责任建设的基础

（一）建设成就

1. 政府社会责任建设情况

法规制度得到完善。2007 年深圳市出台《关于进一步推进企业履行社会责任的意见》，在全国率先建立推进企业履行社会责任的制度框架。2015 年出台《关于进一步促进企业社会责任建设的意见》，并参照国际和国家有关标准体系，制定与之配套的标准化指导性技术文件《企业社会责任要求》《企业社会责任评价指南》，以及企业社会责任评价、管理和信息披露制度等，共同组成国内首个企业社会责任地方标准体系。

培育支持力度得到加大。征集、遴选出深圳市企业社会责任促进会，作为具体实施社会责任建设的第三方管理机构，组织专业研究机构、行业协会等，有针对性地开展社会责任建设培训工作，着力提升社会责任管理能力。

社会影响力得到提升。实行政府主导、企业自愿、社会参与、评价机构独立评价的工作机制，通过组织专业的第三方机构开展企业社会责任等级评价。

激励措施得到落实。鼓励企业、社区、社会团体开展企业社会责任宣传教育，形成有利于推进企业社会责任建设的良好氛围。2015 年，深圳市出台的《关于进一步促进企业社会责任建设的意见》中提出 11 条具有针对性和吸引力的政策措施，旨在引导企业积极履行社会责任。

2. 企业社会责任建设情况

守法诚信经营。自觉履行法律法规规定的各项责任，保障利益相关者合法权益。坚守商业道德，诚信经营，公平交易，坚决反对不正当竞争行为。自觉抵制商业贿赂，营造良好的行业环境。

保障员工合法权益。严格规范和执行劳动合同、工资工时、作息休假等规定，依法参加社会保险。加强员工技能培训，落实安全生产责任制，坚决杜绝重大安全生产事故。改善员工生活条件，丰富业余文化活动。

注重绿色低碳集约发展。通过改进设计和生产工艺，实施清洁生产。贯彻绿色低碳导向，推行生态管理，实施清洁生产。建立有利于环境保护、高效率、低排放的节约型生产方式。

创新创优成效显著。根据市场需求加大技术创新力度，增强企业核心竞争力。加大知识产权保护力度，依法打击各类侵犯知识产权的行为。

参与公益慈善和社区建设。积极参与公益设施建设、志愿服务、关爱慈善捐助等活动。市属国资国企以深汕特别合作区和深河产业园建设为重点，对口帮扶河源、汕尾；积极做好对口哈尔滨合作和援疆工作，协作推进广西扶贫。

3. 社会组织社会责任建设情况

助推经济发展。通过研发推广新技术，承办行业展览，制定行业标准等，促进产业升级。市家具、钟表、服装、黄金珠宝等行业协会依托专业技术和公共服务平台，通过设计与技术驱动，有力地推动了“深圳制造”向“深圳创造”的转型。通过制定行规行约，加强行业自律，倡导诚信准则，规范市场秩序。通过健全完善社会组织专职工作人员人事、社保、薪酬等管理制度，吸纳大量就业。

创新社会治理。通过平等对话、沟通协商等方式积极参与社会治理，起到缓解社会矛盾、增强社会弹性、促进社会融合的作用，特别是在心理健康、矫治安帮、法律援助、纠纷调处等社会治理领域以及关爱特殊群体上发挥了不可替代的功能和作用。

倡导公益慈善。通过宣传倡导、公众筹款等活动，大力弘扬和传播现代慈善意念，提高市民和企业的慈善参与率。通过广泛开展志愿服务活动，提升了市民志愿服务意识，为建设“志愿者之城”做出突出贡献。

促进对外交流合作。通过深化国际经贸合作、参与国际规则制定、协调解决贸易纠纷、拓展海内外市场等方式，积极“走出去”，服务“一带一路”倡议。

4. 市民社会责任建设情况

参与城市文明建设。市民积极践行社会主义核心价值观，广泛弘扬爱国主义、集体主义和中华优秀传统文化，自觉遵守公共秩序和规则，参与创建文明城市、文明单位、文明家庭、文明校园等活动。市民具有较强的法治意识，自觉守法、遇事找法、解决问题靠法，自觉履行法定义务，依法遵守有关道路交通安全、公共场所控烟、网络信息管理、环境保护、旅游出行等各类法律法规。

参与志愿服务。深圳市市民积极参与志愿者服务，包括开展生态文明志愿服务、推进医疗系统志愿服务、发展文化志愿服务、实施关爱特殊群体专项行动、发展社区志愿服务、参与协助社会治理等，助推“志愿者之城”建设。

（二）存在的问题

1. 社会责任立法有待加强

深圳市有关社会责任建设的条例和规范相对较为宏观，指导性较强，但落地的内容和措施相对不足。由《关于进一步促进企业社会责任建设的意见》、《企业社会责任要求（SZDB/Z133～2015）》和《企业社会责任评价指南（SZDB/Z134－2015）》三个文件组成的“深圳标准”，对推进企业履行社会责任以及对社会责任进行评价具有较强的指导意义，但其中激励措施的力度不够、范围有限，导致企业参与社会责任评价的积极性仍旧不高。

2. 企业履行社会责任方式较为单一

深圳市部分国有企业、大型企业、上市公司以及外资企业均能积极履行社会责任，有的公司还成立了专门的社会责任部门，配置专人开展社会责任建设工作，定期发布社会责任报告。然而，众多的中小企业社会责任意识不强，对社会责任的理解与大企业相比存在一定差距，认为社会责任建设会给企业增加负担。深圳大部分企业对企业社会责任的认识存在误区，甚至将履行企业社会责任等同于慈善捐赠。目前企业履行社会责任的方式较为单一，主要是参与捐款、资助等慈善活动。

3. 社会组织社会责任建设能力有待提升

近年来，深圳市社会组织呈现迅猛发展态势，但是整体发展水平还不高，仍存在专业能力偏弱、内部治理结构不完善、社会公信力不强等问题，与经济发展要求和社会治理需求之间存在较大差距。正是受自身发展水平的制约，社会组织的社会责任建设能力相对不足，尽管在社区治理、志愿服务等方面建设成效显著，但在推进全面深化改革开放、劳动者权益保障、公平社会构建等方面仍有待提升。

4. 市民社会责任意识有待增强

作为广东经济社会发展的前沿阵地，深圳市市民的社会责任意识尚不能适应建设国际化大都市的要求。在不同的区域、领域，道德失范、诚信缺失、不遵守基本公共秩序、不遵守基本文明行为准则等现象时有发生，与国际文明水平存在一定差距，市民的整体文明素养尚需进一步跃升，以提升深圳的竞争软实力。

二　社会责任建设的环境

（一）国际环境

20 世纪中后期以来，随着经济全球化的发展以及全球可持续发展目标的明确提出，国际社会从单纯关注企业社会责任向关注社会责任转变，但对什么是社会责任，又该如何实践社会责任，并没有一个统一的明确定义和可供参考模式。ISO26000 的发布，第一次在全球范围内统一了社会责任的定义，明确了社会责任的原则，确定了践行社会责任的核心主题，描述了以可持续发展为目标，将企业社会责任（CSR）推广到任何组织形式的社会责任（SR）。欧洲企业社会责任协会（CSR Europe）发布首版《将人权植入企业关键职能部门蓝图》，为企业厘清了人权植入的概念，将有助于企业实现人权履责与商业可持续发展的共赢；联合国全球契约组织推出“全球目标融入当地商业”战略，指明了联合国可持续发展目标（SDGs）未来可持续发展的优先领域，为企业创造了更加宽广的发展机遇和空间；世界银行推出全新环境和社会责任框架，加入全面的劳工和工作条件保护标准、非歧视原则和社区医疗及安全措施，并提高贷款项目相关各方参与度，该框架在引导企业兼顾经济、社会和环境利益，实现可持续发展方面不可或缺。

（二）国内环境

自党的十八大以来，党中央对加强社会治理创新作出积极部署，特别是党的十九大报告明确提出打造共建共治共享的社会治理格局，对加强社会治理制度建设，完善党委领导，政府负责、社会协同、公众参与、法治保障的社会治理体制，提出了新的更高要求。创新、协调、绿色、开放、共享五大理念的深入贯彻，更是在一定程度上倒逼社会责任建设，有关社会责任建设的政策法规频频出台。“十三五”时期，中国正处于增长速度换挡期、结构调整阵痛期和前期刺激政策消化期“三期叠加”的关键阶段，经济体制、社会结构、利益格局以及思想观念持续深刻变化，中国发展进入新常态。新常态发展的最终目标是追求更高质量、更加公平和更可持续的发展，而社会责任的本质就是追求可持续发展，这意味着要适应新常态，不论是政府、非政府组织还是企业、个人，均需积极履行社会责任，共同推进经济社会的可持续发展。

（三）广东省环境

当前，广东省正处在率先全面建成小康社会、开启现代化新征程的重要转折期，深入学习贯彻习近平新时代中国特色社会主义思想，主动适应新形势，积极推进社会治理创新，全面提高社会治理社会化、法治化、智能化、专业化水平，建设更高水平的平安广东是“十三五”时期甚至未来更长一段时间的主要目标之一。同时，广东还处于完善社会主义市场经济体系的攻坚期、经济转型升级的关键期、建设幸福广东的巩固期，亟待加快建设和完善社会信用体系建设。此外，广东作为对外贸易大省，外向型经济特征非常明显，对外依存度处于高位状态，稳定外贸增长是推动全省经济健康稳定发展的重中之重。

（四）深圳市环境

深圳市率先进入以质量效益为中心的稳定增长阶段，经济发展呈现速度稳、结构优、动力强、效益好、消耗少的良好态势，体制机制改革、创新驱动战略实施、对外开放合作等各方面均获得较好发展，社会建设各项工作取得新成效，多元治理格局初步形成，现代城市治理体系日趋完善，治理能力现代化水平不断提高，这为深圳市推进社会责任建设创造了良好条件。充分发挥作为特区拥有的地方立法权，深圳市率先在全国建立企业社会责任“深圳标准”，这为深圳进一步探索全面完备的社会责任“深圳标准”、加快社会责任建设立法奠定良好基础。粤港澳大湾区建设深入推进，开放共赢、良性互动的区域发展格局正在形成，深圳市作为粤港澳大湾区的领头羊，必须在社会治理，尤其是社会责任建设中有新作为，率先开辟新常态下质量型发展新路径，大力发展湾区经济，在服务国家战略中提升城市发展能级，实现特区更好发展。

三　深圳市社会责任建设的主要任务

（一）推进引领责任建设，构建全面改革开放先行城市

1.政府责任

推进重要领域和关键环节改革。发挥政府作为社会责任建设的指导者和政策法规的制定者的作用，推进深圳市在全面深化改革中的引领示范责任建设。加快深圳市社会责任立法，完善深圳地方法规与规章。建设国际社会组织集聚发展试验区，促进社会组织社会责任建设与国际接轨；完善向社会组织转移政府职能和购买服务的机制。

构建全方位对外开放战略平台。抢抓“一带一路”、自贸试验区、粤港

澳大湾区建设等重大机遇，在全球坐标系下谋划开放布局，完善国际化的标准体系，构建更大范围、更深领域、内外联动的全方位开放新格局，加快建设集聚国际要素、配置全球资源、密切世界交往的新兴全球城市。以广东自贸试验区深圳前海蛇口片区为载体，构建与国际贸易投资规则相适应的制度框架和社会责任指南，建设前海社会责任建设示范区，打造中国自贸区社会责任建设的新标杆。

2. 企业责任

建立现代企业制度。充分利用深圳市全面深化改革的政策红利，加快调整企业组织架构、运作机制、经营模式等，建立真正意义上的现代化企业。通过学习借鉴美国、德国等发达国家的企业现代化经营模式以及先进管理理念和方法，打造与国际接轨的现代化企业，成为符合国际社会责任标准、具备“走出去”条件的标杆企业。

参与社会责任投资。完善内部治理结构，将企业社会责任理念融入企业发展战略，积极履行企业社会责任，定期编制社会责任报告或可持续发展报告，建立企业社会责任披露机制。争取境内外投资者或投资机构的支持，探索成立社会责任投资基金，开发相关金融产品，重点发展社区投资。

提高国际化经营水平。深化企业社会责任理念，致力于在全球化范围内进行生产经营，使国际化经营绩效水平取得实质性的提升。有条件的企业吸纳先进生产要素，培育国际知名品牌，增强参与全球价值链的广度和深度，建设成为具有国际知名度和影响力的跨国公司。利用外部智力和研发资源，与国外高端人才交流合作，锻炼培育自己的国际化人才队伍，从而提高企业的国际化经营水平。

创新对外投资方式。发挥自身优势到境外开展投资合作，通过积极履行海外企业社会责任，争取政策支持，开展绿地投资、并购投资、证券投资、联合投资等。有实力的企业采取多种方式开展境外基础设施投资，加强与境外资源，包括森林资源、渔业资源、矿产资源和能源等的合作。实施技术和品牌作价投资模式，运用品牌作价或通过品牌连锁经营实现境外资本扩张。

3. 社会组织责任

强化自身能力建设。建立健全规范运作、诚信执业、信息公开、公平竞争、奖励惩戒、自律保障六大机制，提高社会公信力，建设全国具有示范意义和引领作用的社会组织运作模式。协同政府推进全面改革，主动承接政府转移的部分职能。建立应急处理机制，提高社会组织风险预警和应对公共危机能力，正确引导企业和群众理性反映诉求，及时向政府、企业和社会公众反馈信息。

加强对外交流与合作。有序开展对外交流，有条件的社会组织应参与国际标准和规则的讨论与制定，协调解决贸易纠纷，提升服务对外开放的能力。加入国际性的社会组织联盟，拓宽与知名的国际性社会组织的合作，建立与境外社会组织合作交流的机制，参与国际经济社会领域的交流与合作。

4. 市民责任

大力践行社会主义核心价值观，将社会主义核心价值观融入日常的生产生活中，内化为市民的情感认同，外化为市民的行为习惯。积极参与文明城市建设，不断提高思想觉悟、道德水准、文明素养，力争成为全国文明城市建设的标杆和模板。进一步加强社会公德、职业道德、家庭美德、个人品德建设，形成正确的道德判断和道德责任，提高道德实践能力尤其是自觉践行能力。

（二）推进治理责任建设，构建现代化法治城市

1. 政府责任

加快法治政府建设。落实国家和省关于法治政府建设的意见和中长期规划，率先基本建成法治政府。健全行政运行机制，建立适应大部门运作的新规则、新制度。完善政府部门行政权责清单、收费基金清单，建立依法动态调整和长效管理机制，全面形成统一规范的市、区（街道）权责清单体系。加快政府守信践诺机制建设，建立健全政府失信责任追究制度及责任倒查机制。建立健全政府法律事务向社会购买服务制度，推动政府法治水平提升。

深化行政执法体制改革。根据中央和省工作部署，优化行政执法体制，

形成权责一致、分工合理、资源整合、执行有力的行政执法体系。减少行政执法层次和行政执法队伍种类，充实基层一线执法力量。建立覆盖全市的行政执法信息共享平台，启动行政执法监督网络平台建设研究工作。

推进多层次依法治理。加强社会治理制度建设，完善党委领导、政府负责、社会协同、公众参与、法治保障的社会治理体制。深入开展社会主义核心价值观宣传教育，充分发挥法治典型和道德模范的示范引领作用，推动法治价值成为全社会的核心价值和主流文化。强化企业依法治理，加强公司律师制度建设，增强企业法律风险防范能力。加快培育与现代社会治理结构相适应的服务类社会组织。

狠抓公共安全和安全生产。树立安全发展理念，弘扬生命至上、安全第一的思想，健全公共安全体系，完善安全生产责任制，坚决遏制重特大安全事故，提升防灾减灾救灾能力。加快社会治安防控体系建设，依法打击和惩治黄赌毒黑拐骗等违法犯罪活动。狠抓食品药品安全，扎实推动全国食品安全示范城市创建工作。

2. 企业责任

健全治理机制。制定企业社会责任发展战略，进一步调整企业组织结构。严格遵守市场监管和行业监督规则，加强治理制度建设，完善企业内外部治理结构。不断深化企业治理的前瞻性探索，持续优化董事会运作机制、信息披露机制和利益相关者参与机制。创新企业决策机制，通过年度股东大会、走访座谈、广泛征求意见等方式，加强与股东的交流，切实维护股东权益；公平对待所有股东，切实保护中小股东的知情权、参与权和决策权。

完善社会责任管理机制。编制企业中长期社会责任发展战略规划，加强对企业社会责任议题的识别和披露，把社会责任作为影响企业核心竞争力和可持续发展能力的重要因素进行培育建设。制定一系列社会责任管理制度，对公司治理、公平运营、员工权益保障、环境保护、安全生产等社会责任核心问题进行规范，实现社会责任建设制度化管理。完善社会责任组织体系，通过加强与利益相关方沟通，不断提升社会责任建设能力。

3. 社会组织责任

完善内部结构。健全以章程为核心的独立自主、权责明确、运转协调、制衡有效的治理机制。建立民主选举、民主决策、民主管理、民主监督的自治机制。确立科学合理的组织架构，包括决策机构、执行机构和监督机构。加强组织内部专业团队建设，建立有效的人才选拔机制、人才培养机制、人才保障机制等。

健全服务机制。创新和完善志愿服务、应急动员、公益募捐等体制机制，确保在保障公共安全中发挥应有作用。开展矛盾纠纷调解公益服务，拓宽矛盾纠纷化解渠道。有针对性地开展创业就业、心理疏导、大病救助、法律援助、居家养老等社会治理活动，打造一批有影响力的服务品牌。加强公益慈善项目监管，防止诈捐、强行摊派、收取“回扣”、滥用善款等行为。

4. 市民责任

树立宪法法律至上、法律面前人人平等的法治理念，主动参与全民普法教育，增强学法尊法守法用法意识，弘扬社会主义法治精神，把社会主义核心价值观融入社会主义法治建设全过程，自觉守法、遇事找法、解决问题靠法，自觉履行法定义务，依法维护自身权益，力争成为社会主义法治的忠实崇尚者、自觉遵守者、坚定捍卫者。

（三）推进创新发展责任建设，构建国际领先创新型城市

1. 政府责任

提升城市自主创新能力。布局建设一批具有国际先进水平的科技基础设施，积极引进国内外高校建设产学研基地，加快发展大学科技园、留学生创业园等创新平台。依托高交会、创新创业大赛等国际创新合作平台，吸引国内外顶级科技组织、科研机构和跨国企业来深设立研发中心。支持科学家和高层次人才团队等创办多种模式的新型科研机构，积极参与国内外先进科研机构共建高水平的研究机构。

营造激励创新环境。健全鼓励创新、支持创造、激励创业的政策措施，降低创新创业门槛，加大普惠性财税政策支持力度，重点加强对中小企业创

新的扶持，制定适度的倾斜政策。完善激励创新的产权制度和知识产权保护制度，探索建立对专利权、著作权等知识产权侵权惩罚性赔偿制度。推进科技资源开放共享，推动财政投入的重大科技基础设施和大型科研仪器向社会开放。激发和保护企业家精神，鼓励更多社会主体投身创新创业。

完善创新服务体系。健全科技法律服务体系，加快推进技术转移、第三方检验检测认证、知识产权服务等中介机构的专业化、市场化改革。加强技术和知识产权交易平台建设，探索建立南方知识产权运营中心。

2. 企业社会责任

完善创新制度。建立健全技术创新机制，加大研究开发投入力度，提高自主创新能力。强化知识产权意识，遵守和运用国际知识产权规则，通过协商谈判、交叉许可、产品合作等多种途径解决知识产权问题；针对恶意知识产权侵权行为，通过司法程序维护自身权益。鼓励员工开展科技创新，制定科技创新人才奖励制度。

加强自主创新。根据市场需求加大技术创新力度，提高工艺和装备水平，积极创造高附加值的适销对路产品。建设重点实验室、工程实验室、工程（技术）研究中心、企业技术中心等创新载体，推进企业内部资源平台化，激发员工创造力。有条件的企业加快参与国家重大科技专项、国际大科学计划和大科学工程，承担和组织国际重大科技合作项目，充分利用外部创新资源推进开放式创新。

3. 社会组织责任

搭建创新服务平台。充分利用社会资本，发挥自身社会凝聚力，组织建设众创空间平台，鼓励创客创业创新，推动各类创新要素集聚与融合发展。建立广泛的协作网络，开展形式多样、层次丰富的交流会、论坛、展示会以及办刊物和网站等形成固定的交流平台，为科研院所、高等院校与企业对话提供平台，促进产学研发展。探索建立开放性的实验室，为技术需求者提供方便快捷的设施服务，降低企业创新风险。

推动创新成果转化。收集、分析、发布国内外科技创新信息，组织有关科技创新成果转化方面的培训，开展技术咨询、技术转让、技术推广等创新服务工作，推进科技成果向现实生产力转化。深入对科技创新企业进行调研，根据反馈的问题进行广泛交流研讨，形成有针对性、可操作性的对策建议并上报政府相关部门，助力深圳完善创新成果转化政策。

4. 市民责任

市民应以主人翁的姿态，以建设创新型城市为己任，积极投身于“大众创业、万众创新”的实践中，全民推动创新，特别是青年一代更应积极争当创新创业的先锋，让深圳市创新创业蔚然成风。

（四）推进环境责任建设，构建更加美丽城市

1. 政府责任

完善环保制度法规。完善环境治理与生态建设机制，建立覆盖所有固定污染源的企业排放许可制，推进排污权有偿使用和交易试点。建立健全用能权、用水权、排污权、碳排放权初始分配和管理制度，完善低碳发展的政策法规体系，实行能源和水资源消耗、建设用地、碳排放等总量和强度双控。落实生态文明建设考核和责任追究制度，实行差异化绩效评价考核和领导干部自然资源资产离任审计，建立生态环境损害责任终身追究制。

强化监督管理。实行最严格的环境保护制度，强化生态红线管理，全面推进水、大气等环境的综合治理。健全生态环境指标体系、监测体系和评价体系。加大环保基础设施建设投入力度，淘汰落后的高能耗、高污染企业。倡导开展垃圾收集和分类、污水回收和综合利用、节能减排绿色生活等活动。坚决制止和惩处破坏生态环境行为。

2. 企业责任

加强企业生产环境管理。建立健全环境管理体系和制度，加强环境保护能力建设，实现环境管理的规范化、标准化，确保企业环境保护责任落实、污染治理行为规范、污染治理效果符合要求。按照环保规范处置工业固体废物及危险废物，严格执行排污申报、许可制度，排放浓度不超过国家和地方规定的排放标准和污染物排放总量控制指标。

推进节能减排。注重环保，加大环保投入力度，淘汰生产效率低、能源

消耗大的生产设备和落后的生产工艺，通过改进设计和生产工艺、使用清洁能源和环保原材料、优化过程控制、提高废物再利用水平等方式，实现节能、降耗、减污、增效。

强化生态治理。在新建筑建设的过程中，充分考虑环保因素，通过合理设计、绿化工程实现节能、环保，打造绿色建筑。在项目开展及施工建设前优先避开自然保护区、湿地、动植物栖息地，确实不能避开的，取得许可证后采取措施将影响降到最低，建设过程中采取一系列措施减少生态破坏，并及时进行生态修复。

3. 社会组织责任

参与环境保护。推进环境治理，参与垃圾收集和分类、污水回收和综合利用、节能减排绿色生活等活动。通过组织环境保护公益活动、出版书籍、发放宣传品、举办讲座、组织培训、加强微博、微信公众号等方式进行环境保护宣传，鼓励全社会参与环境保护，共同推进环境保护。

强化社会监督。充分发动社会力量，监督政府和企业履行环境责任，降低监督成本，提高监督效率，弥补政府环境执法部门的监管漏洞和盲区。发挥作为政府与公众沟通的桥梁作用，对于涉及环保的群体性事件，加强政府与公众的沟通，引导公众理性思考，缓解社会矛盾和冲突。

4. 市民责任

树立社会主义生态文明观，不断增强环保意识，倡导简约适度、绿色低碳的生活方式，自觉履行环境保护的义务，积极参与创建绿色家庭、绿色学校、绿色社区和绿色出行等活动。积极做环境保护的宣传者，利用微信、微博等自媒体平台发声，共建一个绿色生活、绿色消费的“朋友圈”。

（五）推进信用责任建设，构建诚信城市

1. 政府责任

建设诚信政府。坚持政务公开，充分利用现代信息技术，推动信息公开平台建设，打造透明“电子政府”，建立政府与公众对政府有关信息的互动回应机制，实现政府与社会的信息对称。落实政务承诺兑现制度，完善信用

评估和绩效考评机制，确保政务履约和服务守诺。将公平正义作为政务诚信的基本准则，在行政管理和公共服务的各领域贯彻公平正义原则。

加强社会诚信建设。建立全市统一的公共信用信息管理系统，贯彻落实法人和其他组织统一社会信用代码制度，整合企业、事业单位、社会组织及个人信用信息。引导企事业单位健全内部信用管理和信息披露机制，加大重点环节的信用监管和风险防控力度；健全个人信用档案应用机制，加大对重点涉信人群的监管力度，增强个人诚信自律和文明守法意识。

2. 企业责任

依法合规经营。坚持守法诚信经营，强化“法定责任必须为、道义责任积极为”的理念，自觉履行法律法规规定的各项责任，保障利益相关者的合法权益。坚持公平交易，恪守商业道德，遵守行业规则，依法开展生产经营活动。严格履行经济合同，加强合同管理，提高履约率。树立品牌意识，坚持不做虚假广告、不制售假冒伪劣产品、不欺诈消费者，为消费者提供安全合格的产品和服务。坚持依法纳税，正确核算应缴税款，及时准确地缴纳税款。

全力维护公平竞争。坚决不参与仿冒名牌、串通招投标、价格欺诈、商业贿赂、违法有奖销售、商业诋毁、销售无合法进口证明商品等不正当竞争，坚决不签订损害竞争、损害消费者权益以及妨碍创新和技术进步的垄断协议。举报滥用优势地位限制交易、强制交易、搭售、拒绝交易等不正当竞争行为以及设置隐性门槛实现地区封锁和行业垄断等行为。

3. 社会组织责任

加强诚信自律建设。自觉遵守有关法律法规，将诚信建设内容纳入章程，严格按照章程和各项规定开展活动，有效履行各项社会服务承诺，建立自我约束、自我管理、自我教育、自我服务的自律机制。探索建立各领域社会组织自律联盟。

规范行业行为。行业协会等工商经济类组织应根据行业特点制定行规行约和行业标准，规范行业和会员的生产经营行为，维护公平竞争的市场秩序。组织会员学习相关法律、法规和政策，加强对会员守法经营、照章纳税的教育和监督，规范行业发展秩序。监督、指导行业内产品或服务定价，制止市场垄断行为。

4. 市民责任

充分利用广播、电视、报刊、互联网等各类媒体平台，加强对社会信用知识以及相关政策的了解和学习，不断增强信用意识，积极发展个人信用，争当诚信道德模范、诚信先锋等诚信典型。加快提升个人的信用软实力，发挥个人信用在促进个人发展以及整个经济社会发展中的积极作用，努力构建诚实守信的社会环境。

（六）推进社区发展责任建设，构建更具幸福感城市

1. 政府责任

完善社区治理体系。加快社区管理体制和社区共治机制改革，制订社区服务管理主体工作事项清单，建立社区工作准入制度和服务标准体系，增强社区服务功能。加强基层民主自治，推行社区居民公约，创新居民小区自主管理模式，探索业主大会法人登记制度，完善业主委员会管理制度，建立社区公共利益保护机制。

支持社区发展。结合不同社区的特点，市政府引导基层政府制订社区发展计划，包括发展目标、重点需要解决的问题以及解决措施，并从制度和资金上给予社区支持，加强对社区环境保护、治安维护、就业培训、教育医疗、社会保障等方面工作的指导。鼓励社会资本进入社区，成立社区发展基金，进一步完善社区公共配套设施，包括图书馆、邮政、体育场馆、交通转换站等等。推动机关企事业单位积极参与社区服务、环境治理、社区治安综合治理等活动，面向社区开放文化、教育、体育等活动设施。

2. 企业责任

推动社区经济发展。积极推进本地化战略，创造就业机会与加快技术创新，搭建大学生实践教学平台，为社区人员提供就业岗位，引导和鼓励社区人员创业；致力于培养本土化人才，加大对本地管理者和技术人员的培养力度，为本地的管理者和技术人员提供领导力和技术方面的培训。推行本地化

采购，尽可能多地开发本地潜在供应商，在保证公司采购质量的同时，助推社区经济发展。

支持社区建设。主动加强与社区沟通与交流，努力构建与社区协同发展的良好关系，结合自身优势全力支持社区建设。适度将企业内部体育场馆、公共绿地、实验室等资源向社区开放，实现资源共享。支持社区公共事业建设，致力于推动社区教育、文化、医疗卫生等领域全面发展。参与社区绿化带建设、娱乐健身设施建设等。

参与公益事业。建立志愿服务运作机制，通过评估社区需求、提供资金保障、奖励优秀实践等方式，鼓励员工积极参与志愿服务，通过义务劳动、义务献血、义务植树等方式开展志愿者活动。积极参与慈善公益事业，通过走访慰问、开展文化活动等方式，关爱社区老人等各种形式开展支持弱势群体教育和生活的活动。

3. 社会组织责任

加强队伍建设。加快人力资源的开发与建设，吸纳专业人才、急需紧缺专门人才等优秀人才加入，建立与服务社区发展相适应的人才队伍。完善人才管理体制，创新人才培养开发、评价发现、选拔任用、流动配置、激励保障机制，推进从业人员专业化、职业化。广泛吸纳当地企业员工和社区居民参与，形成专门服务社区发展的志愿者队伍。

拓宽服务领域。发展社区活动中心、空巢老人服务站、残疾人康复站、日间照顾中心等以社区为基础的服务平台，为老年人、残疾人、妇女儿童等提供照顾、治疗和教育等方面的服务，满足社区居民的各类需求。动员和组织社区内居民参与社区治理。

4. 市民责任

发挥居民的监督管理作用，监督社区居委会以及社会组织，促进社区治理有序、有效。积极参与平安社区建设，有条件、有能力的市民可协助开展社区矛盾纠纷化解工作。参与社区志愿服务，协助开展困弱帮扶、社区矫正、精神障碍关爱、涉罪未成年人帮教等活动，建设文明和谐社区。

（七）推进慈善责任建设，构建独具魅力城市

1. 政府责任

营造良好制度环境。结合深圳实际，制定多层次的法规政策操作和实施细则，形成有利于慈善事业发展的多层次的法规政策体系。完善税收优惠和社会嘉奖政策，进一步完备捐赠享受税收优惠的政策，探索建立企业慈善政府补贴政策，设立深圳市企业慈善贡献奖。建立规范的信息披露及监督制约机制，形成包括政府监督、独立的第三方评估和媒体、公众的监督与评估在内的监督制度。

鼓励发展慈善事业。积极培育慈善组织和机构，进一步对慈善机构的性质定位、运行机制、监督机制及活动领域等方面进行规定，成立慈善委员会对其进行监督管理，着力提高慈善组织管理水平。加大对慈善组织的支持力度，通过购买慈善组织或机构的服务，扩大慈善组织的资金来源，引导慈善组织加强国际交流和合作，不断开辟慈善筹资新渠道。

2. 企业责任

确立科学的慈善战略。与企业的经营目标有机结合起来，寻求与其经营战略和经营业务紧密联系的慈善项目，建立个性化捐赠领域，开展有规划的、长久的慈善活动，形成特色鲜明的企业慈善文化。

创新慈善捐助形式。积极参与各类民生工程建设，支持市慈善总会、红十字会等的慈善组织工作。开展与欠发达地区、偏远落后乡村的帮扶活动，努力为欠发达地区和乡村的教育、文化、卫生等公共事业提供力所能及的人力、财力和物力的资助，有条件的企业可通过智力扶贫、产业扶贫等形式参与政府主导的精准扶贫。开展助残、助老、助孤、赈灾等扶危济困活动。

加强慈善管理。建立各种形式的慈善冠名基金，以此为平台，开展公益运作与管理。建立慈善公益信息报送系统，规范对外发布慈善公益捐赠活动，完善慈善信息报送渠道，强化企业对慈善公益活动的统筹和管理，促进企业及员工有计划、有规范地开展各项慈善公益捐赠活动。

3. 社会组织责任

完善运行机制。建立系统化、制度化、规范化、公开化的管理制度，对内实施高效管理，对外做到公开透明。建立有效的自我监督机制和自律机制，运用互联网信息技术构建慈善公开平台，及时发布相关慈善信息，做到信息公开、透明，接受全社会监督。

加强慈善基金管理。建立专门、独立的审计部门，对基金会的捐赠收入、支出进行定期的审计，以防范基金会内部转移资金、乱用资金的情况发生。建立健全由投资信息收集与传递机制、风险分析机制和风险处理机制等所构成的风险预警机制，对慈善基金投资项目进行实时的动态监测、分析与调控，有效规避风险。完善风险预警体系，提取专项风险补偿金，提升慈善基金会抵御风险的能力。

构建慈善平台。不断加强与省内外基金会、慈善会等先进同业慈善组织的交流和学习，深入研究现代公益趋势，组织跨界、跨区域的专家顾问委员会，链接政府、企业以及其他社会组织和志愿者等资源，率先推动质量慈善、文化慈善、民生慈善、战略慈善、服务慈善、智慧慈善、生态慈善等发展，搭建助学慈善平台、救灾慈善平台、助残公益平台等。

4. 市民责任

踊跃参与各种各样的慈善公益活动，主动采取时间捐赠、服务捐赠等较为实际的参与慈善方式。积极开展慈善志愿活动，以关爱他人、奉献社会为重点，广泛开展扶贫救灾、敬老救孤、恤病助残、文化支教、环境保护、健身指导等志愿服务活动，为困难家庭和弱势群体提供帮助。

（八）推进共享责任建设，构建更加和谐城市

1. 政府责任

完善相关制度法规。结合深圳实际，制定更具执行力的配套保障制度；建立劳动者权益保障机制，建设相应的投诉信息网络和投诉处理机制；完善最低工资标准增长机制和欠薪保障制度；制定有关各种形式的强制性劳动或义务劳动的配套监管制度。

提供全方位公共就业服务。及时准确地发布劳动市场供求信息，持续增加保障性住房、教育和社会保障等民生方面的供给，逐步缩小户籍与非户籍劳动者之间社会福利的缺口。大规模开展职业技能培训，鼓励高校毕业生等青年群体、农民工多渠道就业创业。建立深圳市企业员工技能培训补助基金。不断推进劳动争议处理机制改革，为劳动者提供多种形式的法律援助，保护劳动者的合法权益。

加大监督管理力度。坚持教育和处罚相结合的原则，加大监督检查力度，加强对企业进行劳动执法检查，监督企业严格规范和执行劳动合同；密切关注劳务派遣单位劳动关系方面出现的突出问题，指导规范劳务派遣企业用工行为，切实维护被派遣劳动者的合法权益。严格查处侵害消费者权益的违法企业，定期公开损害消费者行为的企业名单，并给予严厉惩处；提高行业准入门槛，完善商品及服务准入机制，尤其是食品和药品的准入制度。

2. 企业责任

保障员工权益。按照相关规定签订、履行劳动合同，依法参加社会保险。执行国家规定的工时制度，合理安排员工休息休假。尊重职工人格，实现体面劳动，禁止性别、民族、宗教、年龄等的歧视，尤其是因生育而歧视女性就业。制定员工培训管理办法，开展各类培训活动，不断提升员工业务能力，增强岗位匹配度。通过人才流转、内部竞聘等形式拓宽员工职业发展途径。强化安全生产教育，定期开展员工安全生产知识和技能的培训，特种作业人员须持证上岗。不断改善安全生产条件，逐步完善工作环境安全保障措施，做好职业病防治工作，确保生产安全和员工职业健康。

保障消费者权益。采用国际标准或国外先进标准，完善质量安全保证体系，确保产品质量和安全。严禁虚假、夸大宣传，拒绝生产销售假冒伪劣产品。制定切实可行的消费者服务承诺和流程，通过精细化的前端服务与持续的售后关怀，为消费者提供良好的售前售后服务。定期组织开展消费者满意度调查，分析企业在消费者满意度管理方面的优势和存在问题，并制定一系列制度，全面提升消费者关系管理能力。

3. 社会组织责任

建立健全维权机制。完善劳动者权益保护的调查机制，信息分析机制，利益诉求表达机制，矛盾预警机制和政府、司法机关等部门的协商机制及服务机制。建立消费者诉讼援助机制，组建消费者诉讼援助基金，为经济上有困难的消费者提供资金援助，帮助其通过诉讼的途径维护自身的合法权益。争取政府支持成为公益诉讼的主体，在全市范围内爆发涉及劳动者权益的重大案件或消费者权益侵犯事件等的时候，作为公益诉讼代表向法院提起诉讼，为全体劳动者或消费者争取合法权益。

化解矛盾纠纷。为劳动者提供就业咨询、就业培训、就业援助等服务，对企业与劳动者之间出现的劳资纠纷进行调解、劝说，使之平等协商、互相谅解，自愿达成和解，消除纠纷；对于事态较为严重的劳资纠纷，尤其是民工劳资纠纷，鼓励理性维权，积极开展个案辅导、案件回访、转介服务等法律援助，维护劳动者合法权益。充分利用信息技术手段，开通消费投诉“直通车”，设立消费投诉台，建设消费者维权微信公众号，在线曝光消费者权益受损事件，及时上报、转发相关部门处理，帮助消费者维权，为消费者提供各种维权服务；其中消费者协会应建立消费者投诉应急处理机制，妥善解决消费纠纷，维护社会稳定。

4. 市民责任

加强劳动法律法规及政策的学习，依法维权，理性维权。出现劳动纠纷，可通过用人单位工会组织或其他正规的调解组织反映问题，通过沟通协商处理解决相关诉求。如出现不愿调解、调解不成或达成调解协议后未履行的，劳动者可向有管辖权的劳动争议仲裁委员会申请劳动仲裁。增强消费者权利意识，维护自身合法权益。与经营者之间发生消费者权益争议后，可与经营者协商和解或通过电话、信函、面谈、互联网等形式请求消费者权益保护组织调解。针对经营者故意拖延或无理拒绝协商和解建议的行为，可向政府有关行政部门提出申诉。

皮书起源

“皮书”起源于十七、十八世纪的英国，主要指官方或社会组织正式发表的重要文件或报告，多以“白皮书”命名。在中国，“皮书”这一概念被社会广泛接受，并被成功运作、发展成为一种全新的出版形态，则源于中国社会科学院社会科学文献出版社。

皮书定义

皮书是对中国与世界发展状况和热点问题进行年度监测，以专业的角度、专家的视野和实证研究方法，针对某一领域或区域现状与发展态势展开分析和预测，具备原创性、实证性、专业性、连续性、前沿性、时效性等特点的公开出版物，由一系列权威研究报告组成。

皮书作者

皮书系列的作者以中国社会科学院、著名高校、地方社会科学院的研究人员为主，多为国内一流研究机构的权威专家学者，他们的看法和观点代表了学界对中国与世界的现实和未来最高水平的解读与分析。

皮书荣誉

皮书系列已成为社会科学文献出版社的著名图书品牌和中国社会科学院的知名学术品牌。2016 年，皮书系列正式列入“十三五”国家重点出版规划项目；2013~2018 年，重点皮书列入中国社会科学院承担的国家哲学社会科学创新工程项目；2018 年，59 种院外皮书使用“中国社会科学院创新工程学术出版项目”标识。

中国皮书网

（网址：www.pishu.cn）

发布皮书研创资讯，传播皮书精彩内容
引领皮书出版潮流，打造皮书服务平台

栏目设置

关于皮书：何谓皮书、皮书分类、皮书大事记、皮书荣誉、
皮书出版第一人、皮书编辑部

最新资讯：通知公告、新闻动态、媒体聚焦、网站专题、视频直播、下载专区

皮书研创：皮书规范、皮书选题、皮书出版、皮书研究、研创团队

皮书评奖评价：指标体系、皮书评价、皮书评奖

互动专区：皮书说、社科数托邦、皮书微博、留言板

所获荣誉

2008 年、2011 年，中国皮书网均在全国新闻出版业网站荣誉评选中获得“最具商业价值网站”称号；

2012 年,获得“出版业网站百强”称号。

网库合一

2014 年，中国皮书网与皮书数据库端口合一，实现资源共享。

S 基本子库
UB DATABASE

中国社会发展数据库（下设 12 个子库）

全面整合国内外中国社会发展研究成果，汇聚独家统计数据、深度分析报告，涉及社会、人口、政治、教育、法律等 12 个领域，为了解中国社会发展动态、跟踪社会核心热点、分析社会发展趋势提供一站式资源搜索和数据分析与挖掘服务。

中国经济发展数据库（下设 12 个子库）

基于“皮书系列”中涉及中国经济发展的研究资料构建，内容涵盖宏观经济、农业经济、工业经济、产业经济等 12 个重点经济领域，为实时掌控经济运行态势、把握经济发展规律、洞察经济形势、进行经济决策提供参考和依据。

中国行业发展数据库（下设 17 个子库）

以中国国民经济行业分类为依据，覆盖金融业、旅游、医疗卫生、交通运输、能源矿产等 100 多个行业，跟踪分析国民经济相关行业市场运行状况和政策导向，汇集行业发展前沿资讯，为投资、从业及各种经济决策提供理论基础和实践指导。

中国区域发展数据库（下设 6 个子库）

对中国特定区域内的经济、社会、文化等领域现状与发展情况进行深度分析和预测，研究层级至县及县以下行政区，涉及地区、区域经济体、城市、农村等不同维度。为地方经济社会宏观态势研究、发展经验研究、案例分析提供数据服务。

中国文化传媒数据库（下设 18 个子库）

汇聚文化传媒领域专家观点、热点资讯，梳理国内外中国文化发展相关学术研究成果、一手统计数据，涵盖文化产业、新闻传播、电影娱乐、文学艺术、群众文化等 18 个重点研究领域。为文化传媒研究提供相关数据、研究报告和综合分析服务。

世界经济与国际关系数据库（下设 6 个子库）

立足“皮书系列”世界经济、国际关系相关学术资源，整合世界经济、国际政治、世界文化与科技、全球性问题、国际组织与国际法、区域研究 6 大领域研究成果，为世界经济与国际关系研究提供全方位数据分析，为决策和形势研判提供参考。